O CÉREBRO INTUITIVO

John Bargh

O cérebro intuitivo
Os processos inconscientes que nos levam a fazer o que fazemos

TRADUÇÃO
Paulo Geiger

2ª reimpressão

Copyright © 2017 by John Bargh

Grafia atualizada segundo o Acordo Ortográfico da Língua Portuguesa de 1990, que entrou em vigor no Brasil em 2009.

Título original
Before You Know It: The Unconscious Reasons We Do What We Do

Capa
Eduardo Foresti, Foresti Design

Preparação
Raïtsa Leal

Índice remissivo
Probo Poletti

Revisão
Jane Pessoa
Márcia Moura

Dados Internacionais de Catalogação na Publicação (CIP)
(Câmara Brasileira do Livro, SP, Brasil)

Bargh, John
    O cérebro intuitivo : Os processos inconscientes que nos levam
a fazer o que fazemos / John Bargh ; tradução Paulo Geiger. —
1ª ed. — Rio de Janeiro : Objetiva, 2020.

    Título original: Before You Know It : The Unconscious
Reasons We Do What We Do.
    Bibliografia.
    ISBN 978-85-470-0104-9

    1. Comportamento humano 2. Conhecimento 3. Consciência
— Aspectos psicológicos 4. Intuição (Psicologia) 5. Motivação
(Psicologia) 6. Neuropsicologia I. Título.

20-32867   CDD-154.2

Índice para catálogo sistemático:
1. Inconsciente : Psicologia   154.2

Maria Alice Ferreira – Bibliotecária – CRB-8/7964

Todos os direitos desta edição reservados à
EDITORA SCHWARCZ S.A.
Praça Floriano, 19, sala 3001 — Cinelândia
20031-050 — Rio de Janeiro — RJ
Telefone: (21) 3993-7510
www.companhiadasletras.com.br
www.blogdacompanhia.com.br
facebook.com/editoraobjetiva
instagram.com/editora_objetiva
twitter.com/edobjetiva

Para Danielle,
minha super-heroína

Sumário

Vamos refazer a tessitura do tempo 9

PARTE 1: O PASSADO OCULTO

1. O passado está sempre presente 31
2. Alguma montagem é requerida 66
3. Horário nobre e tempo de pré-ativação............................ 90
4. A vida se prolonga 115

PARTE 2: O PRESENTE OCULTO

5. Ficar ou ir embora? 149
6. Quando confiar em seu instinto? 179
7. O que você vê é o que você faz 209

PARTE 3: O FUTURO OCULTO

8. Cuidado com o que deseja 247
9. O inconsciente nunca dorme 277
10. Você controla sua mente 303

Você é o DJ 323

Notas 335
Referências bibliográficas 357
Índice remissivo 377

Vamos refazer a tessitura do tempo

A distinção entre passado, presente e futuro é apenas
uma ilusão obstinada e persistente.
Albert Einstein

Na faculdade, eu me formei em psicologia, mas me especializei em Led Zeppelin. Ou talvez tenha sido o contrário.

Foi em meados da década de 1970, eu ainda estudava na Universidade de Illinois, em Champaign-Urbana. Quando não estava trabalhando no laboratório de pesquisa do Departamento de Psicologia, passava meu tempo na estação de rádio estudantil, a WPGU, na qual era DJ no turno da noite. Pôr os discos para girar requer mais do que mera técnica, ainda mais naquela época pré-digital de discos de vinil. Trata-se de uma arte que envolve intuição e perícia, o que me custou alguns contratempos em pleno ar até eu enfim me sentir relaxado em minha cabine de vidro à prova de som no estúdio da estação. Para inserir da maneira certa uma nova canção num fade-in, é preciso combinar corretamente seu ritmo, e até sua tonalidade, com os da canção que está em fade-out. Como duas pessoas que se cruzam na porta de um restaurante, uma saindo e a outra chegando, as duas canções se sobrepõem durante vários segundos, criando uma prazerosa sensação de continuidade. Uma das coisas de que eu mais gostava no Led Zeppelin era que os finais de suas canções, em geral estranhos e prolongados, me instavam a ser mais criativo nas transições que eu articulava. Enquanto "Ramble On" ia se desvanecendo, com o *Mah baby, mah baby, mah baby*" de Robert Plant ficando cada vez mais suave, eu sobrepunha a trovoada e a chuva que abrem "Riders on the Storm", do The Doors.

Sendo um garoto do Meio-Oeste que estava apenas começando a pensar no que queria fazer da vida, fui atraído pela psicologia porque ela prometia um futuro de explicações: por que os seres humanos fazem o que fazem, tanto as coisas boas quanto as ruins; quais componentes de nossas mentes determinam nossos pensamentos e sentimentos; e, o mais intrigante de tudo, como poderíamos usar esse poço de conhecimentos cada vez mais profundo para reconfigurar nós mesmos e o mundo. Por outro lado, a razão de eu estar tão obcecado por música era que ela *desafiava* qualquer explicação. Por que eu gostava de certas bandas e não de outras? Por que algumas canções me deixavam arrepiado ou me faziam sacudir involuntariamente, enquanto outras não me causavam mais que indiferença? Por que a música exercia um efeito tão poderoso sobre minhas emoções? Ela falava a um repositório oculto de mim mesmo que eu não compreendia, mas que claramente existia e era importante. Em 1978, depois que mudei para Ann Arbor, em Michigan, para trabalhar em minha tese de doutorado, meu orientador, Robert Zajonc, me chamou a seu gabinete, mostrou dois cartões-postais de museus com pinturas modernas e me perguntou de qual eu gostava mais. Ele fez isso com quatro ou cinco conjuntos de pinturas. A cada vez eu soube de imediato qual era minha preferida, mas não consegui identificar o motivo.

Bob sorriu e assentiu, ao ver meu desconforto. "Exatamente", disse ele.

Os psicólogos estavam começando a constatar que havia mecanismos ocultos, subjacentes, que orientavam, e até criavam, nossos pensamentos e nossas ações. No entanto, estávamos apenas no início do processo de compreender que mecanismos eram esses e como funcionavam.[1] Em outras palavras, uma parte importante do que nos faz ser quem somos ainda não tinha explicação, mas era a fonte de uma parte crucial de nossa experiência.

Nessa mesma época, no final da década de 1970, um homem chamado Michael Gazzaniga estava viajando pela Nova Inglaterra num trailer GMC de oito metros.[2] Um dos pais da moderna neurociência, Gazzaniga não estava na estrada só por diversão. O propósito de suas viagens era visitar pacientes com "cérebro dividido" — pessoas cujo corpo caloso, a faixa de fibras que une os hemisférios direito e esquerdo do cérebro, havia sido cortado para reduzir ataques epilépticos. Gazzaniga esperava aprender coisas novas sobre como diferentes regiões do cérebro interagiam. Ele estacionava seu trailer e punha o paciente diante de um mostrador que era capaz de apresentar certos estímulos ao hemisfério direito do cérebro e outra informação ao hemisfério esquerdo. Em geral, o paciente não tomava consciência do que estava sendo apresentado ao lado direito de seu cérebro, apenas o que era mostrado ao lado esquerdo. Em alguns estudos, os pesquisadores exibiam comandos visuais, como "caminhe", para o hemisfério direito do cérebro, e o paciente imediatamente empurrava a cadeira para trás, afastando-a da mesa com o computador, e se encaminhava para fora da sala de teste. Se lhe perguntavam aonde estava indo, respondia algo como: "Para minha casa, tomar um refrigerante". As explicações pareciam ser sensatas, mas estavam totalmente erradas. Gazzaniga ficou impressionado com a rapidez e a facilidade com que seus pacientes eram capazes de interpretar e dar explicações razoáveis para comportamentos que não tinham adotado conscientemente nem começado por iniciativa própria.

O insight revolucionário que Gazzaniga extraiu de seus experimentos foi que os impulsos que acionam muitos de nossos comportamentos diários, a cada momento, originam-se em processos cerebrais que estão além de nossa consciência, mesmo que saibamos, rapidamente, explicá-los de outra forma. Todos sentimos a experiência subjetiva da vontade, mas esse sentimento não é uma evidência válida de que de fato tivemos a intenção de nos comportar de determinada maneira. Podemos ser induzidos a fazer movimentos sem ter querido fazê-los, como demonstrou o dr. Wilder Penfield com pacientes de cirurgia cerebral na Universidade McGill de Montreal, na década de 1950. Ele estimulava uma área do córtex motor, e o braço da pessoa se movia. Ele então advertia o paciente de que isso ia acontecer, e o paciente poderia até tentar impedi-lo, usando o braço esquerdo, mas o direito se mexia mesmo assim.[3] Ficou claro que não era necessário consciência para que o braço se movesse; a consciência não conseguia sequer impedi-lo. Gazzaniga alegou que a mente consciente atribui, pós-fato, um sentido a nossos comportamentos gerados inconscientemente, criando uma narrativa positiva, plausível, sobre o que estamos fazendo e por quê. Obviamente, isso não garante que esses relatos pós-fato sejam exatos. O insight de Gazzaniga dá ao adágio délfico "Conhece-te a ti mesmo" uma luz nova e surpreendente, e suscita outras perguntas quanto ao conceito do livre-arbítrio.

Em um dia qualquer, quanto do que dizemos, sentimos e fazemos está mesmo sob nosso controle consciente? Mais importante que isso, quanto *não* está? E o mais crucial de tudo: se compreendermos como funciona nosso inconsciente — *se soubermos por que fazemos o que fazemos* — seremos enfim capazes de conhecer fundamentalmente a nós mesmos? Poderá o discernimento de nossas motivações ocultas revelar diferentes modos de pensar, sentir e agir? O que isso poderia significar em nossas vidas?

O cérebro intuitivo examina essas questões, assim como dezenas de outras que são, tanto quanto essas, complexas e urgentes. Para começar, porém, precisamos considerar *por que* a experiência humana funciona dessa maneira. Quando tivermos obtido o contexto correto para compreender a interação entre as operações conscientes e as inconscientes de nossa mente, novas oportunidades se abrirão para nós. Poderemos aprender a curar feridas, desfazer hábitos, superar preconceitos, reconstruir relacionamentos e resgatar aptidões adormecidas. Isso, invocando mais duas canções do Led Zeppelin, acontecerá quando as possibilidades de transformação deixarem de estar "Over the Hills and Far Away" [Além das montanhas e muito distante] e começarem a aparecer "In the Light" [À luz].

NÓS SABEMOS O QUE NÃO SABEMOS

Meu cunhado Pete é um cientista de foguetes. Literalmente. Ele e eu crescemos numa cidadezinha, Champaign, e depois ele, minha irmã e eu fizemos juntos nosso trabalho de graduação na Universidade de Illinois. Quando fui para a Universidade de Michigan para meu trabalho de pós-graduação, ele ingressou na Marinha e se tornou um especialista em sistemas de mísseis teleguiados. Ele é muito inteligente.

Eu estava dando aulas na Universidade de Nova York havia alguns anos, na década de 1980, quando fui passar duas semanas com minha família em nossa pequena cabana em Leelanau County, em Michigan, popularmente chamado de o "Mindinho" do estado. No inverno, esse lugar do país é uma extensão fria, proibitiva, de campos cobertos de neve sob céus cinzentos, mas durante o verão é repleto de lagos brilhantes com águas cristalinas como as do Caribe, dunas de areia cheias de crianças felizes, um cenário de churrascos fumegantes e peixes cozinhando, com um pôr do sol sobre árvores verdejantes ao fundo. Meu pai comprou essa pequena cabana sem aquecimento quando éramos crianças, e por muitos anos passamos verões especiais lá.

Certo dia, a superfície do lago estava calma, exceto por marolas ocasionais causadas por ventos silenciosos, imperceptíveis. Era o descanso perfeito da barulhenta cidade de Nova York, onde eu passava as outras cinquenta semanas do ano. Meu cunhado e eu éramos, os dois, madrugadores, e estávamos na sala de estar com janelas amplas bebendo café e aproveitando a luz da manhã.

"Então, conte-me as últimas grandes descobertas de seu laboratório", disse ele.

Expliquei como estávamos descobrindo que o discernimento consciente e a intenção não eram sempre a fonte de nossas reações ao mundo à nossa volta. "Por exemplo", comecei, "tem essa coisa chamada Efeito Coquetel.[4] Digamos que você esteja numa festa, e de repente ouve alguém pronunciar seu nome no outro lado do recinto. Você não ouviu *nada* do que a pessoa disse antes de seu nome, e talvez nem soubesse que ela estava na festa. Em meio ao barulho, você estava filtrando tudo a não ser o que estava dizendo à pessoa com quem conversava, mas mesmo assim seu nome atravessou o filtro. Por que seu nome e nenhuma outra coisa? Esse foi o primeiro estudo que fizemos, mostrando que processamos automaticamente nosso nome e outras coisas importantes para nosso autoconceito, mesmo sem saber."

Meu cunhado olhava para mim com o rosto inexpressivo. Achei que não tinha sido claro, por isso continuei. Expliquei como nossa opinião sobre outra pessoa — por exemplo nossas primeiras impressões — podem ser inconscientemente influenciadas, até mesmo manipuladas, por experiências vividas pouco antes de tê-la conhecido. Eu tinha visto isso em primeira mão em experimentos realizados por meu laboratório, e foi espantoso. "Basicamente", falei, "o que estamos descobrindo é que muito de como a mente opera está oculto para nós, e isso molda nossa experiência e nosso comportamento de maneiras que não fazemos ideia. A parte excitante disso é que por meio de nossos experimentos estamos começando a detectar esses mecanismos inconscientes, a *enxergar* esses padrões invisíveis em nossa mente."

A essa altura, Pete me interrompeu, sacudindo a cabeça. "Não tem como, John", retrucou. "Não me lembro de nenhuma vez em que fui influenciado inconscientemente!"

Exatamente, pensei. E é esse o "x" da questão, não é? Você não se lembra de nenhuma vez, porque, para começar, nunca esteve ciente disso.

Meu cunhado cientista de foguetes mostrava-se inabalável em sua firme crença — baseada na experiência pessoal de toda a sua vida — de que tudo que ele fazia era produto de uma escolha consciente. Isso é totalmente compreensível. Nossa experiência é, por definição, limitada àquilo de que temos consciência. Além disso, seria bizarro e mesmo um tanto aterrorizante admitir a possibilidade de que não estamos tão no controle de nossos pensamentos e de nossas ações quanto nossa consciência nos leva a crer. É difícil aceitar que existem outras forças conduzindo esse barco que é nosso ser, além do capitão consciência que está no leme.

Para compreender de fato o modo como as influências do inconsciente operam dentro de nós em todos os momentos de cada dia, temos de reconhecer que há uma grande desconexão entre aquilo de que temos ciência a cada dado momento e o que mais está ocorrendo na mente naquele mesmo momento. E há muito mais acontecendo do que aquilo de que temos ciência. É o mesmo princípio desses gráficos de comprimentos de onda eletromagnéticas na física, das menores às maiores — nós só conseguimos ver uma pequena fração desses comprimentos de onda, chamada espectro visível. Isso não quer dizer que não haja ali outros comprimentos de onda, mas apenas que eles são invisíveis para nós: infravermelho, ultravioleta, rádio, raios X e muitos mais. Ainda que não consigamos ver a olho nu esses comprimentos de onda de energia invisíveis, dispomos agora de dispositivos e de tecnologia para detectá-los e medir seus efeitos. O mesmo acontece com nossos processos mentais invisíveis: podemos não ter consciência deles diretamente, mas a ciência é agora capaz de detectá-los. Nós também podemos aprender a detectá-los — e ao aprender a ver o que está oculto, adquirimos um novo conjunto de olhos. Ou talvez apenas a receita para um novo par de óculos que não tínhamos ideia de que precisávamos. ("Veja só quanta coisa eu não estava vendo!") E você não precisa ser um cientista de foguetes para usá-los.

AS TRÊS ZONAS DO TEMPO

Até pouco tempo não era possível testar sistemática e rigorosamente como o inconsciente afeta nossos pensamentos e nossas ações. Os cientistas dispunham apenas de teorias, estudos de casos de pacientes clínicos e evidências experimentais fragmentadas, que, naturalmente, alimentavam um debate em andamento. A noção da existência de partes inconscientes da mente, de processos mentais que operam sem nosso conhecimento, existia bem antes de Freud.[5] Darwin, por exemplo, a usou repetidas vezes em sua obra magna de 1859, *A origem das espécies*, para se referir ao modo como os agricultores e pecuaristas de sua época usavam inconscientemente os princípios da seleção natural para cultivar espigas de trigo maiores, criar vacas mais gordas e ter carneiros mais lanudos. Ele queria dizer que os agricultores e pecuaristas não tinham consciência do motivo pelo qual o que faziam estava funcionando, ou dos mecanismos que subjaziam a isso — e, sobretudo, não tinham conhecimento das implicações maiores do mecanismo da seleção natural em relação às crenças religiosas sobre a criação sobrenatural do mundo, incluindo todos os animais e todas as plantas. Mais tarde, ainda no século XIX, Eduard von Hartmann publicou um livro intitulado *Filosofia do inconsciente*, que consistia em nada mais que uma especulação desenfreada sobre a mente e seu funcionamento interno, sem dados e, além do mais, desprovido de lógica e de bom senso. Esse livro ganhou muita popularidade e já havia sido republicado nove vezes em 1884. William James, um dos pais da psicologia moderna, não gostava do relato completamente anticientífico de Von Hartmann sobre as regiões inconscientes da mente, a ponto de provocar seu famoso descarte do inconsciente como um "desmoronante terreno para caprichos".[6] Entretanto, vinte anos mais tarde, depois de se encontrar com Sigmund Freud pela primeira vez e ouvi-lo palestrar sobre o significado dos sonhos, James ficou bem impressionado com a abordagem médica do inconsciente na mente e disse a Freud que sua obra era o futuro da psicologia.[7] James apreciava os esforços de Freud para ir além de especulações teóricas fáceis e fazer observações clínicas mais precisas e intervenções para aliviar a angústia e os sintomas de seus pacientes.

No entanto, poucos anos após esse primeiro e único encontro entre esses dois titãs da psicologia, James e Freud, surgiu uma reação sísmica do estamento científico da época contra o estudo da mente. Os relatos conscientes de participantes em estudos psicológicos sobre sua experiência interior, chamados *introspecção*, não foram considerados fonte confiável de evidência, porque a mesma pessoa era capaz de relatar coisas diferentes em momentos distintos, quando se via diante das mesmas circunstâncias. (De fato, um dos temas deste livro é nossa humana falta de um acesso introspectivo preciso e de conhecimento sobre como funciona nossa mente — embora os cientistas da época confiassem que os participantes de seus estudos seriam capazes de relatar com exatidão como suas mentes funcionavam.)[8] Em 1913, John B. Watson fez a famosa declaração de que a psicologia científica não deveria, portanto, tentar estudar nada relacionado ao pensamento e à experiência consciente. A consequência foi catastrófica. Como escreveu Arthur Koestler em sua devastadora crítica ao behaviorismo de 1967, *O fantasma da máquina*, Watson e os behavioristas haviam cometido um erro de lógica colossal, que fez com que o estudo da mente — consciente ou inconsciente — fosse excluído da psicologia científica pelos cinquenta anos seguintes. Como observa Koestler, era uma época na qual as outras ciências, em gritante contraste, faziam tremendos progressos.[9] A escola behaviorista dominante na psicologia, conforme fundada por Watson, alegava com veemência que somos, totalmente, produto de nosso meio ambiente. O que víamos, ouvíamos e tocávamos — e pouca coisa além disso — determinava aquilo que fazíamos. Passávamos pela vida como ratos capazes de aprender a pressionar uma alavanca para obter comida. A consciência era uma ilusão, um *epifenômeno* que pode nos parecer real, mas não tem papel ativo em nossas vidas. Essa visão extrema estava, é claro, equivocada. Na década de 1960, um novo paradigma entrou em voga — a psicologia cognitiva. Os psicólogos cognitivos buscaram desmascarar a noção de que não somos mais do que ratos de laboratório sofisticados e alegaram que nossas escolhas conscientes tinham importância. Porém, ao nos devolver o livre-arbítrio e lutar tão duramente contra o poderoso e entrincheirado estamento behaviorista, os psicólogos cognitivos caíram no extremo oposto. Alegaram que nosso comportamento está quase sempre sob controle intencional e consciente, e raramente é desencadeado por uma incitação do meio ambiente. Essa posição na extremidade oposta também está errada. A verdade está em algum lugar entre esses dois polos e só pode ser compreendida depois de considerarmos a condição mais básica para a existência de toda vida em nosso planeta — o *tempo*.

A abrangente premissa deste livro é que — assim como aquilo que Einstein disse na epígrafe deste capítulo é verdadeiro para todo o universo — a mente existe simultaneamente no passado, no presente e no futuro. A experiência consciente é a soma dessas três partes à medida que elas interagem dentro do cérebro de um indivíduo. No entanto, o que constitui as zonas de tempo coexistentes na mente é menos explícito do que poderia parecer. Ou melhor, uma camada é bastante fácil de ser identificada, ao passo que as outras não são.

O passado, o presente e o futuro *não* ocultos estão bem ali, em nossa experiência diária. A qualquer momento podemos, por vontade própria, evocar memórias do imenso arquivo armazenado no cérebro, e parte delas conservam uma vividez extraordinária. Memórias também podem ocasionalmente vir ao nosso encontro, disparadas por alguma associação que faz o passado espocar em nós, como se uma tela de cinema se desdobrasse diante dos olhos da mente. E se dedicarmos algum tempo à reflexão — ou se tivermos um parceiro que nos faz perguntas ou se entrarmos em terapia —, seremos capazes de descobrir como o passado modela nossos pensamentos e nossas ações do presente. Enquanto isso, seguimos cientes de um presente que está continuamente acontecendo. A cada segundo que passamos despertos, experimentamos a vida quando ela encontra nossos cinco sentidos — visões, cheiros, gostos, sons, texturas. O cérebro humano evoluiu de modo a que sejamos capazes de reagir com eficácia ao que acontece à nossa volta, *à medida que acontece* no presente. Assim, dedicamos uma tremenda quantidade de recursos neurais para tomar decisões comportamentais inteligentes num mundo em mutação que não podemos controlar. Éons de evolução deram à massa cinzenta entre nossas orelhas a forma de um centro de comando incrivelmente sofisticado. Pense nisto: o cérebro humano constitui em média 2% do peso total de uma pessoa, mas consome cerca de 20% da energia que utilizamos quando despertos.[10] (Agora que pensou nisso, talvez você queira comer alguma coisa.)

No entanto, podemos controlar nossos futuros imaginados. Perseguimos ativamente ambições, desejos e ocasiões marcantes na vida — aquela promoção tão merecida, aquelas férias dos sonhos, uma casa para nossa família. Esses pensamentos que se desenrolam em nossas mentes não estão mais ocultos do que o passado ou o presente. Como poderiam estar? Nós mesmos os suscitamos.

É indiscutível, portanto, que aquilo de que conscientemente temos noção nos alimenta de uma dose de experiência substancial e significativa. Mas na mente acontece muito, muito mais do que aquilo que é visível de imediato nessas três zonas do tempo. Também temos um passado, um presente e um futuro ocultos — todos nos influenciando antes de o sabermos.

O organismo humano evoluiu com ordem de se manter vivo e, com isso, continuar a se reproduzir. Tudo o mais — religião, civilização, o rock progressivo de 1970 — veio depois. As lições duramente aprendidas para a sobrevivência de nossa espécie constituem nosso passado oculto e nos dotaram de "protocolos" automáticos que persistem até hoje, embora pessoalmente não tenhamos lembrança da imensa história ancestral que produziu essas características. Por exemplo, se um ônibus está vindo em sua direção, você sabe pular para longe do percurso dele, e seu sistema nervoso o ajuda a fazer isso sem que você tenha de ordenar que ele comece a bombear adrenalina. Da mesma forma, se alguém por quem você está atraído se inclina para beijá-lo, você sabe corresponder a esse beijo. Meio século atrás, o prof. George Miller, de Princeton, ressaltou que se tivéssemos de fazer tudo de forma consciente, nunca conseguiríamos sair da cama pela manhã.[11] (Já é bem difícil com as coisas do jeito que são.) Se você tivesse de decidir em detalhes quais músculos movimentar, e fazer isso na ordem correta, provavelmente ficaria sobrecarregado. Na agitação frenética de cada dia, não nos damos ao luxo de refletir com tanto cuidado sobre qual seria a melhor resposta para cada e todo momento, e, assim, nosso passado evolucionário que opera em nível inconsciente nos provê de um sistema otimizado que nos economiza tempo e energia. Entretanto, como iremos explorar adiante, ele também orienta nosso comportamento de outras maneiras importantes e menos óbvias — por exemplo, em temas como namoro e política de imigração.

O presente, tal como existe na mente, também contém muito mais do que percebemos conscientemente quando estamos a caminho do trabalho, passando algum tempo com a família ou com o olhar fixo no smartphone (e às vezes fazemos todas as três coisas ao mesmo tempo, embora eu não aconselhe fazer isso). Minha pesquisa ao longo dos anos, bem como a de meus colegas, tem revelado que existe um presente oculto que afeta quase tudo que fazemos: quais produtos compramos (e quantos) na mercearia, nossas expressões faciais e nossos gestos quando conhecemos pessoas novas, nosso desempenho em testes e entrevistas de emprego. Embora possa parecer o contrário, o que pensamos e fazemos nessas situações não está totalmente sob nosso controle consciente. Dependendo das forças ocultas que atuam no presente de nossa mente em cada dado momento, compramos produtos diferentes (e em quantidades diferentes), interagimos com os outros de modos diferentes e apresentamos um desempenho diferente. E ainda temos nossos palpites confiáveis, instintos e reações viscerais sobre os quais Malcolm Gladwell escreveu em seu livro *Blink: A decisão num piscar de olhos*. A maleabilidade de nossas mentes no presente significa que respostas "num piscar de olhos" são de fato consideravelmente mais falíveis do que muitos de nós pensam. Ao aprender como eles de fato funcionam em nosso cérebro, porém, podemos incrementar nossa aptidão para reconhecer os bons e os maus palpites.

E há ainda o futuro oculto. Temos esperanças, sonhos e objetivos que orientam nossas mentes e nossas vidas, assim como temos medos, ansiedades e preocupações quanto ao futuro que às vezes não conseguimos banir de nossos pensamentos. Essas ideias, passando por nossos caminhos neurais, exercem uma influência invisível e marcante sobre nós. O que queremos e necessitamos com mais intensidade determina aquilo de que gostamos e de que não gostamos. Por exemplo, um experimento notável demonstrou que quando mulheres são levadas a pensar que chegou a hora de buscar um parceiro com quem possa manter um relacionamento duradouro, sua desaprovação a salões de bronzeamento e a pílulas para emagrecer (métodos ostensivos para se tornar mais atraente) diminui.[12] Por quê? Porque inconscientemente vemos o mundo através de óculos cujas lentes, que filtram o que vemos, são os nossos objetivos. Os salões de bronzeamento e as pílulas para emagrecer de repente se tornam coisas boas quando nossa mente está inconscientemente focada em ficar mais atraente para encontrar um parceiro. Esse futuro invisível também afeta de *quem* gostamos e não gostamos. Se você estiver focado em sua carreira, sentirá uma conexão emocional maior com pessoas que estão relacionadas com seu objetivo profissional. Por outro lado, se estiver mais ligado em se divertir, outro tipo de pessoa atrairá você. Em outras palavras, amigos — assim como outros aspectos da vida — com frequência são uma função de nossos objetivos inconscientes, nosso futuro oculto. Examinar como nossos desejos podem influenciar furtivamente nossas vidas nos permite ordenar melhor nossas verdadeiras prioridades e nossos valores.

Passado. Presente. Futuro. A mente existe nas três zonas de tempo simultaneamente, tanto nas operações ocultas quanto nas visíveis. É um tipo de distorção multidimensional do tempo, mesmo quando nos proporciona a sensação de uma experiência suavemente contínua, linear. Nenhum de nós, nem mesmo o praticante mais adepto da meditação, jamais está *apenas* no presente. Nem deveríamos querer estar.

A mente em essência, opera de modo muito parecido com o equipamento estéreo que eu utilizava quando DJ na WPGU, na década de 1970, exceto pelo fato de que as superposições são muito mais complicadas e o mixer tem muito mais entradas ativas. É como se sempre estivessem sendo tocadas três canções. A canção principal (o presente) é tocada no volume mais alto — digamos que seja "Heartbreaker", porque esta é o Zeppelin em seu melhor — enquanto as outras duas (passado e futuro) estão em constante fade-in e fade-out, e, dissimuladamente, mudando o som como um todo. A sorrateira sutileza é a seguinte: nas profundezas ocultas de sua mente, há letras, melodias e ritmos importantes dos quais você não tem consciência. Mesmo quando estão alterando de forma significativa o caráter geral da canção que você está escutando, é raro que você saiba como identificá-los.

O objetivo deste livro é pôr você dentro da cabine de DJ que é sua mente, de modo que possa ouvir melhor o que de fato está tocando lá e começar a controlar, você mesmo, a música.

O NOVO INCONSCIENTE

A longa jornada da humanidade para a compreensão da mente inconsciente nos levou a um sem-número de direções erradas e até bastante fantasiosas. Na Idade Média, quando as pessoas apresentavam quaisquer comportamentos estranhos, como falar sozinho ou ter visões, acreditava-se que estavam possuídas por um demônio ou um espírito mau. Afinal, a religião ensinava que os seres humanos haviam sido criados à imagem de Deus, e Deus não ia ficar andando por aí balbuciando coisas para si mesmo. No início do século XVII, o filósofo René Descartes (famoso pelo aforismo "Penso, logo existo") localizou a alma humana — nossa qualidade sobrenatural, divina — em nossas mentes conscientes. A causa de comportamentos socialmente inaceitáveis, portanto, não poderia estar na consciência divina da pessoa; teria de haver uma força externa que tomava posse de seu corpo físico.

Cerca de três séculos depois, por volta de 1900, os cientistas Pierre Janet, em Paris, e Sigmund Freud, em Viena, alegaram, um independente do outro, que as doenças psicológicas tinham causas naturais e físicas. Freud e Janet foram os psiquiatras originais. Em suas práticas e em hospitais separados, tratavam pacientes que apresentavam psicopatologias, como o transtorno da dupla personalidade, e tentavam formular uma explicação quanto ao lugar na mente física onde esses distúrbios se originavam.[13] Janet atribuiu a doença mental a um mero funcionamento anormal do cérebro, ao passo que Freud concluía que essas patologias eram produzidas por um "eu" separado, inconsciente, que vivia dentro desses pacientes mentais. Mas depois ele foi muito além e insistiu — de forma bastante dogmática, aliás — que essa mente inconsciente em separado existia em cada um de nós e não apenas em pacientes mentais. Freud insistiu que seu acólito Carl Jung e outros aceitassem suas teorias como um dogma, quase como uma verdade revelada, e não como hipóteses a serem testadas cientificamente (como Jung fez depois, de todo modo).[14] E assim, embora sua ênfase nos impulsos inconscientes sem dúvida fosse um tremendo insight, Freud estava efetivamente demonizando as operações inconscientes da mente normal, alegando que cada de um nós abrigava em si um mundo separado inferior e inconsciente de compulsões sombrias e distorcidas que só poderia ser exorcizado mediante psicoterapia.[15] Janet, que estudou os mesmos fenômenos, discordou com veemência, mas, como sabemos, foram as teorias de Freud que se incorporaram à cultura popular, na qual ainda, em grande medida, permanecem.

Em sua teorização extensa e detalhada, Freud apresentou a mente inconsciente como um caldeirão fervente de complexos mal-adaptativos determinado a nos causar dissabor e tristeza, e que só pode ser superado com a intervenção de nossa mente consciente (com a ajuda de um bom psiquiatra, é claro). E Descartes sustentou que nossa mente consciente era nossa qualidade divina, e a mente física inconsciente representava nossa natureza básica, animal. Os legados de Descartes e de Freud permanecem até hoje, mesmo em alguns ramos da psicologia científica.[16] Resumindo, o que é consciente é *bom*, e o que não é consciente é *mau*. Essa é uma conveniente supersimplificação que também está absoluta e inconvenientemente *errada*.

Por que nos agarramos a essa crença e a acalentamos tanto? Creio que, em grande medida, seja porque nós *queremos* muito acreditar nela; afinal, a consciência é nosso superpoder próprio, aquilo que nos distingue dos outros animais. Pare um instante e dê uma olhada no enredo e nos personagens (Vingadores, Batman, Homem-Aranha) dos programas infantis ou dos filmes de Hollywood — sem falar em todos os programas de TV para adultos nos quais o protagonista tem poderes ou habilidades mentais especiais. Almejamos ser como esses personagens de filmes e da televisão, ter uma vantagem especial em relação a outros, ter esses poderes para endireitar o que está errado, nos vingar, ir ao socorro de nossa família, nossos amigos e dos oprimidos na sociedade. Essas são maravilhosas e prazerosas escapadas da realidade de nossas vidas, e nós gastamos muito de nosso dinheiro e de nosso valioso tempo para nos distrair regularmente com essas fantasias da mídia. Queremos tanto esses superpoderes que, compreensivelmente, ficamos relutantes em abrir mão de acreditar no único que temos *sim* (a consciência), e que os outros animais não têm.

Assim, ficamos motivados a acreditar que nossa mente consciente é a fonte do bem, e também a culpar as maquinações inconscientes da mente pelo que dá errado, pelo que é mau. Quando fazemos algo que outros reprovam, dizemos "Eu não quis dizer isso" ou "Foi sem intenção", e somos incansáveis ao inventar causas e razões para nosso comportamento que não sejam "Sim, eu quis mesmo fazer isso e gostaria de não ter sido pego". Um modo de mostrar a si mesmo que com frequência você atribui outras causas a seu comportamento, além de sua intenção consciente, é considerar que você invoca exatamente essas outras causas quando não quer assumir a responsabilidade (a culpa) de suas ações. De repente, você acredita *sim* que suas ações podem ter sido causadas por algo que não suas intenções conscientes. Mas se for honesto consigo mesmo, reconhecerá que esse princípio deveria ser aplicado tanto em relação a seus comportamentos positivos quanto em relação àqueles que você prefere negar.

Atualmente, porém, graças sobretudo ao advento da ciência cognitiva e aos novos métodos que ela tornou disponíveis, entramos na era da nova inconsciência. Sabemos agora que o inconsciente não é uma segunda mente dentro de nós que age segundo suas próprias regras.[17] Temos teorias científicas sobre como funciona a mente de um indivíduo comum e testamos essas hipóteses com dados experimentais baseados em reações de pessoas comuns, de modo que podemos fazer generalizações relacionadas à mente humana média com mais segurança do que pôde Freud, que baseou suas teorias em evidências obtidas em estudo de casos de um número muito menor de pacientes atípicos e com problemas mentais e emocionais significativos.[18] Estudos feitos em exames de imagem do cérebro revelaram que processos psicológicos inconscientes utilizam a mesma região e os mesmos sistemas cerebrais que a mente consciente utiliza: *The Song Remains the Same* [A canção continua a mesma], por assim dizer.* Temos uma mente única e unificada, que opera tanto no modo consciente quanto no inconsciente, sempre usando a mesma maquinaria básica, aprimorada ao longo do curso do tempo evolucionário. A mente oculta — os processos mentais que operam fora de nosso conhecimento e intenção — existe para nos ajudar, embora tenha toda uma gama de efeitos complexos, cuja compreensão só nos beneficiará. Foi ao estudo desses processos mentais essencialmente inconscientes que dediquei os quarenta anos de minha carreira.

No verão de 2003, eu mudei da Universidade de Nova York para Yale. Quando cheguei, meus colegas e eu batizamos nosso laboratório de "Automacity in Cognition, Motivation and Evaluation Lab" [Laboratório de Automaticidade em Cognição, Motivação e Avaliação], ou a sigla Acme. O acrônimo é expressivo (embora eu admita que no início quisemos chamar o laboratório de Acme por razões que logo ficarão claras, e só depois pensamos nas palavras às quais a sigla iria se referir). A palavra "acme" significa "pico", "cume", "auge" ou "zênite", e muitos de nós pensamos que nossa mente consciente é o ápice da perfeição, a "Crown of Creation" [Auge da Criação] (que é uma canção do Jefferson Airplane, não do Led Zeppelin). Apesar de a mente consciente ser de fato o ponto culminante de 3,6 bilhões de anos de evolução da vida, não foi essa a verdadeira razão de eu querer chamar o laboratório de Acme.

Talvez muitos de vocês se lembrem dos antigos desenhos animados do *Papa-léguas*, nos quais o voraz e faminto Coiote persegue o inocente Papa-léguas por intermináveis estradas desertas. A Acme Corporation era a fornecedora de todas as estranhas engenhocas e os explosivos que o Coiote utilizava para caçar sua presa. (Aliás, o website de nosso laboratório inclui um link para um catálogo de todos esses primorosos produtos Acme.) No fim, porém, o tiro sempre acabava saindo pela culatra. Em certo sentido, o Papa-léguas é nossa veloz e mais-esperta-do-que-pensamos mente inconsciente, e o Coiote é nossa

* *The Song Remains the Same* é o título de um filme-concerto da banda Led Zeppelin. (N. T.)

esquematizadora e não-tão-esperta-quanto-pensa-que-é mente consciente. É comum cometermos o mesmo erro do Coiote de pensar que somos muito astutos e sensatos, e como resultado vemos nossos planos conscientes irem pelos ares. O fato é que na vida isso raramente é tão engraçado quanto nos desenhos. Ou é muito engraçado quando acontece com outra pessoa na vida real, mas nem tanto quando acontece conosco.

Por falar em vida real, ao projetar os experimentos que realizei no laboratório, meu objetivo era que a situação experimental fosse tão natural e realista quanto possível. Participar de um experimento psicológico é uma experiência estranha, uma vez que a pessoa sabe que está sendo avaliada por um *psicólogo*, um especialista em pensamento e comportamento humanos. (Na faculdade, eu mesmo participei de uma dúzia de experimentos e sempre ficava esperando que alguém de avental branco saísse do laboratório e olhasse para mim depois de terminar, balançando a cabeça e murmurando como o Tropeço, de *A família Addams*.) Isso pode deixar as pessoas um tanto ressabiadas, fazendo-as pensar mais do que o normal sobre o que estão fazendo, tentando se mostrar do modo mais favorável possível. Mas, como cientistas da psicologia, não queremos estudar como as pessoas agem quando estão na defensiva. Queremos saber o que acontece no mundo real, quando as pessoas não estão mudando seu comportamento conscientemente. Assim, ao longo dos anos, projetamos muitos de nossos estudos para coletar informação de modo que os participantes não se dessem conta de maneira alguma de que faziam de fato parte de um estudo.

Por exemplo, estudamos os efeitos do poder e da falta de poder, fazendo os voluntários entrarem no gabinete de um professor (o meu), onde, de modo casual, eu pedia que se sentassem na grande cadeira de couro do professor atrás da ampla escrivaninha (alto poder) ou na cadeira raquítica que ficava à sua frente (baixo poder). Em outro estudo, medimos o tempo que as pessoas levavam para percorrer um corredor ao deixar o experimento, pensando que já tinha terminado. Num terceiro, o experimentador pedia casualmente que os participantes segurassem por um momento seu café, quente ou gelado, enquanto procurava numa pasta um questionário para que eles preenchessem: o ato de provocar neles uma sensação de frio ou de calor era, sem que os participantes percebessem, parte do estudo. Dessa maneira, incrementamos o que é chamado de "validade ecológica" do experimento, ou seja, a probabilidade de que nossas descobertas também ocorram no mundo real, fora do laboratório. E depois de décadas dessa pesquisa, experimento após experimento demonstraram que o inconsciente não é um muro impenetrável, e sim uma porta que pode ser aberta e para a qual a ciência tem a chave.

Assim como meu cunhado, quando as pessoas ouvem falar pela primeira vez do poder das influências inconscientes, muitas vezes temem não ter livre-arbítrio ou o controle de suas vidas. Mas, ironicamente, recusar-se a acreditar nas evidências apenas para manter a crença no livre-arbítrio reduz, na realidade, a verdadeira medida de livre-arbítrio de que a pessoa dispõe. Essas pessoas que negam a mecânica da sugestionabilidade, ou a possibilidade de sofrerem influências das quais não têm consciência, são as mais vulneráveis à manipulação. E, paradoxalmente, é pelo reconhecimento da existência de forças inconscientes e dos limites de nosso livre-arbítrio que podemos de fato incrementar o livre-arbítrio de que dispomos. Se tenho consciência, por exemplo, de como os acontecimentos do dia em meu escritório podem influenciar como reajo quando minha filha de cinco anos corre para mim no momento em que abro a porta em casa, posso tomar medidas para controlar essa influência e reagir a esse momento alegre e cotidiano como realmente gostaria. Se não tiver consciência disso, posso muito bem considerar minha reação ranzinza como tendo sido causada por ela — o que seria um erro —, e logo depois me arrepender dessa atitude. Nós, como seres humanos que somos, temos uma significativa e real necessidade de sentir que somos os comandantes de nossas almas e que temos o controle de tudo que acontece em nossas vidas. Se acharmos que não temos ação sobre isso, por que tentar? O fato de poder haver sobre nós influências que não conhecemos significa apenas que temos *menos* controle intencional do que costumávamos pensar que tínhamos, e não que não temos *nenhum* controle. Pense só em quanto mais controle você pode obter se reconhecer e levar em conta essas influências, em vez de fingir que elas não existem (permitindo, assim, que elas controlem você).

Afinal de contas, os verdadeiros capitães de navio não têm controle total sobre o curso de sua embarcação. Eles têm de considerar outras forças, como as correntes oceânicas e a direção do vento. Não apontam simplesmente a proa para um porto distante e navegam em linha reta. Se o fizessem, bateriam nas rochas ou ficariam à deriva no mar. Em vez disso, o capitão faz ajustes e adaptações para trabalhar junto com esses elementos poderosos que afetam o curso do navio. Jogadores de golfe também fazem isso o tempo todo. Se há um forte vento cruzado, eles não miram diretamente no buraco, mas levam em conta as rajadas de vento. Se você aprender a se ajustar às correntes e aos ventos cruzados inconscientes que operam dentro de você, levará sua vida melhor do que eu jogo golfe, o que aliás não será muito difícil.

Este livro é sobre descobrir essas correntes e esses ventos cruzados. Na primeira seção vamos olhar para o passado oculto e observar como somos influenciados hoje por nossa história evolucionária antiga, nossa primeira infância quase toda esquecida e a cultura na qual fomos criados. Esse passado de longo prazo — de cuja maior parte não temos qualquer lembrança — afeta nossa experiência consciente do presente de modo surpreendente. Ele pode afetar como votamos em disputas políticas, quantos amigos temos na escola, e até como nos saímos numa prova de matemática. Nosso passado de curto prazo, o que fizemos nas últimas uma ou duas horas, também pode sub-repticiamente alterar o que fazemos em circunstâncias diversas, nos fazendo gastar mais dinheiro do que queremos, comer mais ou ser injustos ao avaliar o desempenho de alguém no trabalho. O passado oculto pode até afetar seu futuro emprego e o salário que você é capaz de negociar — tudo dependendo de que tipo de drinque seu possível empregador ou empregadora está segurando ou o tipo de cadeira em que ele ou ela está sentado.

Na segunda seção, vamos olhar para nosso presente oculto — os modos pelos quais estamos sendo influenciados por nossos julgamentos rápidos e "fatias finas".* Vamos aprender quando podemos confiar em nosso instinto e quando é melhor adiar nossas reações imediatas. Vamos aprender por que é quase impossível ser neutro em nosso julgamento dos outros (ou de qualquer coisa), e ainda como essa mesma tendência de dividir o mundo entre o que é "bom" e o que é "mau" pode ser aproveitada para diminuir significativamente a taxa de recidiva no alcoolismo. Nosso presente é de uma flexibilidade chocante, e veremos como a visão de um grafite pintado num muro pode transformar um cidadão cumpridor de leis em um baderneiro, e por que quanto mais tempo você vive com seu cônjuge ou companheiro mais parecido com ele você fica. Vamos investigar também como uma simples atualização de seu status pode

---

* Termo da psicologia que se refere a julgamentos e conclusões tomados rapidamente a partir de conhecimento limitado e imperfeito do que está sendo avaliado, e, portanto, falíveis. (N. T.)

afetar o humor de seus amigos no Facebook durante três dias, e por que você deveria gravar o jogo de futebol da tarde de domingo que assiste com seus filhos, em vez de vê-lo ao vivo.

Na terceira e última seção, avaliaremos os efeitos ocultos de nossos planos futuros e nos concentraremos na última pesquisa sobre a motivação inconsciente. Nossos objetivos e desejos exercem poderosas influências sobre nós, por isso temos de ser cuidadosos quanto ao que queremos, mas isso também pode nos estimular de maneiras inesperadas. Veremos como estudantes podem ser induzidos a ter desempenho melhor em testes orais simplesmente pensando em suas mães. Vamos explorar também como fazer nossas mentes trabalharem inconscientemente para nos ajudar a resolver problemas (até mesmo dormindo), e como usar nosso recém-adquirido conhecimento da mente oculta para nos ajudar a atingir objetivos difíceis de definir. Vamos aprender a arte da *implementação de intenções*, que, segundo experimentos, ajuda os idosos a se lembrarem de tomar os remédios, tira as pessoas do sofá para começarem a se exercitar e motiva jovens a expressar seu amor pelos pais sem constrangimentos.

Quando converso com não cientistas sobre meu trabalho, as pessoas tendem a se questionar sobre qual é seu "eu" real — o consciente ou o inconsciente. Há quem pense que o eu consciente é o verdadeiro eu, porque ele reflete as intenções da pessoa e a consciência que ela tem do que faz. Outros acham que o eu inconsciente é o verdadeiro, porque reflete aquilo em que as pessoas acreditam real e profundamente, e não apenas a versão delas mesmas que querem apresentar ao mundo. Mas a verdadeira resposta é "ambos". Temos de expandir nossa noção de quem é o "Eu". Como Descartes, muitos de nós nos identificamos apenas com nossa mente consciente, como se o inconsciente adaptativo que nos serve tão bem na maioria das vezes fosse alguma forma de vida alienígena que invadiu nosso corpo.[19] O inconsciente pode nos desorientar se não estivermos atentos à sua influência, mas lembre-se: ele evoluiu e existe porque nos ajudou a sobreviver e a prosperar. (Uma das grandes falhas na versão de Freud sobre o inconsciente é que torna muito difícil entender como um sistema tão mal-adaptativo poderia ter evoluído durante os processos de seleção natural.) Da mesma forma, nossa mente consciente também evoluiu com uma espécie de volante para permitir um controle adicional, estratégico, dos mecanismos do inconsciente. Apenas quando integramos ativamente o funcionamento tanto do consciente quanto do inconsciente da mente, quando prestamos atenção nos dois e fazemos bom uso deles, é que somos capazes de evitar a armadilha de não enxergarmos metade da mente.

Em outras palavras, a questão não é qual é nosso verdadeiro eu, porque os dois são. Não podemos conhecer de verdade nosso eu *completo* sem conhecer a parte inconsciente e compreender como ela modela nossos sentimentos e nossas crenças, nossas decisões e nossas ações. O inconsciente está o tempo todo guiando nosso comportamento — mesmo que, como os pacientes de Gazzaniga com o cérebro dividido, possamos acreditar piamente que não. Em geral, ele ajuda, às vezes dificulta, mas seu objetivo primordial é nos manter em segurança, e para isso nunca dorme e nunca descansa. Não podemos desligar a mente inconsciente, nem deveríamos querer fazê-lo. Quando você compreender as fascinantes, embora simples, razões pelas quais faz o que faz e como suas mentes passada, presente e futura o influenciam antes que você o saiba — bem, então a mente oculta não estará mais oculta.

Robert Plant canta em uma das primeiras canções do Led Zeppelin, "*Been dazed and confused for so long...*" [Estive atordoado e confuso por tanto tempo...]. Eu me sentia assim naquela época e suponho que foi por isso que escolhi a carreira que escolhi e a pesquisa que estou fazendo. É para onde me levaram o Led Zeppelin e a psicologia: a uma apreciação das forças que nos motivam tão profundamente, lá, logo abaixo de nossa consciência. Às vezes ainda me sinto atordoado — isso é parte da vida — mas muito menos confuso, em especial desde meu encontro, dez anos atrás, com um certo jacaré de olhos verdes.

Parte 1

O passado oculto

O passado nunca está morto. Ele nem mesmo já passou.
William Faulkner

1. O passado está sempre presente

Por volta de 3200 a.C., um homem de olhos castanhos e cabelos ondulados está morrendo num barranco, preso numa rocha onde ficam hoje os Alpes italianos, a mais de 3 mil metros acima do nível do mar. O homem caiu de bruços, seu braço esquerdo atravessado sob o pescoço. Tinha 1,57 metro de altura, cerca de 45 anos, marcas na pele parecidas com tatuagens e um espaço entre os dois dentes da frente. Pouco antes, ele havia comido alguns grãos e carne de cabra montesa, e uma de suas costelas estava fraturada. Era primavera ou início de verão, mas àquela altitude, com picos cobertos de neve erguendo-se por todos os lados, o clima era imprevisível. Ele usava um casaco de pele de cabra e calças compridas e justas, carregava uma machadinha com lâmina de cobre e outros instrumentos, e levava consigo um kit medicinal, embora isso não pudesse tê-lo salvado.

Ele morreu e não muito tempo depois caiu uma tempestade, encerrando seu corpo num bloco de gelo.

Cinco mil anos depois, em 19 de setembro de 1991, dois andarilhos alemães estavam descendo uma montanha nos Alpes Ötztal e decidiram pegar um atalho. Ao saírem do caminho costumeiro, passaram por um barranco e notaram uma forma estranha debaixo do chão rochoso, que estava parcialmente inundado de água proveniente de gelo derretido. Aproximaram-se para ver mais de perto e descobriram um corpo humano. Chocados, avisaram as autoridades, que depois conseguiram remover o corpo do gelo, no qual parte dele ainda estava preso. Logo constataram que não se tratava de um montanhista vítima de uma trágica infelicidade, como se acreditara no início, mas de uma das mais antigas múmias do mundo. Graças ao gelo que cobriu o homem de olhos castanhos e ao posicionamento daquele barranco enfiado na rocha, o que o deixava fora do caminho de movimentação da geleira, o corpo constituía um achado científico monumental: um espécime excepcionalmente bem conservado da vida humana da Idade do Cobre, que também oferecia insights sobre o processo da morte humana.

Nos anos que se seguiram à descoberta do Ötzti — um dos vários apelidos que a mídia atribuiu ao homem que encontrara seu fim naquela ravina isolada —, os cientistas analisaram com muito cuidado seus restos mortais e os objetos encontrados com ele. Uma das coisas que quiseram saber foi o que o havia matado. Isso acabou se revelando um caso forense nada simples. Apesar de Ötzti ter sofrido naquele dia de um passado remoto uma lesão na cabeça antes da tempestade que o deixara congelado, não estava claro se esta fora a causa principal de sua morte. Por exemplo, ele tinha um verme parasita (os cientistas encontraram ovos no estômago), e um teste em uma de suas unhas revelou que sofria de algum tipo de doença crônica (possivelmente doença de Lyme). O mesmo teste revelou também que seu sistema imunológico havia passado por períodos de sofrimento agudo por três vezes nos últimos quatro meses de sua vida. Talvez ele apenas tenha ficado fraco por causa de uma combinação de altitude com uma saúde já combalida e caiu da montanha no barranco. Também foram encontrados níveis perigosos de arsênico em seu sangue, o que levou os pesquisadores a acreditar que ele trabalhava em metalurgia. Como se não bastasse, ele tinha fraturas ósseas antigas e um cisto que provavelmente era sequela de uma lesão causada pelo frio.

E você achando que *você* tem problemas.

Embora houvesse muitos indícios diferentes quanto à natureza das causas de sua morte, uma coisa estava clara: a vida de Ötzti sofria agressões contínuas de seu meio ambiente. Deve de ter sido difícil para ele chegar àquela idade. E tudo isso aconteceu a um homem que parece ter gozado de um status elevado em sua comunidade, como sugere a posse da machadinha de cobre. Entretanto, no fim, os cientistas descobriram que não foram problemas de saúde que mataram Ötzti e sim um perigo mais íntimo — outros humanos.

Em 2001, raios X revelaram um objeto escondido sob a pele de seu ombro esquerdo. Após uma inspeção detalhada, os pesquisadores concluíram que era a cabeça de sílex de uma flecha, cuja ponta aguda tinha perfurado um vaso sanguíneo, fazendo-o sangrar demais em muito pouco tempo. Em outras palavras, Ötzti foi assassinado, deixando atrás de si um dos maiores casos de crime sem solução da história humana.

A revelação lançou uma nova luz sobre sua morte. A lesão na cabeça, agora, parecia estar relacionada com a agressão que lhe roubara a vida. Ou ele tinha sido espancado pelos mesmos agressores que o acertaram com a flecha ou havia ferido a cabeça na queda ocasionada pela grande perda de sangue. Talvez até tenha sido empurrado para o barranco por seus agressores. Qualquer que tenha sido a sequência específica dos acontecimentos que levaram à sua morte, foi sem dúvida uma cena horrível — uma batalha pela sobrevivência que Ötzti perdeu. Mas é inegável que esse dia fatídico resultou em menos traumas corporais do que os que ele sofreu em seus mais de quarenta anos de existência diária, assolada por doenças, dolorosos danos físicos e uma variedade de fatores hostis presentes no ambiente. A vida de Ötzti, assim como sua morte, revela os tremendos perigos e dificuldades pelos quais o ser humano médio passava em sua vida durante a longa evolução de nossa espécie.[1] Compreender isso é crucial, pois foram cercados por esses mesmos perigos e dificuldades — que remontam a muito além da Idade do Cobre, que foi relativamente ontem na escala de tempo da evolução humana — que nossos sistemas adaptativos inconscientes do cérebro foram moldados e aguçados.

O que é óbvio, e também profundo, é que, ao contrário das experiências pessoais que moldam quem somos no presente, *não temos memória desse passado*. Não temos lembranças de nossa evolução. Ela está oculta de nós, o que é um tanto inquietante, considerando quão profundamente ela influencia o que pensamos, dizemos e fazemos. Nascemos "equipados de fábrica" com algumas motivações básicas que apareceram durante um período muito diferente na história humana. (Também já surgimos pré-montados, embora cresçamos em tamanho.) Como escreveu Charles Darwin em 1877: "Não devemos suspeitar que os vagos, porém muito reais temores das crianças, que independem de experiência, são os efeitos herdados dos perigos reais e das abjetas superstições durante antigos tempos de vida selvagem?".[2] Sim, devemos. Seres humanos não são uma tábula rasa, um quadro em branco. Temos duas pulsões fundamentais, primitivas, que sutil e inconscientemente afetam o que pensamos e fazemos: a necessidade de sobreviver e a necessidade de acasalar. (E no próximo capítulo nos concentraremos na terceira pulsão inata: a de cooperar uns com os outros, o que é útil tanto para a sobrevivência quanto para a reprodução.) Mas, na vida moderna, essas pulsões antigas, não relembradas, ou "efeitos" da mente, costumam operar sem nosso conhecimento; podem nos impedir de enxergar as razões reais por trás do que sentimos ou daquilo que fazemos. Ao retirar as camadas desse passado oculto que ainda nos afeta e expor a maneira pela qual a sobrevivência e a reprodução estão sempre atuando em nossas mentes, poderemos compreender melhor o presente.

ONDE ESTÁ O MEU BOTÃO?

Bem, eu nunca tive de fugir de assassinos armados com flechas de sílex numa montanha nos Alpes, como fez Ötzti. Mas já senti — como a maioria das pessoas — a mesma vontade de sobreviver invadir meu corpo, como deve ter acontecido com ele.

Era agosto de 1981, e eu tinha acabado de me mudar para a cidade de Nova York, para começar a dar aulas na Universidade de Nova York (NYU). Eu tinha 26 anos, era recém-formado na faculdade e só tinha estado na cidade uma outra vez, para a entrevista de emprego, alguns meses antes. Logo meus nervos foram postos à prova. Toda manhã, por volta das seis horas, um homem irado começava a gritar na rua bem debaixo de meu apartamento. Eu não tinha ar-condicionado e era o auge do verão, por isso minhas janelas ficavam totalmente abertas. Durante mais ou menos uma semana, os gritos me acordaram, e vez ou outra uma garrafa se espatifava perto da minha janela. Soube mais tarde que o prefeito Ed Koch, que era candidato à reeleição, morava no mesmo prédio, lá em cima na cobertura, e que as garrafas atiradas pelo sujeito visavam a ele. O Cara Zangado não seria capaz de atirar as garrafas tão alto a ponto de atingir a cobertura, mas sem dúvida poderia atirar alto o bastante para atingir meu apartamento. Saber que eu não era o alvo que ele pretendia atingir fez eu me sentir um pouco mais seguro (só um pouco), mas a cidade lá fora não me dava essa sensação.

Na década de 1980, Washington Square era uma vizinhança mais barra-pesada do que é hoje. (O mesmo vale para muitas outras partes de Manhattan.) Durante minha primeira semana lá, dois homens passaram correndo por mim perto do Arco de Washington, o segundo perseguindo o primeiro com um canivete na mão. Naqueles primeiros meses eu estava apreensivo demais para ir a qualquer lugar que não o trabalho durante o dia, e *nunca* saía após escurecer. Meus únicos móveis àquela altura eram uma cadeira de madeira e uma mesa dobrável, e toda noite eu checava duas vezes as quatro fechaduras diferentes em minha porta e enfiava o topo da cadeira embaixo da maçaneta. Embora eu fosse dormir todas as noites tendo sobrevivido a mais um dia, meu sistema de luta ou fuga estava em constante alerta máximo. Eu ainda não sentia que pertencia a Nova York, o que só aconteceu anos depois. Tinha tido uma infância maravilhosa numa cidade pequena dos Estados Unidos, subindo em árvores, jogando beisebol e andando de bicicleta com os meninos do meu bairro. Depois fiz faculdade na minha cidade e pós-graduação em outra cidade universitária do Meio-Oeste, Ann Arbor. Nada disso havia me preparado para as multiculturais, abarrotadas e barulhentas ruas da cidade de Nova York. Foi um enorme choque cultural, e eu tinha de manter os olhos bem abertos e estar sempre vigilante se quisesse sobreviver — ainda mais prosperar ali.

Estudando durante o doutorado em Michigan, um ano antes, eu tinha lido um importante trabalho da psicóloga Ellen Langer, que apontava a artificialidade de muitos estudos de laboratório da época sobre psicologia social.[3] Esse trabalho acabou sendo um presságio de minhas próprias experiências depois de me mudar para Nova York, talvez porque Langer o tenha baseado em estudos que havia feito na cidade. Ela nos lembrava que na vida real o mundo é um lugar agitado e em constante movimento, bem diferente das salas tranquilas e serenas dos laboratórios de psicologia nos quais um pesquisador trabalha com os participantes de seus experimentos. Lendo o trabalho de Langer, quando ainda estava em Ann Arbor, entendi a argumentação dela em nível intelectual, porém só a compreendi de verdade em nível pessoal depois que me mudei para a cidade.

Em muitos dos estudos na emergente área de pesquisa psicológica de "cognição social" — que estava apenas começando quando cheguei à NYU —, mostrava-se aos participantes um botão que tinham de apertar quando estivessem prontos para passar à informação seguinte. Eles podiam ler e pensar sobre uma sentença — por exemplo, descrevendo um comportamento específico de uma pessoa numa história — durante o tempo que quisessem, e depois apertavam o botão para obter a informação seguinte. Langer, com efeito, disse: "Uau,

35

isso seria ótimo, mas na vida real não temos um botão mágico para apertar sempre que quisermos que o mundo pare por um momento para que possamos entender o que está acontecendo e por quê. Temos de lidar com as coisas à medida que acontecem, em tempo real, e temos uma porção de outras coisas a fazer em qualquer dado momento além de ficar apenas formando impressões sobre as personalidades das pessoas com quem estamos. Nossa atenção tem de se concentrar em várias tarefas diferentes simultaneamente, inclusive no que temos de fazer naquele exato momento, e não sobra tanta atenção assim para ficar ponderando o mundo a seu bel-prazer".

Nova York foi para mim uma experiência avassaladora: tanta gente, tanto tráfego, tanta coisa em que prestar atenção. Fiquei me perguntando se seria capaz de formular impressões sobre a cidade de acordo com a visão de Langer para poder fazer um estudo. Certa manhã, saí do prédio de meu escritório, caminhei em meio à multidão nas ruas, olhando em todas as direções nos cruzamentos, até parar subitamente no meio da calçada, em Washington Place. "Onde está o meu botão?", perguntei a mim mesmo. Eu queria um botão para fazer o mundo real parar, para poder entendê-lo e também navegar por ele em segurança. Mas, é claro, esse botão não existe. Então a pergunta que logo fiz a mim mesmo foi: "Como fazemos isso sem um botão?".

Na história da humanidade, nunca tivemos o luxo de poder interromper o que está acontecendo à nossa volta até poder conceber qual é a coisa mais certa/melhor/mais segura a fazer. Precisaríamos atribuir um sentido ao mundo — sobretudo ao perigoso mundo social — rápida e eficientemente, com maior velocidade do que nosso lento pensamento consciente seria capaz. Muitas vezes precisamos reagir de imediato a situações perigosas. Pouco tempo depois de expressar meu desejo de ter um botão de parada, eu me beneficiei dessas habilidades inconscientes em primeira mão, quando, descendo da calçada no caminho de volta ao meu apartamento, quase fui atropelado por uma bicicleta que veio zunindo na contramão. Sem tempo para pensar, pulei de volta para a calçada bem a tempo. Eu me vi de volta antes de ter consciência da bicicleta, que já tinha passado voando. (E fiz uma anotação mental de que nem todos obedecem à sinalização de mão única, portanto, na próxima vez olhe sempre para os dois lados.) Mecanismos reflexos e automáticos (ou instintos) para garantir a segurança física tinham me protegido, ultrapassando processos mentais mais lentos. Fiquei pensando que essa forma mais rápida, inconsciente, de pensamento e comportamento deve ser uma razão importante de sermos capazes de lidar com um mundo agitado em tempo real.

De volta ao laboratório, começamos a trabalhar para testar essa ideia, projetando um programa de pesquisa seguindo a premissa de que havia, em acréscimo aos lentos processos de pensamento consciente, uma forma mais rápida, automática e não consciente de as pessoas lidarem com seus mundos sociais. Era uma premissa radical, porque na época grande parte do conhecimento psicológico continuava a assumir que tudo que decidíamos e fazíamos era resultado de um pensamento intencional, consciente. Como Langer, queríamos que nossos estudos em laboratório fossem compatíveis com a constante e impetuosa investida do mundo. Afinal, o objetivo de nossa pesquisa era compreender o que acontecia lá fora, na vida real, e não o que se passava no ambiente tranquilo e simples do laboratório. Em um de nossos primeiros experimentos, refizemos um dos estudos com o "botão", nos quais o participante recebia um elemento de informação e podia considerá-lo durante o tempo que quisesse antes de avaliar uma pessoa e só depois pressionar um botão para continuar.[4] Mas nós acrescentamos uma variante.

Sentados diante de uma tela de computador, nossos participantes liam sobre Gregory, um personagem fictício, e sobre 24 coisas diferentes que ele tinha feito durante a semana passada, um comportamento de cada vez. Na condição de "Gregory honesto", ele fez doze coisas honestas, como "devolveu uma carteira perdida"; seis coisas desonestas, como "não admitiu um erro que cometeu"; e seis coisas neutras, como "levou para fora o lixo do dia". Já na condição de "Gregory desonesto", ele fez mais coisas desonestas. Os 24 comportamentos de Gregory honesto e desonesto eram apresentados em ordem aleatória. Pedíamos aos participantes que formassem uma impressão sobre Gregory à medida que liam os comportamentos. Metade dos participantes dispunha de um botão, para que pudessem considerar cada comportamento pelo tempo que quisessem antes de avançar para o seguinte. Bem, até aqui tratava-se apenas de um experimento padrão de cognição social, do tipo que Langer havia criticado. O detalhe que acrescentamos foi uma segunda condição, na qual o teste continuava a ser o mesmo exceto pelo fato de que os participantes *não* dispunham de um botão. Em vez disso, os comportamentos eram apresentados muito rapidamente, e os participantes só tinham tempo suficiente para ler cada um deles uma vez antes de o próximo surgir na tela;

com isso, eles tinham de fazer o melhor que pudessem em "tempo real" para avaliar Gregory.

Como era de esperar, dispor do botão fazia uma enorme diferença. Com ele, e com a aptidão mágica de fazer o mundo parar até que se pudesse criar uma ideia sobre as coisas, os participantes não tinham problemas para considerar o Gregory Honesto mais honesto do que Gregory Desonesto. Afinal, Gregory Honesto tinha feito duas vezes mais coisas honestas do que coisas desonestas, e o Greg Desonesto, duas vezes mais coisas desonestas do que honestas. No entanto, sem o luxo do botão de parada, os participantes não conseguiram mencionar qualquer diferença entre os dois! A avaliação de suas impressões se baseava apenas nos comportamentos dos quais conseguiam se lembrar depois; eles não conseguiram formar uma opinião quando os comportamentos de Gregory chegavam a eles com a velocidade de uma metralhadora. Sem um botão que parasse o mundo por um momento crítico, não conseguiram detectar nem mesmo uma diferença tão óbvia entre pessoas como a que existia entre um Gregory honesto e um desonesto em nosso estudo. *Eles* não conseguiram, mas outro grupo de participantes conseguiu. Esse outro grupo *foi capaz* de dizer qual a diferença entre o Gregory honesto e o desonesto mesmo nas condições de fogo rápido na apresentação dos comportamentos, sem o botão de parada para ajudá-los. Nós os selecionamos previamente para o estudo porque previmos que seriam capazes de lidar bem com a sobrecarga.

Quem eram essas pessoas especiais? Eram você e eu. O que quero dizer é que não havia nada de especial com relação a esse grupo, exceto que estavam mais sintonizados com o que é honestidade e o que é desonestidade. Para elas, o nível de honestidade de uma pessoa era determinante para gostarem ou não dela. É claro que a honestidade é importante para todos nós, mas para esse grupo era a coisa número um na caracterização de uma pessoa. Foi o primeiro parâmetro de personalidade que lhes veio à mente quando pedimos que escrevessem as características pessoais que mais lhes agradavam (num questionário que demos a todos os participantes potenciais, vários meses antes), e a desonestidade foi a primeira quando registraram num papel em branco as características pessoais de que não gostavam. Elas *cronicamente* pensavam primeiro na honestidade de uma pessoa quando decidiam se gostavam dela ou não. Mas cada um de nós tem suas sensibilidades particulares — para você poderia ser o nível de generosidade de uma pessoa; para quem está neste momento a seu lado poderia ser o nível de inteligência.[5] Ou tímida, ou hostil, ou convencida, ou o que for. Há uma grande extensão de traços de personalidade para os quais podemos desenvolver essa antena automática; nós apenas escolhemos um para estudar, como exemplo de todos os demais.

O fato de esse grupo com a antena da honestidade ter sido capaz de lidar com a condição de ausência de um botão como se estivesse na condição de existência dele nos diz que somos todos capazes de desenvolver um radar interno que capta lampejos de significado importantes em nosso mundo social, sem ter de parar para avaliá-los conscientemente. Somos capazes de detectar os aspectos da personalidade e do comportamento dos outros que são mais importantes para nós, mesmo quando nossa mente está muito ocupada. Com certeza somos capazes de fazer isso quando adolescentes ou jovens adultos— mas não é algo que crianças possam fazer antes de terem adquirido bastante experiência com o mundo social. Isso se desenvolve com o tempo, como qualquer outra habilidade, por exemplo a de digitar no teclado de um computador ou dirigir um carro — atividades que muitas vezes são muito difíceis de se começar, mas que com a experiência se tornam fáceis de executar sem esforço.

O cenário que nosso estudo do botão mostra é que— como alegou Charles Darwin em seu livro seminal sobre emoções — muitas vezes o mesmo processo psicológico pode operar tanto num modo inconsciente quanto num modo consciente. Os participantes com aptidão para, automática e inconscientemente, lidar com informação sobre honestidade formaram impressões de Gregory muito semelhantes às daqueles que não tinham essa aptidão, mas dispunham do botão. Isto é, mediante o uso do botão para fazer o mundo desacelerar a uma velocidade com a qual seus processos conscientes pudessem trabalhar, eles foram capazes de lidar com a informação tão bem quanto e da mesma forma que aqueles que fizeram isso se valendo de processos inconscientes muito mais rápidos e eficientes. No entanto, os participantes que não contavam com nenhum dos dois recursos — não eram dotados da antena do inconsciente para um comportamento honesto e não dispunham de um botão para ajudá-los a lidar com isso conscientemente — não conseguiram notar as dissonâncias entre as versões tão diferentes do Gregory honesto e do desonesto.

Assim, temos agora o início de uma resposta à pergunta que me fiz pela primeira vez naquela manhã em Washington Place, uma rua agitada de Nova

York. Graças a nossa aptidão para desenvolver habilidades perceptuais que podem atuar rápida, eficiente e inconscientemente em condições do mundo real, muitas vezes não precisamos de um botão.

O JACARÉ DO INCONSCIENTE

Nosso estudo com Gregory e o botão mágico foi um dos primeiros que demonstraram que de fato existem modos automáticos, inconscientes, de lidar com nosso mundo social, e que sua existência dentro de nós fez sentido, dadas as condições agitadas e perigosas — sobretudo no que se refere a outros humanos — nas quais evoluímos. Naquela época (como hoje) nem sempre tínhamos tempo para pensar e, assim, precisávamos avaliar as pessoas rapidamente com base em como agiam, além de precisarmos ser capazes de agir e reagir com prontidão. Parafraseando um velho ditado, "Quem hesita perde" — a vida, um membro, a saúde, um filho. Mas existe uma diferença importante entre as motivações inconscientes para a sobrevivência e a segurança física que evoluíram, como na história do pobre Ötzti (à qual logo retornaremos), e nossa capacidade para detectar honestidade ou timidez ou inteligência nas velozes condições do mundo real.

Nós viemos equipados de fábrica com essas motivações básicas para a segurança e a sobrevivência, mas o "radar para pessoas" é uma habilidade que tivemos de desenvolver a partir da experiência e do uso na prática. Pense nisso como a diferença entre respirar e dirigir. Você já nasceu com uma dessas habilidades, ao passo que a outra você teve de aprender, mas agora ambas podem operar (em condições normais) sem muita orientação consciente. Observe um pouco mais de perto e verá que mesmo o ato de dirigir requer alguma maquinaria evolucionária inata. Afinal, deixe que seu cachorro pratique na direção o tempo que quiser (bem longe de mim, por favor) e ele nunca será bom nisso. (No entanto, talvez chegue ao nível de alguns dos motoristas do meu bairro.) Aonde quero chegar é que nossa aptidão para dirigir um carro, que só ganha certa velocidade (perdão pela tosca analogia) após considerável experiência e prática, é como nossa aptidão para desenvolver um "radar para pessoas" mediante experiência e prática, como no estudo do botão. Ambas dependem da capacidade da mente humana para criar novos "adendos" inconscientes úteis

— a partir de nossa própria experiência pessoal com o mundo — e acrescentá-los àqueles dos quais somos originalmente dotados ao nascer.[6]

Quando começamos a pesquisar mecanismos adaptativos inconscientes para lidar com um mundo movimentado, ainda no início da década de 1980, tudo que os psicólogos sociais conheciam sobre o tema era esse processo inconsciente baseado na experiência que existe no ato de dirigir. A psicologia evolucionária ainda estava engatinhando, graças a Paul Ekman e outros pioneiros, como David Buss e Douglas Kenrick. O campo da psicologia cognitiva tinha acabado de derrubar a teoria dominante do behaviorismo, tornada famosa por seu mais ardente defensor, B. F. Skinner. Como você deve se lembrar, dissemos na Introdução que o behaviorismo sustentava que a mente humana era pouco relevante e que o pensamento consciente não importava absolutamente nada; mesmo as complexidades do comportamento humano — incluindo a linguagem e a fala — eram tidas como resultantes de reações reflexas, condicionadas por estímulos que ocorriam em nosso meio ambiente imediato. A psicologia cognitiva, por outro lado, defendia o papel do pensamento consciente, afirmando que era necessário em quase todas as escolhas e comportamentos humanos. De acordo com essa concepção, nada acontece sem que você, consciente e intencionalmente, faça acontecer. Mas isso tampouco estava correto. (Posições extremas de tudo ou nada tendem a não estarem corretas.)

Nesse cenário de "consciência primeiro" da psicologia cognitiva, no qual se apoiava meu então incipiente campo de psicologia social cognitiva, a única maneira pela qual um processo inconsciente poderia existir era sendo primeiro consciente (e deliberado); então, somente após uma experiência considerável ele poderia se tornar simplificado e eficiente o bastante — "automatizado" era o termo que usávamos — para não precisar mais ser guiado pela consciência. (Exatamente como dirigir um carro.) (William James disse o mesmo em 1980, que "a consciência cai fora de qualquer processo no qual não seja mais necessária".)[7] Nos 25 anos seguintes, portanto, até a virada do milênio, eu e todo meu campo assumimos que esta era a única forma na qual os processos mentais inconscientes passam a existir: começando como conscientes e exigindo esforço, e só com a experiência e o uso frequente se tornam capazes de operar inconscientemente. Mas eu e o resto de meu campo estávamos errados, ou pelo menos sustentando um quadro incompleto. E isso porque não estávamos dando atenção suficiente ao crescente corpo de teoria e evidências resultantes de pesquisas no também novo campo da psicologia evolucionária, que crescia bem ao nosso lado. Estivéramos brincando — talvez concentrados demais — em nossa própria caixa de areia, sem olhar em volta para o restante de um movimentado playground.

O que me fez enfim tirar a cabeça da areia e olhar em volta de forma mais ampla foi o fato de que essa pressuposição, "o consciente primeiro", estava começando a desmoronar. Começávamos a encontrar em meu próprio laboratório efeitos que essa premissa não era capaz de explicar, mas havia também uma onda de novas e excitantes descobertas na psicologia desenvolvimental — o estudo de crianças e bebês que ainda não tinham adquirido muita experiência ou prática no mundo — demonstrando haver efeitos automáticos e inconscientes em crianças jovens demais para ter muita prática ou experiência consciente ao realizar o que eram naturalmente capazes de fazer. Era uma evidência nova e maravilhosa de como viemos ao mundo equipados de fábrica, em relação à nossa capacidade de lidar com nossos colegas humanos, numa contradição direta à pétrea suposição de que esses processos inconscientes só ocorrem — em crianças mais velhas e adultos — após um bocado de usos e experiências conscientes.

Essa nova evidência representou para mim um quebra-cabeça durante meus primeiros 25 anos de pesquisa, um enigma no qual eu não conseguia parar de pensar. Por fim, após muitos anos considerando esse problema, minha filha nasceu e eu aproveitei um semestre de licença-paternidade para passar meu tempo observando e brincando com ela em casa. E enquanto ela engatinhava em volta ou brincava feliz com seus brinquedos e bichinhos de pelúcia em seu cercadinho, eu ficava sentado por perto e lia sobre temas mais abrangentes, em geral relacionados a áreas como biologia e filosofia evolucionárias, tentando encontrar uma resposta para meu quebra-cabeça de tão longa data. Como poderia haver, eu pensava, processos psicológicos — assim chamados processos de alta ordem mental, que lidam com avaliação, motivações e comportamento efetivo — que operavam inconscientemente, mas, ao que parecia, sem a extensa experiência consciente anterior e a sua utilização que durante tanto tempo eram consideradas condição necessária para a operação inconsciente?

Assim eu me vi, num belo dia de outono de 2006, muitos anos depois de minha epifania nas ruas de Nova York, lá em cima, na "casa na árvore" que era meu sótão em New Haven, Connecticut, com todas as janelas abertas e observando minha filha pequena engatinhar no chão à minha frente. Como eu, ela se esforçava ao máximo para encontrar um sentido para o mundo que a cercava. Eu tinha uma pilha de livros ao meu lado, obras clássicas sobre a evolução humana escritas por gigantes como Richard Dawkins, Ernst Mayr e Donald Campbell. O cálido sol vespertino penetrava pela janela e eu me sentia um tanto sonolento. Na época eu dormia tanto quanto a maioria dos pais de bebês — de pouco a nada. Quando finalmente levei minha filha para baixo, para uma soneca — com muita relutância de sua parte, como sempre —, espalhei todos os meus trabalhos de pesquisa e cadernos de anotações em cima de minha cama. Eu sabia que algo ainda me escapava, mas não sentia que estivesse perto de saber o que era. Ao pegar um livro e começar a ler, senti meus olhos ficarem cada vez mais pesados. Lutei contra isso, até desabar sobre meus cadernos e papéis, caindo num sono profundo.

Eu estava no Parque Nacional dos Everglades, na Flórida, de pé numa dessas passarelas de madeira acima do pântano. Tudo era muito colorido, e eu podia sentir a umidade e a densidade do ar pesado. Ciprestes e vegetação de mangue cercavam a água escura, quase negra do pântano. Ali de pé na passarela, olhando para o pântano lá embaixo, eu vi a água se agitar e ondulações emergirem, então um grande e escamoso jacaré apareceu na água escura abaixo de mim. Segui em frente, e o jacaré veio nadando junto comigo. Ele tinha uma aparência terrível, mas no sonho eu não sentia medo dele. Depois do que pareceu ser uma caminhada de talvez cinco ou dez segundos, o jacaré estava um pouco à minha frente. Ele então parou e, quase em câmera lenta, começou a rolar. Virou-se completamente, expondo um ventre longo e branco, que, para minha surpresa, parecia ser tenro e macio.

Acordei de repente e me sentei, as costas retas. *Era isso.* Meus olhos estavam bem abertos, mas eu ainda podia ver diante de mim o jacaré de barriga para cima. Lembro-me com nitidez, mesmo agora, dez anos depois, da imensa onda de alívio que passou por mim, um tremendo relaxar de tensões. Era como se um peso que eu carregava comigo havia mais de uma década tivesse sido retirado dos meus ombros. *É claro!* Disse a mim mesmo. Peguei caneta e papel ali mesmo na cama e anotei tudo que tinha visto em meu sonho, e o mais importante, o que o sonho tinha acabado de me dizer. Naquele momento de clareza, eu enfim compreendi como todos os novos efeitos inconscientes que estavam sendo relatados podiam ocorrer sem haver necessariamente uma extensa experiência consciente prévia, ou mesmo qualquer experiência relevante.

Primeiro vem o inconsciente, me dizia o jacaré — aquele que literalmente se virou de barriga para cima. *Seu palerma*.

Eu tinha olhado tudo ao contrário, todos aqueles anos. O jacaré estava me dizendo que revirasse minhas suposições. Claro, todas as novas evidências não faziam sentido a partir de uma suposição aparentemente inabalável de que o extensivo uso da consciência no processo psicológico vinha primeiro, antes de ele ser capaz de operar inconscientemente. Mas o problema não estava nas evidências, e sim em minha suposição de "consciência primeiro". A barriga branca do jacaré era o inconsciente e estava me dizendo que tudo faria sentido se eu apenas me desse conta de que o inconsciente vinha primeiro, tanto no curso da evolução humana quanto no de nosso desenvolvimento individual, da infância à juventude e à vida adulta. Eu tinha de mudar minha tão arraigada suposição de que para determinada pessoa o uso consciente de um processo vem em primeiro lugar, e que só após o uso repetido desse processo pode operar inconscientemente, e também assumir que ao longo da evolução humana nossos sistemas humanos básicos, psicológicos e comportamentais, eram originalmente inconscientes e existiam antes do surgimento da língua e do uso consciente e intencional desses sistemas, bem mais tardio.[8] Por "sistemas", refiro-me aos mecanismos naturais que guiam nosso comportamento, como o de se aproximar de coisas (e pessoas) de que gostamos e evitar aquelas de que não gostamos; de naturalmente prestar atenção e perceber coisas no mundo (como fontes de alimento e de água) que satisfaçam nossas necessidades atuais; sem mencionar importantes instintos de sobrevivência, como a reação de lutar ou fugir e outros mecanismos inatos de prevenção de perigo (como nosso medo da escuridão e a reação de ficar na mesma hora alerta ao ouvir um estrondo próximo). Para cada uma das crianças há motivações e tendências básicas que evoluíram e operam de modo exclusivamente automático até os quatro anos, quando começam a desenvolver um controle consciente e intencional da mente e do corpo. O jacaré estava me apontando que nem tudo começa como algo consciente e intencional e que só mais tarde se torna capaz (com a prática e a experiência) de uma ação inconsciente. O sr. Barriga Branca estava dizendo que os processos inconscientes vêm primeiro, e não o contrário.

Em retrospecto, esse sonho foi bem marcante em outro sentido também, pois o sonho em si mesmo foi inconsciente — eu o vi e o experimentei com passividade, como se fosse a projeção de um filme numa tela. Muitos outros cientistas no passado relataram terem tido sonhos nos quais, de algum modo simbólico, era revelada a solução de um problema com o qual estavam trabalhando durante muito tempo.[9] Mas meu próprio problema científico tinha a ver com o inconsciente per se, e assim, talvez pela primeira vez na história humana, *o inconsciente estava dizendo algo sobre si mesmo*. A resposta para minha busca de uma década por uma resposta para essa questão fundamental concernente aos processos inconscientes tinha vindo, afinal, de meus próprios processos inconscientes.

O que sabemos agora, graças a Darwin, à antropologia cultural (e cognitiva) e às modernas biologia e psicologia evolucionárias, é que o cérebro humano evoluiu muito devagar com o tempo, primeiro como uma mente basicamente inconsciente, sem as faculdades conscientes da razão e de controle que hoje possui.[10] Era como a mente de milhões de organismos que não têm ou não precisam de nada parecido com nossa consciência humana para atuar adaptativamente a fim de sobreviver. Mas os mecanismos inconscientes originais de nosso cérebro de muito tempo atrás não desapareceram de repente quando a consciência e a língua — de novo, nossos próprios e muito reais superpoderes entre as criaturas terrenas — por fim emergiram, já bem tarde na história evolucionária. A consciência não foi um tipo de mente novo e diferente que um dia surgiu do nada como um milagre. Foi um maravilhoso adendo à velha maquinaria inconsciente que já estava lá.[11] Essa maquinaria original ainda existe dentro de cada um de nós, mas o advento da consciência nos deu novos meios para satisfazer necessidades e desejos, e a capacidade de usar intencional e deliberadamente essa velha maquinaria lá de dentro.

Então, o que significa o fato de que uma mente inconsciente foi o fundamento para a versão consciente, e não o contrário? Para começar, isso resolve o debate do ou/ou entre behavioristas e cognitivistas. Não somos autômatos irracionais totalmente à mercê de estímulos que nos chegam e nos fazem marchar pela vida como bonecos de corda, e tampouco somos senhores de nós mesmos clarividentes que controlam cada um e todos os nossos pensamentos e ações. Em vez disso, o que há é uma interação constante entre as operações conscientes e inconscientes de nosso cérebro, e entre o que está acontecendo no mundo externo e o que acontece em nossa cabeça (nossas preocupações e nossos propósitos atuais, e os efeitos residuais de nossas experiências mais recentes). Os cientistas cognitivistas e os behavioristas têm todos eles razão (e também estão todos errados, se negam qualquer validade ao outro lado da história). No lado desse livro-razão em que estão os cientistas da cognição, nossos objetivos e nossas motivações atuais determinam o que vamos buscar e no que prestamos atenção no mundo, e do que gostamos e não gostamos (dependendo se isso nos ajuda ou nos atrapalha na tentativa de obter o que queremos no momento). E a favor dos behavioristas, o mundo pode mesmo desencadear em nós emoções, comportamentos e motivações — às vezes muitos poderosos — sem nosso conhecimento e fora de nosso controle, como o próprio Darwin afirmou.[12] Como escreveu a filósofa Susan Wolf, quem quer que pense estar completamente livre dessas influências externas deveria tentar se afastar de uma criança que esteja se afogando no mar. Espera-se que você não consiga (e Deus o ajude se conseguir). Existem, alega Wolf, algumas liberdades que simplesmente não queremos ter.[13] E muitas delas, é claro, se relacionam com a motivação número um do passado antigo que formou nossa mente — manter nossos genes vivos.

GÊNIO DA LÂMPADA

A sobrevivência de nossa espécie não era um destino inevitável. Na verdade, as probabilidades eram bastante desfavoráveis. Afinal, mais de 99% de todas as espécies que já existiram estão agora extintas.[14] Como a história de Ötzti ilustra bem, a vida humana evoluiu em condições muito perigosas. É fácil esquecer que nosso cérebro "moderno" foi aguçado pela evolução muito antes que os confortos da vida moderna fossem um mero vislumbre em nosso córtex de processamento visual. Os Ötztis e as Ötztetes de nosso passado não tinham leis, antibióticos ou refrigeração; não tinham ambulâncias, supermercados ou governos; não tinham encanamentos, parapeitos ou lojas de roupas. Para nossa sorte, não vivemos na época de Ötzti. Mas, num sentido muito real, nossa mente ainda vive. Esse é um ponto muito importante a ser percebido e compreendido.

Durante o longo desenvolvimento de nossa espécie, o maior de todos os perigos eram nossos colegas humanos. O assassinato de Ötzti na montanha não teve em si mesmo nada de notável, a não ser a fortuita preservação de seu corpo. A morte violenta pelas mãos de outrem era chocantemente comum entre nossos ancestrais. Análises de esqueletos humanos escavados em cidades antigas demonstram que cerca de um em cada três homens foram assassinados.[15] E até pouco tempo, na década de 1970, a taxa de assassinato de homens do povo ianomâmi, da floresta tropical amazônica, há muito tempo isolado da civilização moderna, era de cerca de um para cada quatro.[16] Hoje, em comparação, a taxa de homicídios na Europa e na América do Norte é de cerca de um para 100 mil.[17]

Agora procuramos reduzir o máximo possível os perigos que ameaçam a vida e a segurança. Temos a força da lei, luzes e sinais de trânsito, sistemas de troca (isto é, dinheiro) que transformam nosso trabalho no alimento e no abrigo necessários. Temos também a ciência médica e a fiscalização sanitária. Assim, é fácil desconsiderar o fato de que nossas tendências inconscientes foram moldadas por e adaptadas a esse mundo ancestral muito mais perigoso, com suas ameaças à vida constituídas por elementos naturais, como o frio e o calor, a seca, a fome, além de organismos humanos e não humanos, como animais selvagens, bactérias prejudiciais e plantas venenosas. O impulso fundamental em busca de segurança física é um legado poderoso de nosso passado evolucionário e exerce uma influência penetrante sobre a mente, enquanto esta navega pela vida moderna e reage a ela, muitas vezes de modos surpreendentes — como seu voto naquele candidato.

Em seu primeiro discurso sobre o Estado da União, em 1933, o então presidente dos Estados Unidos Franklin Roosevelt proferiu a famosa frase: "Quero declarar minha firme crença de que a única coisa da qual devemos ter medo é do próprio medo — o inominável, irracional, injustificado terror que paralisa esforços que são necessários para converter recuo em avanço". Mais de oitenta anos depois, em seu último discurso sobre o Estado da União, em janeiro de 2016, o presidente Barack Obama ecoou as palavras de Roosevelt: "Os Estados Unidos já passaram por grandes mudanças antes [...]. A cada vez, houve quem dissesse temer o futuro, quem alegasse que deveríamos acionar os freios da mudança; quem prometesse restaurar a glória do passado se apenas conseguíssemos deter algum grupo ou ideia que estava ameaçando assumir o controle dos Estados Unidos. E, a cada vez, nós superamos esses temores".[18]

Tanto FDR quanto Obama estavam se referindo ao efeito do medo sobre a *mudança social*. Roosevelt estava preocupado que o medo causado pela

Grande Depressão interferisse na implementação das alterações nas leis e na economia que ele sentia fortemente serem necessárias para iniciar o processo de recuperação econômica.[19] Já Obama estava se referindo ao sistema nacional de saúde e às políticas de imigração. Ambos os presidentes eram do partido Democrata e estavam no lado liberal do espectro político. Ambos argumentavam contra a tendência política conservadora de resistir a mudanças sociais (razão pela qual é chamada de conservadora). É muito interessante notar que ambos reconheciam que o medo pode fazer uma pessoa querer evitar mudanças sociais — isto é, pode fazer uma pessoa se tornar mais conservadora e menos liberal em sua postura política.

Mas por que políticos conservadores tentam fazer os eleitores sentirem mais medo, e políticos liberais tentam fazê-los sentir menos medo? Já se sabe há muito tempo que as pessoas se tornam mais conservadoras e resistentes a mudanças quando estão sob algum tipo de ameaça. Pesquisas em psicologia política têm demonstrado que é muito mais fácil fazer um liberal se comportar como conservador do que fazer um conservador se comportar como liberal. Por exemplo, numa bateria de estudos, estudantes universitários liberais foram solicitados a imaginar em detalhes sua própria morte[20] e depois expressar suas posições em relação a questões sociais como a pena de morte, o aborto e o casamento gay. Eles manifestaram (temporariamente) as mesmas posições de seus colegas universitários conservadores, que não tinham sido ameaçados com a ideia da própria morte.[21] No entanto, em contraste com os resultados desse fascinante experimento, até agora ninguém conseguiu transformar um conservador em liberal. Sob ameaça ou medo, as pessoas assumem menos riscos e resistem a mudanças, o que é a própria definição de ser conservador. Os resultados desse estudo me levaram, e a outros cientistas, a pensar que talvez as atitudes conservadoras nas questões políticas estivessem a serviço de uma motivação inconsciente para a preservação da segurança física e da sobrevivência. Mas como testar isso com experimentos? Primeiro, examinamos as pesquisas que já haviam sido feitas.

Em um estudo notável, pesquisadores da Universidade da Califórnia acompanharam durante vinte anos um grupo de crianças, desde que tinham quatro anos e estavam na pré-escola, para observar quais seriam suas posturas políticas quando se tornassem jovens adultos.[22] Os pesquisadores mediram o nível de medo e de inibição das crianças naquela idade, e depois, duas décadas mais tarde, avaliaram suas posturas políticas. As que haviam demonstrado, aos quatro anos, ter mais medo e inibição de fato apresentaram maior probabilidade de adotar posturas conservadoras aos 23.

Adultos socialmente conservadores (aqueles que tendem a ser contra mudanças sociais, como o casamento entre pessoas do mesmo sexo ou a legalização da maconha) que participaram de experimentos psicológicos demonstraram mais medo ou sobressalto em sua reação a ruídos fortes e inesperados, e também maior estímulo fisiológico em resposta a imagens "assustadoras", mas não a imagens agradáveis, apresentadas a eles.[23] Outros estudos demonstram que adultos conservadores são mais sensíveis, em comparação com adultos liberais, a objetos perigosos ou repulsivos, e também se mostram mais alertas em relação a perigos potenciais e eventos ameaçadores no laboratório.

Mais recentemente, essas diferenças têm sido encontradas até no tamanho de regiões cerebrais envolvidas em emoções, em particular o medo. A região da amígdala direita — o quartel-general neural do medo — de fato é maior em pessoas que se autoidentificam como conservadoras, em comparação com a de quem não se identifica dessa forma.[24] No laboratório, durante tarefas que envolvem risco, esse centro do medo no cérebro fica mais ativo em pessoas que se qualificam como republicanas do que em pessoas que se qualificam como democratas.

Assim, parece mesmo haver uma conexão entre a intensidade da motivação física inconsciente para a segurança e as posições políticas de uma pessoa. E a pesquisa demonstrou que é possível fazer liberais ficarem mais conservadores ameaçando-os e os fazendo se sentir um tanto amedrontados. Mas e se em vez disso você fizer as pessoas se sentirem mais seguras? Se a temperatura da água em ebulição que representa as posturas políticas puder ser aumentada (para torná-las conservadoras) ou diminuída (para torná-las liberais) de acordo com a chama subjacente da necessidade de segurança física, isso significa que fazer as pessoas se sentirem (temporariamente) seguras fisicamente poderia tornar atitudes sociais conservadoras mais liberais.

Realizamos dois experimentos nos quais nos valemos de um poderoso exercício de imaginação para induzir sentimentos de absoluta segurança física em nossos participantes.[25] Nós os fizemos imaginar que haviam recebido superpoderes de um gênio numa lâmpada. Para um dos grupos, esses superpoderes os deixaria totalmente seguros e imunes a qualquer dano físico, não importava o que a pessoa fizesse ou o que lhe acontecesse; a ideia era imaginar ser o Super-Homem, com as balas ricocheteando no corpo. No grupo de controle, os participantes se imaginavam capazes de voar. Nossa previsão era de que ao se imaginar estando em absoluta segurança física, isso geraria um efeito satisfatório, ainda que temporário, diminuindo de modo inteiramente inconsciente as preocupações do indivíduo com essa questão, e, assim — se nossa teoria estivesse correta —, seria possível fazer os conservadores se tornarem liberais. Ao menos durante aquele período.

Use você mesmo um pouco de imaginação e finja ser um participante desse estudo. Solicitam que você visualize e se imagine vivendo as seguintes situações:

Fazendo compras, você entra ao acaso numa loja estranha que não tem um letreiro de identificação. O ambiente é mal iluminado e o lojista o chama pelo nome, embora você nunca o tivesse visto antes. Ele pede que você se aproxime e diz numa voz esquisita: "Resolvi lhe dar um presente. Amanhã você vai despertar e descobrir que dispõe de um superpoder. Será uma aptidão incrível, mas você terá de mantê-la em sigilo absoluto. Se mencionar a alguém ou demonstrar seu poder intencionalmente, você o perderá para sempre". Naquela noite você dormiria muito mal, mas ao despertar descobriria que realmente tinha um superpoder.

Aqui a história muda, dependendo do grupo experimental ao qual você foi aleatoriamente designado. Se o grupo for o da *segurança*, a história imaginada continua assim:

Um vidro cai no chão e sem perceber você pisa nos cacos quebrados. Mas eles não o cortam, e você se dá conta de que está imune a danos físicos. Facas e balas vão ricochetear em seu corpo, o fogo não vai queimar sua pele, a queda num precipício não o machucaria nem um pouquinho.

Mas se você estivesse no grupo de *ser capaz de voar*, leria isto:

Você dá um passo em falso num degrau ao descer a escada, mas, em vez de despencar por ela, você flutua suavemente até o fim do corrimão. Então você tenta pular do topo da escada de novo e constata que é capaz de voar. Pode se deslocar no ar como um pássaro. Pode cobrir grandes distâncias sem jamais tocar o solo.

Após se imaginarem tendo um ou outro desses superpoderes, nós avaliamos as atitudes sociais de todos os participantes, usando uma medida padrão que em estudos anteriores haviam revelado diferenças claras entre conservadores e liberais. Já no fim, perguntamos a eles em quem tinham ou teriam votado nas eleições presidenciais mais recentes (2012), como forma de avaliar se eram no todo mais conservadores (republicanos) ou liberais (democratas).

Entre aqueles que tinham se imaginado dotados do superpoder de voar, que era nosso grupo de controle, houve a usual e esperada grande diferença na avaliação das atitudes sociais: os liberais foram muito menos conservadores nessa avaliação e se imaginar sendo capaz de voar não mudou isso em nada. No entanto, no grupo do superpoder que os tornava "imunes ao dano físico", a situação foi diferente. Não para os liberais, que não foram afetados ao se imaginar totalmente seguros; suas atitudes foram as mesmas que as daqueles do grupo "ser capaz de voar". Mas as atitudes sociais expressas pelos participantes conservadores se tornaram muito mais liberais. Fazê-los se sentir em absoluta segurança física de fato havia mudado significativamente as atitudes sociais dos participantes conservadores, que agora se mostravam bem mais parecidas com as dos liberais. As necessidades inconscientes de segurança física, oriundas de seu esquecido passado evolucionário, tinham de certa forma sido satisfeitas pelo gênio do exercício de imaginação, e isso, por sua vez, tinha reconfigurado suas aparentemente conscientes crenças a respeito de questões sociais.

Em nosso segundo experimento, tudo foi feito da mesma forma que o primeiro, só que adicionamos perguntas sobre a abertura ou a resistência dos participantes a mudanças sociais (que é o que define a qualidade da ideologia política como conservadora ou liberal). No grupo do superpoder de voar, observou-se a diferença usual, com conservadores sendo mais conservadores do que os liberais ao responder ao questionário. Mas no grupo do superpoder da segurança, imaginar-se em absoluta segurança física reduziu a resistência dos conservadores a mudanças sociais ao nível daquela dos participantes liberais. Nosso gênio era mesmo mágico. Ele tinha feito algo que ninguém jamais havia conseguido: transformar conservadores em liberais!

Repetindo, tínhamos previsto esse efeito com base na ideia de que nossas motivações e atitudes sociais modernas estão construídas sobre — e a serviço de — nossos objetivos inconscientes evolucionários: nesse caso, nossa suprema e poderosa motivação para manter nossa segurança física. Satisfazer essa necessidade básica de segurança física por intermédio do gênio do exercício de imaginação teve o efeito de apagar, ou ao menos reduzir, a intensidade da necessidade de manter atitudes sociais e políticas conservadoras, da mesma forma que apagar a chama debaixo de uma panela faz a água parar de ferver.

SOBRE GERMES E PRESIDENTES

Depois de nosso estudo-gênio sobre liberais e conservadores, houve outra eleição presidencial nos Estados Unidos, em 2016. E que ano eleitoral! Em 9 de fevereiro, Donald Trump venceu a primária republicana em New Hampshire. A partir desse dia, com o seu cabelo avermelhado e suas fanfarronadas de bilionário de reality show de TV, ele abriu caminho para encaixar sua candidatura pelo partido numa série de estrondosas vitórias nas primárias, com pouca resistência nas pesquisas, embora houvesse muita resistência em todos os outros lugares, até dentro de seu próprio partido. E depois ele coroou isso com uma surpreendente vitória sobre Hillary Clinton, tornando-se o 45º presidente dos Estados Unidos. Com um estilo de discurso incendiário, improvisado, Trump foi criando controvérsia atrás de controvérsia, que eram exploradas e repetidas sem parar pelos canais de notícias 24 horas. Ele insultou e degradou mulheres, ridicularizou uma pessoa portadora de deficiência, gabou-se do tamanho de seu pênis e de sua fortuna. Ele também parecia obcecado por germes — um repórter que acompanhou sua campanha e costumava estar com ele nos bastidores descreveu Trump como um "germofóbico que não gosta de apertos de mão e só toma refrigerante de uma lata ou garrafa que acabou de ser aberta. Mantém distância dos eleitores que vêm a seus comícios".[26]

Durante a campanha, Trump com frequência chamava os rivais políticos de "nojentos" — como, no caso mais famoso, quando Hillary Clinton se atrasou alguns segundos ao voltar para seu palanque durante um debate televisionado com Bernie Sanders, porque tinha ido ao banheiro. Trump disse a seus apoiadores num comício em Grand Rapids, Michigan, no dia seguinte: "Sei aonde ela foi — é nojento, não quero falar sobre isso", disse ele, torcendo o nariz e fazendo uma careta de repulsa, para o deleite da multidão. "Não, é nojento demais, não diga, é nojento." Alguns meses depois, após seu primeiro debate com Clinton, ele também se referiu à ex-miss Universo Alicia Machado como "nojenta".[27] Sem repassar toda essa campanha bizarra, basta dizer que foi um dos mais memoráveis períodos de eleições presidenciais em muito tempo e, segundo a maioria dos críticos, o novo ponto mais baixo a que chegou o diálogo público nos Estados Unidos.

Nossa segurança física não diz respeito apenas à prevenção de danos. Tem muito a ver também com evitar o contato com germes e doenças. Temos o cuidado de não comer alimentos com odores que sugerem algo estragado ou podre — desenvolvemos sentidos que detectam isso — e temos nojo de tocar em coisas que pareçam estar sujas ou contaminadas. Como afirmou Darwin, também somos muito sensíveis às expressões de repulsa das pessoas que nos cercam e reagimos intensa e automaticamente a essas expressões, evitando qualquer contato com o que elas acabaram de comer, beber ou tocar, e por bons motivos: nos registros da história, de tempos em tempos germes e vírus dizimaram enormes parcelas de população humana.

A infecção era um verdadeiro assassino no mundo de nossos ancestrais. Sofrer um corte ou ter uma ferida aberta pela qual germes e vírus pudessem entrar no corpo era uma situação grave e potencialmente uma ameaça à própria vida. Esse foi o caso até bem pouco tempo: na Guerra Civil americana, na década de 1860, quando 62 em cada mil soldados morreram sem terem sido atingidos por tiros ou baioneta, mas de infecções.[28] Foi somente com a invenção do microscópio e a descoberta dos micro-organismos por Louis Pasteur que viemos a compreender como as doenças são transmitidas. As atuais melhorias no saneamento, em particular, reduziram a ameaça de pestes, contaminação em larga escala e disseminação de doenças. Graças a esses avanços e a nosso conhecimento pessoal da importância de cuidar da higiene e de cortes e feridas, estamos muito mais protegidos de germes e de doenças do que no passado. Entretanto, vírus e bactérias estão evoluindo da mesma forma que as pessoas. Por exemplo, parece haver uma nova cepa de vírus da gripe praticamente a cada nova estação.

Durante a maior parte da história da humanidade, período no qual nossa mente se tornou o que é hoje, era uma grande vantagem para a sobrevivência evitar tudo que cheirasse ou parecesse conter germes ou bactérias. Afinal, no mundo antigo não havia refrigeração nem avaliações do departamento de saúde para alimentos encontrados por aí. As coisas que cheiravam "mal" eram assim por alguma razão. (Algo que consideramos ter um cheiro muito ruim talvez cheire bem para, digamos, um escaravelho.) E aqueles de nós que foram repelidos pelos maus odores de coisas imundas e infestadas de germes acabaram evitando o contato com esses materiais e, assim, tiveram menor probabilidade de se contaminar ou adoecer por causa deles. O nojo e a consequente esquiva de germes foram, portanto, componentes altamente adaptativos de nossa motivação geral para manter nossa segurança física, proteger a nós e também às nossas famílias de doenças.

Com isso em mente, considere agora a moderna dissidência política na questão da imigração: os conservadores se opõem fortemente, e os liberais são mais favoráveis à imigração. Essa foi uma das questões centrais na ordem do dia da política no ano eleitoral de 2016 nos Estados Unidos, e também em outros lugares, tendo se tornado ainda mais relevante em virtude da crise dos refugiados da Síria. Um motivo para a antipatia dos conservadores em relação à imigração é a mudança cultural que ela ocasiona para o país e sua cultura. Mudanças sociais podem ocorrer quando imigrantes trazem consigo os próprios valores culturais, práticas, religiões, crenças e políticas. No entanto, dada a grande preocupação dos conservadores com sua segurança física e sobrevivência, outro motivo para se oporem à imigração pode ser encontrado na analogia feita com frequência por políticos conservadores do passado (e do presente) entre os imigrantes que entram num país (um corpo político) e os germes ou vírus que invadem o corpo físico de alguém. Líderes superconservadores do passado, como Adolf Hitler, referiam-se explícita e repetidamente a grupos sociais minoritários — que assim serviam como bodes expiatórios — como "germes" ou "bactérias" que tentavam invadir e destruir o país de dentro (e que, portanto, tinham de ser erradicados).[29] Se a imigração for inconscientemente associada a germes e doenças, as crenças políticas anti-imigratórias estarão na verdade a serviço dessa poderosa motivação evolucionária — a de evitar doenças.

Para testar essa possibilidade, concebemos dois estudos no outono de 2009, na época do surto do vírus de gripe H1N1, quando as pessoas são incentivadas a se vacinarem a fim de prevenir a doença.[30] Naquele ano o vírus foi particularmente virulento, e pela primeira vez a Universidade Yale distribuiu estações de desinfecção antibacteriana por todo o campus. Fizemos nosso primeiro experimento na hora do almoço do lado de fora do refeitório

Commons, um grande salão no estilo de Hogwarts revestido com painéis de madeira escura, janelas com vitrais, mesas de madeira compridas e candelabros de ferro fundido pendendo de um teto abobadado. Para despertar nos participantes a motivação de evitar doenças, primeiro os lembramos do surto atual da gripe com um folheto que continha uma mensagem pessoal do experimentador sobre a importância de se vacinar. Em seguida, os participantes respondiam a um questionário sobre sua atitude quanto à imigração. Quando terminavam de responder, perguntávamos se eles já tinham se vacinado contra a gripe ou não.

Como havíamos previsto, aqueles que tinham sido lembrados da ameaça da gripe no início do experimento mas não tinham se vacinado — e, portanto, estavam em certa medida ameaçados pelo vírus da gripe — manifestaram atitudes significativamente mais negativas em relação à imigração. E os que já tinham se vacinado expressaram atitudes mais positivas. O lembrete sobre o surto do vírus os fizera se lembrar de que estavam em segurança por já terem se vacinado.

Fizemos depois um estudo de acompanhamento no mesmo local do campus. Lembramos a todos os participantes do surto de gripe, da mesma forma que antes. Só que dessa vez também enfatizamos o fato de que lavar as mãos com frequência ou usar desinfetantes antibacterianos era um meio eficaz para evitar contrair a gripe. Após essa mensagem, os participantes eram, aleatoriamente, divididos entre (a): aqueles aos quais se oferecia a oportunidade de usar um desinfetante para as mãos, e (b): os que não tinham essa oportunidade. Em seguida, distribuímos o mesmo questionário sobre atitudes políticas que incluía perguntas sobre imigração. Mais uma vez, aqueles que tinham desinfetado as mãos depois da advertência sobre a ameaça da doença demonstraram atitudes mais positivas em relação à imigração, ao passo que os que não tinham tido a oportunidade de lavar as mãos relataram atitudes mais negativas em relação ao tema.

Por mais estranho, ou mesmo perturbador, que possa parecer, nossas atitudes políticas são profundamente influenciadas por nosso passado evolucionário. Necessidades profundas, primitivas, subjazem em nossas crenças, embora seja raro estarmos — se é que estamos em algum momento — conscientes dos motivos pelos quais temos tais crenças. Em vez disso, nós — inclusive eu — nos convencemos de que nosso pensamento só provém de princípios e ideologias racionais, talvez relativos a conceitos inflexíveis de individualismo e honra ou equidade e generosidade para com os outros. Não temos consciência dos ventos de nosso passado evolucionário que sopram por nossas atitudes e comportamentos, mas isso não quer dizer que essas influências não estejam lá.

Mas sensações de nojo afetam mais do que nossas atitudes políticas abstratas. Simone Schnall e seus colegas na Universidade da Virgínia demonstraram como sensações físicas de nojo, causadas, por exemplo, por permanecer num aposento muito sujo, influenciam nossos sentimentos de repulsa *moral*, no sentido de quão moralmente errados consideramos serem vários comportamentos. Os participantes do estudo fizeram avaliações morais de vários comportamentos, como roubar um remédio que não se tenha meios para comprar a fim de salvar a vida do cônjuge. Quando faziam essas avaliações num recinto sujo, consideravam esses comportamentos menos morais em comparação com as avaliações dos mesmos comportamentos feitas por outros participantes, num aposento limpo.[31]

Nossa motivação primária e mais profundamente evoluída para a sobrevivência e a segurança física está na raiz de muitas de nossas atitudes e crenças. Essa necessidade nos influencia em grande parte de forma inconsciente e em geral sem que compreendamos o que de fato está acontecendo. Isso não é ruim, é claro. É uma questão de contexto. Nossa preocupação profunda com segurança física e em evitar doenças é, sem dúvida, altamente adaptativa. Tornou-se parte de nossa composição genética porque nos ajuda, como indivíduos e como espécie, a sobreviver. Trata-se de uma influência tão básica e poderosa em nossas vidas que seu alcance vai muito além das medidas concretas, um tanto simples, para ficar vivo e evitar danos corporais. Mesmo nossos julgamentos morais, bem como nossa racionalização abstrata e consciente de questões políticas e sociais, podem estar a serviço dessa suprema motivação, sem que nos demos conta disso.

COMPARTILHAR É CUIDAR

Outro traço evolutivo que nos ajudou a sobreviver e ter segurança física é de natureza inerentemente social: as emoções espontâneas e involuntárias que experimentamos e expressamos para os outros. Elas foram o foco da terceira grande obra de Darwin sobre a evolução, *A expressão das emoções no homem e nos animais*, sua poderosa continuação para *A origem das espécies e A descendência do homem e a seleção sexual*. Esse terceiro livro tratou da vida social humana, porque Darwin acreditava que nossas emoções evoluem para nos ajudar a transmitir uns aos outros informações importantes sobre segurança e doença, e essa cooperação e o compartilhamento são partes de nossa natureza humana maior.[32]

Em algum momento no final da década de 1860 ou no início dos anos 1870, Darwin convidou vinte amigos e conhecidos para virem a sua casa, em Kent, na Inglaterra, a fim de assistir à projeção de uma série de slides fotográficos. Darwin havia trocado cartas com um médico francês chamado Guillaume-Benjamin-Amand Duchenne, que estava convencido de que os humanos demonstravam sessenta estados emocionais diferentes mediante expressões faciais relacionadas a músculos específicos.[33] Numa tentativa um tanto grotesca de confirmar sua teoria, Duchenne fotografou pessoas em cujos rostos aplicou leves choques a fim de ativar os músculos. As imagens, em tons de sépia, eram estranhas e caricatas, mas as expressões, radicalmente diferentes umas das outras, tinham toda a aparência familiar das emoções do dia a dia.

Pensador sempre dotado de uma elegante lucidez, Darwin discordou da teoria de Duchenne. Examinando os slides ele concluiu que na verdade os músculos faciais humanos e as emoções se combinavam para representar apenas seis estados fundamentais, produzidos pelo mosaico completo dos músculos faciais, e não sessenta estados diferentes associados aos distintos grupos de músculos. "Instigado por suas dúvidas quanto à veracidade do modelo de Duchenne", escreve Peter J. Snyder, cuja equipe de pesquisadores descobriu e publicou em 2010 os arquivos que continham as evidências desse experimento esquecido, "Darwin conduziu o que pode ter sido o primeiro estudo simples-cego feito sobre o reconhecimento de expressões faciais de emoção humana. Esse experimento único foi um pouco conhecido precursor de todo um moderno e clinicamente relevante campo de estudo."

Darwin apresentou onze dos slides de Duchenne às pessoas que tinha convidado para ir a sua casa e lhes perguntou que emoções representava cada um deles. Sem quaisquer predisposições ou sugestões que distorcessem suas percepções, eles concordaram com Darwin, classificando os slides em apenas um punhado de estados emocionais universais, como medo e felicidade. Isso pareceu confirmar a teoria de que certas emoções vêm como equipamento de fábrica, dentro da mente e do corpo humanos.

Inexplicavelmente (e infelizmente), durante quase um século inteiro depois de Darwin publicar seu livro sobre emoções, as ciências psicológicas fizeram quase nada com seus achados. E então, em 1969, Paul Ekman e seus colegas publicaram um trabalho inovador que tanto ratificava quanto expandia as ideias de Darwin.[34] Após coletar uma impressionante quantidade de dados de cada canto do mundo, Ekman e Wallace V. Friesen demonstraram que não só os tipos básicos de emoção humana eram universais, como também suas manifestações. Em culturas ao redor do mundo — mesmo naquelas primitivas que tinham existido isoladas do resto de nós durante vários milhares de anos —, nós demonstrávamos *as mesmas emoções usando os mesmos músculos faciais e as mesmas expressões*. Aonde quer que os pesquisadores fossem, a raiva era expressa com os mesmos dentes arreganhados e as mesmas sobrancelhas franzidas, e todos sabiam que quem tinha essa expressão no rosto sentia raiva. O mesmo valia para a felicidade e outras emoções basilares. Darwin tinha razão.

Como Darwin continuou a teorizar em seu livro, nossa espécie evoluiu para tanto sentir quanto expressar emoções de forma automática e involuntária, porque esses dois comportamentos nos ajudavam a sobreviver. Darwin compreendeu que não escolhemos ter determinadas emoções, e sim que elas ocorrem em nós inconscientemente. (Nós nunca optaríamos por sentir ansiedade ou preocupação, mas essas emoções exercem funções úteis ao nos despertar para fazer algo a respeito de um problema antes que seja tarde demais.) Darwin reconheceu que as pessoas também podem, voluntária e conscientemente, expressar emoções de várias maneiras, e até fingi-las. Podemos tentar parecer satisfeitos e felizes ao ganhar um presente que achamos detestável (digamos, uma caneca de café engraçada com o formato de uma privada) e podemos, na maioria das vezes, esconder nosso regozijo durante o épico fracasso de nosso rival no escritório em sua infeliz apresentação na sala de reuniões. Mesmo assim, Darwin acreditava que nossas emoções eram mais bem expressas, inconscientemente, e que elas extravasavam, apesar de nossas tentativas de controlá-las. Como na canção dos Eagles, *"You can't hide your lyin eyes"* [Você não pode ocultar seus olhos mentirosos].

Acima de tudo, observou Darwin, nossas expressões emocionais involuntárias têm uma importante função de comunicação com as pessoas que nos cercam — de que existe algo a temer, como beber esta água ou comer aquela fruta —, e para que essa informação seja válida, a expressão emocional tem de ser em grande medida automática e involuntária. Essa explicação das expressões faciais nos leva a outro componente fundamental e inato dos impulsos humanos de sobreviver e se reproduzir que temos inconscientemente, mesmo na primeira infância, à medida que construímos nossas ligações sociais: a *cooperação* de uns para com os outros.

Nossas expressões emocionais constituem o meio original pelo qual os humanos compartilhavam entre si informações sobre o estado do mundo. O primatólogo Michael Tomasello dedicou sua carreira a estudar e comparar os humanos com nossos vizinhos genéticos mais próximos — outros primatas, como macacos e chimpanzés. Tomasello alega que existe um "desejo humano intrínseco de compartilhar emoções, experiências e atividades com outras pessoas".[35] Ele concluiu a partir de décadas de pesquisa que nossa evoluída motivação para cooperar e coordenar nossas atividades com os outros é nada menos que a principal característica que nos distingue dos outros primatas. Um breve olhar sobre a civilização humana (e a comparação entre seus feitos coletivos e os de qualquer outra espécie) vai lhe mostrar quão importante tem sido essa singular diferença entre nós e os outros animais.

Se a cooperação é uma tendência motivacional evoluída — com a finalidade máxima de garantir nossa sobrevivência, assim como comer e respirar —, então ela deveria estar presente nas crianças pequenas, mesmo antes de elas terem experiência de vida suficiente para desenvolvê-la por si mesmas. Para testar se nossas tendências para a cooperação são inatas, Harriet Over e Malinda Carpenter, pesquisadoras no Instituto Max Planck de Antropologia Evolucionária, em Leipzig, na Alemanha, reuniram sessenta crianças com dezoito meses, para as quais sua assistente mostrou, uma a uma, um conjunto de oito fotos coloridas de objetos comuns em casa, como uma chaleira vermelha brilhante de brinquedo, um sapato e um livro.[36] No canto superior direito de cada figura havia outros objetos menores, secundários ao objeto principal da foto. Era essa característica menor da fotografia que fora projetada para despertar nas crianças o objetivo inconsciente da cooperação. Para um grupo de crianças, no canto superior direito de cada figura eram apresentadas duas bonecas. Estavam sempre próximas uma da outra e se entreolhando, o que sinalizava um laço de amizade entre elas. Outros grupos de crianças receberam imagens com outras coisas no canto superior direito de cada figura — para alguns eram as mesmas duas bonecas, mas olhando para lados opostos, e para outros grupos eram blocos coloridos. Os pesquisadores previam que as crianças às quais tinha se mostrado as duas bonecas amistosas iam cooperar com o experimento mais do que as outras, porque a amizade entre as duas bonecas seria a deixa para a motivação inata na evolução humana para ajudar e cooperar. Em todas as outras situações do experimento não havia esse ingrediente-chave das duas bonecas amigas.

Após uma assistente ter mostrado a uma criança as oito fotos coloridas, o experimentador vinha brincar com ela, trazendo algumas varetas de madeira, que fingia deixar cair sem querer. Esperava então dez segundos para ver se a criança ia ajudar espontaneamente, sem precisar que o experimentador lhe pedisse. Os resultados foram bem claros: 60% das crianças que tinham recebido a imagem das bonecas amigas se levantaram por sua própria iniciativa para ajudar o experimentador a pegar as varetas, comparadas com 20% das que tinham recebido outras imagens.

Esse estudo assinala vários aspectos importantes. Primeiro, que mesmo uma criança com apenas dezoito meses irá ajudar espontaneamente, sem que alguém lhe peça, o que é consistente com a noção de Darwin e de Tomasello de que nascemos para cooperar. Segundo, essas crianças não ajudariam em qualquer situação, mas apenas quando a ideia de um laço pessoal ou de confiança estivesse ativo em suas mentes (no caso, causadas por terem visto duas bonecas numa relação de amizade). Na vida normal, fora do laboratório, a ideia de confiança e amizade estaria ativa quando estivessem com pessoas que amassem e em quem confiassem, como os membros de suas famílias. Terceiro, tanto a deixa da amizade quanto o objetivo de cooperar agem inconscientemente.[37] Eles estavam lá, num detalhe sutil, no fundo, e não como o principal elemento da fotografia. Mesmo assim, a presença dessas duas bonecas amigas no canto das figuras fora suficiente para inconscientemente sugerir a ideia de laços sociais nas crianças, e essa deixa para a confiança e a amizade foi o portal que levou a seu comportamento cooperativo espontâneo.

Às vezes, portanto, uma tendência inata ou evoluída não se manifesta em nossa vida a troco de nada. Nós cooperamos, sim, mas apenas com pessoas nas quais sentimos que podemos confiar. Isso faz muito sentido no aspecto adaptativo, pois poderia haver quem se aproveitasse de nós (como acontece muitas vezes) se confiássemos cegamente em todos e cooperássemos com qualquer um. Aprender e saber em quem podemos ou não confiar é uma de nossas grandes tarefas na vida, e como demonstra o estudo de Over e Carpenter com as crianças de dezoito meses, já começamos a fazer essas escolhas pouco depois de nascer. Isso nos leva à ideia básica do próximo capítulo — de que há tendências inatas colhidas de nosso passado evolucionário oculto que dependem também do que acontece em nossa própria e muito precoce (além de igualmente oculta) experiência como crianças, com nossos pais, irmãos e nosso grupo social. No capítulo 2, vamos contar a história de como a maneira como somos criados interage com a natureza para, inconscientemente, influenciar a determinação de em quem confiar e a quem ajudar ou não. Por ora, no entanto, consideremos outra faceta da esquecida herança evolucionária que fica à espreita em nossa mente. Nossos genes sem dúvida cuidam muito de nossa segurança e sobrevivência, mas com um objetivo principal e subjacente — sobreviver por tempo bastante para termos filhos. O aprimoramento genético aleatório em nossa capacidade de sobreviver aumenta nossa probabilidade de acasalamento e de passar esses aprimoramentos a nossos descendentes. Este último objetivo, claro, é uma de nossas outras pulsões fundamentais: a de *se reproduzir*.

O GENE EGOÍSTA

Em 2013, cientistas descobriram algo novo sobre Ötzti: ele tinha filhos.

A múmia assassinada dos Alpes, constatou-se, continuava a viver — por intermédio de seus genes. Pesquisadores coletaram e analisaram amostras de sangue doadas por cerca de 4 mil pessoas na região austríaca próxima ao local do descanso final de Ötzti e encontraram afinidades. Dezenove, para ser exato. Essas pessoas tinham em comum uma mutação genética que as conectava a seu postumamente famoso ancestral. A existência desses parentes *muito* distantes de Ötzti lançaram uma nova luz sobre sua história. Sim, sem dúvida ele fracassara em seu impulso número um, consciente e inconsciente: permanecer vivo. Mas obtivera êxito em outro grande objetivo para o qual nosso cérebro evoluiu a fim de alcançar: transmitir nossos genes à geração seguinte. Ou, em palavras mais doces, ter filhos.

Muitas das primeiras obras originais no campo da psicologia evolucionária se concentram justamente nisto: "acasalamento". Como alegou Richard Dawkins em seu livro basilar *O gene egoísta*, tudo que nossos genes querem é chegar à geração seguinte. Pense nisto: todos os seus ancestrais diretos, sem exceção, tiveram filhos. Nisso todos tiveram sucesso. Se não fosse assim, você não estaria aqui agora, lendo este livro.

Como vimos ao tratar de nossa necessidade inconsciente de segurança física, nossa ordem biológica para reproduzir pode ter manifestações surpreendentes no mundo atual. Um dos melhores exemplos provém de um estudo italiano conduzido de agosto de 2011 a setembro de 2012. Os pesquisadores realizaram um experimento intrigante sobre os efeitos da atração física nos procedimentos de contratação para um emprego, sem na verdade pôr quaisquer participantes juntos numa sala de laboratório.[38] Eles enviaram 11 mil currículos a 1500 vagas de trabalho anunciadas. O número desproporcional de currículos em relação ao de vagas se deveu ao fato de terem sido enviados vários currículos para cada vaga. Os currículos continham exatamente o mesmo histórico profissional, e, portanto, qualificações idênticas para o emprego. Algumas das candidaturas contavam com fotografias anexadas, outras não. (Os nomes, é claro, também eram diferentes.) Os candidatos se declaravam italianos ou estrangeiros, homens ou mulheres. Entre os currículos com fotos anexadas, os candidatos estavam divididos, de modo a haver para cada homem atraente um não atraente, e para cada mulher atraente uma não atraente. (A qualificação quanto à atratividade foi feita por outro grupo de pessoas, quando os pesquisadores desenvolviam os materiais do estudo.) Como os currículos eram idênticos nos demais aspectos, respostas diferentes teriam de ser atribuídas a essa variável — a fotografia. Assim, a pergunta básica dos pesquisadores era: será que ter uma foto atraente anexada ao currículo aumentaria as probabilidades de ser chamado para uma entrevista?

A resposta foi um contundente "sim". De modo geral, os candidatos italianos foram preferidos aos candidatos estrangeiros. Isso não causou surpresa. Entre os candidatos italianos, porém, ser atraente foi definitivamente vantajoso, sobretudo para as mulheres: aquelas que eram atraentes tinham probabilidade muito maior de serem chamadas do que as que não eram atraentes e tinham as mesmas qualificações, na arrasadora proporção de 54% para 7%, respectivamente. Houve também uma considerável vantagem, ainda que menos dramática, dos homens atraentes em relação aos não atraentes, de 47% para 26%. Com base nos resultados do estudo, é melhor não anexar foto alguma do que anexar uma foto pouco atraente: o índice de convites para entrevista para os que não enviaram fotos foi mais alto do que para aqueles cujas fotos não eram atraentes. Os resultados desse estudo são desanimadores, se não chocantes, do ponto de vista da equanimidade. E esse fenômeno tem um nome: "a bonificação da beleza".

Queira você ou não, a atratividade física é um fator significativo e previsível para o progresso e as promoções numa carreira. Trabalhadores cuja boa aparência está acima da média ganham de 10% a 15% mais do que aqueles cuja aparência está abaixo da média, uma diferença comparável à observada em disparidades salariais apuradas com base em parâmetros de raça e gênero.[39] A pergunta que cabe aqui é: por que isso acontece? Afinal, existem leis contra discriminação, e muitas companhias têm regras rigorosas em suas práticas de contratação. Além disso, são inúmeros os chefes e diretores de departamentos pessoais que acreditam em igualdade de oportunidades e tentam contratar as pessoas mais qualificadas, seja qual for sua aparência. A questão é que mesmo essas pessoas bem-intencionadas tendem, involuntariamente, a ceder a essa bonificação da beleza. Segundo os autores desse relato, sua pulsão inconsciente para o acasalamento é, em parte, a razão para isso.

Você não precisa ser um adolescente para saber que nossa mente adulta consciente com frequência está pré-ocupada com pensamentos e sentimentos sexuais, e que todos nós prestamos mais atenção nas pessoas que são fisicamente atraentes do que nas menos atraentes. (Estudo de imagens cerebrais demonstraram que quando são mostrados a heterossexuais rostos de indivíduos atraentes do sexo oposto, os centros de recompensas do cérebro ficam ativados.) O que é menos óbvio é como esses sentimentos influenciam nosso comportamento de modo imperceptível, quando não "deveriam", já que isso vai contra os ideais igualitários e meritocráticos com os quais a maioria de nós concorda. O mais provável é que muitos dos contratantes italianos (que não sabiam sobre o experimento) alegassem que a fotografia não havia afetado sua decisão, ou decidissem querer rever sua escolha caso ficasse provado que tinham sido influenciados inconscientemente pela bonificação da beleza.

Temos essa inclinação pela atratividade por causa de nossa história do gene egoísta: a ordem inconsciente para reproduzir, reproduzir, reproduzir; para que nós, como espécie, não sejamos extintos. Essa urgência profundamente arraigada é tão forte que estudos demonstraram que os impulsos para o homem acasalar são desencadeados pela mera presença de uma mulher atraente, mesmo quando ele tente se concentrar em outra coisa. Um estudo demonstrou, por exemplo, que quando trabalhavam numa tarefa difícil e que exigia sua atenção num laboratório, participantes do sexo masculino se distraíam mais e tinham desempenho pior quando interagiam com uma mulher durante a tarefa (mas não quando interagiam com outro homem), e quanto mais atraente fosse a mulher, pior o desempenho do participante homem na realização da tarefa.[40] Apesar disso soar como se a ciência prestigiasse essas conhecidas caricaturas sobre tesão masculino, esses "comportamentos" ocultos acontecem com todos nós. Em certo sentido, nossos corpos estão em constante, furtiva, inconsciente comunicação.

A atração física não é o único desencadeador de motivos para o acasalamento. Nosso inconsciente detecta sinais hormonais de fertilidade, que operam através do olfato.[41] Numa série de estudos fascinantes sobre influências hormonais, pesquisadores da Universidade do Estado da Flórida demonstraram que estudantes universitários heterossexuais do sexo masculino ficavam mais atraídos por uma participante do sexo feminino no mesmo estudo quando acontecia de ela estar no auge de seu período de ovulação do que quando estava no período menos fértil, sem que o jovem tivesse qualquer consciência dessa influência.[42] Também estavam mais propensos a inconscientemente imitar e parodiar a mulher durante os dias do período fértil dela do que fora desse período — como veremos no capítulo 7, essa imitação sutil é uma tática natural e inconsciente que usamos para nos conectar a pessoas que acabamos de conhecer. Reiterando, os homens nesses estudos estavam totalmente alheios a como esses indícios sutis de fertilidade, inacessíveis à sua percepção consciente, influenciavam sua atração e seu comportamento em relação às mulheres. Tudo isso, claro, leva nossa espécie à mais universal das experiências — a família.

Eu moro no campo, junto a um lago, e mais adiante na estrada há uma pequena fazenda. Se você passar pela minha estrada durante a primavera, poderá ver metas evolucionárias inconscientes em operação por toda parte, para onde quer que olhe. Toda primavera, filhotes de ganso ficam muito perto de suas mães e pais gansos, e com frequência é preciso ter paciência para esperar no carro enquanto eles atravessam a estrada em fila indiana — um dos pais à frente, o outro fechando a retaguarda. Bezerros vagueiam pelos grandes campos de palha com as vacas; filhotes de veados ficam bem perto de suas mães. Por instinto, todos ficam perto de seus pais e de outros animais de sua espécie. Não se veem os vários filhotes — bezerros, veados e gansos — brincando juntos na fazenda como se estivessem em alguma versão de creche para animais. Em vez disso, permanecem perto de seus pais e irmãos. Recém-nascidos, sejam patinhos ou bebês humanos, dependem de seus pais e cuidadores, que os mantêm aquecidos, alimentados e protegidos de predadores. É parte de sua, e de nossa, conexão natural, e é uma questão de sobrevivência.

Os filhotes na fazenda e seus pais têm uma ligação. Não confiam cegamente em outros animais, mesmo que sejam de sua própria espécie se estiverem fora de seu pequeno círculo social; confiança é algo que pode ser explorado, e a confiança que você deposita em alguém pode ser aproveitada em benefício dela mas com prejuízo para você.[43] Essa experiência precoce é importante para a sobrevivência. Nos humanos, as experiência precoces determinam não só em quem podemos confiar quando somos crianças pequenas, como também se vamos sentir ou não, pelo resto de nossas vidas, se podemos confiar nas pessoas de modo geral. Assim como nosso longo passado evolucionário de sobrevivência e reprodução — que nos compele a ansiar por segurança física, a nos tornar capazes de lidar com um mundo que muda com rapidez sem ter de parar e pensar sobre isso, a evitar contaminações e doenças, a compartilhar informações por meios de nossas emoções e a ajudar nossos amigos e nossa família —, nosso próprio passado pessoal de experiência precoce inculca em nós suas próprias e indeléveis influências inconscientes. No entanto, nós temos poucas lembranças, se é que temos alguma, desses primeiros anos de vida, o que em grande medida nos leva a não ter consciência de quão poderosamente eles moldaram nossos sentimentos e comportamentos. Nossas experiências nesses anos que agem sobre nós constituem uma segunda forma de influências de um passado oculto, e são o foco do próximo capítulo.

2. Alguma montagem é requerida

Em 10 de março de 1302, um político de 46 anos, na Itália, foi condenado à morte em sua cidade, Florença. Ex-soldado, era uma alma romântica que escrevia poesia e fazia bico como farmacêutico, mas se envolvera numa amarga luta pelo poder local. Isso não era difícil de acontecer na Florença do século XIV. Três séculos antes, havia começado uma batalha pelo controle da Itália, entre o papa e o sacro imperador romano. Um grupo chamado gibelinos, conhecidos como os Brancos, apoiava o imperador, enquanto os guelfos, conhecidos como Negros, estavam firmemente com o papa. A Itália medieval ainda não era um Estado unificado, e sim uma colcha de retalhos de feudos, e assim as tensões imperiais entre o papa e o imperador com frequência se desenrolavam nos reinos menores em que se constituíam as cidades. Tratava-se de uma época em que prevaleciam os piores aspectos da natureza humana: intriga, traições e vingança.

Em Florença, um novo e ativo *podestà*, ou alto magistrado, assumira o cargo havia pouco tempo. Ele era dos Negros e logo apresentou acusações de corrupção contra aquele político, o que resultou em sua condenação à morte. O recém-condenado estava fora de Florença na ocasião do julgamento, e assim, para evitar ser queimado vivo na fogueira, começou uma vida de exílio na Toscana e em outros locais, um exílio do qual jamais retornou. Ele tinha optado por se ligar ao grupo errado, o que alterou o curso de sua vida. O nome do político era Dante Alighieri, o homem que se tornou conhecido por ser o autor de *A divina comédia*.

Por volta de 1308, Dante começou a trabalhar no poema que iria lhe assegurar um lugar na história. Aproveitando seu tempo no exílio para explorar a complexidade da natureza humana, ele terminou A *divina comédia* em 1320. Em cerca de 14 mil versos, ele pesou as consequências espirituais de tudo que fazemos, numa jornada ficcional à vida após a morte. Dividiu seu livro em três partes que correspondem à teologia cristã: "Inferno", "Purgatório" e "Paraíso". Na companhia do poeta Virgílio, ele desce ao submundo, onde testemunha o *contrapasso*, ou justiça poética, que aguarda todos os pecadores após sua morte. É Dante, de fato, quem introduz a ideia da justiça poética; em vez da justiça do "olho por olho" do Antigo Testamento, ele visualiza um castigo mais profundo e mais satisfatório que melhor equilibraria a balança em relação aos tipos de pecado cometidos. Dono de uma imaginação sombria e expansiva, sua visão do inferno é meticulosamente detalhada, um guia assustador que é ao mesmo tempo como um mapa e um filme. Seu Inferno tem nove "círculos", cada um definido pelo grau e pela substância dos pecados, estando os advogados no Nível Cinco, e os assassinos, no Nível Sete. (Não, o Nível Seis não é o de roupas masculinas.) O círculo mais baixo do Inferno, onde mora Lúcifer, é o Nono Círculo, Cócito, no qual são punidos os piores de todos os pecadores. O pior pecado, segundo Dante — afinal, os assassinos estão alguns andares acima, no Nível Sete — é trair a confiança de quem lhe está próximo, como aconteceu com ele próprio. Cócito, por sua vez, é dividido em quatro regiões, que representam as diferentes arenas da vida nas quais tramas e traições podem ocorrer: Caína, para os que traem a própria família — e cujo nome deriva de seu principal prisioneiro, Caim, que matou seu irmão Abel. Antenora, para os que traem seu país ou sua pátria, tem o nome de um general troiano que tramou com os gregos para destruir Troia. Ptolemea, para os que traíram seus amigos mais próximos. Nessa região, Dante exibe sua abjeção pessoal por tais crimes, concebendo uma punição adicional para aqueles que traíram os amigos: suas almas descem diretamente ao inferno por seu ato de traição antes mesmo de morrerem, e seus corpos vivos são possuídos por demônios. E a zona final, mais interior de Cócito, é chamada de Judeca, do nome de seu mais famoso residente, Judas Iscariotes, que traiu Jesus. Na Judeca estão as almas condenadas que, ao trair seus benfeitores, cometeram crimes que tiveram grandes consequências históricas.

No centro do Nono Círculo está o próprio Lúcifer, que traiu Deus no início dos tempos e para quem o inferno foi criado. Dante descreve Lúcifer como o "miserável imperador do inferno, cujo tamanho imenso (ele faz até os Gigantes parecerem anões) contrasta com seus limitados poderes: o bater de suas asas gera o vento que mantém o lago congelado, e suas três bocas mastigam as sombras dos corpos de três arquitraidores, cujo sangue coagulado se mistura com as lágrimas que escorrem dos três pares de olhos de Lúcifer".[1] Trata-se de uma descrição fantástica, grotesca, e mesmo assim o detalhe que me chamou a atenção quando li foi *aquele lago.*

O Nono Círculo do Inferno de Dante, reservado aos traidores mais covardes, não é o ardente, torturantemente quente inferno do título. Ao contrário — é um grande lago congelado. Aqui as almas condenadas estão totalmente cobertas de gelo — como "palha no vidro", parecendo variações infernais do pobre Ötzi, cujos restos mortais, como você há de lembrar, foram preservados em seu próprio e gélido purgatório durante milhares de anos.[2] Mas por que, no imaginário demoníaco de *A divina comédia,* Dante optou por congelar traidores "na crosta fria", em vez de, digamos, queimá-los na fogueira, como seus inimigos tentaram fazer com ele?[3]

Dante, como todos os grandes poetas, tinha sensibilidade em relação à natureza humana e era capaz de expressar em palavras o que o resto de nós vivencia apenas em nível intuitivo. No entanto, como em outras grandes obras de prosa e poesia, uma vez que um escritor talentoso expressa essas ideias, nós logo entramos em ressonância com elas. Em seu *contrapasso* para a traição, na justiça poética de congelar para a eternidade almas de coração tão frio a ponto de trair os próprios amigos por um ganho pessoal, Dante ecoou os sentimentos de são Pedro, mais de mil anos antes. Em *Apocalipse,* escrito no século I d.C., são Pedro disse: "O Inferno tem rios de fogo, e de gelo para os de coração frio".[4] E, é claro, nós usamos essas figuras de linguagem e compreendemos muito bem o que queremos dizer quando mencionamos um amigo caloroso ou um pai frio e distante. Por que empregamos essas metáforas que misturam sensações emocionais e físicas, e por que temos feito isso há milênios?

O que Dante não poderia saber — mas de certa forma sabia, sem a ajuda da ciência moderna — é que setecentos anos depois a neurociência demonstraria que quando um pessoa está lidando com frieza social (como uma traição de confiança) estão envolvidas as mesmas estruturas neurais do cérebro que atuam quando aquela pessoa toca em algo gelado ou sente frio, como ao sair de casa no inverno sem um casaco. De forma semelhante, vivenciar um calor social, como acontece ao trocarmos mensagens com a família e os amigos, ativa a mesma parte específica do cérebro que é estimulada quando se tem algo quente nas mãos. Nosso cérebro vem com essas associações programadas, e por isso a escolha de Dante de punir a traição social com um congelamento eterno representa o perfeito equilíbrio entre crime e castigo.

Nascemos para criar laços com nossos pais e nossa família e permanecer junto deles, e se tudo correr bem essa ligação se forma e passa a exercer uma influência muito positiva em nosso relacionamento social pelo resto de nossas vidas. Mas a evolução não pode garantir que nossa confiança instintiva seja bem direcionada e que nosso desejo inato por proximidade e vínculo com nossos pais seja recíproco da parte deles. E assim, muito cedo em nossas vidas, com um ano de idade, essa ligação se estabelece, ou não — e ficamos ou seguros ou inseguros de nossa ligação com mãe e pai, ou com quem quer que esteja cuidando de nós. O poderoso efeito dessas experiências de vida tão precoces dará o tom de quão próximos e estáveis serão nossas amizades e nossos relacionamentos amorosos ao longo de nossas vidas. E, ainda assim, não estamos cientes dessa influência precoce que atua sobre nós, porque temos muito pouca lembrança dessa época. Essa influência oculta de nosso passado pessoal vem de nosso passado evolucionário, e, da mesma forma, não temos consciência de como ela nos afeta.

Dante também percebeu isto corretamente: a importância da confiança e de sua irmã sombria, a traição, ambas centrais na vida humana. Não foi à toa que ele considerou a traição aos amigos, ao país de alguém, à causa de alguém, o pior de todos os pecados, destinando seus perpetradores a um nível no inferno mais baixo até do que o dos assassinos. A confiança é a base das nossas relações mais próximas na vida, e quando se chega ao âmago da questão, essas relações estreitas são o que há de mais importante na vida de cada um. Quando confiamos em outra pessoa, como um amigo a quem contamos algo muito íntimo, ficamos vulneráveis, mas é um risco que queremos correr para tornar aquela relação ainda mais próxima. A revelação de informação privada confiada a outra pessoa é a moeda que, para começar, cria essas relações, o valor de troca que estabelece a confiança entre duas pessoas.[5] E a causa número um que faz relações estreitas desandarem é a quebra dessa confiança, quando sentimos que um amigo ou parceiro não está mais do nosso lado porque fizeram coisas pelas nossas costas.[6]

Entretanto, quando somos recém-nascidos, crianças pequenas e indefesas, não temos escolha a não ser depositar nossa confiança, nossa vida, nas mãos de nossos pais. Temos de confiar totalmente que eles cuidarão de nós — nos alimentando, nos protegendo, nos mantendo aquecidos e seguros — porque não somos capazes de fazer essas coisas sozinhos. Mas a Mãe Natureza, operando por intermédio da seleção natural, sempre apreciou a lição de Dante sobre a traição — de que depositar nossa confiança em outros não é, infelizmente, algo garantido, não é uma aposta 100% segura. Richard Dawkins descreve muitas espécies animais nas quais um tipo, os chamados "enganadores", levam uma vida fácil à custa da confiança e da colaboração dos outros, chamados "otários".[7] Assim, embora nós como crianças estamos dispostos, capazes e desejosos de confiar em nossos pais, irmãos e vizinhos, eles podem acabar se revelando não confiáveis. Isso é uma coisa que aprendemos muito cedo na vida.

A natureza de nossa ligação com nossos pais, quando somos crianças, ecoa nosso passado evolucionário. É ali que convergem o natural e o nutricional, no sentido amplo de adaptação ao meio, onde predisposições e suposições quanto ao nosso mundo que evoluíram durante éons em nossa espécie são testadas no fogo de nossa experiência efetiva, sendo validadas ou não com base em nossa realidade pessoal. Podemos confiar nas pessoas ou não? Essa questão me leva de volta ao meu sonho com o jacaré.

Ao virar de ponta-cabeça minhas mais profundas suposições, aquele réptil cheio de dentes e nadando de costas me demonstrou como os aspectos inconscientes de nossas mentes são primordiais em nossas vidas. Primeiro, as convincentes motivações com as quais nascemos, e segundo, as primeiras noções sobre pessoas que se formam de nossas experiências como bebês e crianças pequenas. É surpreendente o fato de que, depois dos cinco anos, mais ou menos, não retemos nenhuma lembrança explícita consciente ou percepção de termos formado essas importantes impressões. Esses dois fundamentos de nossos futuros pensamentos e ações, criados por nosso passado oculto, operam durante o resto de nossas vidas num plano de fundo, inconscientemente, direcionando vários de nossos comportamentos diários e moldando muito daquilo que pensamos, dizemos e fazemos. Às vezes para o melhor, outras vezes para o pior.

MACACOS QUENTES E FRIOS

Como a maioria dos adultos pode atestar, nossos pais e seu modo de criar os filhos têm grande impacto no processo de fazer de nós as pessoas que nos tornamos. Isso acontece por causa das coisas que eles conscientemente nos dão: amor, orientação e punição. Acontece também devido àquilo que nos dão inconscientemente: amor, orientação e punição. Eles nos dão essas coisas consciente e intencionalmente, é claro, mas também quando não se dão conta disso, quando os observamos e aprendemos com eles mesmo nos momentos em que estão distraídos. Isto é, nossos pais nos modelam de maneiras intencionais e não intencionais, sobretudo quando somos muito jovens e maleáveis. Sem dúvida, eles tomam decisões parentais deliberadas, mas na correria do dia a dia, na maior parte do tempo eles também estão ocupados apenas em ser eles mesmos e cuidar de vários outros afazeres. Como crianças, nós naturalmente absorvemos e imitamos os comportamentos deles. (Nosso neto de dois anos, Jameson, ainda está, uma semana depois de ter voltado para Indiana após nos ter visitado em casa, lançando repetidamente os braços no ar e gritando "Yaaa!" porque me viu fazer isso quando pisei descalço num carvão quente que caíra da churrasqueira em nosso deque.)

Uma das influências mais poderosas que nossos pais exercem sobre nós, que dura por toda a vida, é em nossa disposição, ou não, de confiar em outras pessoas. O que realmente importa quanto a isso é nossa experiência com nossos pais e com quem cuida de nós, nosso relacionamento com eles e se nos sentimos ou não seguros e protegidos perto deles. Pesquisadores de desenvolvimento infantil chamam isso de *apego* aos pais, e podemos nos tornar apegados a eles com segurança ou com insegurança. Sabemos ou intuímos que podemos contar com eles, que estarão lá por nós quando precisarmos deles (o que é muito frequente durante a infância) ou nem tanto. Chama a atenção o fato de esse sentimento de apego (ou a ausência dele) em geral se estabelecer quando só temos um ano de idade.

Uma pesquisa que está em andamento examina como isso repercute durante toda a vida. Jeff Simpson e seus colegas na Universidade de Minnesota têm acompanhado um grupo de crianças, agora já por mais de vinte anos, para obter novos insights nas trajetórias de vidas humanas.[8] Quando tinham doze meses, fez-se com essas crianças e suas mães o que é conhecido como "Teste do Estranho", o qual, apesar do nome assustador, constitui a medida padrão de quão apegada com segurança é uma criança a seu progenitor. Como ela reage, por exemplo, quando a mãe sai do recinto? A criança fica perto dela quando criaturas estranhas (um homem vestido de dragão) entram na sala? Ou fica angustiada quando a mãe sai, deixando-a sozinha com os pesquisadores, que são muito gentis, mas mesmo assim estranhos? Uma criança apegada com segurança não reage a essas situações ficando em pânico ou transtornada com tanta frequência quanto as crianças cujo apego denota insegurança, pela simples razão de que uma criança segura em seu apego se sente mais confiante em que a mãe logo voltará e que nunca a abandonará numa situação de perigo. As que sentem insegurança em seu apego, por outro lado, vão chorar e ficar transtornadas e até em pânico numa situação estranha, porque, por sua experiência, a mãe não voltará logo e não necessariamente responderá à sua aflição. Elas não têm certeza, nem confiança, de que a mãe "estará lá" por elas, quando necessário.

Agora, acompanhando esse mesmo grupo de crianças em sua infância e adolescência, e em sua vida como adultos jovens, Simpson e seus colegas estão capacitados a observar o quanto esse apego inicial às suas mães os permitiu prever quão bem transcorreriam as vidas sociais dessas crianças. E, de fato, o quanto a confiança que essas crianças sentiam por suas mães quando tinham um ano de idade, conforme medida pelo Teste do Estranho, previu a qualidade e os resultados de seus relacionamentos com colegas no ensino fundamental, com amigos no ensino médio e agora com seus parceiros românticos. Como o comportamento das crianças que com um ano estavam apegadas com segurança se compara ao comportamento das crianças menos seguras em seu apego à medida que elas cresciam? Em seu primeiro ano na escola (aos seis anos), as crianças que se sentiam seguras em seu apego foram classificadas pelos professores como mais socialmente competentes. No ensino médio (aos dezesseis anos), tinham relacionamentos mais próximos com amigos. E aos vinte e poucos anos tinham experiências emocionais diárias mais positivas em seus relacionamentos românticos de adultos, estavam mais comprometidos com seus parceiros e se refaziam melhor dos conflitos diários cotidianos que ocorrem nas relações estreitas.[9] E esses comportamentos e padrões de vida de amplo aspecto tinham sido previstos pela medida de quão seguros se sentiam no apego às suas mães quando tinham doze meses de idade.

Quando me tornei pai pela primeira vez, recebi alguns conselhos de uma colega especialista em relacionamentos estreitos e apego. Ela me disse para abraçar minha filha tanto e com tanta frequência quanto pudesse. Eu gostei disso, mas, como a maioria dos pais, não achei que precisasse de um conselho de fora nesse aspecto, porque, naturalmente, amava minha filha mais do que tudo no mundo — e, além disso, eu sempre fora um abraçador contumaz. Mais tarde, quando ela tinha dois anos, eu a trouxe comigo para o escritório, onde havia um sofá e um espaço entre ele e uma mesa de café de madeira dura com bordas pontudas. Minha colega veio conhecer minha filha e a viu engatinhar do sofá, atravessando o espaço, até chegar à mesa de café e de volta, com um descuido displicente. "Ora, isso é que é uma criança segura em seu apego!", exclamou ela. Como eu sabia que a sensação de segurança no apego teria consequências positivas pelo resto da vida da minha filha, o julgamento sumário da minha colega soou para mim como uma notícia maravilhosa.

Simpson e sua equipe demonstraram quão notavelmente, e até assustadoramente, poderosas são nossas primeiras experiências na moldagem de nossa capacidade de confiar nos outros, ter sucesso na amizade e depois no amor. E, no entanto, *não temos lembrança dessas primeiras experiências*. A densidade dessa amnésia infantil inicial é profunda e ocorre com todos nós. Temos mais ou menos tanta memória consciente de nossos primeiros anos de vida quanto temos de nosso longo passado evolucionário, e em ambos os casos ela está próxima de zero. Mas é mesmo um grande azar para nossa capacidade de entender a nós mesmos que o período de vida que exerce influência mais significativa seja aquele do qual temos menos lembrança consciente.

Todo progenitor conhece o impacto de perder esses anos de lembranças compartilhadas com seus filhos. Você se lembra tão bem dessa época e, às vezes, quando eles estão maiores, os lembra desses saudosos momentos do passado para receber de volta um olhar vazio e sem expressão. Quando minha filha era muito pequena, quase todo dia insistia em assistir a seu filme favorito, *Carros*, com seu herói Lightning McQueen. Ela circulava pela casa num carro de brinquedo vermelho Lightning (n. 95, é claro), se sentava numa cadeira do Lightning McQueen, tinha um cobertor Lightning McQueen e, quando viajava de carro, dava gritinhos e apontava deliciada para todo e qualquer Corvette vermelho, pensando que era o próprio Lightning. (Eu devo ter colaborado para isso, pois durante anos ela acreditou que o Lightning McQueen morava em

73

Durham, em Connecticut.) Vários anos mais tarde, quando tinha cinco anos, ela quis assistir a um filme antes de dormir e eu sugeri *Carros*. Já fazia algum tempo que ela não assistia, e lembrei a ela de como gostava do filme. Imagine meu choque quando ela me lançou aquele olhar vazio e me disse com firmeza que nunca tinha visto esse filme (e me disse isso, ironicamente, sentada na mesma cadeira do Lightning McQueen em frente à televisão.) E, de fato, no decorrer do filme não demonstrou sinal de que se lembrava dele. Ficava surpresa de verdade com as reviravoltas da trama e não tinha ideia do que ia acontecer em seguida. Para ela, era como se estivesse assistindo ao filme pela primeira vez.

Como adultos, pessoas cujo apego não lhe transmitia segurança tendem a ter dificuldades nas amizades ou nos relacionamentos românticos e sentem desconfiança em relação a seus parceiros, embora raramente lhes ocorra que parte do problema talvez resida nos arquivos ocultos de sua história pessoal. Em vez disso, elas costumam se concentrar no presente, no que está disponível de imediato para sua percepção consciente, porque, afinal, é essa parte consciente da mente que tenta compreender o que está acontecendo. Ela só pode usar material do qual tenha ciência. Assim, achamos que o comportamento de um amigo, as reações de um colega ou talvez outra coisa que não se encaixa num bom relacionamento é que está causando o problema. Não nos ocorre que esses sentimentos que temos em relação aos outros podem estar se apresentando no lugar da verdadeira fonte, que são nossos apegos precoces a nossos pais. Esses passados esquecidos, é claro, podem ser tanto uma bênção quanto uma maldição. Seu efeito se faz sentir também para aqueles, felizes de nós, que têm confiança nos amigos, permitem que os outros se aproximem e que tendem a ter relacionamentos duradouros, felizes e estreitos. Eles acreditam que seus amigos e amantes são pessoas confiáveis, mas também lhes falta a percepção consciente do fato de que grande parte do motivo pelo qual se sentem assim provém de suas experiências quando criança.

A essência do que estamos discutindo aqui é o *nutricional*, como conceito oposto ao de *natural*. No capítulo anterior, comentamos o natural — como viemos ao mundo equipados de fábrica com a dupla pulsão de preservar nossa segurança física e nos reproduzir. No entanto, a fábrica da evolução deixou uma série de mostradores aptos a receber um ajuste fino, ou seja, começam com uma configuração padrão, mas nossas primeiras experiências o ajustam para o nutricional, a fim de que reflitam com mais exatidão as características específicas de nosso lar e dos ambientes locais, independentemente das forças de evolução, que estão distantes no tempo e são de processamento lento.

O processo de seleção natural é muito vagaroso. Nossas inatas adaptações genéticas ao mundo ocorreram muito, muito tempo atrás. Não há como essa evolução acompanhar o ritmo mais rápido de mudanças, como os atuais avanços da tecnologia e os usos sociais a cujo serviço ela é posta. As culturas humanas e as normas de comportamento social que nos cercam estão mudando numa velocidade muito maior do que a cadência de caramujo dos processos evolucionários biológicos. É por isso que temos o estágio *epigenético* de adaptação, quando o nutricional e o natural se juntam, quando a experiência liga, ou não, certos interruptores comportamentais e fisiológicos que temos embutidos em nossos genes. Esse período formativo — quando nós, como crianças, nos ajustamos rapidamente primeiro de acordo com aqueles que cuidam de nós, e depois com a comunidade e a cultura mais ampla — é de suprema importância para o êxito de nosso desenvolvimento como indivíduos. A nova ciência da epigenética está na linha de frente da compreensão de como esse processo funciona em nosso cérebro e em nosso corpo, e o modo mais simples de pensar em suas descobertas é o seguinte: nós nos tornamos o que nos tornamos não apenas através do DNA ou do meio ambiente, mas também da *interação* entre os dois. Essa interação entre genes e experiência, entre nosso passado evolucionário esquecido e nosso passado inicial vivido, constitui nosso destino pessoal.

Como um exemplo desse processo vindo de outro lugar do reino animal, considere o pássaro conhecido como mariposa-azul (*Passerina cyanea*). É uma pequena ave migratória nativa das Américas, que nasce com a capacidade inata de usar o céu noturno, ou "mapas estelares", para voar grandes distâncias. Mas aí está a pegadinha. A evolução não tem como fornecer a esses pássaros um mapa estelar completo e preciso, já adaptado a seu cérebro, porque o padrão das estrelas no céu noturno está em constante e gradual mudança à medida que o universo se expande. O céu noturno de hoje não é o mesmo céu noturno de mil, ou mesmo quinhentos, anos atrás. Assim, a solução que a natureza encontrou para as mariposas-azuis é lhes dar a capacidade inata de absorver rapidamente o padrão do céu noturno que seja exato *para elas*, durante seu próprio período de vida.

Num experimento clássico conduzido no planetário de Flint, Michigan, na década de 1960, Stephen Emlen e Robert T. Longway puseram mariposas-azuis dentro de um receptáculo cuja base era uma almofada encharcada de tinta, de modo que os pés das aves ficavam manchados quando caminhavam sobre essa base. Erguendo-se acima da base e circundando-a, havia um cone de papel que se expandia para cima, como um copo de papel mais estreito na base e mais amplo no topo. Uma tampa de tela mantinha as aves dentro desse cone, mas permitia que enxergassem através da tela. O lugar exato por onde passavam, pisando no cone para subir e olhar para fora, ficava marcado pela tinta que tinham nos pés. Usando esse engenhoso aparato, Emlen e Longway expunham as mariposas-azuis a diferentes configurações de estrelas no teto do planetário, que fora isso ficava no escuro; no dia seguinte ao de cada configuração, eles removiam e examinavam os cones de papel para verificar em que direção os pássaros tinham se movido e se orientado. Os pesquisadores podiam mudar o padrão das estrelas como quisessem; podiam, por exemplo, mudar a posição da Estrela do Norte, ou o modo como os astros se moviam uns em relação aos outros. Quando Emlen e Longway mudavam a posição das estrelas no planetário, as aves também mudavam sua orientação, conforme demonstravam, na manhã seguinte, suas pegadas de tinta nos cones de papel. Elas aprendiam um "mapa celeste" enquanto observavam a rotação das estrelas. Como é que essa operação tão incrivelmente maleável acontecia em seus cérebros de pássaro? Elas haviam nascido com um hardware que as capacitava a navegar assim, e durante a experiência faziam o "download" dos mapas vigentes naquele momento, segundo sua localização.[10]

Como revela a dinâmica do apego humano, nós também requeremos alguma montagem e algum ajuste adicionais depois que nascemos. Quando chegamos ao mundo, temos tendências, motivações e objetivos inatos que configuram o efeito da natureza em nós, antecipando em certa medida as condições gerais de nossa vida, mas depois o efeito nutricional assume o comando para nos adaptar às condições que atuam no terreno. As possibilidades naturais se adaptam às realidades nutricionais, especialmente durante nossos primeiros anos, dos quais não temos lembranças.

Muita gente já ouviu falar sobre os famosos estudos de macacos feitos por Harry Harlow na década de 1950.[11] Os estudos eram sobre os problemas sociais de bebês macacos criados sem mãe, lembrando que cada um tinha duas mães substitutas — uma mãe de pano e outra de arame. Observando o comportamento dos macacos, Harlow demonstrou que a maciez e a sensação de conforto eram essenciais nessa fase inicial da vida, acima e além da necessidade básica de alimento. Os bebês macacos preferiam estar com a falsa mãe coberta de um estofo macio, apesar de se alimentarem a partir de uma garrafa que se projetava da mãe de arame. O que nem todos sabem em relação a esse experimento é que a mãe de pano também era uma mãe *quente*. Por trás dessa consoladora peça de pano havia uma lâmpada de cem watts.[12] O espaço em torno da mãe de arame era mantido aquecido pelo calor ambiente, mas não a partir de uma fonte direta, como no caso da mãe de pano. Os solitários bebês macacos, privados do calor de sua mãe verdadeira, buscavam uma substituta e preferiam estar com a mãe de pano fisicamente quente. Os macaquinhos mais tristes eram aqueles que haviam sido privados até mesmo de uma fonte física de calor (e de um pano confortador). Até hoje ainda me assombram os filmes a que assisti em minhas aulas de psicologia na faculdade, com essas pobres criaturas encolhidas num canto, sozinhas e se balançando, enquanto os outros macacos corriam e brincavam uns com os outros. O impacto causado por um macaco ter ou não uma mãe substituta de pano ou arame continua muito além da infância, afetando o curso de toda a sua vida social adulta.

De certo modo, Harlow tinha realizado uma versão resumida, símia, do estudo longitudinal no qual Jeff Simpson e seus colegas acompanharam por duas décadas as crianças que realizaram o Teste do Estranho. Os macacos criados sem mãe que se deram melhor mais tarde — não muito bem, mas conseguindo funcionar socialmente — haviam tido uma fonte de calor físico na qual se aconchegar e à qual se apegar, mesmo que fosse na forma de uma lâmpada com um torso de pano.

O estudo de Harlow demonstrou que quando os macacos se agarravam à sua pseudomãe de pano, sentir seu calor contra a própria pele os ajudou a estabelecer um certo nível de confiança e apego a seu confortável ainda que curiosamente não reativo progenitor. O fato de nós (assim como os macaquinhos) associarmos com tanta intensidade o calor físico de estar abraçado a nosso progenitor com o calor social de eles serem confiáveis e carinhosos conosco é o lado oposto da astuta e poética conexão que Dante fez entre a frieza física do Nono Círculo do Inferno e a frieza social dos traidores condenados a passar lá a eternidade. A salvação desses bebês macacos com uma mãe de pano foi que o calor ajudou a acionar um interruptor latente em seus cérebros, fazendo a conexão entre o calor físico (de estar aconchegado) e o calor social (posso confiar nessa pessoa, ela cuida de mim e me mantém seguro). É por isso que, comparados com seus irmãos que tinham uma mãe de arame, eles se mostraram depois mais adequados socialmente. Como colegas primatas que somos, então, temos o potencial e a tendência de desenvolver calor social e confiança nos outros se tivermos, quando crianças, uma fonte de calor social (e o interessante é que o estudo de Harlow demonstra que o calor físico pode ser um substituto útil, embora imperfeito, para ele).

John Bowlby, o inglês que foi pioneiro na pesquisa do apego, foi um dos primeiros a notar que as sensações físicas de calor estavam conectadas, no início da vida, a sentimentos de segurança, e que sensações de frio estavam conectadas a sentimentos de insegurança.[13] Em especial com mamíferos que amamentam suas crias, a experiência de ser alimentado, acalentado e protegido está associada à sensação física de calor e de intimidade. Como essas duas coisas sempre ocorrem juntas, elas naturalmente ficam associadas na mente. Essa conexão simples é o que nos permite predizer e antecipar eventos em nossa vida — como a luz amarela no sinal de trânsito significa que logo se seguirá uma vermelha, que um relâmpago logo será seguido de um trovão e que no Natal o tio Ed irá perguntar (como sempre): "É pavê ou pacumê?". Nossa experiência precoce com nossos pais, aconchegados por aqueles em quem mais confiamos, nos leva a associar seu calor físico ao "calor social" da confiança e do carinho. Bowlby alegou que essa associação, essa coexperiência de calor físico e calor social, foi tão constante em nossa espécie, e por um período tão longo, que posteriormente a evolução as fez ficar conectadas em nosso cérebro.

Lawrence Williams e eu testamos essa ideia numa situação natural e cotidiana — segurar um copo de café quente ou gelado. Se nosso inconsciente tem registrada uma conexão entre calor físico (como quando se segura um copo com café quente) e calor social (confiar nos outros e ser generoso com eles), então segurar uma coisa quente, como um copo de café quente, deverá aumentar também nosso calor *social*, nosso sentimento de proximidade em relação aos outros. O mesmo quando se segura algo frio (ou quando se sente frio de modo geral), como um copo de café gelado — o que vai incrementar nossos sentimentos de frieza social e distância dos outros. Mas a força dessa associação, o quanto as experiências do calor e do frio nos afetam quando adultos, dependerá de nossas experiências precoces com nossos pais, nosso *apego* a eles quando somos muito pequenos. Esses efeitos de calor e de frio dependem não apenas de nosso passado evolucionário oculto de muito tempo atrás, como também de nosso passado próprio e oculto como crianças.

Mas primeiro tivemos de testar se segurar algo quente ou frio afetava nossos sentimentos sociais. Em nosso primeiro estudo, replicamos um experimento clássico de formação de impressão feito por Solomon Asch, um dos pioneiros da psicologia social. Asch conduziu um experimento simples no qual apresentou aos participantes apenas seis traços de personalidade que, disse ele, descreviam alguém, e os participantes classificavam com uma nota o quanto gostavam dessa pessoa.[14] Cinco desses traços eram os mesmos para todos que participavam no estudo, mas um era diferente. Metade dos participantes foi informada de que a pessoa que estava sendo descrita era *calorosa*, além de ter os outros cinco traços; e a outra metade leu que a pessoa era *fria*, em adição aos outros. Como você deve presumir, os participantes gostaram mais da pessoa que fora descrita como *calorosa*, além de independente, sensível etc., do que daquela que fora descrita como *fria*, independente, sensível etc.

O que Lawrence e eu fizemos foi simples: repetimos o procedimento de Asch, mas apenas com as cinco palavras que eram as mesmas para todo mundo. Ninguém viu as palavras "caloroso" ou "frio" nas descrições da pessoa sobre a qual estavam lendo. Em vez disso, nós as substituímos por uma experiência real de sentir fisicamente calor ou frio, pouco antes de lerem sobre a pessoa.[15] Será que isso teria o mesmo efeito de ler que a pessoa descrita era calorosa ou fria? Isso só aconteceria se o efeito físico do calor ou do frio estivesse associado, nas mentes dos participantes, com a versão social de calor ou frio, como Bowlby previra, e são Pedro, Dante e Harlow intuíram.

Em nosso estudo, os participantes eram cumprimentados quando chegavam ao saguão do prédio em que ficava o laboratório de psicologia de Yale. Depois, no elevador a caminho do nosso laboratório no quarto andar, o experimentador — que fazia parte da equipe mas não fora informado sobre as previsões do estudo — pedia casualmente ao participante que segurasse por um momento o copo de café que tinha na mão enquanto procurava uns formulários em sua pasta. Depois pegava de volta o copo e entregava ao participante os formulários, numa prancheta. Tudo isso levava cerca de dez segundos, mas esse breve momento em que o participante segurava o copo era o momento crítico de nosso estudo. Era café quente ou gelado, de uma cafeteria próxima dali.

Uma vez no laboratório, o participante lia a descrição da pessoa, como no estudo original de Asch. E todos os participantes liam a mesma descrição. Mas como tínhamos previsto, com base na teoria de Bowlby, os que tinham segurado o copo com café quente gostaram mais da pessoa do que os que tinham segurado o copo com café gelado. A breve experiência física de calor ou de frio havia ativado os sentimentos análogos de calor ou frio social, que depois influenciaram os participantes a gostar ou não da pessoa cuja descrição tinham lido. Isso acontecia de forma totalmente inconsciente: após o término do experimento, o interrogatório cuidadoso a que submetemos os participantes demonstraram que eles não tinham noção de que aquele momento em que seguraram o copo de café no elevador tinha influenciado de algum modo suas opiniões sobre a pessoa.

E é claro que não tinha — ocorreria a você a ideia de que o fato de ter na mão algo quente ou frio poderia afetar seu sentimento em relação a alguém que estava conhecendo, ou sobre quem estava lendo, naquele mesmo momento? Para mim, é um fato que isso não me ocorreria, pois aconteceu comigo num quarto de hotel em Filadélfia *depois* de termos feito e publicado o estudo! Eu estava na cidade para assistir a uma conferência, e às nove da manhã, ainda em meu quarto, acabando de me vestir e pronto para descer para um dia de palestras e discussões, quando meu telefone tocou. Uma repórter especializada em temas científicos estava na linha, querendo me fazer perguntas sobre os estudos com o café, que tinham sido publicados alguns meses antes. E ela queria me perguntar especificamente sobre Lawrence Williams, porque seu artigo seria sobre estudantes graduados em psicologia. Lembro de ter falado sobre Lawrence em termos entusiásticos, brilhantes, ressaltando a grande pessoa que ele era, de muitas maneiras. Quando fiz uma pausa para respirar, a repórter me surpreendeu com uma simples pergunta: "Por acaso está com um copo de café quente na mão neste momento?".

Olhei para minha mão direita, quase incrédulo. Ela tinha razão. Eu estava segurando um desses copos de papel da máquina de café do quarto, e tinha o telefone na mão esquerda. "Ah, meu Deus", eu disse. "Estou, sim. Nossa."

Ela riu. "Peguei você!", disse. Depois explicou que embora tivesse certeza de que eu tinha uma opinião muito positiva sobre Lawrence, lhe parecera que eu estava exagerando um pouco em meus superlativos, e ela tivera a intuição de que o efeito do café quente estava em ação — até mesmo comigo, que sabia tudo relacionado ao tema, mas que não estava prestando atenção nisso naquele momento. Minha experiência naquele quarto de hotel em Filadélfia foi muito semelhante à dos participantes num estudo dos pesquisadores holandeses Hans IJzerman e Gun Semin. Depois de terem segurado brevemente uma bebida quente, os participantes relataram terem se sentido mais próximos das pessoas nas quais eles haviam sido levados a pensar, do que aqueles que tinham na mão uma bebida fria.[16]

Uma década mais tarde, outros experimentos de psicologia e neurociência confirmaram essa associação primal entre as temperaturas física e social, entre se sentir aquecido e depois agir de forma calorosa, pró-social.[17] De fato, experimentos com imagens cerebrais demonstraram que a mesma pequena região do cérebro humano, a ínsula, torna-se ativa ao reagir aos dois tipos de calor — ao se tocar algo quente, como uma almofada elétrica, e ao trocar mensagens de texto com a família e os amigos.[18] E os neurocientistas de Yale, Yoona Kang e Jeremy Gray, juntamente com a psicóloga social Margaret Clark e eu, demonstramos que uma pequena região em separado da ínsula reage tanto quando se toca em algo frio como quando se é traído por outro participante num jogo financeiro.[19] Traição da confiança, sinal definitivo de frieza social — consigo ver Dante e são Pedro, lá em cima nas nuvens, assentindo com um aceno de cabeça (e talvez John Bowlby também esteja lá). Hoje, setecentos anos depois de Dante ter escrito *Inferno*, e 2 mil anos depois de são Pedro ter escrito *Apocalipse*, sabemos de onde vieram suas intuições, por que ambos consideraram que ficar preso no gelo seria a justiça poética para pessoas que traíram outras. E por que ainda hoje nos referimos com tanta facilidade a um amigo caloroso ou a um pai frio. Faremos isso sempre. Porque a conexão entre o calor físico e o calor social, e entre o frio físico e o frio social, está gravada no cérebro humano.[20]

Ao mesmo tempo, porém, sabemos, a partir da pesquisa de Jeff Simpson (e outros) sobre o apego, que a disposição para confiar em nossos pais e cuidadores não é tomada como certa pela evolução; pois existe após o nascimento um período crítico de epigênese no qual essa conexão é ou não estabelecida, com base em nossas experiências efetivas. Podemos ou não confiar neles? Os macacos bebês nos estudos de Harlow que não dispunham de uma fonte de calor físico não confiavam e não conseguiram interagir com seus companheiros quando adultos. Escondiam-se num canto, isolados, em vez de se juntarem à diversão e às macaquices. Era como se, sem qualquer fonte de calor, mesmo calor físico, sua capacidade para a amizade e a brincadeira tivesse murchado e morrido dentro deles.

Isso sugere que nem todos farão a conexão entre calor físico e calor social, ou pelo menos não na mesma medida. Seria de esperar que crianças apegadas e se sentindo seguras demonstrassem essa conexão com mais intensidade do que crianças apegadas mas que se sentem inseguras.[21] Para testar essa premissa, Hans IJzerman e seus colegas foram a uma creche holandesa para estudar os efeitos da sensação quente-frio em sessenta crianças entre quatro e seis anos.[22] Primeiro, os pesquisadores fizeram às crianças uma série de quinze perguntas para determinar se elas se sentiam seguras ou inseguras em seu apego. Depois as crianças foram para o verdadeiro teste num recinto frio (cerca de 15,5°C) ou quente (quase 24°C), para os quais eram distribuídas aleatoriamente. Receberam então um punhado de adesivos coloridos. (Crianças adoram adesivos. Imagine-as com alguns do Bob Esponja ou das princesas da Disney.) Em seguida, lhes foi dada a oportunidade de compartilhar alguns adesivos com outra criança — um coleguinha.

As crianças que estavam no quarto mais quente deram à outra criança mais de seus adesivos do que aquelas que estavam no quarto mais frio, menos propensas a dividir seus cobiçados adesivos. Mais uma vez, a sensação de calor físico tinha ativado sentimentos de calor social e generosidade. Mas *apenas* as crianças que se sentiam seguras em seu apego compartilharam mais no quarto mais quente. Os pesquisadores descobriram que a temperatura no recinto influenciava a generosidade (ou mesquinhez) somente das crianças que tinham demonstrado, em suas respostas àquelas quinze perguntas, que se sentiam seguras em seu apego aos pais. O recinto quente não afetou o grau de compartilhamento das que se sentiam inseguras. Portanto, assim como com os macacos de Harlow, uma regulagem firme do interruptor no cérebro das crianças para conectar calor com generosidade, calor com confiança, calor com amizade, parece depender de como as coisas acontecem em casa, nos primeiros e críticos anos de vida.

Vimos como nossas motivações profundas e básicas para a segurança física e a sobrevivência, que provêm de nosso distante passado evolucionário, emergem para afetar nossas atitudes sociais e políticas. Assim, também nosso próprio e distante passado como crianças pequenas emerge para afetar nossos relacionamentos mais próximos e nossa maneira de lidar com outras pessoas. Como não temos lembrança consciente de nenhum dos dois, ambos os aspectos de nosso passado oculto nos influenciam de forma inconsciente pelo resto da vida.

O BOM, O MAU E O CULTURAL

Mas a natureza nos deu outra coleção de indícios que nos possibilitam saber em quem podemos confiar e com quem devemos cooperar, um legado de nosso longo passado tribal, no qual, como Ötzti sabia muito bem, os outros seres humanos são as criaturas mais perigosas que temos à nossa volta. São indícios que sugerem se outras pessoas são ou não semelhantes a nós. Com base naquilo que vemos e ouvimos, elas parecem ser semelhantes às pessoas que nos são próximas, como nossos pais, irmãos e vizinhos mais chegados? Nos últimos cinquenta anos, tem sido feita uma enorme quantidade de pesquisas no campo da psicologia social relacionadas a essas distinções entre *dentro do grupo* e *fora do grupo*, bem como suas consequências. Essas pesquisas estão demonstrando que estamos sintonizados nessa distinção dentro do grupo/ fora do grupo desde a mais tenra idade, o que indica que existe uma tendência inata para isso. Mesmo pequenos movimentos dos olhos em crianças "inocentes demais para que isso signifique algo" têm revelado preferências sutis por membros de seu próprio grupo.[23]

Essa preferência está relacionada a algo que John Bowlby observou em filhotes de animais: que eles desenvolveram uma predisposição geral a ficar próximos daqueles que são seus semelhantes. Eles não vão brincar, na fazenda ou na floresta, com filhotes de outros animais; em vez disso ficam perto daqueles de seu próprio tipo, isto é, os animais mais parecidos com aqueles que cuidam deles, que lhes oferecem alimento, calor e abrigo e, o mais importante, não tentam comê-los. Como Bowlby constatou, seres humanos se comportam mais ou menos da mesma maneira. Por exemplo, o psicólogo desenvolvimental David Kelly e seus colegas demonstraram que bebês com apenas três meses aos quais foi dada a opção de olhar para o rosto de pessoas de seu próprio grupo racial-étnico (caucasiano) ou para o rosto de indivíduos de grupos raciais-étnicos diferentes (africanos, médio-orientais, asiáticos) preferiam olhar para aqueles de seu próprio grupo. E, assim como na questão do apego e da confiança, esse efeito dependia da experiência na fase inicial da vida da criança, uma vez que Kelly não encontrou qualquer manifestação de preferência em recém-nascidos. Estudos similares demonstraram que as crianças também tinham preferência por sua própria língua nativa em relação a outras línguas, mesmo quando ainda não entendiam uma só palavra![24]

A preferência por quem é parecido conosco faz sentido, considerando nosso passado evolucionário. Muito tempo atrás, em nossa época tribal de caçadores-coletores, raramente nos deparávamos com estranhos, e quando isso acontecia, bem poderia ser uma ameaça à nossa sobrevivência. (Pessoas de aparência estranha montadas a cavalo no portão da cidade não costumavam ser boa notícia.) É compreensível, portanto, que um dos legados da evolução humana seja o fato de nos sentirmos mais seguros quando estamos com pessoas que nos parecem familiares e menos com pessoas que nos parecem estranhas. Mas existe uma situação que torna evidente que nossos avanços tecnológicos ultrapassaram de longe o ritmo de lesma da evolução.

Agora podemos viajar com facilidade para terras muito distantes, e as pessoas que nelas vivem podem viajar para nossas regiões. Vemos e ouvimos eventos que acontecem em toda parte da Terra quase instantaneamente, primeiro graças à invenção do rádio e da televisão, depois aos satélites de comunicação e agora à internet. Muitas cidades modernas passaram a ser sociedades poliglotas, com pessoas de culturas oriundas de todo o mundo andando lado a lado na rua, todos os dias. Em resumo, nossos entornos sociais atuais não têm nada a ver com as cidades e os vilarejos da Idade Média e de antes. No entanto, dentro de cada um de nós ainda perduram aquelas preferências que desenvolvemos por nosso próprio grupo e, em certa medida, contra outros grupos que parecem, soam e agem de maneira diferente da nossa. Trata-se de um triste e infeliz legado de nosso longo passado evolucionário, porque, afinal, apesar de todas essas diferenças aparentes, há infinitamente mais coisas que compartilhamos — as necessidades humanas básicas de segurança, o anseio por calor e confiança, um desejo de viver bem e de cuidar das pessoas que amamos.

Mesmo assim, não conseguimos evitar a tendência de dividir nosso mundo social em *nós* e *eles*, não importa que os fatores para essa divisão muitas vezes sejam coisas arbitrárias sobre as quais não temos controle, como a cor de nossa pele ou nosso lugar de origem. Em sua pesquisa original sobre a predisposição de se sentir dentro do grupo/fora do grupo, o psicólogo social britânico Henri Tajfel e seus colegas demonstraram quão ridiculamente irrisórias podem ser essas deixas de "nós contra eles". Eles disseram aos participantes do estudo que tirassem bolas coloridas de uma urna, de modo que alguns tiraram bolas vermelhas e outros, azuis. (Essa seleção era totalmente aleatória.) Mas depois, quando lhes foi dada a oportunidade de dividir algum dinheiro entre si, os participantes deram mais a quem tinha tirado uma bola da mesma cor que a dele, e menos para os outros. Não é preciso mais do que isso para nos fazer pensar em termos de "nosso grupo" e "outro grupo", desencadeando um tratamento simpático e positivo aos do "nosso", e antipático e negativo aos do "outro".[25] De fato, constata-se que até a própria palavra "nós" é inconscientemente positiva, e a palavra "eles" é inconscientemente negativa — nos experimentos de "avaliação automática" abordados no capítulo 5, "nós" tem o mesmo efeito automático (imediato e não intencional) positivo nas pessoas que o de palavras como "bolo", "aniversário" e "sexta-feira", enquanto "eles" tem o mesmo efeito automático negativo de "veneno", "tornado" e "segunda-feira".[26]

Se a retirada aleatória de uma bola vermelha ou azul é suficiente para desencadear esses sentimentos de "nós contra eles", não é de causar surpresa que esses estereótipos e preconceitos de grupo sejam motivados por diferenças mais evidentes e significativas entre os grupos, como a língua ou sotaques distintos, cor de pele diferente e religiões e práticas culturais diversas. Em toda cultura no planeta existem esses estereótipos sobre os grupos de pessoas relativamente desprovidos de poder, cuja aparência ou modo de agir são diferentes em sua sociedade.[27] Durante muito tempo os pesquisadores em meu campo acreditaram que eles só se desenvolviam num indivíduo no fim da infância ou na adolescência, começando no mínimo por volta dos dez anos. É por isso que muitos de nós têm tanta esperança de que o sistema educacional possa fazer muita coisa para melhorar esses estereótipos de grupo negativos nas sociedades. Entretanto, avanços recentes na psicologia social infantil, como o estudo pioneiro de David Kelly sobre as preferências faciais de crianças pequenas, estão começando a desenhar um quadro muito mais pessimista: o de que essas preferências dentro do grupo/fora do grupo possam estar se formando mais cedo na vida, bem antes de uma criança começar a frequentar a escola.

Yarrow Dunham, o psicólogo desenvolvimental em Yale, estudou a afeição implícita de crianças por seu próprio grupo em detrimento de outros grupos raciais e sociais.[28] Ele adotou uma técnica padrão para medir vieses inconscientes e automáticos em adultos, e a adaptou para utilizá-la com crianças pequenas. Essa técnica, chamada Teste de Associação Implícita, ou IAT, na sigla em inglês, consiste em apresentar botões para que as crianças apertem o botão rotulado como "Bom" o mais rápido possível se uma figura ou alguma coisa boa aparece na tela do computador, como um delicioso pedaço de torta, e o botão "Mau" se uma coisa ruim aparece, por exemplo uma aranha assustadora. Até aí tudo bem (ou mal). Pede-se então às crianças que façam uma atividade que não tem relação com o teste. Depois, as crianças (que são brancas) usam os mesmos botões, mas agora rotulados como "Branco" e "Negro", e sua tarefa é classificar fotografias de rosto de pessoas brancas e negras o mais rápido que puderem.

Em seguida acontece a parte crucial do estudo. Pede-se às crianças que façam as duas coisas ao mesmo tempo. Assim, cada botão, o esquerdo e o direito, servem para os dois propósitos. O esquerdo, por exemplo, servirá para dizer ou Branco ou Bom, e o direito para dizer ou Negro ou Mau, dependendo se aparece um rosto ou outra coisa na tela. Depois repete-se o experimento, mas com um botão valendo para Negro e Bom, o outro para Branco e Mau. Se aparece um rosto na tela, usa-se o botão como Branco ou Negro, apertando o botão correto (esquerdo ou direito), dependendo de se o rosto é de uma pessoa branca ou negra, mas se aparecer outra coisa na tela, usa-se os botões como Bom ou Mau (os mesmos botões da esquerda e da direita), apertando o que corresponde ao que está na tela. A questão é se a criança está usando o mesmo botão (digamos, o da esquerda) para indicar Bom e Branco, e o outro (digamos, o da direita) para indicar Mau e Negro, ou, na outra condição do teste, o mesmo botão para Bom e Negro, e o outro para Mau e Branco.

Se a criança — ou algum adulto, para o mesmo fim — associa em sua mente Branco a Bom, e Negro a Mau, mesmo sem ter consciência disso, a tarefa é mais fácil quando se usa o mesmo botão para Branco e Bom, e o outro para Negro e Mau. E é tanto mais fácil quanto mais fortemente ele associa Branco a Bom e Negro a Mau. Quanto mais forte forem essas associações, mais rápido a tarefa de classificação será executada. Mas os participantes também serão mais lentos, pela mesma razão, quando se mudam os rótulos dos botões, e agora os significados de Branco e Mau estão juntos no mesmo botão, os de Negro e Bom estão juntos no outro. O parâmetro que Dunham usou para medir a intensidade dos sentimentos pró-branco e antinegro nas crianças brancas participantes de seu teste foi tomando a diferença entre os tempos de resposta de uma condição para a outra — ou seja, o quanto foram mais rápidos quando Bom e Branco (e Mau e Negro) eram os rótulos que estavam juntos no mesmo botão, comparado com o quanto foram mais lentos quando os rótulos eram Mau e Branco (e Bom e Negro) juntos no mesmo botão. Isso fornece uma medida de suas preferências raciais automáticas ou implícitas.[29]

Observe como esse experimento identifica sentimentos preconceituosos implícitos e inconscientes, já que não se está perguntando em absoluto às crianças quais são seus sentimentos em relação à ideia de brancos contra negros. Isso só é revelado indiretamente pelo quanto "bom" é, em suas mentes, associado a um grupo, e "mau" é associado ao outro grupo. Usando esse teste, Dunham e seus colegas descobriram que crianças brancas de seis anos demonstravam, nesse teste implícito, o mesmo viés inconsciente pró-brancos de adultos brancos.[30] De fato, a medida dessa preferência racial permaneceu sendo a mesma para grupos de diferentes idades — seis anos, dez anos e adultos. Por outro lado, uma medida explícita, como num questionário em que se pergunta se a pessoa gosta de brancos e não gosta de negros, demonstra que a preferência vai desaparecendo com a idade. Aprendemos claramente na sociedade que não deveríamos gostar de um grupo ou favorecê-lo mais do que gostamos de outro ou o favorecemos, e é isso que dizemos (e, assim se espera, também é nisso que acreditamos) quando damos nossas respostas conscientes e intencionais nesses questionários. Mas as preferências de grupo implícitas e inconscientes não mudam nem um tiquinho ao longo da vida. Os vieses raciais implícitos ou automáticos dentro de nós aos seis anos parecem se manter pelo resto da vida.

Achados semelhantes de preferências dentro do grupo em crianças pequenas foram demonstrados agora na maioria dos grupos populacionais nos Estados Unidos, no Japão e no Reino Unido. Essas preferências muito precoces formam o fundamento de tendências, para toda a vida, a favor do próprio grupo e em detrimento de outros. Se você gostou mais de um grupo desde sua infância, vai tender a querer passar mais tempo com ele, o que significa que terá menos tempo e menos interações com pessoas de outros, o que faz esses vieses se consolidarem ainda mais. Em outras palavras, você, involuntariamente, vai impedir que sua existência se diversifique para além dos fatores socioeconômicos que inerentemente limitam nossa exposição a pessoas que são diferentes de nós.

São descobertas desencorajadoras, sem dúvida, mas nem tudo está perdido. Há uma grande diferença entre a experiência de um bebê de três meses que tende a preferir olhar para rostos que se parecem com os de seus pais e seus irmãos e a de uma criança de seis anos que inconscientemente mostra ter uma afeição maior por seu próprio grupo racial em comparação a um grupo racial diferente. Pais costumam olhar para trás e dizer que seus filhos crescem muito rápido: num dia estão começando no jardim de infância e no dia seguinte estão indo para a faculdade. Mas quando nós, pais, pensamos nisso por um momento, sabemos muito bem que todo e cada dia, especialmente quando há crianças muito pequenas em casa, é uma longa, maravilhosa, mas exaustiva labuta. E entre os três meses e os seis anos de idade, são mais de 2 mil desses longos dias de canseira. Cada um deles contém todo um lote de experiências para essas crianças, que durante esse tempo se embebem, como esponjas, de conhecimento sobre seu mundo social. Dois mil dias durante os quais elas se expõem à cultura de sua cidade, seu país, sua região — através da televisão e de outras mídias, e das crianças do bairro, no parquinho. Aprendem valores, noções do que é importante, preferências culturais, quem são as pessoas boas e as más, e como se comportar numa ampla variedade de situações.

No entanto, esse processo de absorção semelhante ao de uma esponja traz riscos embutidos. Quando uma criança absorve cultura, ela a absorve com toda a sua imperfeição, incluindo as ideias de nossa sociedade sobre o que nos parece que são os diferentes grupos sociais. As crianças confiam quase cegamente: elas não fazem ideia de qual parte daquilo está correta e qual parte é apenas um viés ignorante. Não tem como separar as duas. E, mais do que isso, seu conhecimento cultural não afeta apenas como elas esperam que os outros se comportem; afeta também o que elas irão esperar de si mesmas, dependendo de a quais grupos sociais pertencem: homens ou mulheres, brancos ou negros, muçulmanos ou cristãos, e assim por diante. É dessa cultura mais ampla na qual estão imersas, então, que nossas crianças vão extrair as noções de o que se supõe que sejam elas mesmas, e o que elas, pessoalmente, deveriam ou não ser capazes de fazer.

Podemos não nos lembrar dos primeiros anos de nossa vida, mas isso não quer dizer que não aconteceu conosco nada que seja significativo. Ao contrário, aconteceu muita coisa que moldou nossas premissas sobre o mundo, nossos sentimentos em relação a outras pessoas e nossa confiança em nós mesmos. Uma vida é como uma flor, expande-se de um botão muito compacto, mas sempre para fora, abrindo-se mais e mais para o mundo exterior. Dos braços de nossos pais passamos a circular por nós mesmos dentro de nossas casas e depois para uma vizinhança mais extensa, para a cidade e para a cultura que nos cerca. Mas ao nos movermos para o mundo mais amplo, da infância em diante, continuamos a absorver o que vemos e o que ouvimos e o que nos contam — primeiro de outras crianças, depois da televisão e da mídia de massa — de um modo totalmente inocente, crédulo, confiante. Nossa cultura representa o terceiro canal através do qual nosso passado oculto continua a nos influenciar hoje.

3. Horário nobre e tempo de pré-ativação

Quando somos crianças, por volta dos cinco ou seis anos, nosso mundo começa a parecer menos confuso e intimidador. Começamos a imaginá-lo, a distinguir o certo e o errado e a ser capazes de antecipar o que vai acontecer em seguida. Sentimo-nos orgulhosos de pertencer a nossa cidade, nosso estado e nosso país. Sabemos o que é importante respeitar e valorizar, o que pode ser uma brincadeira engraçada de se fazer com um amigo e o que não seria tão engraçado assim, do que podemos nos safar e do que não. Na verdade, não chegamos de fato a refletir sobre nada disso; simplesmente é assim que as coisas são. Do que não estamos cientes nessa tenra idade é que nossas maneiras de pensar, sentir e agir não são as únicas possíveis. Não fazemos a menor ideia de que tudo isso poderia facilmente ter sido muito diferente para nós. Se tivéssemos nascido em outro país, com valores e crenças distintos dos nossos, teríamos nos tornado uma pessoa muito diferente.

Você pode levar qualquer bebê humano, assim que nasce, para o canto mais distante do mundo que escolher, e essa criança vai aprender a língua, a cultura e a ideologia daquele país como se tivesse nascido lá.[1] A obviedade desse fato não prejudica em nada sua notabilidade. Você seria uma pessoa muito diferente em muitos aspectos se tivesse nascido em outro lugar, numa cultura distinta com outra língua. Atualmente, em nosso mundo superglobalizado e bagunçado, não é raro encontrar, por exemplo, uma pessoa com uma ancestralidade asiática de milhares de anos cuja língua nativa é o espanhol.

O Peru, por exemplo, tem uma grande comunidade de pessoas de descendência japonesa. E há o caso de dois irmãos que nasceram de pai americano num país que não é os Estados Unidos. Naturalmente, esses irmãos aprenderam com perfeição a língua daquele país, além de muitas outras coisas. O que absorveram de seu entorno ilustra que a mente oculta se nutre das culturas dentro das quais vivemos, que se estende da cultura de nossa própria família à cultura da nação inteira.

Esses dois filhos de pai americano nasceram e cresceram na Coreia do Norte.

COMUNISTAS E PROTESTANTES

Em 1962, James Dresnok era um soldado americano atuando na Zona Desmilitarizada, ou DMZ, na sigla em inglês, na fronteira entre a Coreia do Norte e a Coreia do Sul. A Guerra da Coreia havia terminado nove anos antes, e essa terra de ninguém que separava o Norte comunista do Sul capitalista era parte do legado daquele conflito. Fazia pouco tempo que, ainda nos Estados Unidos, a mulher de Dresnok o tinha deixado. A vida dele estava em ruínas.

Uma noite, talvez por estar inquieto e solitário, ou apenas entediado, Dresnok saiu de sua base usando documentos de licença forjados e foi pego. Em vez de ficar esperando por sua iminente corte marcial, ele optou por uma solução radical que reescreveria a trajetória de sua vida: atravessou a DMZ e desertou para a Coreia do Norte. Como Dresnok contou a dois cineastas britânicos décadas mais tarde: "Em 15 de agosto, em plena luz do meio-dia, quando todos estavam almoçando, eu fui embora. Sim, eu estava com medo. Ia viver ou morrer? E quando pisei no campo minado e o vi com meus próprios olhos, comecei a suar. Eu o atravessei, em busca de minha nova vida".

Em seu novo lar, Dresnok se casou com uma mulher romena que vivia na Coreia do Norte, com quem teve dois filhos, Ted e James. Embora a maior parte da vida dos Dresnok seja desconhecida, parece que eles se saíram relativamente bem na Coreia do Norte, em parte graças à condição excepcional de serem ocidentais. Tanto Dresnok quanto seus dois filhos atuaram em filmes norte-coreanos, em geral no papel de vilões americanos. No entanto, uma nova reviravolta na saga dessa família ocorreu em maio de 2016, quando os agora já crescidos Ted e James, homens esbeltos na faixa dos trinta anos, apareceram num vídeo de propaganda divulgado na internet, no qual atacavam os Estados Unidos. Por qual motivo? Por agirem como um país vilão num filme.[2]

"Os Estados Unidos querem conquistar o mundo, adotando uma política contra a Coreia do Norte e tentando se apoderar da Ásia", dizia Ted. Aspirante a diplomata, ele vestia um terno. Sentado ao lado de Ted na mesa de conferência estava seu irmão James, capitão do Exército, usando seu uniforme verde-oliva com emblemas da Coreia do Norte. James fez coro com essas ideias e enalteceu o líder da Coreia do Norte, Kim Jong-un. Por um breve período, o vídeo levantou especulações diplomáticas quanto a seu significado e se tornou tema de histórias mirabolantes no noticiário durante alguns dias.

Muitos americanos poderiam achar que os filhos de Dresnok tinham passado por uma lavagem cerebral ou sido doutrinados pelo governo norte--coreano. Mas não precisariam ser — pelo menos não mais do que você ou eu teríamos de passar por lavagem cerebral ou ser doutrinados para sustentarmos nossas crenças, bem diferentes daquelas. Imagine se o pai deles não tivesse adotado a medida extrema de desertar para o país inimigo e, em vez disso, tivesse voltado para casa e depois se casado com uma mulher nos Estados Unidos. Seus filhos Ted e James falariam inglês, não coreano (a não ser que se casasse com uma coreana), e teriam um acervo de valores e de ideologias muito diferente daquele que têm hoje. Assim, como crianças que cresceram na Coreia do Norte, eles fizeram o que todos nós fazemos: embeberam-se da língua e da cultura do lugar onde nasceram e cresceram.

A ideologia norte-coreana se destaca por ser muito diferente da americana, mas quando comparada com a do resto do mundo, a ideologia americana também é diferente da de qualquer outro país ou cultura. No entanto, como eu, nos Estados Unidos, a absorvi sem questionamentos quando era muito jovem, minha crença me parece natural e correta, assim como a ideologia norte-coreana parece natural e correta para Ted e James Dresnok. Para a maior parte do resto do mundo, porém, existem aspectos da moralidade e da ética correntes, tradicionais, americanas, que parecem ser bastante, digamos, estranhas. Não estou falando aqui de política ou de capitalismo versus socialismo. Estou falando do legado dos puritanos, um dos primeiros grupos a chegar aos Estados Unidos, há cerca de quatrocentos anos, e do grande impacto que isso continua a ter hoje na cultura americana.

A cultura na qual vivemos é como a água para um peixe: está à nossa volta e é tão constante, tão lugar-comum, que quase não notamos sua presença. Veteranos estudiosos das influências da cultura nos indivíduos, como Dov Cohen, da Universidade de Illinois, delinearam as muitas maneiras como a cultura permeia nossa vida cotidiana, atuando discretamente nos bastidores, uma fonte ubíqua e poderosa de influências implícitas em nossos valores, nossas escolhas, opiniões e atitudes.[3] Em qualquer país, a cultura surge de um passado histórico compartilhado, que nós aprendemos na escola e nos livros, mas do qual não nos lembramos como se o tivéssemos vivido. Mas começamos a absorver nossa cultura antes de irmos para a escola, ainda muito jovens. Pesquisadores têm sido convincentes ao alegar que a famosa ética protestante dos Estados Unidos não é apenas uma acalentada alegoria cultural, mas uma coleção de valores que a maioria dos americanos carrega consigo inconscientemente. Mesmo quatro séculos depois de os colonos europeus terem desembarcado em Plymouth Rock, nossas origens puritanas ainda moldam o comportamento americano no que concerne a sexo, dinheiro e trabalho.

A história remonta ao século XVI, quando os protestantes se separaram da Igreja católica romana em protesto contra a corrupção do estamento da Igreja e o que percebiam como transgressão dos valores e das interdições da Bíblia.[4] Na Inglaterra, estabeleceu-se a Igreja anglicana como uma nova igreja protestante. No entanto, um subgrupo desses protestantes ingleses — os puritanos — acharam que a Igreja anglicana não tinha ido longe o bastante quando se separou; não tinha reformado a religião tanto quanto os puritanos acreditavam que deveria ter sido feito. Assim, decidiram emigrar para o Novo Mundo e estabelecer sua própria e nova igreja, baseada em valores mais rigorosos nos quais acreditavam. Ardentes de zelo religioso, arrostaram a longa e perigosa viagem através do oceano para um continente primitivo, não mapeado, num verdadeiro "salto de fé", se é que algum dia houve um. Eles foram para a América para poder estabelecer uma utopia religiosa no que hoje são os Estados Unidos — e, ao fazer isso, tornaram-se um dos primeiros grandes grupos de pessoas que chegaram à América no início do século XVII. Por terem chegado primeiro, exerceram uma influência desproporcional sobre os valores culturais entre todos os que foram povoar os Estados Unidos.

Os puritanos deram ao país dois valores essenciais, ou "ética". O principal, conhecido como Ética Protestante, é o de que o trabalho árduo propicia a salvação eterna. Se você trabalha duro, você é uma boa pessoa e irá para o céu. Por outro lado, se não trabalha duro, não é uma boa pessoa e suas "mãos ociosas" serão a "oficina do diabo". O outro valor essencial, que chamamos de ética puritana, ou apenas puritanismo, sustenta que a promiscuidade e uma sexualidade aberta são um mal. Os puritanos usavam esses princípios para orientar suas escolhas no vestuário, na linguagem e na condenação do sexo casual. E, é claro, grande parte do legado puritano é a sólida crença cristã em Deus e na Bíblia.

É notável o fato de que esses valores religiosos e essa ética fundamental relativa ao trabalho e ao sexo que ainda estão tão solidamente arraigados na cultura americana vão contra a índole de todos os outros países ocidentais modernos e industrializados. Como regra geral, por todo o mundo a riqueza e a democracia produzem sociedades seculares e menos tradicionais. A história mostra que países protestantes, democráticos, industrializados e ricos foram os primeiros a se secularizar e a remover influências abertamente religiosas de seus governos e suas culturas, e hoje figuram entre as sociedades menos tradicionais no mundo. *Exceto os Estados Unidos.* Apesar de ser um país em sua maior parte protestante, democrático e muito rico, os Estados Unidos são dos países no mundo *mais* voltados para a tradição. Na Pesquisa Mundial de Valores, que avalia os valores padrão entre povos de todo o mundo, os Estados Unidos estão muito acima da média mundial do índice de valores tradicionais pesquisados — como estruturas de família convencionais, nacionalismo, repressão sexual, absolutismo moral, uma diferenciação acentuada entre noção de bem e de mal — e uma tendência a rejeitar divórcio, homossexualidade, aborto, eutanásia e suicídio.

Enquanto outros países protestantes industrializados tornaram-se significativamente menos religiosos e tradicionais ao longo dos últimos setenta anos, os Estados Unidos mantêm hoje seu índice de religiosidade. No ano 2000, 50% dos americanos atribuíram à importância de Deus em suas vidas o valor máximo de dez, numa escala de um a dez, e 60% disseram que iam à igreja pelo menos uma vez por mês. Em 2003, essa mesma porcentagem ia à igreja uma vez por semana, como fazia em março de 1939 — antes, portanto, da Segunda Guerra Mundial. Em 1947, quase todos — 94% — os americanos disseram que acreditavam em Deus, e em 2001 esse número não tinha mudado. Com exceção do Brasil, todos os outros países tinham apresentado uma queda nesse percentual entre 1947 e 2001. Por fim, sete em cada dez americanos disseram acreditar no diabo, comparados com três em cada dez britânicos, e dois ou menos em cada dez alemães, franceses e suecos.

Mas o que faz os Estados Unidos serem tão excepcionais em sua religiosidade e em seus valores tradicionais não são tanto esses valores por si sós, e sim o fato de tê-los mantido diante de tão estrondosa prosperidade econômica. Ao se fazer uma predição apenas tendo como base os níveis de riqueza e desenvolvimento econômicos, comparados com os de outros países no mundo, somente 5% dos americanos deveriam ver a religião como algo central em suas vidas. A herança cultural dos americanos é, portanto, tão poderosa que vai completamente na contramão da tendência no mundo inteiro. Essa herança vem dos puritanos protestantes que fugiram da perseguição religiosa na Inglaterra — *quatrocentos anos atrás*.

Quando eram estudantes de pós-graduação em Yale, Eric Uhlmann e Andy Poehlman realizaram, comigo, vários experimentos sobre as influências implícitas e inconscientes desse legado cultural e ideológico protestante.[5] Nós pretendíamos testar se essa ideologia cultural puritana protestante opera inconscientemente para influenciar juízos e comportamentos dos americanos nos dias de hoje. E também, uma vez que essa ideologia só existe nos Estados Unidos, tínhamos de demonstrar que ela não influencia juízos e comportamentos de não americanos. Que manobras utilizamos para demonstrar isso? Em vários de nossos estudos acompanhamos o que pesquisadores tinham feito no campo da psicologia cultural, que utilizavam como parte de sua rotina o que se chama de métodos *priming* (de pré-ativação), a fim de demonstrar como ideologias e valores culturais atuam inconscientemente para influenciar juízos e comportamentos de uma pessoa.[6] Esses métodos já estão disponíveis há mais de quinze anos. Em seu formato típico, a informação em questão é apresentada de modo disfarçado ou, às vezes, até mesmo subliminar, assim se afetar o participante da maneira prevista, sua influência não será conscientemente percebida por ele.[7] Assim se demonstraria que a influência atua inconsciente, e não conscientemente.

Por exemplo, em alguns dos estudos de *priming* originais da psicologia cognitiva no idos da década de 1950, os participantes receberam uma lista de palavras que deviam memorizar para um primeiro experimento; depois, num segundo experimento sem relação com o primeiro, pediu-se a eles que dissessem a primeira palavra que lhes viesse à mente para cada uma das palavras de uma segunda lista.[8] Isso é o que se chama "teste de livre associação". O que os pesquisadores descobriram, para sua surpresa na época, foi que as palavras do primeiro experimento — por exemplo, "pare", "borboleta" e "áspero" — eram as que mais eram ditas no segundo, o de livre associação, no qual se pedia aos participantes que dissessem as palavras que primeiro lhes viessem à mente quando ouviam as palavras "estrada", "animal" e "madeira". Esse efeito de *priming* ocorria até com palavras que o participante tinha esquecido no primeiro experimento. O local da memória para essas palavras tinha sido *pré-ativado*, ou seja, tornado temporariamente mais ativo, durante a passagem por essas palavras no primeiro experimento, de modo que elas se tornaram mais *acessíveis*, ou prontas para serem usadas, ditas ou escritas, como associações livres no segundo experimento. E tudo isso sem que a pessoa soubesse que esse efeito estava ocorrendo e, certamente, sem que tivesse a intenção de que ocorresse. Afinal, algumas pessoas nem sequer se lembravam de que essas palavras constavam da lista de palavras a serem memorizadas no primeiro experimento.

A psicologia social começou a empregar essa técnica de "dois experimentos sem relação entre si" para demonstrar como as impressões e outros juízos sobre pessoas podem ser afetados por uma experiência recente. Por exemplo, se você acabou de ver bombeiros entrando num prédio em chamas ou esteve lendo uma história de uma grande guerra, sua noção de bravura e heroísmo seria provavelmente pré-ativada. Como aquelas palavras no estudo original do *priming*, o conceito mais amplo de bravura estaria mais ativo do que o normal. E se então você ouvisse no noticiário a história de uma pessoa que, digamos, tentava atravessar o Atlântico como navegador solitário, você estaria propenso a achar essa pessoa muito corajosa, talvez até mesmo um herói — e não um maluco ou imprudente, talvez até mesmo suicida.[9]

Efeitos de pré-ativação são naturais e automáticos. Nossas experiências cotidianas ativam ideias e desejos e até mesmo modos de pensar sobre o mundo. Pré-ativações são como lembretes, quer estejamos ou não cientes do que está sendo lembrado.[10] Estamos caminhando no terminal do aeroporto em direção ao portão de embarque e uma lufada do maravilhoso e inebriante aroma de um pão de canela nos faz lembrar como esse doce é delicioso, como estamos famintos e o quanto gostaríamos de comer um agora. Nossa mente consciente estava ocupada com um assunto totalmente diferente naquele momento, que era chegar ao portão de embarque a tempo, e pão de canela nem estava passando pela nossa cabeça. Foi o aroma que fez todo aquele trabalho de *priming*, de pré-ativação. Suponhamos que depois, alguns dias mais tarde, somos cortados por vários motoristas no percurso até o trabalho e, quando enfim chegamos ao escritório, ficamos pensando em como nosso colega é um idiota egoísta por estar imprimindo um documento enorme quando precisamos usar a impressora. Como veremos no próximo capítulo, essas experiências tão comuns no dia a dia nos afetam bem depois de terem cessado e de termos passado a vivenciar uma situação completamente diferente. No laboratório, no entanto, pesquisadores fizeram bom uso desses princípios básicos de *priming* e de acessibilidade (a prontidão de um conceito mental para ser usado) para estudar como um tipo de experiência pode moldar e influenciar inconscientemente o que uma pessoa faz ou pensa em seguida, sem que ela saiba ou tenha ciência desses efeitos. Muitos dos estudos dos efeitos inconscientes na cultura de alguém, mesmo de crianças pequenas, valeram-se desses métodos de *priming*.

Agora, voltemos a nosso experimento sobre ética protestante, no qual utilizamos o método de *priming*. Incluímos não apenas participantes americanos (eram os efeitos sobre eles que queríamos demonstrar), mas também de outros países ocidentais ricos e industrializados — Canadá, Itália e Alemanha — sobre os quais não esperávamos demonstrar quaisquer efeitos. Como a ética protestante sustenta que o Paraíso e a vida após a morte são a recompensa pelo trabalho árduo na vida terrena, testamos se os americanos realmente associavam a ideia do *Paraíso* com a ideia de *trabalho árduo*, usando a técnica experimental padrão dos "dois estudos sem relação entre si". Nosso primeiro experimento foi apresentado aos participantes como um teste de linguagem, no qual eles construíam uma série de sentenças curtas de quatro palavras a partir de palavras embaralhadas. Para um grupo de participantes, algumas dessas palavras estavam relacionadas com a vida após a morte. Por exemplo, "viagem", "dormitório", "paraíso" (com as quais o participante poderia escrever "A viagem foi um paraíso", e, menos provável para um universitário, mas também gramaticalmente correta, "O dormitório era um paraíso"). No grupo de controle, as palavras de pré-ativação também eram positivas, mas sem qualquer relação com religião (por exemplo, "viagem", "dormitório", "maravilhoso/a").

Desse modo, pré-ativamos a ideia de paraíso e da vida após a morte em alguns participantes, sem que eles tivessem consciência disso, e não pré-ativamos essa ideia nos outros participantes (no grupo de controle).

Nossa previsão era de que, no caso dos americanos, pré-ativar o conceito de religião e da vida após a morte iria pré-ativar também a ética de trabalho protestante, já que os dois conceitos estão muito entrelaçados na cultura americana (e, portanto, na mente dos americanos). Nossa hipótese era de que essas palavras "paradisíacas" deveriam fazer com que os americanos trabalhassem mais arduamente na tarefa subsequente — no caso, resolvendo anagramas. Mas essa mesma tarefa de pré-ativação não deveria fazer alemães, italianos e canadenses trabalharem com mais empenho, porque a conexão entre salvação e trabalho árduo não é parte das culturas nas quais eles cresceram. Apenas no caso de as ideias de Paraíso e de vida após a morte estarem forte mas implicitamente associadas com trabalho árduo na mente de alguém é que nossa pré-ativação da primeira tarefa teria influência sobre a segunda.

E foi isso que descobrimos. Nossos participantes dos Estados Unidos pré-ativados com conceitos religiosos trabalharam mais arduamente e marcaram mais pontos na tarefa do anagrama, comparados com participantes dos Estados Unidos no grupo de controle (aos quais não se apresentaram as palavras relacionadas com o Paraíso). E, como esperávamos, a pré-ativação do Paraíso só afetou o desempenho dos americanos na tarefa do anagrama. Ela não teve efeito no desempenho de participantes de outros países. Por fim, quando interrogados após o término do estudo, ninguém em nosso experimento demonstrou ter qualquer consciência da conexão existente entre as pré-ativações de cunho religioso na primeira tarefa e quão arduamente ou bem tinham trabalhado na tarefa do anagrama. Fora uma influência cultural totalmente inconsciente em seu comportamento.

Em nosso segundo estudo, mais uma vez estabelecemos que essas influências culturais operam inconscientemente. Pedimos aos participantes americanos que lessem uma história sobre dois jovens descascadores de batatas que tinham comprado em sociedade um bilhete de loteria vencedor. Depois de ganhar na loteria, o primeiro descascador de batatas se aposentou, enquanto o segundo continuou a trabalhar descascando batatas, mesmo sendo agora um milionário. Pedimos aos participantes que descrevessem o que sentiam intuitivamente em relação aos dois descascadores de batatas, e também sua opinião mais consciente, deliberada, sobre eles. Os sentimentos mais intuitivos foram bem mais positivos em relação ao que continuou a descascar batatas mesmo após ter ganhado na loteria, comparados com os sentimentos em relação ao que se aposentou rico e despreocupado. Por outro lado, nos juízos mais deliberados, ponderados, os dois descascadores de batatas foram tidos como moralmente idênticos. A ética protestante em ação — continuar a trabalhar quando não mais se precisa disso para sobreviver faz de você uma pessoa melhor.

Agora, continuemos com a ética puritana. Em nosso terceiro estudo, testamos se os americanos associavam as éticas protestante e puritana uma à outra, como esperávamos, já que essas ideias são os pilares da ideologia na qual se fundamentou a ideologia dos Estados Unidos. Previmos que, se fossem fortemente associadas, americanos teriam atitudes mais conservadoras em relação ao sexo depois de terem pensado sobre... trabalho! Para demonstrar que isso seria um efeito exclusivo da cultura americana, escolhemos um grupo bicultural de ásio-americanos como participantes. Isso nos permitiu primeiro pré-ativar sua identidade asiática ou sua identidade americana — de modo que dentro da mesma pessoa pudessem ocorrer efeitos diferentes da pré-ativação relacionada ao trabalho, dependendo de qual das duas identidades culturais estivesse ativada no momento. Em outras palavras, estávamos comutando entre diferentes aspectos dos antigos e agora esquecidos passados que tinham configurado suas identidades culturais.

Para alguns participantes, o aspecto asiático de sua identidade foi pré--ativado primeiro por meio de um questionário com itens como "Qual é sua comida asiática favorita?". Para os outros participantes, a identidade americana era pré-ativada com a pergunta "Qual é sua comida americana favorita?" e com perguntas semelhantes sobre filmes, livros, bandas favoritas, e assim por diante. Em seguida, todos os participantes completaram um teste de formar frases com palavras embaralhadas, exceto que para um grupo dos participantes algumas dessas palavras do teste se referiam a trabalho — como "escritório", "trabalho", "emprego". Para os participantes do grupo de controle, não havia palavras relativas a trabalho nesse primeiro "teste de linguagem". Depois, cada um lia uma história sobre a proposta de um colégio no sentido de tornar mais rigoroso o código que regia a maneira de se vestir na escola, e em seguida respondia a perguntas sobre o estudo. Nós previmos que somente quando a parte americana da identidade ásio-americana fosse pré-ativada primeiro, ativando valores culturais unicamente americanos, a pré-ativação de *trabalho* suscitaria uma resposta mais conservadora, puritana, a perguntas sobre *sexo*. Os participantes então seriam mais favoráveis a um código de vestimenta mais rigoroso. E de fato foi isso que observamos. Os que tinham sido designados a uma pré-ativação da identidade asiática não demonstraram qualquer efeito da pré-ativação da ideia de trabalho em suas respostas quanto ao código de vestimenta da escola. A ética protestante (quanto ao trabalho) e a puritana (quanto ao sexo) não andam juntas na cultura asiática. Assim, nossas opiniões sobre moralidade, o que é certo e o que é errado em relação a vários comportamentos sociais, são influenciadas por nossa ideologia cultural, que absorvemos tão prontamente quando crianças pequenas que ela se torna parte de nosso passado oculto, inconsciente.

Portanto, trabalho e sexo — os gêmeos das éticas protestante e puritana — parecem estar fortemente conectados a uma coleção de valores exclusivos da cultura americana, enraizada nas distantes origens do país. Hoje, quatrocentos anos depois, ainda vemos um efeito profundo da ideologia dos fundadores puritanos protestantes nos juízos morais dos americanos no século XXI. Na maioria das vezes, não temos ciência ou consciência dessas influências. Elas são a água na qual (muitos, mas nem todos) "peixes" americanos nadam, e elas originam sentimentos e valores morais surpreendentemente consistentes com aqueles de nossos antepassados puritanos e muito religiosos do século XVII.

CUSTOS E BENEFÍCIOS

Como demonstrou nosso experimento sobre valores americanos feito com participantes ásio-americanos, podemos sentir e nos comportar de maneiras diferentes dependendo de qual aspecto de nossa identidade pessoal está ativo no momento. Nossas identidades têm aspectos múltiplos — mãe, musicista, professor, entusiasta de ioga, fã de Nascar. Dentro de cada uma delas está estocado e arraigado um conhecimento implícito de valores e comportamentos adequados, de preferências e aversões. Maneiras de ser. Crianças aprendem a partir de sua cultura o que significa ser um menino ou uma menina, um ásio-americano ou um afro-americano, uma criança ou uma pessoa idosa — como se espera que ajam, o que se supõe que devam ser capazes de fazer e o que não devem fazer. E crianças pequenas podem adotar essas crenças sociais com tanta intensidade que de fato irão se comportar de maneiras diferentes, mesmo numa idade tão tenra, dependendo de qual aspecto de sua identidade é pré-ativado.

Em 2000, eu participei do primeiro encontro anual da Sociedade de Personalidade e Psicologia Social, que desde então se tornou a maior conferência do mundo em meu campo de atuação, da qual participam milhares de pesquisadores, estudantes e professores. Esse evento anual consiste basicamente em simpósios, painéis e conferências, nas quais cientistas animados e entusiasmados apresentam suas ideias e descobertas mais recentes, discutindo um pouco sobre elas, e depois vão direto para a recepção noturna e para o bar. Naquele ano, em Nashville, havia um grande entusiasmo por ser a primeira convenção, e conheci dezenas de novos colegas, mas o que ficou mais marcado em minha memória foi uma palestra da falecida Nalini Ambady no grande salão de baile do hotel.

Ambady foi uma brilhante psicóloga social de Kerala, na Índia, que fez pós-graduação em Harvard e cursou seminários com pessoas no nível de B. F. Skinner. Ela nos deixou cedo demais, sucumbindo à leucemia em 2013. Era uma colega que eu respeitava muito, e não era o único. O enorme salão de baile em Nashville estava superlotado de pessoas que queriam ouvi-la apresentar sua última pesquisa, um estudo que realizara com sua colega Margaret Shih sobre meninos e meninas ásio-americanos. Quase duas décadas depois, seus achados ainda são algumas das mais convincentes demonstrações de quão cedo na vida de uma pessoa as influências culturais podem começar a atuar sobre sua motivação e seu comportamento.

Graças à pesquisa pioneira de Claude Steele, já sabemos há algum tempo que lembretes que instigam ou pré-ativam uma identidade social da pessoa podem afetar seu teste e seu desempenho acadêmico, em geral de modo negativo. Um simples tique no item de seu grupo racial ou étnico no topo de um teste padronizado faz com que afro-americanos se saiam pior no teste do que quando não ticam esse item.[11] A sociedade nos ensina que nosso grupo social é bom ou nem tanto em toda uma série de domínios na vida. Por exemplo, que negros não têm sucesso acadêmico ou que meninas e mulheres não são tão boas em matemática e ciência quanto meninos e homens, que pessoas idosas são lentas e não têm boa memória.[12] Lembram-se do filme *Homens brancos*

101

não sabem enterrar?[13] Steele chama esse fenômeno de *ameaça do estereótipo*. Se você é lembrado do status de seu grupo antes de realizar um teste ou uma tarefa, seu desempenho será afetado. Consciente ou inconscientemente você vai "aceitar" esse estereótipo. Isso acontece com frequência quando a situação se torna mais complexa, porque quando as coisas ficam difíceis (como aulas mais adiantadas em matemática para meninas) os membros do grupo estereotipado começam a atribuir a dificuldade que estão enfrentando à inaptidão de seu grupo ("Estou tendo problemas com isso porque sou uma menina") e param de tentar. Outros mobilizam esforços nesses momentos, tentam com mais afinco e se saem melhor.

No entanto, há algumas notícias boas. O mesmo efeito também pode ajudar no desempenho se seu grupo é tido como bom naquela tarefa. Isso se chama *vantagem do estereótipo*. Por exemplo, adolescentes ásio-americanos são estereotipados como CDFs, superbem-sucedidos e bons em matemática. O fato de que essa é uma crença cultural muito difundida talvez seja melhor ilustrado pela infame matéria de capa da revista *Time*, em 1987, com seus garotos asiáticos com aparência intelectual posando juntos sob a manchete: "Esses GAROTOS PRODÍGIO ásio-americanos".

Assim, o que você acha que pensaria sobre si mesma se fosse uma garota ásio-americana? Segundo a cultura americana, uma parte de sua identidade social (como asiática) diz que deve ser boa em matemática, enquanto outra parte (como mulher) diz que deve ser ruim. Ambady e Shih reconheceram que o dilema das meninas ásio-americanas representava uma oportunidade única de pesquisa para associar os efeitos automáticos, inconscientes das identidades sociais de uma pessoa a seu comportamento e desempenho efetivos. Assim, em seu primeiro conjunto de estudos, demonstraram que meninas tanto com idade para cursar o ensino médio quanto aos dez anos se saíam melhor em testes de matemática padronizados e adequados a suas idades se fosse primeiro pré-ativada sua identidade asiática, de modo que fosse este o aspecto mais ativo de sua identidade quando trabalhavam no teste. No entanto, essas meninas se saíam pior se em vez disso fosse pré-ativada sua identidade feminina. Foi perturbador que tais efeitos se manifestassem já na quarta série, mas os pesquisadores suspeitaram que os professores no ensino fundamental, desde a primeira série, já tivessem difundido essa mensagem mediante um tratamento diferente de meninos e de meninas nas salas de aula, induzindo que não se esperava que meninas fossem tão boas em matemática quanto os meninos. Assim, infelizmente, na quarta série isso já parecia estar entranhado na cabeça das meninas.

Em seu estudo seguinte, o que Ambady apresentou no salão de baile superlotado em Nashville, ela e Shih usaram um grupo ainda mais jovem de crianças: meninas ásio-americanas com cinco anos que ainda não tinham começado a frequentar a escola. Elas eram como uma lousa em branco. Assim como antes, porém, grupos de estudantes da quarta série e do ensino médio também participaram. O pressuposto era o de que os efeitos do estereótipo não estariam presentes até a quarta série, porque eles seriam transmitidos pelos professores do ensino fundamental e pelo preconceito reinante no ambiente escolar. Essa suposição seria comprovada quando as pré-ativações das condições de asiática e de mulher não afetassem o desempenho do jardim de infância no teste de matemática, mas afetassem o das meninas mais velhas.

Ambady e Shih e sua equipe trouxeram as 81 meninas ásio-americanas a seu laboratório em Harvard — 71% delas tinham nascido nos Estados Unidos — e as dividiram aleatoriamente em três grupos: com pré-ativação da identidade asiática, com pré-ativação da identidade de mulher, e um grupo de controle sem pré-ativação de identidade.[14] As meninas com cinco anos tiveram sua identidade asiática pré-ativada colorindo uma figura de duas crianças asiáticas usando hashi para comer arroz numa tigela; um grupo diferente de meninas com cinco anos teve sua identidade de mulher pré-ativada colorindo uma figura com uma menina que segurava uma boneca; e o grupo de controle coloriu apenas uma paisagem neutra. As identidades das meninas mais velhas foram pré-ativadas da mesma maneira que tinham sido no estudo original de Ambady e Shih. Depois todas as meninas passaram por um teste de matemática padrão adequado a sua faixa etária. As pré-ativações de identidade nas meninas de cinco anos deveriam falhar, certo?

Nunca esquecerei o audível suspiro, a respiração arquejante do público no salão apinhado, naquela tarde em que Ambady apresentou os resultados do estudo. A maioria de nós tinha depositado muita esperança no sistema educacional como maneira de corrigir essas crenças prejudiciais — danosas não apenas para as próprias meninas mas para a sociedade como um todo em termos de desperdício de um valioso capital humano, de aptidões e talentos subdesenvolvidos e subaproveitados. Nunca tínhamos esperado, nem Ambady ou Shih, que essas crenças culturais de que meninas não são aptas para a matemática já estivessem entranhadas na cabeça de garotas de cinco anos antes mesmo de *começarem* a frequentar a escola. Que estivessem tão entranhadas que manipulações sutis de pré-ativação de uma identidade fossem capazes de insinuar como deixa aquela identidade e inconscientemente afetar seu desempenho num teste de matemática.

Mas estavam. Os efeitos das pré-ativações asiática e da outra garota nas figuras a serem coloridas estavam presentes nas meninas de cinco anos, assim como nas da quarta e da oitava séries. A crença de que "meninas não são boas em matemática" estava na cabeça de todas elas, mesmo nas que ainda não frequentavam a escola. Quando Ambady pôs os resultados no projetor, foi como se todo o ar do salão tivesse sido sugado. Nós, na plateia, nos entreolhávamos, balançando a cabeça, sem acreditar. Tanto mais necessário era acionar o plano A, trabalhar com essas crianças logo no primeiro ano, arrancar essas crenças falsas que estavam se formando.

Sabemos agora que, para o bem ou para o mal — muitas vezes para o mal, como vimos agora —, estereótipos culturais podem se arraigar mesmo antes de as crianças irem para a escola. Mas isso não quer dizer que não possam ser ainda mais perpetuados por professores em sala de aula, como demonstraram os famosos estudos "Pigmalião na sala de aula" de Robert Rosenthal, na década de 1960. Nesses estudos, professores receberam um conjunto falso de resultados de uma prova padrão feita por seus alunos. Essas notas de prova, altas ou baixas, tinham sido atribuídas aleatoriamente a cada criança. Não tinham nada a ver com suas aptidões reais (nem elas nem os pais jamais viram ou souberam dessas notas), mas no fim do ano as notas dos alunos e os resultados das provas correspondiam àquelas notas falsas. Como só os professores sabiam dessas notas, e como as notas não tinham a ver com a real aptidão das crianças, a única maneira de isso acontecer seria se os professores avaliassem seus alunos com base naquilo que esperavam deles.

Mas no caso das meninas ásio-americanas de cinco anos, elas demonstraram os efeitos negativos dos estereótipos culturais, de que "meninas não são boas em matemática", mesmo *antes* de terem começado a frequentar a escola. Então como foi que esses estereótipos, tão profunda e precocemente entranhados, tinham penetrado nas mentes inconscientes dessas crianças pequenas? Uma possibilidade seria que seus pais lhes tivessem dito que meninas não são boas em matemática, mas quando conversei recentemente com Shih, ela descartou totalmente essa explicação. "Eram pais motivados para um alto desempenho de seus filhos", disse ela. "Tinham altas aspirações em relação a suas filhas. Alguns deles até mesmo pensaram que participar desse estudo em Harvard iria ajudar sua filha a ser admitida na mesma universidade mais tarde!"

Não há dúvida de que a cultura americana, no mínimo, socializa as meninas de modo bem diverso do que os meninos. Uma diferença que define isso é que para meninas a ênfase na atratividade física e na aparência é maior do que para os meninos. Bem cedo, em casa, na preparação matinal para ir à escola, dá-se mais atenção a escovar os cabelos e até fazer penteados e na escolha das roupas das meninas do que à aparência dos meninos. E quando ficam mais velhas, a ênfase na aparência física é mais obviamente relacionada com atração sexual: pesquisadores descreveram como meninas e mulheres jovens são "socializadas numa cultura que vê o corpo feminino como objeto sexual" e "a maior demanda cultural imposta às mulheres para que correspondam a ideais de atratividade física".[15] É quase como se as mulheres em nossa cultura crescessem para desenvolver — ainda em tenra idade — duas identidades diferentes de si mesmas: seu corpo e sua mente. A sociedade parece dizer, "Melhor ser bonita do que inteligente", como se esses atributos fossem de algum modo excludentes.

A natureza desse passado inconsciente sutilmente absorvido sugere que quando se salienta a identidade corporal de uma mulher — digamos, na praia — sua identidade "mental" — sua inteligência — deve sofrer. A ênfase que na praia se dá ao corpo e à atratividade desencadeia o estereótipo cultural de que uma mulher deve ser avaliada e julgada de acordo com sua aparência física, e não com seu conhecimento e suas aptidões intelectuais. Um estudo hoje clássico na Universidade de Michigan, de Barbara Frederickson e suas colegas, demonstraram exatamente isso em condições controladas de laboratório.[16] Estudantes universitários do sexo masculino e feminino vieram ao laboratório de psicologia, um de cada vez, para um estudo sobre "emoções e comportamento de consumidor". Disseram-lhes que iriam avaliar três tipos de produtos de consumo: um perfume unissex, uma peça de vestuário e um item alimentício. Depois que o participante dava uma nota ao perfume, ele ou ela entravam num quarto de vestir que tinha um espelho de corpo inteiro na parede. Eles eram escolhidos aleatoriamente para experimentar uma roupa de banho ou um suéter. As mulheres experimentavam um maiô, disponível nos tamanhos 38 a 48 ou um suéter, disponível nos tamanhos P, M ou G. Os homens experimentavam ou uma sunga (em quatro tamanhos, de P a GG), ou um suéter, tamanhos M, G e GG. Por meio de fones de ouvido, eram instruídos a se olhar no espelho vestindo essas peças de vestuário, e depois respondiam um questionário sobre como se sentiam a respeito de seus corpos.

Após vestirem novamente as próprias roupas, os participantes passavam à parte seguinte do estudo, que era uma desafiadora prova de matemática com vinte questões tiradas de um GMAT (Graduate Management Admission Test), que é o teste a que se é submetido quando se pretende entrar em escolas de negócios (nos Estados Unidos e na Europa) para um MBA. Eles tinham quinze minutos para fazer a prova. As instruções deixavam claro ao participante que era um teste de sua aptidão para a matemática. A parte final do estudo era um teste de paladar com chocolates Twix. Havia dois chocolates desembrulhados num prato, diante do participante, tendo ao lado um copo com água e um guardanapo. Dizia-se a eles que podiam comer quanto quisessem.

Suas reações confirmaram que, como era de esperar, os que experimentaram roupas de banho tinham focado suas identidades mais em seus corpos do que os que haviam provado o suéter, e isso valeu tanto para homens quanto para mulheres. Quanto a comer o chocolate, em geral as mulheres comeram menos do que os homens, e as que tinham experimentado o maiô e se sentido desconfortáveis em relação a seu corpo tinham comido ainda menos chocolate que as outras participantes. Mas a grande novidade veio do desempenho na prova de matemática. Lembrando que os participantes tinham sido designados aleatoriamente, ao acaso, para experimentar a roupa de banho ou o suéter. E também que os pesquisadores controlaram, como fator importante, a aptidão para a matemática. E as mulheres que tinham experimentado o maiô em vez do suéter tinham se saído significativamente pior na prova de matemática (média de 2,5 respostas corretas contra quatro). O fato de terem se concentrado em seus corpos fez com que demonstrassem ter menos inteligência. E, surpresa: o desempenho dos homens na prova de matemática não foi afetado pelo fato de terem experimentado a sunga em vez do suéter. A pré-ativação de sua identidade corporal não os tinha "prejudicado" de forma alguma.

Assim como em nossos estudos sobre as éticas protestante e puritana, esses resultados demonstram que nossas diversas crenças culturais estão entrelaçadas, associadas umas às outras. Afinal, não há razão lógica que explique porque pôr ênfase na atração física ou incrementar a consciência corporal deveria causar um desempenho pior das mulheres numa prova de matemática, *a não ser* que essas duas crenças relativas a elas sejam componentes do estereótipo cultural (americano) da mulher. Portanto, quando se ressalta esse estereótipo, essas duas crenças — a de que mulheres deveriam se manter fisicamente atraentes e que são menos aptas para a matemática do que os homens — estão presentes e em ação na mente das mulheres. A pré-ativação de um aspecto dessa identidade cultural ao fazer as mulheres experimentarem maiôs ativou o outro aspecto. Lembre-se de que elas eram universitárias de uma entre as dez maiores universidades dos Estados Unidos, estudantes de sucesso com uma identidade acadêmica muito forte em comparação com outras pessoas menos bem-sucedidas. E mesmo assim elas sucumbiram, sem saber, a essa perniciosa crença cultural sobre mulheres e matemática.

Se essas influências inconscientes já estão presentes na mente de crianças em idade pré-escolar, não se pode culpar o sistema de ensino. E ele também não pode ser responsabilizado pelas tendências de atração física (e se for, só marginalmente). Então, de onde estão soprando esses ventos sutis? Que forças estão construindo o passado oculto de nossas mentes? Shih disse que ela e Ambady suspeitavam de que as meninas tinham assimilado o estereótipo a partir dos meios de comunicação de massa e da cultura geral à qual já tinham sido bastante expostas em suas jovens vidas. Existem muitas questões desenvolvimentais referentes ao modo como as crianças compreendem raça e gênero. Quanto ao gênero, porém, parece ser claro de onde provêm algumas das influências. "Bonecas e príncipes", diz Shih, referindo-se aos brinquedos e modelos que são dados às meninas desde a mais tenra idade. "Não naves espaciais."

Apenas assista a um pouco de televisão e observe as bancas de jornal para identificar as mensagens dirigidas a meninas e mulheres em nossa cultura (e muitas outras também). Em canais de desenhos animados e outros entretenimentos dirigidos a crianças, os brinquedos anunciados para meninas com frequência são lindas bonecas com cabelos para pentear e diferentes mudas de roupa para vestir. Pulseiras, colares e outros itens de adornos corporais costumam ser direcionados para meninas. Assim, no projeto de pesquisa seguinte, Ambady e suas colegas se concentraram na transmissão cultural de preconceitos raciais nos Estados Unidos pelos instrumentos de comunicação de massa.[17] Fizeram um estudo cuidadoso do conteúdo dos programas mais populares no horário nobre da televisão americana. O estudo foi realizado em 2006 e estava focado em onze programas, como *Bones*, *CSI*, *Friday Night Lights* e *Grey's Anatomy*, cujas médias de audiência no país eram de 9 milhões de espectadores. No entanto, só foram escolhidas para participar da pesquisa pessoas que nunca tinham assistido a nenhum desses programas. Em todos os programas escolhidos havia um personagem branco e um negro com status igual — isto é, os dois personagens tinham a mesma importância para o enredo do programa e possuíam empregos com os mesmos status (por exemplo, ambos eram detetives na polícia). Desses programas, foram escolhidos um total de quinze personagens brancos e quinze negros, e os participantes assistiram a nove clipes sem som dos programas nos quais atuavam cada um deles.[18]

E aqui estava a pegadinha: cenas foram editadas e os personagens caracterizados como brancos ou negros foram excluídos, de forma que os participantes viam apenas a maneira como o ator principal do programa — como Mark Harmon ou David Caruso — reagia àquele personagem. Assistindo ao clipe, não se tinha ideia de com quem o protagonista estava interagindo naquele momento. Como o áudio também havia sido removido digitalmente de cada clipe, a única informação de que os participantes dispunham era a do comportamento não verbal do protagonista — suas expressões faciais, gestos, linguagem corporal — em relação ao personagem que estava fora do enquadramento. Os pesquisadores queriam saber se os participantes percebiam no protagonista um comportamento diferente quando interagia no programa com um personagem negro ou com um branco. No total, foram apresentados a cada participante 265 clipes como esse, em ordem aleatória. Depois de cada clipe, perguntava-se ao participante quanto o personagem (que estava visível) gostava ou não gostava do personagem que não estava sendo mostrado; também avaliaram se a interação entre os dois era, de modo geral, positiva ou não. Houve uma grande concordância entre os participantes no que concerne às respostas a essas duas perguntas.

Os resultados revelaram que o comportamento não verbal do protagonista foi mais positivo em relação aos personagens brancos do programa e mais negativo em relação aos personagens negros. Apesar de os participantes que fizeram essas avaliações não saberem com quem o protagonista estava falando em determinado momento, assim mesmo eles detectaram em suas expressões faciais e postura corporal uma atitude mais negativa em relação ao personagem negro. Multiplique essas diferenças sutis na maneira de tratar personagens brancos e negros pelas muitas interações desse tipo que o protagonista teve em cada programa, multiplique isso pelo número de episódios, e então multiplique esse resultado pelo número de programas populares na TV — e em seguida multiplique tudo isso pelos milhões e milhões de pessoas que assistem a esses programas, e você poderá ter uma ideia de quão poderosa é essa influência cultural sobre os espectadores, em nossas atitudes positiva e negativa em relação a negros e brancos. As diferenças foram sutis, mas não tão sutis a ponto de não serem percebidas pelos participantes que as viram — assim como seriam percebidas pelos milhões de espectadores em casa, inclusive crianças, assistindo àquele episódio de seu programa favorito.

A verdadeira questão, é claro, é se essas atitudes mais negativas em relação aos personagens negros do programa têm efeito sobre o espectador. Podemos notar isso em certo nível, mas isso não quer dizer que afetem, necessariamente, nossas atitudes em relação à raça. Por exemplo, se você assistir mais a esses programas, suas atitudes inconscientes para com os negros poderão se tornar mais negativas? As notícias quanto a isso, infelizmente, não são boas.

Em seu estudo seguinte, Ambady e seus colegas examinaram o efeito de assistir a esses programas sobre as atitudes dos espectadores em relação à raça. Uma medida da negatividade relativa (sutil, não verbal) de cada programa em relação a negros foi calculada tomando-se a diferença na atitude do protagonista de gostar e ser positivo em relação a um personagem negro não visível e a atitude em relação a um personagem branco não visível. (Alguns programas apresentam essa negatividade mais do que outros.) Perguntou-se depois a um novo grupo de 53 participantes a quais dos onze programas eles assistiam com regularidade, e também fizeram a versão para adultos do Teste de Associação Implícita, que usa os botões Bom-Mau, Branco-Negro, para determinar com que intensidade a pessoa associa inconscientemente branco com bom, e negro com mau. Desse modo, os pesquisadores poderiam observar se era verdade que quanto mais uma pessoa assistia a programas de TV do horário nobre com altos níveis de preconceito racial, mais preconceituosa em relação à raça ela se tornava. E, sim, foi isso que se constatou. Quanto maior o viés não verbal nos programas que a pessoa assistia, mais negativas eram suas atitudes implícitas em relação aos negros. Os preconceitos ocultos (não verbais) do ator eram inconscientemente absorvidos pelos espectadores.

Portanto, há evidência plausível de uma transmissão cultural de estereótipos e crenças mediante os meios de comunicação de massa; uma exposição maior a um preconceito racial em programas de televisão no horário nobre se mostra relacionada a maiores níveis de preconceito racial nas pessoas. Esses preconceitos irão mais tarde moldar nossos pensamentos e ações antes que o saibamos; não estamos conscientes desses preconceitos ou de onde vieram. Os meios de comunicação de massa também transmitem estereótipos culturais pela maneira como nos apresentam as notícias. Esse talvez seja um modo ainda mais insidioso pelo qual são transmitidas crenças culturais, porque nós esperamos que os noticiários apresentem um relato exato do que é o mundo real. Assim, se eles nos apresentam "notícias" com inexatidão e parciais sobre diferentes grupos em nossa sociedade, vamos tender a acreditar que sejam fatos — da mesma maneira que as crianças pequenas absorvem tudo o que ouvem sem questionar.

Antes da revolução nas comunicações trazida pela televisão a cabo e a internet, a maioria dos americanos obtinha informações assistindo às transmissões vespertinas das (então) três maiores redes do país — CBS, NBC e ABC — e lendo os jornais e as grandes revistas semanais — Time, Newsweek e U.S. News & World Report. Ainda hoje, dezenas de milhões assistem a esses programas e leem essas revistas, ou novos títulos similares, com o mesmo alcance amplo. Em 1996, no auge pré-internet desses novos canais, o cientista político de Yale Martin Gilens realizou um estudo que se tornou referência, o primeiro em seu gênero, para examinar o conteúdo das maiores revistas noticiosas semanais e dos noticiários vespertinos das três maiores redes de televisão americanas.[19] Ele se concentrou no conteúdo visual que esses principais canais de comunicação de massa apresentavam enquanto o âncora ou o repórter discorria sobre o problema da pobreza nos Estados Unidos — quais eram as fotos ou os vídeos selecionados para compor o plano de fundo do texto da revista ou a narração na televisão?

O censo americano de 1990 demonstrou que os afro-americanos constituíam 29% dos pobres no país. Assim, mais ou menos 30% das fotos de pessoas que viviam na pobreza no país deveriam ter sido de afro-americanos, correto? Na verdade, nas 182 reportagens sobre pobreza publicadas nas revistas que Gilens estudou de 1988 a 1992, as fotografias associadas às reportagens eram de negros 62% *das vezes* — duas vezes a frequência que deveriam ter. Naturalmente, isso deu aos leitores a forte e equivocada impressão de que a maioria das pessoas pobres no país eram afro-americanas. E Gilens descobriu que o mesmo acontecia nos noticiários vespertinos das três maiores redes de televisão: 65% das pessoas mostradas nas matérias sobre a pobreza nos Estados Unidos nos noticiários de TV eram americanos negros. Essas representações desproporcionais afetam não só as atitudes das pessoas em relação à pobreza — ou seja, "a maioria das pessoas pobres são negras" — como também o modo inconsciente com que as pessoas negras pensam sobre si mesmas e sua comunidade.

Em seu relato, Martin Gilens nos lembra que quando o jornalista Walter Lippmann empregou pela primeira vez o termo "estereótipo" em seu sentido psicológico, na década de 1920, ele estava se referindo às "imagens em nossas mentes" que têm mais influência do que a realidade em nossas atitudes e em nosso comportamento. E como todos nos baseamos muito nas notícias divulgadas na mídia para adquirir as "imagens em nossas mentes" sobre o mundo, é de admirar que as pessoas desenvolvam o estereótipo e a falsa crença de que a maioria das pessoas pobres nos Estados Unidos é afro-americana? Agora, associe essa crença à ética protestante, que, como vimos, ainda é uma parte muito importante da ideologia cultural dos Estados Unidos: Gilens descreve uma pesquisa nacional realizada naquela mesma época, a qual demonstrou que 70% dos que responderam acreditam que "os Estados Unidos são o país da oportunidade, onde todos que trabalham duro podem avançar na vida". Se você acreditar nisso, deve concluir então que as pessoas pobres simplesmente não trabalham tão duro assim, ou não querem trabalhar tão duro quanto as outras pessoas. O que significa que são preguiçosas, e como a maior parte das pessoas pobres é negra (segundo o que se vê o tempo todo nos noticiários), então, bem, pessoas negras devem ser preguiçosas. Esse coquetel de preconceitos tão poderosos e injustos na consciência cultural e individual tem sua origem nos vieses não intencionais e inconscientes daqueles que controlam nosso fluxo de notícias.

A mídia de massa — tanto o setor de entretenimento quanto o de notícias — exerce um poder tremendo na formação e na moldagem de crenças e atitudes culturais. Tanto o estudo de Ambady, sobre atitudes em relação à raça nos programas de grande audiência na televisão, quanto o estudo de Gilens, que revela um viés racial na cobertura dos noticiários da mídia com matérias sobre a "pobreza nos Estados Unidos", demonstram isso com bastante clareza. E então naturalmente surge a questão: por que a mídia de massa americana retrata os negros dessa maneira? É porque os editores e produtores responsáveis têm preconceito racial? No caso das matérias sobre pobreza no noticiário, Gilens apresenta evidências que contrariam essa explicação, mostrando que os editores de fotografia que escolhem o conteúdo das imagens e os editores de notícias na TV que selecionam os vídeos, na verdade, costumam ser mais *liberais* no que tange à raça do que a maioria dos americanos; e, no caso dos programas de entretenimento de grande audiência, parece improvável que Mark Harmon e outros atores estivessem intencionalmente tentando transmitir sua relativa antipatia pelos personagens negros de seus programas. Afinal, os programas de televisão selecionados para o estudo de Ambady eram os únicos de grande audiência que (intencionalmente) incluíam tanto personagens brancos quanto negros e cujos papéis tinham status equivalentes (por exemplo, ambos eram detetives ou supervisores), numa deliberada tentativa de apresentar as raças de maneira equitativa.

Assim, se a causa não era consciente e deliberada por parte dos responsáveis, deve ter sido inconsciente e não intencional. Gilens encerra seu estudo sobre as principais mídias de notícias dizendo que "o padrão consistente de distorção na representação racial (em conjunto com a natureza consistentemente liberal das crenças conscientes dos editores quanto à desigualdade racial) sugere fortemente estarem em ação imagens inconscientes e negativas dos negros".[20] As pessoas que trabalham em revistas de notícias e no jornalismo na TV pertencem à mesma cultura de seus leitores e espectadores: eles absorveram a mesma cultura que nós. O mesmo vale para os atores que representam os personagens principais nos programas de entretenimento de grande audiência. E a cultura exerce uma influência inconsciente em suas escolhas de conteúdo fotográfico e de vídeo para as matérias, e em suas expressões não verbais faciais e posturas corporais em relação aos personagens negros de seus programas. Mesmo que esses comportamentos e essas escolhas aparentem ser contraditórios às crenças e aos valores conscientemente sustentados pelas pessoas que trabalham na mídia, isso não impede que suas crenças inconscientes tenham um impacto muito forte em todos nós.

Os editores e produtores responsáveis pelo conteúdo do que consumimos podem ser iguais ao restante de nós em um aspecto — o de terem absorvido as mesmas tendências culturais que nós —, mas são muito diferentes de nós em outro aspecto. Eles têm um papel muito poderoso na determinação dos "fatos" que nós aprendemos inconscientemente a partir das fontes de mídia nas quais confiamos (e deveríamos poder confiar). Eles nos influenciam sem que nos demos conta disso, e ajudam a moldar a mente oculta da primeira infância. É preciso que usem esse poder com mais responsabilidade do que fizeram no passado, e esforços como o de Gilens para torná-los mais responsáveis são avanços muito positivos.

SAINDO DO TÚNEL

Agora que vimos como crenças e valores culturais se incrustam na mente oculta, vale a pena imaginar os primeiros anos de nossas vidas como uma espécie de túnel. Primeiro, na infância, você enxerga apenas o que entra no estreito tubo da sua atenção: sua família, sua casa e outros estímulos que vão ocorrendo. Esse é todo o seu mundo. Depois, quando você começa a dar seus primeiros passos, a andar e a interagir com objetos e pessoas, o túnel se alarga e se parece mais com uma estrada no campo. Você viaja por ela, os sentidos focados principalmente na estrada à frente e nos demais viajantes, mas nota a paisagem que vai passando por você — prédios ocasionais, outras estradas que se cruzam com a sua. Essa paisagem inclui estímulos mais sutis: as várias camadas de sua cultura, a mídia e as atitudes dos outros, que você absorve sem perceber e sem questionar. Quando se desenvolve da infância para a pré-adolescência e depois para a adolescência, essa expansão espacial continua. Sua experiência se parece mais com uma estrada movimentada, e periodicamente você sai da estrada para ficar em diferentes cidades, conhecer seus habitantes e assimilar paisagens: escola, amigos, viagens, mais mídia e mais coisas que você observa e das quais toma conhecimento. Não restam memórias daquele túnel original, e as memórias mais antigas daquela estrada campestre desaparecem também. Você assimila cada vez mais seus entornos atuais, e se instala no lugar do motorista, o assento perceptual de um adulto já plenamente desenvolvido. A essa altura já chegou a seu destino, como um consumado representante de carteirinha de sua cultura — com todas as suas belas feições, mas verrugas também.

Nossas experiências do dia a dia, como a de se segurar um copo de café quente, estão constantemente acionando ou pré-ativando nossas entranhadas crenças e valores culturais. Americanos que se deparam com palavras relativas ao paraíso e à vida após a morte e depois trabalham com mais afinco numa tarefa do que fariam se não fosse isso, e ficam mais críticos em relação a vestidos ousados e determinados comportamentos sexuais. Pessoas com aspectos múltiplos em suas identidades, mesmo crianças em idade pré-escolar, podem manifestar atitudes muito distintas e até se comportar de maneira diferente em situações semelhantes, dependendo de qual identidade prevalece naquele momento em suas mentes, sem ter ideia do efeito que essas identidades culturais estão exercendo. Quando crianças, absorvemos como loucos essas influências culturais, e elas estão à nossa volta, na televisão e em outras mídias às quais assistimos durante tantas horas, e nas sutis expressões faciais e comportamentos não verbais de nossos pais e irmãos mais velhos em relação a membros de outros grupos sociais. Esses estereótipos e outras crenças se tornam para nós uma segunda natureza, tão entranhada que mesmo pessoas bem-intencionadas com atitudes liberais em relação à raça, em posições de grande responsabilidade na mídia de massa, repassam — e com isso perpetuam — esses estereótipos a seus espectadores e leitores. A bagagem cultural que absorvemos tão inocentemente em nossos anos de pré-escola está lá no fundo de nossas vidas adultas o tempo todo, operando nos bastidores de nossas mentes como o oculto mestre titereiro na festa de nosso quarto aniversário. No caso dos garotos Dresnok, foi poderosa o bastante para transformar os filhos de um soldado americano em inimigos jurados dos Estados Unidos.

"Não deem atenção àquele homem por trás da cortina!", exclamou o Mágico de Oz, porém, assim como Dorothy e sua turma, talvez seja isso que fazemos em relação aos programas do horário nobre.

4. A vida se prolonga

Zumbis!

Agora já faz quarenta anos, mas ainda me lembro daquela noite escura e chuvosa de outubro, porque foi uma das mais assustadoras da minha vida. Eu estava na faculdade e caminhando para casa às dez horas da noite, de um auditório num lado do campus para a segurança do meu apartamento, no outro lado. Passei por muita gente nas calçadas seguindo na direção oposta — só que não eram pessoas. Eram *zumbis*. Grupos inteiros deles, um zumbi atrás do outro cambaleando em minha direção, querendo devorar minha carne e chupar meu cérebro! Eu fazia tudo que podia para evitá-los, seguindo por ruas laterais e me escondendo nas sombras, mas não adiantava, eles ainda estavam ali, vindo diretamente para mim! Por fim, cheguei em casa em segurança, suando e tremendo.

Isso foi bem antes de os zumbis estarem na moda e haver coisas como a Noite dos Zumbis, como aconteceu num jogo de beisebol dos Miami Marlins, em 2016. ("Ajudem-nos a eleger o zumbi mais bem-vestido!", tuitava o time durante o jogo.) Não, o que eu narrei aconteceu em meados da década de 1970, apenas poucos anos depois do lançamento do clássico filme cult de terror de George Romero, *A noite dos mortos-vivos*, e eu tinha acabado de assistir a uma sessão num dos grandes auditórios do campus. Durante todo o percurso para casa, eu estava convencido de que pelo menos algumas daquelas pessoas de aparência normal à minha volta eram, na verdade, zumbis, como no filme, e eu estava num estado de alerta paranoico.

O que tinha acontecido comigo? Enquanto meu corpo saía do cinema e caminhava para casa, minha mente ainda estava lá, mergulhada na trama e no horror lógico e visceral de *A noite dos mortos-vivos*. Estava claro que algo tinha se instalado em meu inconsciente para me encher de um medo que eu sabia ser irracional e infantil, mesmo quando liberava descargas de adrenalina em meu corpo.

Na vida diária, quando passamos do contexto de uma experiência para o seguinte, nossos sentidos imediatamente acompanham o movimento e captam a informação referente à nova situação, ao novo presente. Mas a mente leva algum tempo para se livrar dos efeitos do momento anterior. Nossa mente se prolonga no passado recente e só aos poucos se desloca para a nova situação. Isso significa que o resíduo do passado recente pode influenciar o modo como a pessoa interpreta a nova situação, como vai se comportar nela, as escolhas que fará e as emoções que sentirá. Eu não acredito em zumbis de verdade, porém, naquela noite, acreditei.

Na faculdade, como já disse, eu era DJ da estação de rádio FM estudantil. Era a época do "rock progressivo", e rádio em FM era coisa relativamente nova. Ao contrário de estações comerciais em AM, podíamos transmitir trechos mais longos de música — mais música, menos interrupções. Como mencionei na Introdução, um dos recursos artísticos de uma rádio FM na transmissão de rock na época era fazer a transição de uma canção ou peça instrumental para a seguinte da forma mais suave possível, como fazem hoje os DJ em clubes e festas dançantes. Eu sobrepunha o longo e estendido final de "Bridge of Sighs", de Robin Trower, à longa e estendida abertura de "Hellbound Train", de Savoy Brown (ganha um bônus quem tiver ouvido qualquer um deles), mixando uma com a outra. A primeira canção se prologando dentro da seguinte.

Nossas mentes também estão em constante transição de uma situação para outra. É crucial que se entenda isto: o que está ativo e exercendo influência na mente em qualquer dado momento é mais do que o que está acontecendo naquele mesmo momento no presente. Os vestígios de experiências recentes só se dissipam aos poucos, com o tempo. O que *pensamos* que está nos afetando na nova situação é o que está bem diante de nós, acessível a nossa percepção consciente por intermédio de nossos sentidos. Mas há muito mais acontecendo por trás das cenas que constatamos.

É sobre isso que versa este capítulo: o *efeito de transporte* de uma experiência — o passado muito, muito recente — na seguinte, e como isso pode se transfundir no que está ocorrendo no presente.

Com frequência, duas experiências consecutivas são bastante distintas uma da outra e não apresentam relação entre si. Sua mãe liga quando você está no trabalho e logo que atende o telefone seu chefe aparece para lhe dar uma tarefa urgente. Ou alguém segura a porta quando você está entrando num restaurante de fast-food, e depois você sai e pega a estrada com o trânsito intenso de um feriado.[1] Não há um motivo racional ou lógico para que a ligação de sua mãe afete a maneira pela qual você vai agir em relação a seu chefe, ou por que o fato de alguém ter sido cortês com você no McDonald's pode afetar o modo como vai dirigir na rodovia interestadual. Mas afetam. Os pensamentos, os sentimentos, os desejos, os objetivos, as esperanças e as motivações subjacentes na Situação 1 não desaparecem num nanossegundo quando mudamos de cena para a Situação 2, como se houvesse uma espécie de interruptor liga-desliga. Em vez disso, eles deixam um resíduo que afeta nossa experiência subsequente de modo sutil, mas poderoso.

MOTOCICLETAS E ATRIBUIÇÕES EQUIVOCADAS

A noite dos mortos-vivos foi lançado em 1968, mas naquele ano também foi lançado outro filme bem diferente — um filme que, de um jeito estranho, acabaria influenciando a ciência da psicologia e levando à descoberta de que "a vida se prolonga". Você ainda pode assistir ao trailer desse filme no YouTube.

"Agora você vai conhecer a emoção de envolver com suas pernas um turbilhão de pistões martelando!", grunhe a voz devassa de um homem se sobrepondo às imagens de uma mulher em roupas de couro montada numa motocicleta cujo ronco do motor é audível, antes de cortar para uma cena em que um homem puxa o zíper de sua roupa com os dentes. "Ela vai tão longe quanto quiser, tão rápido quando quiser, montada sobre a potência de cem cavalos selvagens!"

Assim narra o trailer do filme franco-britânico *A garota da motocicleta*, dirigido por Jack Cardiff. O filme foi estrelado por Marianne Faithfull, que um escritor mais tarde descreveria assim: "É muito simples, não havia mulher em qualquer lugar do planeta tão ousada e sexy quanto ela foi, durante a década de 1960. Ela nasceu com um dos rostos de beleza clássica mais perfeitos de todos os tempos e tinha exatamente *aquela aparência* que personificava a época de um jeito que nenhuma outra mulher conseguia".[2] No filme, Faithfull representa Rebecca, uma recém-casada que deixa o marido — com o qual prevê que terá um casamento entediante — e vai embora, montada em sua motocicleta, para se encontrar com o amante (representado pelo também classicamente belo Alain Delon), e embarca numa série de aventuras eróticas, alucinantes (que envolvem couro, nudez e, é claro, pistões martelando). O filme foi um sucesso na Grã-Bretanha e recebeu a classificação X, escandalosa na época.

Em meados da década seguinte, em 1975, os psicólogos Dolf Zillmann, Jennings Bryant e Joanne Cantor utilizaram *A garota da motocicleta* num experimento clássico para demonstrar como a atividade física pode afetar pensamentos conscientes e racionais.[3] Todos os participantes do estudo assistiram ao filme, mas só depois de praticarem um exercício — andar de bicicleta, ainda que na verdade fosse uma bicicleta ergométrica com poucos, se é que havia algum, pistões a martelar. O ponto-chave do experimento estava no fato de que cada participante assistia ao desempenho de Marianne Faithfull estando em um dos três estágios de excitação psicológica que se seguem ao exercício. Na primeira fase, logo depois de concluir a atividade física, sabemos que os altos níveis de excitação — batimentos cardíacos acelerados, talvez respiração ofegante — se devem ao fato de termos nos exercitado. Na segunda fase, achamos que já estamos calmos e que por isso voltamos ao estado de excitação normal, embora na verdade ainda estejamos fisiologicamente excitados. O estado de excitação se prolonga por algum tempo mesmo depois de sentirmos que já passou. Na terceira e última fase, a excitação de fato retorna aos níveis normais e acreditamos, agora com razão, que não estamos mais fisiologicamente excitados.

A pergunta que Zillmann e seus colegas fizeram foi se o estado de excitação dos participantes que se seguia ao exercício afetaria o quão sexualmente excitados eles ficariam ao assistir a um trecho de *A garota da motocicleta*. Os participantes que estavam na primeira fase de um estado fisiológico acelerado resultante do exercício e que ainda tinham consciência total dos efeitos dos exercícios sobre si mesmos não manifestaram um nível de excitação sexual provocada pelo filme maior do que os relatados por um grupo de controle, que não havia praticado exercícios. Os participantes na terceira fase, que já não estavam mais excitados em decorrência do exercício, tampouco ficaram sexualmente excitados ao assistir ao filme. Na verdade, o primeiro e o terceiro grupos manifestaram impressões bastante negativas em relação ao filme. O importante é que esses eram os grupos que tinham feito uma leitura correta de seus níveis de excitação. Mas havia também o segundo grupo. Foi aí que as coisas ficaram interessantes.

Esses participantes sentiram que estavam fisiologicamente excitados enquanto assistiam ao filme; embora na verdade isso tivesse sido causado pelo prolongamento dos efeitos do exercício, eles achavam que esses efeitos já tinham passado e então atribuíram equivocadamente sua excitação apenas a Marianne Faithfull e suas aventuras em roupa de couro. Eles também afirmaram ter gostado de *A garota da motocicleta* bem mais do que os outros dois grupos. O efeito prolongado do exercício não estava mais em sua experiência consciente, mesmo ainda estando em seu corpo, então eles atribuíram seus sentimentos inconscientes àquilo de que *estavam conscientes* naquele momento — o filme.

O experimento de Cantor, Zillmann e Bryant estabeleceu o importante conceito de *transferência de excitação*. Eles demonstraram que a excitação fisiológica causada por uma experiência (um exercício, mas também um incidente assustador ou violento, por exemplo) poderia ser mal interpretada como resultante de uma experiência subsequente. Existe, então, uma janela de tempo depois de uma experiência excitante, quando ficamos inclinados a interpretar equivocadamente as razões reais de nossa excitação, acreditando ter sido causada pelo que está acontecendo ali mesmo no presente, e não um prolongamento, um efeito transportado de um passado recente.

Em outra demonstração famosa do mesmo efeito, homens que tinham acabado de atravessar uma frágil passarela de pedestres acima de um abismo demonstraram se sentir mais atraídos por uma mulher que tinham encontrado enquanto atravessavam a ponte. Como sabemos disso? Porque o número dos que, entre eles, ligou para essa mulher mais tarde (ela fazia parte da equipe de pesquisa e tinha dado a esses homens o número de seu telefone depois de eles terem preenchido um formulário entregue por ela) foi maior do que o dos que tinham encontrado a mesma mulher enquanto atravessavam uma passarela bem mais segura.[4] Os homens nesse estudo relataram que sua decisão de ligar para a mulher não tinha nada a ver com sua experiência de atravessar aquela ponte assustadora. Mas o experimento demonstrou claramente que eles estavam errados quanto a isso, porque o grupo da ponte perigosa ficou mais inclinado a ligar para a mulher do que o que tinha atravessado a passarela segura. Talvez você se lembre do que Keanu Reeves diz a Sandra Bullock no fim do filme *Velocidade máxima* quando está prestes a beijá-la depois do longo e traumático dia que tinham passado juntos: "Devo adverti-la", diz seu personagem, "de que ouvi dizer que relacionamentos baseados em experiências intensas nunca dão certo".

"Está bem", diz a personagem dela, "então vamos ter de baseá-lo em sexo."

Então, humm, por que você acha que adolescentes gostam tanto de filmes de terror? Porque a excitação fisiológica causada por assistir a, digamos, maníacos brandindo machados ou espíritos malignos se transfere para — e é equivocadamente interpretada como tendo sido causada por — sentimentos de atração sexual pela pessoa com quem estão assistindo ao filme (em especial depois de saírem do cinema). Talvez tenha sido por isso que, tempos atrás, meu grupo de amigos adolescentes gostava de contar histórias de fantasmas em torno de uma fogueira na escuridão da noite às margens do lago Michigan.

O prolongamento da excitação pode ser mal interpretado de outras formas, além de sentimentos de atração sexual. Outro experimento realizado por Zillmann e seus colegas em 1974 se concentrou na raiva e na agressão.[5] Será que os efeitos de excitação suscitados pelo exercício, eles se perguntaram, poderiam fazer alguém pensar que estava com raiva de outra pessoa? Emoções fortes de fato contêm um componente ativo de excitação física, e uma teoria da emoção antiga e muito influente sustentava que muitas vezes sentimos primeiro essa excitação e só depois interpretamos qual emoção que estamos sentindo com base no contexto.[6] Quando Roger Federer irrompe em lágrima depois de vencer o torneio de Wimbledon, nós entendemos que são lágrimas de alegria, não de uma abjeta tristeza; sobre os mesmos soluços e lágrimas torturados num funeral, entendemos não serem de alegria (assim esperamos), mas a expressão de uma emoção muito diferente.

Mais uma vez, os participantes do sexo masculino no estudo se exercitaram numa bicicleta ergométrica durante noventa segundos. Depois, imediatamente ou após um intervalo, eles assumiram o papel de "professor" numa recriação do notório estudo de Milgram sobre obediência. Sua tarefa era aplicar choques elétricos a um "aluno" depois de cada resposta errada, acreditando que ele era objeto de um estudo sobre como a punição afeta o aprendizado. Mas primeiro, numa interessante inversão do procedimento original de Milgram, foi dada ao "aluno" a oportunidade de aplicar choques no "professor". O aluno tinha de pedir ao professor sua opinião quanto a doze temas controversos da época e podia lhe aplicar um choque toda vez que discordasse dele. Estava previamente combinado com o "aluno" que o professor receberia nove choques em suas doze opiniões, e dá para imaginar como, depois de levar nove choques, o participante no papel de professor estava irritado com o aluno. Oh-oh, agora era a vez de o professor aplicar choques ao aluno para cada resposta errada. Ele dispunha de uma margem de variação do choque de um (brando) a dez (bem doloroso) — "a que achasse mais apropriada".

Assim como em seu estudo com o filme erótico, os pesquisadores descobriram que se o professor aplicasse os choques logo após ter se exercitado, não havia efeito do exercício sobre a intensidade dos choques que aplicava, comparados com os do grupo que não se exercitara. Mas se os choques eram aplicados alguns minutos após o exercício, o professor se mostrava mais irritado com o aluno do que de costume, e lhe aplicava choques mais intensos para cada erro. A excitação causada pelo exercício ainda estava lá depois do intervalo, mas o participante no papel de professor a interpretou equivocadamente como sendo raiva do aluno por lhe ter aplicado nove choques, e como resultado lhe aplicava choques mais intensos. Mais uma vez, os participantes não achavam que o exercício na bicicleta tinha algo a ver com a intensidade do choque que aplicavam ao aluno. Eles não tinham consciência dos efeitos prolongados do exercício no nível de raiva que lhes assomara depois.

Esses efeitos de *atribuição equivocada* se tornam possíveis pelo prolongamento das influências de experiências recentes que ainda estão nos afetando em nosso nível inconsciente.[7] Não se trata do longínquo passado evolucionário de nossa espécie, nem do passado esquecido de nossa infância e meninice, nem do nosso passado de preconceitos coletivos absorvidos por crescer em determinada cultura. Trata-se do que experimentamos cinco horas atrás, cinco minutos atrás, cinco segundos atrás. Nós nos lembramos disso, sim, se nos perguntarem, mas não avaliamos o quanto ainda pode estar nos afetando em um momento subsequente. Como os homens que assistiram ao filme *A garota da motocicleta* ou atravessaram a velha e precária passarela, podemos estar sexualmente excitados por motivos diferentes daqueles dos quais temos consciência. Como os homens que aplicaram choques mais fortes no "experimento do aprendizado", podemos estar atribuindo a motivos errados a raiva que sentimos em certo momento. Essas confusões e interpretações equivocadas do consciente acontecem conosco *o tempo todo*.

Uma situação na qual é muito comum sentirmos raiva é quando estamos na autoestrada. Sentimos a ira da estrada ante o comportamento egoísta de outros motoristas. Ao longo de todas as vezes em que dirigi na vida, percebi como essa irritação com a barbeiragem dos outros vai se acumulando, que fico com mais raiva da quinta ou sexta pessoa que me dá uma cortada, ou que anda a quarenta quilômetros por hora numa estrada sinuosa de mão dupla, do que fico da primeira ou segunda pessoa que faz isso. Ora, por que eu deveria ficar mais irritado com a quinta ou sexta pessoa do que fico com a primeira ou segunda? Cada uma delas só fez essa "coisa errada" uma única vez. Mas eu reajo ao último dos ofensores como se fosse *a mesma pessoa que me incomoda repetidas vezes*. Seria natural ficar com mais raiva da mesma pessoa na quinta ou sexta vez em que ela lhe dá uma cortada do que quando fez isso das primeiras vezes. Só que nesse caso, várias pessoas diferentes incomodaram você apenas uma vez cada uma. Do ponto de vista racional, você sabe disso. Mas a cada vez, a raiva lá dentro vai aumentando, mais e mais, e você se sente como se fosse a mesma pessoa provocando aquilo. Na verdade, William James compreendeu esse princípio muito antes até de haver carros e autoestradas.[8] Ele o chamou de "soma de estímulos", descrevendo como as primeiras e poucas ocorrências de irritação não são suficientes para provocar uma reação, mas levam a uma "irritabilidade incrementada", e em algum momento posterior outro aborrecimento desse tipo (ainda que pequeno por si só) é o bastante para "entornar o caldo". E isso leva, como todos sabemos, a uma raiva maior, ilógica e irracional, dos culpados mais recentes.

UMA PERSPECTIVA ENSOLARADA DA VIDA

A excitação sexual e a raiva são experiências emocionais poderosas. Mas não é necessário haver esse nível de intensidade numa experiência para que ela se prolongue e nos influencie sem que o saibamos. Mesmo estados emocionais mais brandos, esses que chamamos de *humor*, podem se transportar dos eventos que os causaram para nos afetar onde e quando menos esperamos.

"O clima é uma questão puramente pessoal", escreveu o poeta colombiano Álvaro Mutis. No meu caso, sem dúvida ele estava certo. A região central de Illinois, onde eu cresci, não possui um clima invejável. No inverno, para a nossa sorte, estamos bastante ao Norte para sentir os ventos árticos que sopravam do Canadá (o "Alberta Clipper") e, no verão, estamos suficientemente ao Sul para receber o ar quente e úmido vindo do golfo do México. Eu tinha dez anos quando compramos nosso primeiro ar-condicionado, portanto, nos muitos dias de verão que ultrapassavam os 37 graus, nós (e o resto da cidade) vivíamos numa das piscinas públicas disponíveis. Como você pode imaginar, esse clima característico moldava minha rotina naquela época.

O clima vigente é um componente fundamental e sempre presente em nossas vidas, como um pano de fundo moderador e contínuo de nosso estado emocional. Todos sabemos disso por experiência própria, ao perceber como nos sentimos num dia glorioso e ensolarado, em comparação com a sensação que temos num dia chuvoso e cinzento. Mas o clima pode influenciar nosso humor mesmo quando não prestamos atenção nele, e esse humor pode afetar nosso comportamento de um jeito que sabemos que não deveria — e que tentaríamos impedir se percebêssemos o que está acontecendo. Os psicólogos sociais Norbert Schwarz e Gerald Clore revelaram essa complexa interação entre mente e clima quando realizaram um estudo, muito citado, em nada menos que Champaign, minha cidade natal.[9]

No final da primavera de 1983, uma pesquisadora telefonou para pessoas que seriam as participantes do estudo, em dias quentes e ensolarados ou em dias chuvosos. Ela telefonava do campus em Champaign da Universidade de Illinois, ligando para números retirados ao acaso da lista de telefones dos estudantes. Isso foi numa época anterior aos identificadores de chamada ou smartphones, que informam sobre a localidade de origem da ligação, o que possibilitou à pesquisadora dizer que estava telefonando do campus de Chicago, cerca de 240 quilômetros mais ao norte. Tendo dito que aos participantes que estava a essa distância, ela podia perguntar casualmente, no início da conversa: "Por falar nisso, como está o tempo aí?". (Ela sabia, é claro, como estava o tempo, pois ela mesma estava lá.) No entanto, ela só perguntou sobre o clima à metade dos participantes, chamando a atenção deles para isso, e não à outra metade. Em seguida, fez a todos eles quatro perguntas sobre seu nível de satisfação com a própria vida até então. A última das quatro perguntas era sobre o quanto estavam felizes naquele momento.

Tomemos primeiro os estudantes cuja atenção fora chamada para o clima naquele dia mediante a pergunta casual da pesquisadora, "como está o tempo aí?", logo no início da ligação. Esses estudantes estavam na mesma situação daqueles participantes dos estudos de Zillmann sobre excitação que haviam acabado de se exercitar na bicicleta ergométrica. Eles viam o dia ensolarado ou chuvoso lá fora e sabiam como isso poderia afetar seu humor. Para esses participantes, portanto, o clima e o humor que ele suscitava não tinham efeito sobre sua avaliação de quão bem estavam vivendo suas vidas. Se estavam felizes ou tristes devido à influência do clima, estavam conscientes disso, e não interpretaram mal esses sentimentos como possíveis respostas à pergunta que a pesquisadora no outro lado da linha estava fazendo. O transporte estava neutralizado.

Mas os estudantes dos quais não se chamara a atenção para o clima naquele dia se pareciam muito com os participantes que, uma década antes, haviam pedalado na bicicleta ergométrica e, após breve intervalo, assistiram ao filme *A garota da motocicleta*. Se o dia lá fora estava ensolarado, esses estudantes se declaravam *mais satisfeitos com toda a sua vida* até então, comparados com os que recebiam a ligação num dia chuvoso. Eles ouviam a pergunta, consultavam seus sentimentos íntimos e interpretavam esses sentimentos como a resposta à pergunta que havia sido feita — sobre sua situação atual —, alheios a fato de que esses sentimentos também provinham do clima naquele dia. A confirmação de que eles provinham mesmo do clima era demonstrada pelas respostas à última pergunta, porque, como era de esperar, os estudantes que receberam a ligação num dia ensolarado se sentiam mais felizes naquele momento do que os que recebiam a ligação num dia chuvoso. Todos sabemos que a circunstância de o dia estar ensolarado ou chuvoso lá fora não deveria influenciar o modo como avaliamos toda a nossa vida até este momento, ou seja, se ela transcorreu bem ou não. Mas influenciou — o efeito do clima se transportou, prolongou-se para criar uma influência inconsciente nos estudantes.

Bem, você deve estar pensando, esses estudantes de Illinois estavam apenas respondendo a algumas perguntas numa pesquisa telefônica. As respostas que deram não eram assim tão importantes para eles. Quando há decisões mais importantes a tomar, somos mais cuidadosos e não nos deixamos influenciar por esses humores bobos e irrelevantes. Faz sentido, mas vejamos. E quanto a decisões financeiras de comprar ou vender ações, decisões que dizem respeito a milhões de dólares que estão em jogo, enquanto verdadeiras fortunas são feitas e perdidas a cada segundo?

Em 2003, os economistas comportamentais da Universidade de Michigan David Hirshleifer e Tyler Shumway publicaram um estudo abrangente de como o clima num certo dia afeta o desempenho do mercado de ações em determinada cidade.[10] Incluídos em sua análise havia dados sobre o clima e o preço de ações de 26 grandes bolsas de valores em todo o mundo, ao longo de um período de quinze anos. Eles abordaram a relação entre uma manhã ensolarada na cidade em que se localizava a principal bolsa de valores de um país e o comportamento daquele mercado de ações naquele dia.

Primeiro, eles desconsideraram os efeitos sazonais sobre o preço das ações. Por exemplo, talvez as ações estejam melhor nos meses de verão (quando ocorrem mais dias ensolarados) do que nos meses de inverno (quando ocorrem mais dias nublados) devido a fatores que não têm relação com o clima, como os do ciclo econômico anual. Mesmo assim os pesquisadores observaram que uma manhã ensolarada vivenciada pelos corretores do mercado de ações a caminho da bolsa ou nos escritórios das instituições financeiras estava forte e significativamente associada com a elevação dos preços das ações naquele dia, e uma manhã nublada estava associada a um baixo retorno das ações naquele dia — no âmbito de 26 bolsas de valores e ao longo de quinze anos. "É difícil conciliar nossos resultados com uma formação de preços totalmente racional", escreveram eles. "Não há uma explicação racional convincente para se associar uma manhã ensolarada onde fica a bolsa de valores de um país a altos índices de retorno do mercado. As evidências são, porém, consistentes com o fato de o dia ensolarado afetar o humor, e o humor afetar os preços."

Em outras palavras, o mercado de ações tem resultados melhores quando faz sol, mesmo não existindo uma razão econômica válida para que isso aconteça. Os humores de milhares e milhares de seres humanos em todo o mundo encarregados de comprar e vender milhões e milhões de dólares de ações todos os dias são tão inconscientemente vulneráveis ao clima quanto os humores daqueles universitários de Illinois. O clima também pode afetar a opinião pública e, portanto, políticas públicas no que tange a importantes questões sociais e ambientais — como as que se referem ao próprio clima. Num estudo de 2014, publicado na revista internacional de ciência *Nature*, a cientista especializada em tomada de decisões da Universidade Columbia Elke Weber e seus colegas estudaram quanto o clima de determinado dia — quente ou frio — afetava a preocupação do público com o problema do aquecimento global.[11] Para esclarecer essa questão, o aquecimento global talvez seja o desafio mais importante que a humanidade enfrenta para a preservação de nossa espécie e para manter nosso planeta habitável. As coisas ficaram tão ruins que o astrofísico Stephen Hawking diz que a raça humana tem cerca de mil anos para encontrar um novo planeta para viver. Mas a mudança climática é também uma das questões mais controversas que políticos e pessoas comuns, como eu e você, enfrentam atualmente, já que ainda há quem negue até a mera existência de um aquecimento global, mesmo hoje, quando as cidades costeiras do estado da Geórgia e ilhas inteiras do Pacífico estão sendo inundadas devido à elevação dos níveis do oceano causada pelo derretimento das calotas polares. O que é fascinante (e tristemente irônico) é como a opinião relativa a essa questão oscila ao sabor do próprio clima sobre o qual estamos discutindo.

No geral, o que Weber e seus colegas descobriram foi que quando o clima reinante está quente, a opinião pública sustenta que o aquecimento global está mesmo ocorrendo, e quando o clima reinante está frio, a opinião pública preocupa-se menos com a possibilidade de o aquecimento global representar uma ameaça. É como se usássemos o "aquecimento local" como um sucedâneo do "aquecimento global". Isso demonstra, mais uma vez, como tendemos a acreditar que aquilo que vivenciamos agora no presente representa o que as coisas sempre são e sempre serão no futuro. Nosso foco no presente domina nossa maneira de julgar e de raciocinar, e não temos consciência dos efeitos de nosso passado de longo e de curto prazo sobre o que estamos sentindo e pensando neste momento.

Já vimos como o "aquecimento local" — as experiências físicas de calor e de frio — afeta nossos sentimentos de confiança e cooperação em oposição aos de desconfiança e antagonismo. Esses dois tipos de "temperatura", a física e a social, estão tão entrelaçados em nós que as regiões às quais eles correspondem no cérebro ficam ligadas entre si, desde que possamos confiar que nossos pais estarão lá por nós quando somos bebês e crianças pequenas.

O que essa associação mental cria, porém, é outro caminho pelo qual nossas experiências recentes podem se transportar e nos afetar no presente, antes de o sabermos. Nossas experiências físicas de calor e de frio podem nos fazer sentir socialmente calorosos ou frios, e nossas experiências sociais de calor ou frio podem nos fazer senti-los fisicamente. E estamos totalmente inconscientes do efeito de um tipo de calor/frio sobre o outro.

Por exemplo, podemos todos nos lembrar de tempos em que um grupo de nossos amigos nos deixou de fora de atividades que estavam fazendo, e de tempos muito melhores quando, em vez disso, éramos convidados a nos juntar a eles. Para estudar em laboratório os efeitos da rejeição ou da inclusão social, o psicólogo Kip Williams desenvolveu uma simulação feita em computador, chamada Cyberball.[12] No jogo, três figuras na tela, com formato de bastões, jogam uma bola umas para as outras, e cada participante é representado por uma dessas figuras em formato de bastão. A meio caminho no jogo, numa condição de rejeição, os outros dois jogadores param de enviar a bola a você, e só ficam trocando a bola entre eles desse momento em diante. (Na condição de inclusão, eles continuam a mandar a bola para você, como estavam fazendo antes.) Embora seja um reles jogo de computador, e você nem conheça os outros dois jogadores, ainda assim sentirá uma pontada de tristeza e infelicidade por ter sido excluído. Ser incluído representa o calor social, ser excluído caracteriza a frieza social.

É então que vem a medida crucial: depois do experimento, pediu-se a todos os participantes que respondessem a um questionário no qual se perguntava a temperatura estimada do aposento, além de outras questões inócuas sobre as condições do recinto onde se realizou a experiência. Os que sentiram frieza social, os participantes excluídos, estimaram a temperatura do recinto como sendo mais baixa (mais fria) do que a indicada pelos participantes socialmente aquecidos, os "incluídos".[13] A experiência de uma frieza social tinha ativado uma sensação associada de frio físico. Os participantes excluídos presumiram que o local estava mais frio, porém na realidade a temperatura era a mesma para todos os participantes.

Será que seus corpos estavam de fato mais frios, ou eles tinham apenas considerado que o aposento estava mais frio (porque, por exemplo, a ideia de frio estava gravada em suas mentes)? Para descobrir, Hans IJzerman e seus colegas realizaram um estudo subsequente em que mediram a real temperatura corporal dos participantes depois de jogarem Cyberball, utilizando um termômetro muito sensível empregado em refrigeradores industriais, com precisão de até três centésimos de graus Celsius, preso à ponta de um dedo do participante. E o estudo demonstrou que ser rejeitado no jogo de computador do Cyberball (uma vivência de frieza social) tinha mesmo provocado a queda da temperatura na pele dos participantes numa média de 0,38 graus Celsius, ou 0,68 Fahrenheit.[14] (Embora pareça pequena, essa mudança é na verdade um flutuação significativa para o corpo.) Assim, não é de admirar que os primeiros participantes do estudo tenham achado que a temperatura no quarto estava mais fria — eles mesmos estavam literalmente mais frios após terem vivenciado uma frieza *social*.

Uma equipe de neurocientistas liderada por Naomi Eisenberger, da Universidade da Califórnia, replicou as descobertas de IJzerman num importante hospital de Los Angeles, com enfermeiras tomando a temperatura corporal de participantes a cada hora, com um termômetro oral, durante um período de seis horas.[15] A ambientação controlada do hospital permitiu que outras possíveis influências nas leituras da temperatura oral, como comida, bebida e exercício, bem como a temperatura ambiente, fossem mantidas constantes para todos que participavam do estudo. Enquanto sua temperatura ia sendo medida, os participantes avaliavam, a cada hora, o quanto se sentiam conectados socialmente a seus amigos e sua família naquele momento, e em que medida concordavam com declarações como *Sinto estar perto de outras pessoas*, *Sinto que sou sociável e amigável*, *Sinto-me conectado aos outros*. Mais uma vez, quanto mais elevada a leitura da temperatura corporal (num âmbito de normalidade), mais alta a avaliação de conexão social — as medidas de calor corporal e calor social subiam e desciam juntas. É notável como o sentimento de proximidade e conexão com sua família e seus amigos afeta a temperatura corporal — e vice-versa.

Isso quer dizer que, ao menos em certa medida, o calor físico pode ser capaz de *substituir* o calor social porventura ausente na vida de alguém. Lembre-se dos macaquinhos nos estudos de Harlow. Os que tinham acesso à cálida mãe de pano, mesmo quando criados no isolamento, ainda eram capazes de ter um comportamento social razoável quando adultos, comparados com os pobres macaquinhos que não tiveram um calor físico ao qual se aconchegar. Como a vivência do calor físico está conectada no cérebro com sentimentos de calor social, essa experiência de calor físico substituiu em certa medida a ausência da mãe na vida dos macacos bebês. E quanto aos momentos nos quais nos sentimos socialmente frios devido à rejeição e à solidão? Deveríamos ir em busca de experiências de calor físico como sucedâneos razoáveis do calor social de que estamos carentes? Numa tempestade, qualquer porto é bom, certo?

Nos estudos com o Cyberball os participantes que tinham sido excluídos do jogo de atirar bolas uns para os outros apresentavam maior probabilidade de dizer que queriam ver pessoas que se importavam com eles mais tarde no mesmo dia. Eles tinham sido rejeitados e queriam se sentir melhor estando com a família e os amigos — o termostato social deles havia registrado uma frieza social e com isso desencadeou o desejo de calor social, da mesma forma que um termostato caseiro em países de regiões frias registra uma temperatura ambiente baixa e faz acender automaticamente a fornalha para aquecer a casa. No entanto, os participantes rejeitados também manifestavam outro desejo, em comparação com os demais participantes (não rejeitados), quando consideravam o que mais gostariam de comer no almoço naquele dia. Eles tinham mais vontade de ter comida e bebida quentes do que frias.[16]

Se o calor físico é capaz de substituir o calor social que falta na vida de uma pessoa, ao menos em parte, então talvez possam-se usar aplicações de calor físico como terapia barata, mas eficaz, para transtornos emocionais como a depressão, que costuma se caracterizar por sentimentos de isolamento social e diminuição da conexão social (ou seja, de frieza social). E, assim se constata, a depressão também é caracterizada por um mau funcionamento do sistema de controle de temperatura corporal.

Somando dois mais dois, os médicos de um hospital psiquiátrico decidiram recentemente tratar dezesseis de seus pacientes, cujo diagnóstico apontava grave transtorno depressivo, com uma sessão de "hipertermia" com duas horas de duração, na qual se usou um conjunto de lâmpadas infravermelhas para aquecer o corpo inteiro. Os pesquisadores mediram os níveis de depressão desses pacientes usando uma escala psiquiátrica padrão antes do tratamento, e também uma semana depois da única sessão do procedimento. Eles constataram uma redução marcante nos níveis da depressão, de uma média de trinta pontos antes do tratamento para menos de vinte pontos, uma semana mais tarde.[17] Os médicos concluíram que esse tratamento térmico de corpo inteiro produzia um alívio rápido e duradouro nos sintomas de depressão de seus pacientes, enquanto melhorava também o funcionamento das conexões cerebrais que ligam a temperatura física à social.

Esse estudo clínico traz notícias encorajadoras. À medida que aprendemos mais sobre as influências inconscientes em nossa mente, emoções e comportamento, podemos usar esse conhecimento para suscitar diferenças positivas em nossas vidas. A Mental Health America, uma organização de serviço público sem fins lucrativos, concluiu em 2016 que nada menos que 20% dos americanos adultos (mais de 43 milhões de pessoas) têm algum problema de saúde mental, e mais da metade deles não recebe qualquer tratamento.[18] A psicoterapia, por exemplo, é cara e não é acessível para muitas pessoas. Elas poderiam se beneficiar de intervenções simples que lhes sejam acessíveis? No fim das contas, um prato de canja de galinha quente é mesmo bom para a alma, já que o calor da canja ajuda a substituir a calidez social que pode estar faltando na vida da pessoa, como quando estamos solitários ou com saudades da família que está distante.[19] Esses remédios caseiros simples provavelmente não trarão grandes lucros às indústrias farmacêutica e psiquiátrica, mas se o objetivo é alcançar uma melhora mais ampla e geral na saúde mental pública, algumas pesquisas sobre sua possível eficácia poderia trazer grandes dividendos para indivíduos que estão sofrendo e para a sociedade como um todo.[20]

TRÍPLICE COROA, RAIVA TRIPLA

Angelina Corcoran, Angelina Jolie, Angelina Dorfman, Angelina Ballerina.
Qual desses nomes é muito famoso, e quais não são nada famosos? Você reconhece imediatamente o mais familiar e responde com confiança que Angelina Jolie é o nome mais famoso. Isso porque ouviu esse nome muito mais vezes do que os outros. (E se tiver em casa uma criança em idade pré-escolar, talvez reconheça a ratinha talentosa, Angelina Ballerina, estrela do desenho animado epônimo.) Nesse caso, a facilidade com que reconhece um nome é um bom parâmetro para quão frequentemente você o viu ou ouviu, e é isso que constitui a essência da fama. De modo geral, isso faz sentido, porque quanto maior a frequência em que algo acontece em nossa experiência, mais memórias formamos disso, e mais fortes ou mais acessíveis elas serão.

A facilidade com que algo vem à mente é chamada de *heurística da disponibilidade*. É uma espécie de atalho que todos empregamos quando decidimos quão provável ou frequente é um tipo de acontecimento. A heurística da disponibilidade foi descoberta por Daniel Kahneman e seu parceiro de pesquisa de longa data, Amos Tversky.[21] Essa avaliação de frequência tem importância em nossa vida diária porque fazemos escolhas com base em quão regularmente várias coisas acontecem ou têm probabilidade de acontecer. Com que frequência um crime é cometido num bairro para onde estamos pensando em nos mudar? Com que frequência tivemos uma vivência agradável em determinado parque? Com que frequência gostamos da comida naquele restaurante específico? Decisões sobre o lugar em que gostaríamos de viver, aonde ir comer ou brincar são todas baseadas nessas avaliações.

Há outros fatores, além de apenas a regularidade no passado, que têm participação na facilidade com que algo vem à mente. Uma experiência recente pode fazer algumas de nossas memórias serem mais fáceis de evocar do que outras. E essa é outra maneira pela qual nosso passado recente pode se transportar para influenciar inconscientemente nossos julgamentos. Ele pode enganá-lo quando você baseia seus julgamentos sobre coisas frequentes no passado em quão rápido aquilo vem à sua mente. Pode até se tornar alguém famoso da noite para o dia.[22]

O pesquisador de memória Larry Jacoby (famoso por mérito próprio) e seus colegas fizeram os participantes de sua pesquisa irem até seu laboratório um dia para estudar uma lista de nomes que não eram famosos. Depois, esses mesmos participantes voltaram ao laboratório no dia seguinte e ele lhes deu uma nova lista de nomes. Nessa segunda lista havia nomes de pessoas famosas, como Michael Jordan, mas também alguns nomes que não eram famosos da lista do dia anterior, como "Sebastian Weisdorf". Perguntava-se aos participantes quais dos nomes eram de pessoas famosas, quais não. Eles apresentaram maior probabilidade do que o normal de apontar como famosos um nome que não era famoso se o tivessem visto na lista do dia anterior. Isso acontecia até quando os pesquisadores diziam aos participantes que se eles se lembrassem de ter visto o nome na lista do dia anterior, ele certamente *não* era famoso. Ainda assim, eles achavam que era famoso. Quem quer que fosse no mundo, Sebastian Weisdorf literalmente havia se tornado famoso da noite para o dia.

Esse foi um efeito inconsciente da experiência recente sobre a avaliação da fama. A experiência recente de ter lido um nome o tornou mais disponível no inconsciente dos participantes no dia seguinte, e eles usaram essa disponibilidade como uma dica de que o nome era famoso. Eles confundiram experiência recente com de longo prazo. (Assim, se algum de vocês que são pais afirmou que Angelina Ballerina era mais famosa do que Angelina Jolie, estou com você. Assisti a esse programa com minha filha em sua idade pré-escolar vezes o bastante para fazer da sra. Ballerina a mais famosa Angelina de todos os tempos — em minha mente, é claro.)

Nossa memória, portanto, é falível. Não é a gravação objetiva em vídeo da realidade que às vezes pensamos que é ou que gostaríamos que fosse. Ela pode ser enganada por nossa experiência recente, mas também pelo fato de que prestamos uma atenção seletiva em algumas coisas e não em outras, e aquilo no qual prestamos atenção é que fica armazenado em nossas memórias. Se prestássemos atenção igual e imparcial em tudo que aconteceu, nossas memórias seriam então um guia muito preciso para o que acontece com mais frequência à nossa volta. No entanto, nossa atenção não se distribui equitativamente. Isso pode levar (e leva) a algumas discussões em casa, como de quem é a vez de lavar a louça.

As tarefas domésticas foram inclusive o tema de um estudo de 1979 no qual se perguntou a colegas de quarto e cônjuges com que frequência assumiam tarefas domésticas, como lavar roupa, limpar a casa, lavar a louça, limpar a caixa de areia do gato ou levar o cachorro para passear.[23] Faça uma experiência e escreva agora mesmo o percentual das vezes em que é você quem faz essas coisas em comparação com os outros, e peça a cada pessoa com quem você mora que faça o mesmo; depois, veja qual é a soma dos percentuais. Se todos forem objetivamente corretos, o total, é claro, deve somar 100%; não pode ter havido mais de 100% de tarefas feitas. Mas no estudo de 1979 com parceiros de quarto e de casa, a soma dos percentuais que cada um declarou ter sido sua parte foi em média bem maior que 100%, porque cada um achava que tinha feito isso em mais da metade das vezes. Isso não podia ser verdade, então qual é a conclusão?

Quando você escreveu seu percentual e quando os participantes no estudo fizeram o mesmo, vocês provavelmente tentaram se lembrar das vezes em que tinham realizado essas tarefas. É provável que, com os olhos de sua mente você tenha se visto realizando-as. Talvez também tenha tentado se lembrar de quando outras pessoas as tinham realizado — mas é claro que não teria muitas lembranças disso porque muitas vezes você não estava lá quando isso acontecia! É simples assim. Você tem mais lembranças de estar você mesmo fazendo alguma coisa do que tem de seu cônjuge ou parceiro, porque só quando você mesmo faz as tarefas é absolutamente certo que você esteja lá. Isso parece ser bem óbvio, mas apesar disso todos sabemos como são comuns esses tipos de discussão. (*"Também* sou eu quem tira a louça da lavadora de pratos! Eu me lembro de ter feito isso na semana passada!")

Prestamos atenção em algumas coisas, e não em outras. Mais que isso, as coisas nas quais prestamos atenção são mais importantes para nós do que as outras.

Quando eu tinha por volta de doze anos fizemos uma grande reunião de família e decidi levar um gravador para registrar as vozes de nossos avós, tios, tias e primos para a posteridade. Venho de uma família muito numerosa e cheia de agregados, então havia muito barulho na sala. Durante a reunião, nossa avó ficou sentada no sofá e contava várias histórias, entremeadas com o resto das conversas. Nós ouvíamos e nos divertíamos com todas elas, e alguns dias depois da reunião voltamos para ouvi-las. Que decepção! Só se ouvia barulho, barulho e mais barulho, 1 milhão de pessoas falando ao mesmo tempo, e não havia como destacar a voz dela do vozerio de todas as outras pessoas, embora a tivéssemos ouvido com muita clareza na ocasião. Logo percebemos que não tínhamos notado o barulho de fundo porque estávamos muito cativados pelas histórias de nossa avó. Havíamos filtrado tudo que as outras pessoas estavam dizendo. Os sons reais, fisicamente presentes naquela sala naquele momento, sem os filtros de nossa mente, estavam lá, na gravação em fita.

Mas o que você considera importante pode mudar, por exemplo, quando há uma grande mudança em sua vida. Esses acontecimentos novos e dramáticos que alteram o fluxo de suas experiências criam um efeito dominó, mudando aquilo que lhe é importante, o que muda aquilo em que você presta atenção, o que, por sua vez, muda os tipos de lembranças que você terá depois e, com isso, suas posições em relação a importantes questões políticas e sociais. No entanto, como alegaram Richard Eibach, Lisa Libby e Thomas Gilovich, da Universidade Cornell, num artigo de pesquisa em 2003, com frequência nós confundimos — ou atribuímos erroneamente — mudanças em *nós mesmos* como sendo mudanças no *mundo*.[24]

Quando você tem um filho, em especial o primeiro filho, de repente coisas muito corriqueiras ao seu redor adquirem aspectos perigosos, sinistros — as escadas, as cordinhas que comandam as persianas, tomadas, detergentes debaixo da pia, remédios na bancada do banheiro — e todas elas parecem estar emitindo risinhos malignos e são rotuladas com caveiras e fêmures cruzados. A necessidade e a responsabilidade dos pais de proteger as crianças e zelar por sua segurança mudam seu jeito de ver o mundo, fazem com que fiquem vigilantes e alertas a esses novos e potenciais perigos e os leva a pensar que o mundo se tornou um lugar mais perigoso. Consciente dessa tendência, Eibach e seus colegas analisaram dados de uma amostra representativa de 1800 cidadãos americanos com idade superior a dezoito anos, aos quais se perguntou se achavam que os índices de criminalidade tinham mudado nos últimos oito anos. Se o interrogado não tivesse tido um filho nesse período, a resposta mais comum a essa pergunta era que o índice de criminalidade tinha diminuído (e de fato diminuiu). Mas se ele tivesse tido um filho durante esse período, a resposta mais comum era que a criminalidade havia aumentado no período (mas não tinha).

Esses novos pais não tinham consciência de como o fato de ter um filho havia mudado o seu nível de atenção em relação a questões de segurança, como isso tinha reconfigurado suas próprias experiências recentes e, com isso, seu corpo de memórias, no que concerne à probabilidade de haver perigos no mundo lá fora. Desse modo, o passado se torna um país estrangeiro, como escreveu o autor L. P. Hartley, passível de ser romantizado. Como ressaltam Eibach e seus colegas, quase toda geração acredita que a arte e a música, a ética do trabalho e o que mais você imaginar não são tão bons atualmente quanto já foram no passado, que o ambiente moral se deteriorou, que as crianças são hoje mais mimadas do que eram há vinte anos, que o índice de criminalidade aumentou etc. E o engraçado é que historiadores notaram que a crença de que a sociedade está mudando para pior é uma constante que retrocede a *mil anos atrás*. Os antigos gregos e os astecas também pensavam assim. Eibach e seus colegas citam o eminente jurista Robert Bork, em sua lendária observação:

Ouvir cada geração falar da geração que a antecede é aprender que nossa cultura não só está se deteriorando rapidamente, como sempre esteve [...]. Sem dúvida os anciãos das tribos pré-históricas pensavam que as pinturas nas cavernas das gerações mais jovens não estavam à altura dos padrões que eles tinham estabelecido. Considerando essa sequência contínua de degeneração durante tantos milênios, nossa cultura atual não deveria ser meros escombros, e sim pó. É óbvio que ela não é: até pouco tempo nossos artistas se saíam muito melhor do que os pintores da era das cavernas.

Assim, se o caso não é, objetivamente, que o mundo está em constante mudança para pior de todas essas maneiras, o que explica a persistente e prevalente crença de que está? Eibach e seus colaboradores na pesquisa suspeitam de que seja porque cada um de nós experimenta muitas mudanças à medida que cresce e amadurece. Em vez de ficar brincando o dia inteiro, temos de ir à escola; depois, em vez de sermos cuidados por nossos pais, temos de assumir tarefas em casa; depois, já na adolescência, temos de trabalhar meio período para ter nosso próprio dinheiro. Depois vêm um emprego de verdade, contas a pagar, um percurso estressante para chegar ao trabalho e, por fim, nossos próprios filhos, dos quais, acima de tudo, temos de cuidar. Ficamos expostos a mesquinharia e egoísmo, ódio e traição, males dos quais estávamos em grande parte protegidos durante a infância. Depois, é claro, nossa força e vitalidade juvenis começam a declinar com a idade. É preciso dizer mais?

Embora talvez não estejamos conscientes de como essas transformações internas enganam nossa mente, fazendo-nos ver transformações externas, certamente temos ciência, a cada momento, de nosso estado emocional. Sem dúvida, sabemos quando estamos contentes ou tristes, com raiva ou magoados, serenos ou ansiosos. As emoções se apoderam de nossa atenção e de nossa consciência e não as largam. Elizabeth Phelps, psicóloga da Universidade de Nova York especializada em emoção e memória, chama a atenção para o fato de que a maioria de nossas memórias de longo prazo, as coisas que nos vêm à mente quando relembramos nossa vida, envolvem a vivência de uma emoção forte.[25] Esses passados que já foram recentes e se tornam distantes, porém lembrados, permanecem em nossas mentes porque na época absorveram muita de nossa atenção. Foram de algum modo importantes o bastante para provocar uma emoção forte.

Quando estamos sob o domínio de uma emoção forte, como a raiva, temos certeza de estarmos com a razão e que estamos enxergando o mundo e as outras pessoas como de fato são. Isso nos incita a agir com base nessa crença, sem reconhecer de forma alguma que estamos num estado emocional temporário. Nenhum exemplo disso é mais claro do que o comportamento público, transmitido em cadeia nacional pela televisão, de Steve Coburn, proprietário do cavalo California Chrome, vencedor do Kentucky Derby de 2014. Após seu cavalo ter vencido em seguida o Preakness Stakes, Coburn e sua mulher estavam no camarote dos proprietários no Belmont Park de Nova York, três semanas depois, para torcer pela vitória de seu cavalo e pela ambicionada Tríplice Coroa do turfe. Mas outro cavalo ultrapassou Chrome na largada e frustrou as esperanças de Coburn. Era compreensível que ele ficasse aborrecido, até perturbado por ter perdido depois de chegar tão perto. Mas também estava com raiva, porque o cavalo que venceu a corrida não tinha competido nas outras corridas da Tríplice Coroa e, portanto, estava mais descansado. Coburn não achou que isso fosse justo e, quando entrevistado na TV após a corrida, iniciou um discurso raivoso sobre como o outro cavalo (e seu proprietário) não mereciam vencer porque tinham se esquivado das outras duas corridas.[26] Já no fim de sua invectiva, sua mulher lhe pediu para parar, mas ele a desconsiderou, dizendo enfaticamente: "Não, isso precisa ser dito!". No calor do momento ele sem dúvida pensava assim, mas um ou dois dias depois, em outras entrevistas, declarou-se arrependido pelo que havia dito e o atribuiu ao calor das emoções naquele momento. O estado emocional de Coburn, primeiro com raiva e depois mais calmo, determinara o que ele acreditava ser a verdade — quando essas emoções mudaram, a verdade também o fez.

As emoções têm um efeito de transferência sobre nós mais poderoso do que as memórias prolongadas que produzem. Elas põem em ação diversas motivações básicas, como a agressividade, a disposição para correr riscos e a vontade de provocar uma mudança nas condições atuais — como veremos no capítulo 8: "Tenha cuidado com aquilo que você deseja". Esses estados emocionais inconscientes podem exercer uma influência profunda, catalítica e até metamórfica naquilo de que gostamos, na maneira como pensamos e no que fazemos. Podem mudar nossa vida e, às vezes, até acabar com ela.

EMOÇÕES ACUMULADAS

Em junho de 2004, um funcionário dos correios na abastada comunidade de Cheshire, em Connecticut, nos Estados Unidos, notou que a correspondência em uma das casas de sua rota de carteiro estava acumulada num nível preocupante. Já fazia duas semanas desde que a proprietária, uma mulher de 66 anos chamada Beverly Mitchell, tinha recolhido o correio pela última vez, e por isso o carteiro chamou a polícia.

Depois que ficou evidente que ninguém dentro da casa abriria a porta para eles, os policiais buscaram outra forma de entrar. Verificou-se que isso não seria tão simples. Mitchell, como muitos vizinhos sabiam, era uma acumuladora de coisas. A casa estava tão atravancada e bagunçada que a polícia não conseguiu usar as entradas normais, como a porta da frente. Mitchell tinha amontoado jornais e outros objetos durante anos, literalmente transformando sua casa num depósito, no qual não havia passagens transitáveis. A polícia usou uma retroescavadeira para fazer um buraco numa parede lateral e teve de remover escombros antes de entrar. Constatou-se que o piso superior havia desmoronado, o que exigiu a ajuda do Departamento de Gestão de Emergências, bem como de outras agências locais e nacionais. Três dias depois da primeira tentativa para entrar, as autoridades encontraram o corpo de Mitchell no porão, onde estava morando. Ela havia sido esmagada e asfixiada sob os escombros do que passara anos acumulando.

Eu vivo numa pequena cidade próxima a Cheshire e li a notícia da morte horrível e solitária de Mitchell no jornal de New Haven assim que foi publicada. Foi como um episódio do reality show *Acumuladores* ao qual eu tinha assistido. Como é do conhecimento de muita gente, essa índole de acumular coisas é um problema significativo nos Estados Unidos.[27] Algo entre 5 milhões e 14 milhões de pessoas no país fazem isso, segundo a *Scientific American*.[28] Como mostrado no reality show, em muitos casos casas inteiras estavam cheias de camadas de objetos adquiridos, muitos dos quais nunca haviam sido usados ou mesmo retirados das embalagens. Em quase todos os casos das dezenas documentadas no programa, a acumulação tinha começado depois de um evento traumático na vida da pessoa, como um divórcio ou a perda de um filho, irmão ou parente; eram muito poucos os casos que não haviam sido desencadeados por um evento importante e muito emocional na vida daquelas pessoas. Num episódio, por exemplo, o hábito de acumular objetos, por parte de duas irmãs gêmeas, começou quando seu amado irmão, um soldado, foi morto em ação. A aquisição compulsiva e a acumulação se tornaram tão exageradas que as gêmeas tiveram de se mudar da casa da família, onde tinham crescido, pelo imóvel ter sido condenado como prejudicial à saúde pelo departamento de saúde pública da cidade. E agora eu via esse mesmo padrão psicológico se manifestar perto de mim: na cobertura jornalística que se seguiu, os parentes de Beverly Mitchell e seus vizinhos contaram como ela tinha morado nessa casa com sua mãe durante toda a vida, e que a acumulação havia começado pouco após o falecimento da mãe.

A economia comportamental, que estuda as escolhas financeiras e de consumo humanas, tem demonstrado como estados emocionais acionam estados motivacionais básicos, como agressão ou recuo, e esses estados, por sua vez, mudam a maneira como valorizamos objetos quando tomamos decisões de comprar ou vender. Para a maioria de nós, isso se aplica principalmente ao momento em que vamos fazer compras. Jennifer Lerner e seus colegas foram os primeiros a mostrar como emoções vivenciadas numa situação, por exemplo quando assistimos a uma cena triste ou repugnante num filme, são transportadas e afetam decisões de compra numa segunda situação, sem que tenhamos consciência de que aquela emoção ainda está nos afetando.[29] Para ser mais específico, o persistente estado emocional no inconsciente muda o preço que se está disposto a pagar na compra de algo.

Lerner empregou nada menos do que as contribuições do prêmio Nobel Kahneman para a economia comportamental, chamadas de "efeito de dotação".[30] Esse fenômeno é uma das mais robustas e importantes tendências da natureza humana em economia comportamental. Em termos simples, damos mais valor a um objeto se o possuirmos do que daríamos se não o possuíssemos. O fato de o possuirmos "dota" o objeto de um valor adicional. Imagine que alguém entre em meu escritório e note a presença de minhas muitas canecas de café (eu tenho uma boa coleção delas). Se eu pedir a essa pessoa que avalie quanto vale uma delas, digamos, minha caneca da Starbucks de Cleveland, ela talvez responda algo como "cinco dólares". Mas agora entra outra pessoa na sala, eu lhe dou de presente aquela caneca da Starbucks e pergunto quanto vale. Sua tendência será de atribuir uma quantia mais elevada, digamos, "Sete dólares e cinquenta centavos". É a mesma boa e velha caneca nos dois casos, mas todos nós tendemos a dotar objetos de um valor maior se ele for nosso. Isso faz muito sentido nas práticas negociais. Ajuda-nos a comprar barato e vender caro.

O que Lerner e seus colegas demonstraram com seus experimentos foi que esse efeito básico de dotação mudava, e até se revertia, se a pessoa tivesse passado recentemente por algum tipo de experiência emocional. As emoções nas quais Lerner se concentrou foram a aversão e a tristeza. A aversão é uma emoção muito poderosa e prática do ponto de vista evolucionário, porque nos insta a ficar longe de tudo que possa conter germes nocivos. Quando a sentimos, queremos nos livrar do quer que estejamos segurando, cheirando ou provando naquele momento. Basicamente, queremos nos afastar, ficar longe, e rápido.

Traduzida em comportamento econômico, portanto, a aversão compele alguém a querer vender o que já tem a um preço mais baixo que o usual, porque sua motivação subjacente é se livrar do que se tem; isso causaria ainda uma diminuição do desejo de comprar ou adquirir qualquer coisa nova, o que leva também a uma redução do preço de compra. A emoção da aversão seria capaz, portanto, de mudar o então universal efeito de dotação ao baixar tanto o preço de compra quanto o de venda. Em outras palavras, ele faz de você um péssimo negociante.

Em seu estudo sobre a aversão, Lerner e seus associados não perderam tempo. Os participantes primeiro tiveram de assistir a uma cena infame de quatro minutos do filme *Trainspotting: Sem limites*, na qual um homem se utiliza de uma privada de uma imundície inimaginável. Para tornar essa experiência emocional ainda mais poderosa (como se fosse necessário), eles pediam aos participantes que escrevessem sobre como se sentiriam se estivessem na mesma situação. Depois alguns deles ganhavam de presente uma caneta marca-texto. (Na minha opinião, mereciam ganhar um carro novo.) Mas o foco do estudo era ver como os participantes valorizavam essa caneta. Sem terem consciência dos efeitos do clipe cinematográfico em suas avaliações, eles atribuíam um valor mais baixo para a venda de seu presente, em comparação com os participantes mais sortudos no grupo de controle, que não tinham assistido ao clipe. Aqueles que não tinham ganhado canetas e que tinham assistido ao clipe ofereceram menos dinheiro para comprá-las do que os do grupo de controle. A aversão igualava por baixo a compra e a venda.

O efeito se torna ainda mais interessante quando se trata de tristeza. A tristeza é uma emoção que desencadeia a motivação básica de *mudar o estado* em que está a pessoa. Faz sentido a ideia de que quando estamos tristes queremos sair desse estado de tristeza e, com isso, ficamos mais dispostos a agir e a fazer alguma coisa — na verdade, quase qualquer coisa — a respeito. Só o que queremos é sentir outra coisa! No experimento de Lerner, apresentou-se um clipe tirado do filme *O campeão* — a cena na qual o mentor do menino morre — e pediu-se a eles que escrevessem algo que demonstrasse empatia com aquilo. (Nossa, que experiência maravilhosa deve ter sido esse estudo para os participantes: passar quatro minutos olhando para uma privada nojenta ou ver John Voight morrer. E isso por apenas uma caneta marca-texto?)

Esperava-se que a emoção da tristeza desencadeasse a motivação para mudar o estado emocional. Como isso afetaria os participantes? O efeito de transferência da emoção produziu efetivamente uma *inversão* do efeito de dotação padrão. Atendendo à inconsciente motivação para uma mudança de estado emocional, os participantes não só não pediram muito dinheiro para se verem livres da caneta marca-texto (baixando o preço de venda), como também estavam dispostos a *pagar mais* que o usual para adquiri-la, caso ainda não tivessem uma (elevando o preço de compra). Comprar caro e vender barato. Você não mantém um negócio por muito tempo fazendo isso. E com certeza não é um modelo de negócios que se pratica intencional ou deliberadamente. Esse comportamento é um efeito inconsciente e não intencional do estado emocional.

A mensagem clara obtida aqui é que você não deve ir às compras se estiver triste. Você estará disposto a pagar mais para comprar as mesmas coisas do que pagaria quando não está triste. Mas é mais fácil falar do que fazer, porque muitas vezes as pessoas usam o ato de comprar como meio de ajudá-las a se sentirem melhor. É divertido, como dar um presente a si mesmo, e muitos de nós fazemos isso para nos animarmos. Mas deveríamos ter consciência da motivação subjacente para uma mudança de estado, desencadeada pela tristeza, que está nos levando a esse comportamento impulsivo de comprar. Existem evidências de que compradores compulsivos tendem a estar deprimidos, e que o ato de comprar os ajuda a se sentirem mais felizes (ou no mínimo menos tristes). Que a tristeza está na raiz da maioria das compras compulsivas é demonstrado pelo fato de que medicamentos antidepressivos são eficazes na redução desse tipo de compras.[31] Comprar coisas novas pode ajudar a nos sentirmos melhor durante um tempo, mas no fim pode nos fazer sentir pior ainda, quando as contas chegam e temos de nos esforçar para pagá-las. E lembre-se de que a tristeza também nos deixa dispostos a pagar mais caro por aquilo que compramos.

Um ou dois anos depois da publicação do estudo de Lerner sobre a tristeza, notei uma mudança no tipo de música que saía dos alto-falantes no supermercado que costumo frequentar. Bem, nunca tinha sido o tipo de música que eu optaria por ouvir quando estou sozinho (nunca ouvi nada do Led Zeppelin sendo tocado, por exemplo), mas em geral era música alegre e animada. E então veio uma mudança brusca. De repente a música ambiente consistia apenas em baladas chorosas, tristes, melodias em tom menor, e muita coisa de James Taylor. E nada tinha mudado desde então, exceto essas novas canções mais para baixo, como a de Tim McGraw "Live Like You Were Dying" [Viva como se estivesse morrendo]. Mas o ponto mais baixo foi atingido recentemente, quando minha mulher me encontrou parado na seção do hortifrúti, olhando para o teto. Então ela ouviu também. A loja estava tocando "If I Die Youg" [Se eu morrer jovem], de The Band Perry — os acordes melancólicos já eram por si mesmos deprimentes, mas a letra vinha junto, nítida e clara para todos os que estavam lá comprando, e era mórbida e taciturna, para dizer o mínimo.

Notei que esse mesmo tipo de música triste estava sendo tocada no Walmart, e acabou se revelando que eu não fui o único a reparar. Em 2015, o *The Washington Post* relatou que numa reunião anual de acionistas, na qual foram propostos vários planos para melhorar os negócios, "a proposta que pareceu arrancar mais aclamações da multidão foi descartar um CD que aparentemente estivera tocando nas lojas sem parar durante meses, e começava a deixar os funcionário enlouquecidos".[32] Que disco era esse que estivera tocando nas lojas *ad nauseam*? O que os funcionários não aguentavam mais ouvir? Um álbum de canções da notoriamente chorosa Celine Dion.

Confesso que ir a uma loja e perceber que estão tocando músicas implacavelmente tristes me deixa com um pouco de raiva, por dois motivos. Primeiro, pelo fato de a loja estar interferindo no humor dos clientes só para arrancar deles mais dinheiro (quem está agindo com *frieza*?). Segundo, pense nos pobres empregados da loja (em particular os adolescentes), que, ao contrário dos clientes — que podem dar o fora dali ou evitar essa loja no futuro —, têm de ouvir aquela música triste durante horas, todos os dias. Suas condições de trabalho podem muito bem ter um efeito constante, de longo prazo, em seu humor e em seu comportamento. Isso me leva de volta ao caso trágico daquela mulher de Cheshire, que morreu sob o peso esmagador de suas próprias compras.

Perder um ente querido é um acontecimento muito, muito triste e que continua a afetar sutilmente os amigos e a família do falecido durante vários meses, ou até anos depois do ocorrido. Deve ser ainda pior quando se continua a morar na mesma casa em que viviam juntos. Todos os dias se está cercado de lembranças dele, o que leva à recorrente tomada de consciência de que seu ente querido não está mais com você. Essa tristeza tão intensa pode levá-lo a fazer compras, repetidas vezes, a fim de mudar continuamente seu estado emocional. Essas experiências de vida recentes podem não só se prolongar, como podem também ficar por ali durante muito tempo, como um albatroz, se essas experiências recentes forem repetidamente reevocadas. Assim, elas podem continuar afetando o comportamento de uma pessoa por um período muito mais longo. A mais traumática e emocional dessas experiências pode, portanto, ocasionar mudanças dramáticas no indivíduo e no transcorrer de sua vida. Para remediar isso, a melhor solução não é alterar temporariamente o estado emocional (como ao fazer compras), mas mudar de modo mais permanente o ambiente que continua a evocar a perda, com todas as consequências inconscientes para a pessoa que foi deixada.

Descanse em paz, Beverly Mitchell.

A vida se prolonga porque o cérebro se prolonga. Toda atividade cerebral, emocional ou não, requer que haja transmissões químicas através das sinapses neurais, e mudanças químicas não se ligam e desligam instantaneamente como se fossem um interruptor elétrico. Elas levam certo tempo para serem interrompidas e voltarem ao estado original. Até que isso aconteça, seu cérebro continua a faiscar e fervilhar com fragmentos do passado que já não estão mais à sua frente. Considere o "olho de sua mente", por exemplo.

Em 1960, George Sperling realizou um estudo que se tornou um marco ao demonstrar a existência do que é chamado de *buffer visual*.[33] Podemos imaginá-lo como uma espécie de unidade de armazenamento temporário na mente, na qual a informação se mantém após ter desaparecido no mundo exterior. Alguns estímulos visuais foram apresentados aos participantes nesse experimento, mas eles não sabiam de quais deles precisariam se lembrar em seguida. Portanto, não podiam, conscientemente, se concentrar em qualquer desses estímulos e não ficaram ensaiando ou mantendo intencionalmente a informação em sua mente. Além disso, havia itens demais para memorizar. Se você fosse um participante nesses estudos de tanto tampo atrás, teria visto algo como isto:

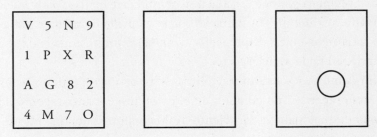

Primeiro, a tela da esquerda era mostrada durante alguns segundos, depois uma tela em branco para criar um intervalo até que aparecesse a terceira tela. Nessa última tela havia um círculo na posição de um dos símbolos da primeira tela, e sua tarefa seria dizer o que havia nessa posição — no caso, o "8". Você não sabia previamente onde esse círculo ia estar. Ao variar o tempo em que a tela do intervalo permanecia, Sperling podia avaliar durante quanto tempo a primeira tela persistia no olho da mente do participante. Quanto mais breve o intervalo, maior a probabilidade de dar a resposta correta, porque a primeira tela ainda estaria diante de seus olhos — ou assim lhe pareceria. Os participantes no experimento de Sperling eram capazes de responder corretamente porque ainda conseguiam "enxergar" a resposta correta bem diante de si, mesmo que na realidade não estivesse mais lá, a não ser em suas próprias mentes.

Outro dos vieses básicos de avaliação que Kahneman descobriu é uma forma do efeito de pré-ativação chamada *ancoragem*, na qual o uso de certo âmbito de números num contexto se transporta para influenciar o âmbito de números que se usa num contexto subsequente.[34] Assim, se lhe mostram primeiro uma série de fotografias de crianças em idade pré-escolar e lhe pedem que estime a idade de cada uma, você usaria números num âmbito, digamos, de dois a cinco. Mas se em vez disso lhe mostrarem primeiro uma série de fotos de alunos do ensino médio e lhe pedirem que estime a idade de cada um, você usaria números num âmbito de catorze a dezoito. Digamos então que lhe façam depois uma série de perguntas como "Quantos presidentes dos Estados Unidos morreram durante o mandato?" ou "Quantos campeonatos mundiais o time de beisebol do Boston Red Sox conquistou?". A resposta correta em ambos os casos é oito, mas se você havia se concentrado primeiro no âmbito de idades pré-escolares, sua tendência seria fazer uma estimativa menor do que faria ao ter se detido primeiro no âmbito de idades do ensino médio. (Esse efeito não se aplica se você já sabia a resposta correta e não estivesse apenas adivinhando.) O âmbito dos números usado na primeira tarefa é pré-ativado, ficando mais ativo e mais disponível, e com maior probabilidade de ser usado na segunda tarefa de avaliação.

Assim como todos os outros efeitos de transporte do pensamento e da experiência recente que comentamos, os efeitos da ancoragem atuam de forma não intencional e inconsciente. Kahneman ressalta que isso se aplica até a situações bem ponderáveis da vida real que envolvem números, como em negociações sobre preços de serviços ou suprimentos, determinação de prejuízos monetários a serem ressarcidos em ações judiciais e estimativas de ganhos futuros ou vendas. Mesmo números absurdos podem "colar" e ter sua influência transportada para outros contextos, como em um estudo no qual os participantes leram, primeiro, que Mahatma Gandhi tinha vivido até ter 1 milhão de anos. Como diz Kahneman, você "não tem controle sobre o efeito, nem conhecimento dele. Os participantes que têm sido expostos a âncoras aleatórias ou absurdas [...] negam com convicção que essa informação obviamente inútil poderia ter influenciado sua estimativa, e eles estão errados".[35]

Considerando esse efeito poderoso de âncoras numéricas em nosso comportamento, não consigo deixar de me perguntar se, todas as condições são mantidas, as pessoas não tendem a dirigir na autoestrada Interestadual 95 com mais velocidade do que na Interestadual 40 (alguém deveria fazer um estudo sobre isso). Eu menciono isso para me dar ensejo de contar a história de três senhoras idosas que foram paradas pela polícia rodoviária por estarem dirigindo devagar demais numa autoestrada estadual, provocando um engarrafamento de vários quilômetros atrás delas. "Mas seu guarda", replica a motorista, "a placa com o limite de velocidade diz que é vinte." O policial dá uma risadinha. "Não, madame, esta é a *Rodovia* 20, o limite de velocidade é de 55 [milhas por hora, ou seja, noventa quilômetros por hora]. Ele então olha para o banco traseiro e vê as duas passageiras pálidas, de olhos arregalados, respirando ofegantes e suando profusamente. "O que há de errado com suas amigas aí atrás, madame?", ele pergunta à motorista. "Ah, elas estão bem, seu guarda", diz ela. "Nós acabamos de sair da Rodovia 143."

Assim, a vida se prolonga em nossa mente bem depois de termos mudado para outra atividade e não pensamos que nosso passado recente ainda esteja nos influenciando. Isso se aplica às excitações e emoções que experimentamos, como raiva e tristeza, e a quão atraídos nos sentimos uns pelos outros. Humores também se transferem, e podem causar distorção mesmo em decisões financeiras importantes. Os efeitos de nossas reuniões sociais e de nos sentirmos incluídos ou excluídos pelos outros se estendem mais além, fazendo com que optemos por um prato de sopa quente em vez do sanduíche de presunto habitual. Nossa experiência recente pode nos fazer acreditar que o aquecimento global é um problema real, ou que não o é de maneira alguma, e se nossa experiência recente for intensa o bastante, pode até nos fazer acreditar que os pedestres com os quais cruzamos são na verdade zumbis. (Felizmente, isso não é muito comum.)

Tudo que apresentei neste capítulo estava relacionado com o modo como nosso passado recente pode interferir na clareza com que percebemos a realidade do presente. Ele pode nos fazer ficar mais atraídos por outra pessoa do que ficaríamos se não fosse isso, e com mais raiva dos outros, como em experiências de reações raivosas na estrada. Pode alterar nossas decisões financeiras e mudar nossa opinião sobre questões mundiais importantes. O mundo muda mais rápido que nossas mentes, e a vida se prolonga em nossa experiência subjetiva mais do que se prolonga na realidade, o que nos deixa vulneráveis a tomar decisões ruins. Temos convicção de que aquilo que estamos pensando e sentindo é suscitado pelo que está acontecendo bem agora à nossa frente, e dificilmente questionamos essa suposição. Mas com muita frequência algo mais do que aquilo que está bem aqui e agora está atuando sobre nós. É o passado — o passado ancestral de nossa espécie, o passado exclusivo e não lembrado de nossa infância e nosso passado muito recente, que está saindo agora do espelho retrovisor de nosso dia. Todos esses diversos ontens importam, porque ainda estão afetando o momento mais importante na vida de cada pessoa — o único momento que Einstein acreditava que realmente existia — o presente.

Parte 2

O presente oculto

Lembre-se de que a vida do homem está toda ela dentro deste presente, como se o tempo tivesse a espessura de um fio de cabelo; quanto ao resto, o passado se foi, o futuro ainda não é visto.
Marco Aurélio, *Meditações*

5. Ficar ou ir embora?

No alvorecer do século XX, mais ou menos na época em que Sigmund Freud publicava a obra que foi um divisor de águas, *A interpretação dos sonhos*, o neurologista suíço Édouard Claparède decidiu pregar uma peça em um de seus pacientes — tudo em nome da ciência, é claro.

O paciente era uma mulher de 47 anos com uma deficiência cerebral causada pela síndrome de Korsakoff, uma forma de amnésia. Ela não era capaz de reter quaisquer lembranças novas que remontassem a mais de quinze minutos, embora suas aptidões intelectuais permanecessem inalteradas. Sua consciência do passado recente se apagava total e repetidamente, num infindável ciclo de esquecimento. Todas as manhãs ela chegava ao escritório do dr. Claparède, na Universidade de Genebra, sem lembrança de ter estado lá antes, certa de que estava encontrando aquele médico barbado e de óculos pela primeira vez. Claparède sempre a cumprimentava com um caloroso aperto de mão, e ela sempre respondia educadamente que era um prazer conhecê-lo. Acontece que o jovem médico era um crítico da versão freudiana, tão demonizada, de uma mente separada e inconsciente, e ele suspeitava que talvez a amnésia de sua paciente não fosse tão completa quanto parecia ser. E se algumas lembranças de curto prazo persistissem em algum recôndito oculto de sua mente, no lugar daquelas que tinham se apagado de sua consciência?

Um dia, quando ela chegou a seu escritório, como de costume, Claparède estendeu a mão para apertar a de sua paciente — mas ele trazia uma tachinha presa na palma da mão. Ao apertar a mão dele, ela sentiu uma dor aguda quando a tachinha espetou sua pele. Quinze minutos depois, a lembrança desse incidente desagradável havia desaparecido de sua consciência, e ele tornou a estender a mão para um novo cumprimento. Esse era o momento no qual Claparède esperava colher novos insights sobre como — ou *se* — a memória inconsciente funcionava quando sua contrapartida consciente falhava. E, de fato, a paciente se aproximou dele, mas logo antes de apertarem as mãos, ela retirou a sua abruptamente.

Fingindo estar intrigado, Claparède lhe perguntou porque ela não queria apertar sua mão.[1] "Uma pessoa não tem o direito de recusar a mão?", respondeu ela evasivamente, ficando agitada. Ela buscava justificativas vagas, sendo incapaz de explicar sua intuição. O conhecimento do que poderia acontecer caso apertasse a mão de seu bom médico havia guiado apropriadamente seu comportamento no sentido de evitar uma possível repetição daquela dolorosa espetadela, e essa reação atuou sem o envolvimento de qualquer intenção consciente de sua parte. Em outras palavras, a memória dela estava tendo um efeito implícito em seu comportamento, na ausência de sua memória explícita e na falta de toda noção consciente do doloroso aperto de mão anterior. Sua memória estava trabalhando inconscientemente para ajudá-la a se manter segura no presente, como se tivesse evoluído para fazer isso.

A história desse experimento um tanto sádico, embora esclarecedor, do dr. Claparède foi um pequeno passo, inicial e crucial, para a psicologia moderna compreender os efeitos do inconsciente, e pesquisas contemporâneas com amnésicos têm confirmado aquilo que Claparède foi o primeiro a perceber. Num estudo de 1985 com pacientes com síndrome de Korsakoff, Marcia Johnson e seus colegas descobriram que os pacientes demonstravam os mesmos padrões quanto a gostar ou não de pessoas e de objetos que participantes normais, mesmo que tivessem pouca ou nenhuma lembrança dessas pessoas e desses objetos.[2] Por exemplo, mostrava-se a todos os participantes fotografias de um "bom sujeito" (como ele era descrito numa informação biográfica ficcional) e de um "sujeito mau". Vinte dias depois, os pacientes com Korsakoff praticamente não tinham lembrança alguma dessa informação biográfica; mesmo assim, 78% deles gostaram mais do "bom sujeito" nas fotos do que do "sujeito mau". Na falta de quaisquer memórias conscientes dos motivos para isso, os amnésicos ainda tinham sentimentos positivos ou negativos apropriados, gerados inconscientemente, sobre pessoas e objetos que tinham conhecido num momento anterior.

A pegadinha de Claparède revelou uma função inconsciente vital e primitiva de nossas mentes. No decorrer da vida no presente, quando somos continuamente fustigados por obstáculos e tarefas que temos de enfrentar e com as quais temos de lidar, todas as quais ocupam nossa mente consciente, esse mecanismo de avaliação do que é "bom" e do que é "mau" está em constante operação nos bastidores. Enquanto nossa atenção consciente está frequentemente em outro lugar, nosso processo inconsciente de monitoramento nos ajuda a decidir o que abraçar e o que rejeitar, quando ficar e quando ir embora.

Bom. Mau.

Sim. Não.

Ficar. Ir embora.

Esse é o código binário da vida definitivo, fundamental. Ele incorpora a situação primordial da existência — para todos os animais, não só os seres humanos. Todas as formas de vida animal, mesmo as mais primitivas, compartilham esse enigma básico de "ficar ou ir embora". Bom ou mau, ficar ou ir embora constituem a reação animal original ao mundo. Éons de tempo evolucionário tornaram "ficar ou ir embora" a mais rápida e mais básica reação psicológica do cérebro humano ao que está se passando fora dele. A reação inicial configura tudo que vem depois dela: bom ou mau, ficar ou ir embora, gostar ou não, aproximar-se ou evitar. Seguimos por um caminho, e não por outro. Revelar como exatamente isso funciona, o que nos faz virar de imediato para uma direção e não para outra, lança uma nova luz ao porquê de fazermos o que estamos fazendo. Às vezes, existe uma simplicidade no coração de complexidade.

Nos idos de 1940, o psicólogo da Universidade de Illinois Charles E. Osgood realizou uma pesquisa que representou um marco sobre, literalmente, o sentido da vida. Quais são os ingredientes básicos que utilizamos para dar às nossas palavras e ideias um significado — ingredientes como quão boa ou má é alguma coisa, quão grande ou pequena, forte ou fraca? Para obter os dados para essa investigação, Osgood fez com que milhares de pessoas atribuíssem avaliações a diferentes conceitos passíveis de serem "objeto de atitude", quase qualquer coisa em relação à qual você possa ter uma opinião, como *guerra*, *cidades* ou *flores*. Era preciso atribuir uma classificação a cada uma delas, digamos, a *guerra*: quão doce ou amarga ela é, justa ou injusta, brilhante ou sombria. Não se preocupe se essas escalas parecerem estranhas para classificar o objeto; você teria apenas de escolher aquela que sentisse ser a mais adequada. Eu diria que a *guerra*, por exemplo, está no lado amargo, injusto e sombrio dessas escalas. Depois, ele usou uma sofisticada técnica de dados chamada análise de fator para destilar todas essas classificações num conjunto muito pequeno de fatores básicos, os "ingredientes" que subjazem no modo como nos sentimos quanto à maioria das coisas, e que constitui a base da maioria das nossas atitudes.[3] E, ao fazer isso, Osgood descobriu que na realidade tudo era bem simples: utilizamos apenas três fatores para organizar e ordenar todas essas coisas em nossas mentes, e com apenas essas três dimensões ele conseguiu explicar quase toda a variabilidade dessas classificações. Tudo se reduzia a A-P-A, avaliação, potência, atividade. Em outras palavras: bom ou mau, forte ou fraco, ativo ou passivo. Árvores, diriam a maioria das pessoas, são boas, fortes e passivas (só ficam lá paradas). Trens, por outro lado, são (para a maioria das pessoas, pelo menos) bons, fortes e ativos.

Desses três componentes de significado, Osgood descobriu que, isoladamente, o fator mais importante era o primeiro, *avaliação*. A maior parte do significado que palavras e conceitos têm para nós se reduz a variações entre o bom e o mau, em suas diferentes gradações. A segunda mais importante era a *potência*, ou seja, o forte em contraposição ao fraco; e a terceira era a *atividade*, ou o ativo em oposição ao passivo. Pense nisso do ponto de vista de nosso (muito) velho amigo Ötzti: ao se encontrar com uma pessoa até então desconhecida, o mais importante seria saber se era má (um inimigo); a segunda coisa mais importante era saber o quanto era poderosa (oh-oh), e por fim, quão ativa — ou seja, rápida, saudável, capaz de mover-se com eficiência — era (ufa, seu cavalo está atolado na lama).

Mas antes de mais nada, precisamos saber se "aquilo" lá fora é bom ou mau, se está a nosso favor ou contra nós — e precisamos saber imediatamente. Osgood publicou sua importante obra sobre essa pesquisa em 1949.[4] Dez anos depois, o diretor do Museu Americano de História Natural na cidade de Nova York, T. C. Schneirla, publicou um influente trabalho comparando todos os animais, desde o mais simples paramécio unicelular até os seres humanos.[5] Sua mensagem era que todos os animais, do mais simples ao mais complexo, tinham reações básicas de *aproximação* e de *recuo* respectivamente a coisas boas e coisas ruins. Ponha uma fonte alimentar (um pouco de açúcar) diante dele e o paramécio irá em sua direção. Ponha perto dele um pequeno fio elétrico que dá um choque minúsculo e ele se afastará. E, da mesma forma, em toda a extensão do reino animal, até nas crianças humanas, Schneirla demonstrou que todos os animais apresentam essa duas opções básicas de reação.

Se bom-mau, aproximação-recuo é a mais básica reação animal ao mundo, é fácil compreender porque a pesquisa de Osgood revelou que a avaliação, se é bom ou se é mau, é o significado primário de todos os nossos conceitos a respeito do mundo. Cada um de nós tem hoje dentro de si remanescentes de toda a história evolucionária de nossa espécie. O que lá no passado eram as primeiras, originais reações de organismos unicelulares às criaturas do mundo, hoje são, em cada momento atual, nossas próprias primeiras reações às nossas experiências. O que vinha em primeiro lugar no passado a muito, muito longo prazo é que vem em primeiro lugar agora, no presente de curto prazo. A despeito de todos os espantosos mecanismos e sistemas que desenvolvemos posteriormente a partir daquele organismo unicelular original, a questão primordial ainda é a mesma no cerne de nosso comportamento.

Devo ficar ou devo ir embora?

Enquanto estamos constantemente envolvidos em nossas complexas atividades modernas, como sair com amigos, estar em dia com as notícias, cumprir nossas tarefas no emprego, continuamos a depender, ainda assim, dessa alternativa de comportamento primitiva e elementar. Temos de decidir se "dizemos sim" e ficamos próximos de cada estímulo (pessoa, objeto, situação) com que nos deparamos, avaliando-o como vantajoso, ou ao menos não inseguro, ou se "dizemos não" e nos afastamos dele.

Fazemos esses cálculos de modo tanto consciente quanto inconsciente, repetidas vezes, mas com frequência o lado inconsciente, como o simbólico ventre do jacaré em meu sonho, vem em primeiro lugar. Esse foi o caso da paciente de Claparède, porque ela não dispunha de uma memória consciente para ajudá-la na tomada de decisão, embora isso seja verdadeiro para não amnésicos também. Em muitos casos, é a mente consciente que assume depois o papel de explicar, tentando dar sentido a um juízo anterior, algo que já "sabíamos" tão solidamente que nossa avaliação parecia ser um fato indiscutível. Já contei a história de quando eu estava na pós-graduação e meu orientador Robert Zajonc me chamou até seu gabinete e me mostrou cartões-postais de museu com reproduções de arte abstrata, para me perguntar de quais eu gostava e de quais não gostava. Eu fui capaz de apontar, com rapidez e confiança, para aquela de que gostava (preferi uma de Kandinsky — ele é um bom pintor de caverna!) porém depois, quando Bob me perguntou por quê, hesitei e balbuciei algo sobre cores e formas, e Bob só riu de meu desconforto — e de minha evidente incapacidade de apresentar motivos realmente bons e verdadeiros.

Como diz o velho clichê: "Não sei muito sobre arte, mas sei do que gosto".

Naquela época, final da década de 1970, Bob estava fazendo um trabalho importante sobre o *efeito de mera exposição*, que é, basicamente, nossa tendência a gostar mais de coisas novas quanto mais nos deparamos com elas.[6] Em seus estudos, ele demonstrou repetidas vezes que gostamos mais delas só porque nos são mostradas mais vezes, mesmo se não nos lembramos conscientemente de tê-las visto. Por exemplo, os amnésicos com síndrome de Korsakoff no estudo de Marcia Johnson demonstraram essa preferência ulterior por coisas novas que lhe tinham sido mostradas com mais frequência do que outras, apesar de não terem lembrança de alguma vez terem visto qualquer dessas coisas antes.

A pesquisa de Zajonc sobre o efeito de uma mera exposição foi importante por vários motivos. Primeiro, demonstrou como podemos desenvolver gosto e preferências inconscientemente, sem intenção, com base apenas em quão frequente e quão comum é essa experiência. Isso faz todo sentido em termos adaptativos, porque quanto mais deparamos com coisas que não nos fazem mal mais gostamos e mais nos aproximamos dela (ficamos). O efeito de mera exposição diz respeito a se criar uma tendência padrão de ficar quando as coisas vão bem. (Se não vão bem, e, digamos, uma cobra nos ataca naquele belo terreno gramado junto ao riacho, todas as expectativas se revertem e essa experiência anula o efeito de mera exposição.[7] Lembre-se de que bastou uma pequena tachinha para impedir que a paciente de Claparède voltasse a lhe apertar a mão.)

Segundo, a pesquisa da mera exposição demonstrou como nossa atitude de gostar ou desgostar pode ser provocada de imediato em determinado momento, independentemente de quaisquer cálculos ou lembranças conscientes, como se demonstra não apenas em minhas reações espontâneas aos cartões-postais sobre arte no gabinete de Bob, como também nas descobertas de seus estudos sobre mera exposição e nas demonstrações de Johnson com seus pacientes amnésicos. Grande parte de nosso sistema *afetivo* (ou avaliativo) opera de modo não consciente. Como estava me dizendo o sonho com o jacaré, esse sistema de sim-não foi o primeiro em nossa evolução, antes de desenvolvermos um modo mais racional de fazer essas avaliações.

Antes da publicação do influente trabalho de Zajonc, "Preferências não precisam de inferências", em 1980, os pesquisadores acreditavam que todas as nossas atitudes resultavam desse processo mais lento, mais racional de cálculo consciente. Ele argumentou, em vez disso, que frequentemente temos reações afetivas a coisas como quadros, um pôr do sol e refeições partilhadas com outras pessoas sem que tenhamos pensado sobre elas com tanto cuidado. Essa ideia levou a uma transformação da pesquisa no campo da atitude, alguns anos depois, graças sobretudo à pesquisa original sobre "atitudes automáticas" feita por Russell Fazio, jovem professor da Universidade de Indiana.

Durante muito tempo, em meados do século XX, o estudo das atitudes estava um tanto desordenado. A causa primária disso era que a pesquisa de atitude tinha um histórico fraco no que concerne a uma efetiva previsão de comportamentos. Afinal, o motivo principal de se começar a avaliar atitudes, no idos da década de 1930, era ser capaz de prever comportamentos. Muitos estudos primários tinham demonstrado que as pessoas diziam uma coisa no questionário sobre atitudes, mas faziam algo totalmente diferente. É fácil dizer, num pedaço de papel, que você vai fazer um donativo em dinheiro para caridade, por exemplo; mais difícil é tirar o velho talão do bolso e preencher o cheque. A questão importante logo se torna a de *quando* uma atitude seria uma previsão correta de um comportamento, e quando não?

Em 1986, Fazio veio com a ideia de que talvez apenas algumas atitudes, e não todas, pudessem predizer um comportamento; algumas de nossas atitudes podem ser mais fortes e mais importantes que outras.[8] Eu não gosto de pasta de amendoim e não vou comer, em circunstância alguma; tampouco gosto de cenoura cozida, mas eu a comerei se estiver em meu prato, e não seria nada demais. Fazio raciocinou que as atitudes firmes e importantes exerceriam uma influência mais consistente e confiável em nossos comportamentos efetivos. A questão se torna, então, como distinguir as atitudes firmes e importantes daquelas fracas e menos importantes? Fazio argumentou que as atitudes firmes seriam aquelas que vêm à mente imediata e automaticamente sempre que nos deparamos com o objeto dessa atitude ao nosso redor. Em outras palavras, o fato de gostarmos ou não de algo teria mais efeito em nosso comportamento se esse fato viesse mais confiavelmente à mente sem que precisássemos parar e pensar. Ele conjecturou que, assim como minha rápida reação positiva a um cartão-postal com Kandinsky, nossas atitudes firmes serão as que vêm à mente com rapidez, e nossas atitudes fracas serão as que levamos mais tempo para expressar.

Para medir quão firmes ou fracas eram as atitudes de uma pessoa, ele pediu que os participantes apertassem apenas um botão de Bom ou Mau no computador (os computadores são um novo e excitante brinquedo de pesquisa desde a década de 1980) o mais rápido que pudessem depois que o nome de cerca de cem objetos corriqueiros aparecesse na tela à sua frente. Por exemplo, eles tendiam a apertar Bom bastante rápido ao verem "aniversário", "gatinho" e "basquete", e apertavam o botão de Mau com rapidez para "Hitler", "veneno" e "atum" (eu gosto de atum, então nunca entendi isso). Mas de modo geral eram mais lentos para responder com Bom ou Mau a palavras mais neutras, que induzem menos paixão, como "calendário", "tijolo" ou "amarelo".

Em seguida, Fazio e seus colegas selecionaram as palavras (ou "objetos de atitude", o termo científico para esses estímulos) às quais as pessoas tinham reagido com mais rapidez — suas atitudes mais firmes — e as usaram na parte seguinte do experimento. Essa parte testava se as atitudes da pessoa em relação a cada uma dessas palavras se tornavam ativas de maneira imediata e automática assim que o participante lia a palavra na tela. A palavra que era objeto da atitude, como "borboleta", era mostrada na tela primeiro, por apenas um quarto de segundo, rápido demais para a pessoa ser capaz de parar e decidir conscientemente se gostava dela ou não. Depois se apresentava uma segunda palavra, um adjetivo, como "maravilhoso" ou "terrível", e tudo que o participante tinha de fazer era pressionar o botão de Bom ou Mau para dizer se a segunda palavra tinha um sentido positivo ou negativo.

A lógica desse novo método introduzido por Fazio, chamada de paradigma de *pré-ativação afetiva*, era muito elegante e simples. Se a primeira palavra, como "borboleta", desencadeara automaticamente a reação Bom ou Mau, então essa resposta estava sendo pré-ativada e estaria mais à mão quando chegasse o momento de dizer se a segunda palavra, como "maravilhoso", era boa ou ruim. Se a atitude pré-ativada automaticamente sugeria a resposta correta ao adjetivo que vinha em seguida (como "borboleta-maravilhoso"), as respostas seriam mais rápidas. E se sugerisse a resposta errada — digamos, se antes de "maravilhoso" a palavra tivesse sido "barata" — a resposta era então mais lenta, porque o participante tinha sido pré-ativado e estava pronto para apertar o botão Mau, mas teria de abafar essa tendência e apertar Bom (a resposta correta para "maravilhoso") em vez disso.

No entanto, isso só aconteceria se a primeira atitude se tornasse ativa de forma imediata e automática. O que Fazio demonstrou foi que as atitudes firmes da pessoa faziam exatamente isso. Por exemplo, "cerveja" pré-ativava inconscientemente "bonito", e "acidente" pré-ativava inconscientemente "repulsivo" — mas as atitudes fracas, palavras como "tijolo" e "canto", não se tornavam imediatamente ativas.

Por pura coincidência, no mesmo ano em que a pesquisa de Fazio sobre atitudes automáticas foi publicada, outra jovem e promissora pesquisadora de atitude, Shelly Chaiken, integrou-se ao Departamento de Psicologia da Universidade de Nova York, no qual eu trabalhava. Um dia, no gabinete dela, pouco depois de sua chegada, decidimos começar juntos uma pesquisa. Mas pesquisar o quê?, nos perguntamos. Humm, bem, ela era uma pesquisadora de atitude, e eu um pesquisador de automaticidade, assim (bingo!) que tal estudar atitudes automáticas? Para chegar a essa conclusão, você pode estar pensando, não era preciso ser muito inteligente.

Shelly e eu tínhamos diversos interesses comuns além da pesquisa em psicologia, então, quando não estávamos aterrorizando os estudantes de pós-graduação por jogar golfe nos corredores do prédio do Departamento de Psicologia ou fazendo café fresco com os grãos que recebíamos todo mês de uma cafeteria de Berkeley (onde ela tinha morado), nós projetamos vários estudos que visavam a compreender melhor o efeito da atitude automática. Uma das coisas em que estávamos interessados era em quão genérico é o efeito da pré-ativação afetiva. Ela acontecia nos casos de atitudes firmes (quando as pessoas eram mais rápidas em classificar como Bom ou Mau) e não acontecia no caso de atitudes mais fracas (às quais as pessoas respondiam com mais lentidão), mas e quanto a todas aquelas (que eram a maioria) que ficam no meio? O efeito acontecia apenas com as mais firmes ou acontecia com todas, exceto as muito fracas? E acontecia somente após a pessoa ter pensado nessas atitudes, como na primeira parte do procedimento de Fazio? As respostas a essas perguntas determinariam com que frequência era de esperar que o efeito ocorresse na vida real.

Outras linhas de pesquisa nos deram boas razões para acreditar na ideia básica de Fazio — a descrição de Schneirla da reação fundamental de aproximação-evitação em todo o reino animal, a pesquisa de Osgood demonstrando a importância da dimensão bom-mau na atribuição de significado a praticamente quase tudo, e as demonstrações de meu orientador Bob Zajonc sobre "sentir sem pensar". No entanto, Shelly e eu tínhamos em mente que os aspectos intencionais, conscientes de avaliação, no procedimento experimental de Fazio poderiam ter exercido um papel nos resultados que ele obteve, então nós esperávamos — e previmos — que o ato de se livrar desses aspectos reduziria, ou até eliminaria, os efeitos aparentemente inconscientes.

Nossa, como estávamos enganados. O que aconteceu foi o exato oposto. Para nossa grande surpresa, depois de vários anos tentando "nos livrar" do efeito, removendo coisas que pudessem inadvertidamente influenciar o resultado do procedimento, o que continuávamos observando era que o efeito, em vez disso, ficava mais forte e mais generalizado do que antes.[9] Quando esperávamos vários dias entre a primeira tarefa para expressão de uma atitude (na qual o participante dizia, o mais rapidamente possível, se aquelas coisas eram boas ou más) e a segunda tarefa, que testava se essas atitudes eram automáticas, o efeito acontecia para *todos* os objetos, mesmo aqueles que inspiravam as atitudes mais fracas, assim como as mais firmes e tudo que estava no meio. Mudamos então a tarefa que testava se as atitudes eram automáticas, tirando os botões Bom e seu oposto Mau e pedindo aos participantes que apenas pronunciassem suas segundas palavras em voz alta. Mais uma vez, continuamos a obter o efeito da atitude automática, mas agora a partir de todos os objetos, tanto os que provocavam atitudes firmes quanto os que provocavam atitudes fracas. Surpreendentemente, parecia que *tudo*, todos os objetos que empregávamos, eram avaliados como bons ou maus sob essas condições mais rigorosas, que, afinal, tinham sido projetadas para imitar a vida, tal como é fora do laboratório de psicologia, com mais exatidão do que no estudo original de Fazio e seus colegas. As novas condições captavam melhor o *mero* efeito de deparar com esses objetos no mundo real, sem qualquer ideia consciente, intencional de como você se sente em relação a ele.

Os mecanismos inconscientes de nossa mente nos enviam sinais sobre quando ficar e quando ir embora não só no que diz respeito a nossos processos apaixonados de gostar ou não gostar, mas também no que concerne a nossas opiniões mais mornas e indiferentes, e tudo que está no campo intermediário. De fato, na verdade, quanto mais eliminávamos os aspectos conscientes e intencionais das tarefas em nossos estudos, mais forte e mais generalizado era o efeito. E não o contrário. Agora já se passaram décadas desde que os estudos originais surgiram e que Shelly e eu começamos a pesquisar o efeito. Felizmente, 25 anos de pesquisas adicionais em muitos laboratórios por todo o mundo confirmaram nossas descobertas, que na época foram espantosas (sobretudo para nós).[10]

Meu amigo jacaré, se realmente existisse, estaria rindo e assentindo com sua cabeça verde ante essa conclusão. A avaliação inconsciente de todas as coisas parece ser um efeito muito antigo e primitivo que existia muito tempo antes de desenvolvermos modos de pensar conscientes e deliberados. E assim, quando removemos os componentes conscientes da tarefa, como Shelly e eu fizemos em nossa série de estudos, e deixamos o inconsciente agir com seus próprios dispositivos, o efeito na atitude se apresenta com mais clareza de que jamais se apresentara antes. Afinal, a reação inconsciente de aproximação-ou-recuo evoluiu há milhões de anos para ajudar a nos proteger, antes de haver essa coisa de pensamento consciente, deliberado (ou qualquer outro pensamento, na verdade).

EMPURRAR E PUXAR

Muitos anos atrás, um estudante de pós-graduação de Osgood em Illinois, Andrew Solarz, testou a conexão entre a avaliação de coisas como boas ou más e o movimento de aproximação ou recuo de braço em reação a essas coisas.[11] Isso foi numa época anterior aos computadores e a maior parte dos laboratórios de psicologia tinha uma oficina de máquinas, onde a equipe técnica criava peças e aparelhos espantosos para permitir que os professores de psicologia testassem suas teorias. Esses aparelhos tinham fios, tubos e mostradores suficientes para humilhar o dr. Frankenstein. Às vezes eles levavam meses, ou até um ano, para serem feitos. Solarz fez os técnicos da oficina criarem para ele uma obra-prima de engenhosidade para testar suas hipóteses. Em seu experimento, Solarz apresentava palavras aos participantes, uma de cada vez, por meio de um mostrador numa caixa montada sobre uma alavanca de resposta. Um dispositivo mecânico introduzia um cartão de índice de 7,5 por treze centímetros com a palavra impressa em grandes letras maiúsculas numa fenda aparente na caixa (que estava em cima da alavanca, acima do ponto no qual o participante a segurava), de modo que o cartão ficava visível ao participante, e nesse momento exato um cronômetro eletrônico era iniciado. Os participantes deveriam então ou empurrar ou puxar a alavanca, dependendo das instruções que tinham recebido, o mais rápido que pudessem. Era como que um tipo de caça-níqueis científico.

Alguns dos participantes eram instruídos a puxar a alavanca em sua direção se gostassem do objeto mencionado no cartão (por exemplo, "maçã", "verão") e empurrar a alavanca, afastando-a deles, se não gostassem ("verme", "congelado"). Outros participantes recebiam a instrução oposta: puxar se não gostassem, empurrar se gostassem do objeto. No fim do estudo, foram computados os tempos médios que os participantes levaram para empurrar indicando "bom", empurrar indicando "mau", puxar indicando "bom" e puxar indicando "mau".

O que Solarz descobriu foi que, de fato, os participantes foram mais rápidos em dizer "mau" empurrando a alavanca para longe deles do que a puxando para si. E foram mais rápidos em dizer "bom" puxando a alavanca para si do que a empurrando para longe. Empurrar a palavra afastando-a lembra o pequeno paramécio evitando o fio elétrico; puxar a palavra para mais perto lembra aquela criatura unicelular se aproximando do alimento. Os participantes de Solarz estavam agindo da mesma forma, sem perceber, é claro, ao ficarem imediatamente propensos a aumentar, e não diminuir, a distância entre eles e algo de que não gostavam (mesmo que fosse apenas uma palavra escrita num cartão), assim como ficavam imediatamente propensos a diminuir, e não aumentar, a distância entre eles e algo de que gostavam. Seu sentimento imediato de gostar ou não gostar quando viam a palavra fazia, com o mesmo imediatismo, com que os músculos de seu braço estivessem propensos a fazer os movimentos apropriados. O interruptor alternativo de bom versus mau em suas mentes estava, literalmente, fazendo seus músculos ficarem mais propensos a ficar do que a ir embora.

Na Universidade de Nova York, mais de trinta anos mais tarde, Mark Chen e eu nos dispusemos a repetir o estudo de Solarz, mas com a ajuda tecnológica de mostradores e cronometragem computadorizados.[12] No entanto, ainda precisamos da turma da oficina mecânica para fazer a alavanca de resposta, semelhante à que Solarz havia utilizado — uma haste de Plexiglas com um metro de comprimento conectada a um interruptor eletrônico na base, o qual estava ligado a uma porta de input do computador. Nosso primeiro experimento foi uma réplica do estudo de Solarz, e observamos exatamente o mesmo que ele tinha descoberto. Mas, como no experimento original, nossos participantes estavam classificando cada um dos objetos de forma consciente e intencional, porque foi para isso que haviam sido instruídos. Será que o efeito e empurrar ou puxar ocorreria mesmo se os participantes não estivessem pensando conscientemente sobre se gostavam ou não gostavam de coisas?

Então, no segundo experimento que Mark e eu realizamos, instruímos os participantes apenas a movimentar a alavanca o mais rápido que pudessem a cada vez que aparecia uma palavra no meio da tela, como num desses primeiros joguinhos antiquados de computador (pense no Pong*). Toda vez que uma palavra aparecia na tela, o participante tinha de retirá-la da tela o mais rápido que pudesse movimentando a alavanca. Para fazer isso, às vezes ele empurrava a alavanca, outras vezes a puxava. E, mais uma vez, eles empurravam mais rapidamente para coisas ruins e puxavam para coisas boas, e não o contrário, mesmo não tendo tentado avaliar nada.

O passo lógico seguinte é assumir que provavelmente todos nós temos essas reações básicas, primitivas, de aproximação e recuo a pessoas, que são os mais importantes "objetos de atitude" que existem. Michael Slepian, Nalini Ambady e seus colegas nos demonstraram exatamente isso. Eles usaram o projeto da alavanca de empurrar/puxar e instruíram os participantes a empurrar ou puxar em reação tão rápida quanto possível as fotografias apresentadas na tela do computador à sua frente. Disseram-lhes que sua tarefa era movimentar a alavanca numa direção se vissem a foto de uma casa e na outra se fosse de um rosto. Com isso, eles pensaram que sua tarefa era classificar fotografias em termos de se eram de rostos ou de casas — não em termos de se gostavam ou não do rosto. O truque era que os rostos variavam em termos de confiabilidade — eles tinham sido classificados separadamente por outras pessoas. Assim, os rostos mostrados aos participantes iam desde os que aparentavam ser confiáveis até os que aparentavam não ser. (Mais adiante vamos descrever

---

* Primeiro joguinho eletrônico para computador, imitando pingue-pongue, com gráficos extremamente simples (barras como raquetes, um quadrado como bola). (N. T.)

com mais detalhes o notável poder expressivo de rostos.) E de fato: os participantes faziam movimentos mais rápidos de aproximação (puxar) para os rostos confiáveis, e movimentos mais rápidos de evitação (empurrar) para os rostos não confiáveis, e tudo isso era realizado de modo inconsciente, porque a tarefa consciente do participante não era a de julgar os rostos.

Hoje em dia essa abordagem básica do efeito de aproximação ou evitação está sendo usada para ajudar a promover mudanças positivas na vida das pessoas — mudar tendências negativas de comportamento, como atitudes racistas e anseio por álcool e drogas viciantes. O psicólogo canadense Kerry Kawakami e seus colegas instruíram participantes brancos a puxar o manete de um joystick (aproximação) quando vissem um rosto negro na tela de um computador e empurrar (evitação) quando vissem um rosto branco, e eles fizeram isso para várias centenas de rostos.[13] Depois disso, as atitudes automáticas ou implícitas dos participantes em relação aos negros, medidas por procedimentos do IAT, tornaram-se mais positivas. Movimentar seus braços em uma direção e não na outra havia mudado de fato suas atitudes inconscientes em relação à raça. E em outro estudo, Kawakami e colegas demonstraram como o ato de fazer movimentos de aproximação podia mudar não apenas atitudes concernentes à raça como também o comportamento efetivo em relação aos negros. Depois de fazerem movimentos de aproximação em resposta a uma série de rostos negros subliminares que nem mesmo viam conscientemente, os participantes sentavam-se mais perto de uma pessoa negra na sala de espera do que se sentavam outros participantes que não tinham feito esses movimentos de aproximação. Esse não parece ser um método muito prático de reduzir o racismo na vida cotidiana, mas demonstra o poder potencial que nosso antigo sistema inconsciente de avaliação tem sobre nossas atitudes e comportamento social contemporâneos — e, o que é intrigante, como nossas inconscientes tendências inatas evoluídas podem ser usadas para se sobrepor às nossas inconscientes tendências culturais adquiridas.

Outra maneira positiva de utilização desse sistema de aproximação-evitação foi ajudar alcoólicos a parar de beber. Reinout Wiers, da Universidade de Amsterdam, desenvolveu uma terapia assim para combater o alcoolismo e outros vícios.[14] Ele recebeu em seu laboratório diariamente pacientes que queriam parar de beber durante um período de duas semanas. Lá eles realizavam uma simples tarefa no computador que durava uma hora, na qual classificavam fotografias na tela como estando ou no formato paisagem (mais largas do que altas) ou no formato retrato (mais altas do que largas). A parte crucial no exercício era se eles empurravam ou puxavam uma alavanca para dar suas respostas. O conjunto de fotos era pré-organizado de modo que os pacientes sempre tinham de empurrar a alavanca quando apareciam fotografias de objetos relacionados com o álcool, como garrafas, saca-rolhas, canecas e cálices de vinho. (Havia também um procedimento de controle no qual outro grupo de paciente realizava a mesma tarefa, mas sem que se mostrassem fotos relacionadas com álcool.)

O ato de "empurrar para longe" objetos relacionados com álcool tinha a intenção de incrementar a motivação desses pacientes para evitar o álcool. O experimento teve notável sucesso. Duas semanas empurrando para longe fotos de objetos relacionados com álcool mudaram as atitudes inconscientes dos pacientes em relação à bebida de positiva para negativa, como medido depois no teste do IAT. E, ainda mais notável, acompanhamentos realizados com esses pacientes um ano depois demonstraram um taxa de recaída significativamente mais baixa (46%) do que entre os do grupo de controle, que não tinham empurrado e afastado as fotos relacionadas com álcool (59%). Não é um resultado perfeito, não é recaída zero, mas lembre-se de que a diferença entre esses dois percentuais representa pessoas reais com famílias reais e empregos reais que não tinham recaído e recomeçado a beber, o que, não fosse por isso, *certamente teria acontecido*. Wiers e sua equipe usaram nosso conhecimento científico sobre mecanismos inconscientes para, na prática, ajudar pessoas que queriam fazer mudanças importantes em suas vidas e que estavam tendo dificuldade de realizar apenas por meio de suas boas intenções.

O QUE IMPLICA UM NOME?

Sempre gostei de dirigir e já atravessei os Estados Unidos dirigindo seis vezes. O único estado dos 48 (fora Alasca e Havaí) que não atravessei em meu próprio carro é Dakota do Norte, e isso é um dos itens em minha lista de coisas a fazer antes de morrer. Também tenho sido, a vida toda, um adepto de corridas de automóvel. Como muitos da minha geração, cresci ouvindo no rádio a corrida das Quinhentas Milhas de Indianápolis, em todo Memorial

Day. Meu pai e eu costumávamos ouvi-la num rádio transistor enquanto trabalhávamos o dia inteiro na casa ou no quintal. Não é de surpreender, então, que eu tenha me tornado um fã de corridas de *stock car*. Desde o tempo em que era um novato, em 2002, meu piloto favorito tem sido o grande Jimmie Johnson, campeão sete vezes. Minha mulher, Monica, por sua vez, torce por Danica Patrick, uma piloto de categoria mundial e implacável destruidora de preconceitos nas corridas de *stock car* (e, antes disso, nas corridas da Indy), a mais bem-sucedida de todas as mulheres que disputaram corridas de carro na história.

Apesar de nós dois podermos apresentar motivos convincentes e totalmente racionais de por que esses dois pilotos são nossos favoritos, anote por favor nossos nomes e os nomes deles. John gosta de Jimmie *Johnson* (e, antes dele, gostava de Junior *Johnson*). *Monica* gosta de Danica. Nossos nomes compartilham sons e letras iniciais com os deles, e o magnetismo começa daí. (Minha mulher tem uma desculpa muito melhor, porque Danica é a única piloto mulher — ainda assim, isso também é uma semelhança entre elas.) Isso é chamado de *efeito nome-letra*, um fenômeno descoberto na década de 1980, que revela outra importante fonte inconsciente de nossas preferências. Tendemos a nos identificar com pessoas que são "parecidas" conosco, mesmo se a origem disso for algo tão arbitrário quanto nossos nomes, que nem mesmo fomos nós que escolhemos, ou as datas de nossos aniversários, que tampouco nada têm a ver com nossas opções.

Enquanto Bob Zajonc demonstrava que um jeito de inconscientemente passarmos a gostar de alguma coisa é nos familiarizarmos com ela, outro é o fato de alguma coisa ser similar a você, mesmo que essa similaridade seja insignificante de um ponto de vista objetivo. Lembre-se do capítulo 1, a história de Ötzti e o fato de que era comum que os seres humanos matassem uns aos outros no mundo antigo. Nossos ancestrais se agrupavam como famílias para autodefesa, e depois os grupos de famílias se organizavam em tribos. Reconhecer um afim poderia muito bem ser um exemplo de vida ou morte da avaliação sobre se deve dizer sim ou não.[15] O fato de alguém ser semelhante a você era, naquela época, algo fundamentalmente bom. Agora, projete isso para a frente, para os tempos modernos. Se alguém, ou outra coisa, compartilha características com nosso "eu", nossa identidade, é comum termos um sentimento positivo em relação a essa pessoa ou coisa. Mas essa é uma tendência que evoluiu faz muito tempo. Em geral, não nos damos conta, pelo menos no início, dos motivos reais de termos esse sentimento positivo, e com certeza não percebemos a intensidade com que ele pode nos afetar em relação a importantes escolhas, objetivos e motivações. Os pesquisadores que descobriram e documentaram o efeito desse sentimento positivo o chamaram de *egoísmo implícito*: o fato de gostarmos, sem saber os motivos reais para isso, de pessoas e coisas que são semelhantes a nós, mesmo que apenas superficialmente.

Mediante análises estatísticas de bases de dados públicas, como o Censo dos Estados Unidos de 2000, o Censo dos Estados Unidos de 1880 e o censo inglês de 1911 (todos disponíveis on-line), assim como outras fontes, como Ancestry.com, os psicólogos Brett Pelham, John Jones, Maurice Carvallo e seus colegas descobriram alguns padrões espantosos no comportamento humano.[16]

Primeiro, há um número desproporcionalmente maior de Kents que vivem em Kentucky, Louises que vivem na Louisiana, Florences que vivem na Flórida e Georges que vivem na Geórgia (esses são apenas alguns dos exemplos) do que seria de esperar, considerando apenas as probabilidades (da incidência normal desses nomes em relação à população dos referidos estados). O motivo não é por terem nascido lá e, portanto, estarem sujeitos a uma probabilidade maior de receberem um nome inspirado no nome do estado. Muitos deles *mudaram-se* para lá. Eles escolheram aquele estado, entre todos os outros que poderiam ter escolhido. Outros estudos demonstraram que no caso de homens chamados Cal e Tex há probabilidades desproporcionalmente maiores de que se mudem para os estados cujo nome se parece com o deles, como Califórnia e Texas. E as pessoas não escolhem apenas estados cujos nomes se parecem com os seus; escolhem, também, desproporcionalmente, viver em ruas que correspondem a seus sobrenomes — como Hill ou Park, Washington ou Jefferson.[17]

Ter letras comuns (em particular iniciais) também afeta a escolha de profissões e ocupações: há proporcionalmente mais Dennys que são dentistas, e Larrys que são advogados [*lawyers*, em inglês] do que haveria considerando--se apenas a probabilidade. Enquanto isso, pessoas cujo nome começa com *H* tendem a ter lojas de hardware, e pessoas cujo nome começa com *F* terão, mais provavelmente, lojas de móveis [*furniture*, em inglês]. Ao longo de onze categorias diferentes de trabalho, ocorrem desproporcionalmente mais casos do que determinariam as probabilidades de pessoas que trabalham em ocupações cujos títulos correspondem a seus sobrenomes: por exemplo, Barber [barbeiro], Baker [padeiro], Foreman [capataz], Carpenter [carpinteiro], Farmer [fazendeiro, agricultor], Mason [pedreiro], Porter [porteiro]. Esse efeito valeu tanto na Inglaterra em 1911 quanto vale nos Estados Unidos na atualidade. O efeito nome-letra valeu para todas as onze profissões pesquisadas. Por exemplo, havia 187 Bakers que eram de fato padeiros, comparados com os 137 que seriam de esperar pela lei das probabilidades (levando-se em conta tanto a frequência do nome quanto a frequência da profissão). Para Painters [pintores], 66 casos contra os 39 esperados com base em probabilidade; Farmers, 1423 contra 1337. Desses números, pode-se ver que os efeitos não são muito grandes, e com certeza havia muitos Painters e Farmers que trabalhavam em algo totalmente diferente. O que é notável é o fato de os nomes terem uma influência significativa *de modo geral*. E os efeitos são estatisticamente confiáveis e se mantêm mesmo quando são controlados e descartados por algumas explicações alternativas importantes apresentadas pelos céticos, como gênero, etnicidade e nível de instrução.[18]

Vejamos agora datas de aniversário. Neste caso também é notável como isso tem influência significativa na escolha de um cônjuge. É desproporcional, em relação à probabilidade, o número de pessoas que se casam com quem tem algo em comum nas datas de aniversário. Por exemplo, em Summit County, Ohio, onde houve meio milhão de casamentos entre 1840 e 1980. Considerando o dia do aniversário, sem levar em conta o mês, havia 6,5% mais casos em que os noivos tinham nascido no mesmo dia do que indicaria a probabilidade de isso acontecer. Considerando o mês de nascimento, independentemente do dia, houve 3,4% mais casos de o casal ter nascido no mesmo mês do que indica a probabilidade. Esse efeito se apresentou mais uma vez quando os pesquisadores tomaram os registros de casamento em todo o estado de Minnesota entre 1958 e 2001. Em Minnesota, houve 6,2% mais casos do que seria provável de casais com o mesmo dia de nascimento e 4,4% mais casos do que seria provável de casais nascidos no mesmo mês.

Eu mesmo sucumbi a esse efeito. Como já deixei bem claro sou um fã de carteirinha de Led Zeppelin, desde o tempo em que ouvi pela primeira vez "Heartbreaker", na estação WLS de Chicago, no outono de 1969, aos catorze anos. Desde então, sempre senti afinidade com a música da banda, mas em particular com Jimmy Page, o guitarrista principal. Por que isso? O que temos em comum? Não muita coisa. Nunca consegui tocar guitarra, enquanto ele foi um menino-prodígio e depois se tornou um gênio com uma guitarra nas mãos, sem mencionar a aparência e o fato de ele ser britânico. A resposta? Fazemos aniversário no mesmo dia. Sinto um estranho e obviamente imerecido orgulho quanto a isso. Ao menos está claro que não estou sozinho ao sentir esse tipo de afinidade.

Uma animadora demonstração, no mundo real, do uso de afiliações inconscientes em processo de autoaprimoramento ocorreu cerca de dez anos atrás numa escola de ensino médio em minha área. No início do ano escolar, pesquisadores de Yale deram a estudantes que estavam tendo grandes dificuldades em matemática um artigo fictício do *New York Times* sobre um estudante de outra escola que tinha ganhado um importante prêmio de matemática.[19] Havia um pequeno "quadro biográfico" no topo do artigo. Nesse quadro, para metade dos alunos da turma, constava como data de nascimento do ganhador do prêmio a mesma do aluno que ia receber aquele exemplar, mas não se chamava a atenção para esse fato. Para os outros estudantes, dia e mês do aniversário do ganhador do prêmio eram diferentes dos deles. Foi tudo que os pesquisadores fizeram, apenas uma pequena, invisível manobra para criar uma conexão com a identidade do próprio estudante.

Em maio do ano seguinte, no encerramento do ano letivo, os pesquisadores examinaram as notas finais em matemática de todos os estudantes que tinham participado do estudo. E eis que os estudantes que pensaram ter a mesma data de aniversário do ganhador do prêmio tiveram notas finais em matemática significativamente mais altas do que os que não faziam aniversário no mesmo dia do vencedor. Os que tinham a mesma data de aniversário sentiram ter mais afinidade com o ganhador, e isso se transferiu para a avaliação de sua própria aptidão para a matemática, com efeitos positivos em seu nível de esforço em todo o restante do ano escolar.

Poucos anos atrás, quando minha filha estava na terceira série, as crianças de sua turma brincaram de amigo oculto. Todos escreveram as três coisas de que mais gostavam, que seria um guia para a escolha dos presentes, e cada criança retirou de uma caixa a lista de outra criança. Para o menino de quem minha filha foi a amiga oculta, o que ele mais gostava era do time de futebol Real Madrid, e a segunda coisa era matemática. Ele foi o único aluno da turma a escrever matemática como uma das coisas de que mais gostava. Chegou a pedir, no papel que preenchera, que o presente estivesse relacionado com a disciplina.

O nome dele? Ora, Matthew, é claro.

GATOS RABUGENTOS E POLÍTICOS COMPETENTES

Lembram-se do filme *Esqueceram de mim*? Do velho Marley, aquele vizinho da casa ao lado de aparência assustadora que no fim acaba se revelando uma pessoa gentil e amistosa?

As aparências enganam. Na escola de ensino fundamental onde minha filha estudava, havia uma bibliotecária que parecia ser muito rabugenta. Minha filha e todas as outras crianças da primeira série tinham medo dela. Isso durou até o dia em que a bibliotecária veio até ela e disse que tinha gostado de suas botas. De repente, a opinião da minha filha sobre a bibliotecária mudou drasticamente para melhor. É o *comportamento* da pessoa que importa, não seu rosto. Todos sabemos disso em nível intelectual, é claro, mas é muito difícil descartar a impressão que nos causa o rosto de uma pessoa, em particular nossas primeiras impressões. Não é tanto por acharmos que sabemos como uma pessoa é com base apenas em sua aparência. É que temos certeza absoluta de que estamos *certos* naquilo que pensamos sobre ela.

Existe uma estrela das mídias sociais que pesa cerca de sete quilos, nunca diz ou escreve coisa alguma e é fotografada o tempo todo. E tem quatro patas. Achamos que Grumpy Cat, a Gata Rabugenta, é engraçada porque parece estar sempre de mau humor. E isso é engraçado porque sabemos que ela é só uma gata, que não tem noção da aparência que tem e que muito provavelmente não é nem um pouco rabugenta. Ela apenas parece ser assim. A Gata Rabugenta é relevante aqui porque o que fazemos quando julgamos a personalidade de uma pessoa apenas com base em seu rosto é considerá-lo uma janela para seu estado emocional. Uma pessoa que conhecemos pode ter uma aparência de irritação crônica no rosto, mas isso não quer dizer que esteja sempre irritada. (O mesmo vale para gatos.) Recentemente, li em uma mídia social sobre uma arenga postada por um amigo que estava invocado com uma mulher que não conhecia e da qual nada sabia, com base apenas na foto dela, comentando que megera ela devia ser. Outro sábio amigo disse: "Só porque ela tem essa cara de megera não quer dizer que não seja uma boa pessoa".

Darwin, você há de lembrar, reconheceu o valor adaptativo, ao longo do tempo evolucionário, de comunicarmos nossas emoções aos outros, sobretudo mediante nossas expressões faciais.[20] Foi uma das primeiras formas — talvez *a primeira* — com que humanos se comunicaram entre si. Os psicólogos evolucionários John Tooby e Leda Cosmides chamaram a nossa atenção para o intrigante fato de que os músculos do rosto são os únicos em todo o corpo humano que conectam diretamente o osso à pele.[21] E por quê? Como usamos nossos ossos para movimentar partes do corpo, essa conexão direta deve existir para que possamos movimentar a pele do rosto. Por que a pele do rosto apenas e não de outras partes do corpo? Porque o rosto é a parte de nós que as outras pessoas olham mais, a fim de verem para onde estamos olhando, para observarem nossa boca e entenderem melhor o que estamos dizendo, e assim por diante. Em outras palavras, fomos projetados pela evolução para expor nossas emoções no rosto *para que os outros possam vê-las*.

Será que nascemos com a aptidão de ler na expressão facial de uma pessoa qual é seu estado emocional e para confiar sem questionar naquilo que o rosto dessa pessoa nos diz? Segundo Darwin, passamos a confiar tanto assim nessas expressões faciais porque aprendemos que emoções são difíceis de simular ou falsificar; de fato, é difícil movimentar voluntariamente os músculos faciais envolvidos. Nossos ancestrais tinham de confiar no que os outros rostos estavam lhes dizendo porque muitas vezes suas vidas dependiam de ler e interpretar com rapidez as pessoas com as quais se deparavam.[22] Mais uma vez nos lembramos do pobre Ötzti, assassinado milhares de anos atrás naquele desfiladeiro no alto da montanha. Como afirmaram Tooby e Cosmides: "Dada a natureza homicida do mundo antigo, saber se alguém era acessível e amistoso seria um verdadeiro julgamento de vida ou morte". Como seria de esperar, então, as expressões faciais das pessoas à nossa volta são ainda hoje um dos mais poderosos sinais que nosso entorno nos dá sobre se devemos ficar ou ir embora. Pesquisas modernas confirmaram que avaliamos muito rapidamente se uma pessoa é amiga ou inimiga (ficar ou ir embora) em uma fração de segundo após deparar com ela. Além disso, essas impressões são tão poderosas — confiamos tanto nessa avaliação-relâmpago — que podem até afetar o resultado de eventos importantes, como eleições políticas.

Alexander Todorov é um psicólogo e neurocientista em Princeton especializado em reações imediatas de pessoas a rostos. Em seus primeiros experimentos, ele pediu aos participantes que fizessem um juízo de personalidade de pessoas com base apenas em seus rostos.[23] Mostrava-se a eles uma série de rostos tirados de uma base de dados com setenta atores amadores, homens e mulheres, entre vinte e trinta anos, e, em diferentes estudos, solicitava-se que classificassem, para cada rosto, seu grau de atratividade, agradabilidade, competência, confiabilidade ou agressividade. Esses estudos confirmaram aquilo que Darwin e Ekman haviam concluído: houve grande concordância entre os classificadores nesses julgamentos, nos graus atribuídos aos cinco traços de personalidade e em todos os rostos avaliados. Todos estavam "lendo" cada rosto quase da mesma forma. Além disso, essas avaliações de personalidade eram computadas nos cérebros dos participantes com a velocidade de um raio. O tempo em que um rosto era apresentado na tela não afetava os julgamentos de personalidade — os participantes tinham a mesma impressão quanto à competência ou à confiabilidade, por exemplo, quer vissem um rosto durante um décimo de segundo, um segundo inteiro ou sem que houvesse um limite de tempo para observá-lo. E foi o traço da *confiabilidade* que apresentou o mais alto grau de consenso entre todos os classificadores, mesmo quando os rostos eram mostrados apenas por uma fração de segundo.

Todorov e seus colegas continuaram a pesquisa para verificar se o rosto de um candidato político influenciava no conceito de quão competente os eleitores achavam que ele era. Sua pesquisa anterior tinha demonstrado que as pessoas acreditavam que a competência era o mais importante atributo que um político deveria ter.[24] Ele e sua equipe tiraram fotos do governador em exercício e de candidatos em seus websites, e depois as mostraram a pessoas de outros distritos eleitorais, de modo que os participantes no estudo não sabiam quem eram os candidatos, quais eram suas propostas ou seus partidos políticos — e só viam as fotos muito brevemente, às vezes por não mais de um décimo de segundo.

É notável — e um tanto perturbador, quando se pensa nisso — que esses julgamentos rápidos de competência baseados apenas no rosto foram capazes de prever os resultados das eleições para governador de 1995 a 2002. Os universitários de Princeton que participaram do estudo viram o rosto do vencedor e o do segundo colocado de 89 eleições para governador, e foram solicitados a decidir quem era mais competente "confiando em suas reações viscerais". Essas previsões foram igualmente precisas tanto quando os rostos eram mostrados por apenas cem milissegundos, quanto ao ficarem na tela por muitos segundos. O interessante é que quando se pediu a outro grupo de participantes que fizessem um bom e cuidadoso julgamento (em vez fazê--lo rapidamente com base em seu instinto visceral), isso na verdade *reduziu* a capacidade de a (agora lenta e deliberada) classificação do rosto predizer o resultado da eleição. Isso me lembrou da pesquisa de atitude automática que Shelly Chaiken e eu tínhamos realizado anos antes, na qual constatamos efeitos mais acentuados de avaliação inconsciente depois de remover da tarefa, tanto quanto possível, os aspectos conscientes e deliberados de avaliação. Isso sugere também que os eleitores reais nessas eleições se guiaram com maior frequência por avaliações viscerais que faziam com base no rosto dos candidatos do que fazendo um julgamento cuidadoso de seu caráter.

Em seu segundo experimento, os pesquisadores removeram outras influências importantes nos julgamentos de competência, como estereótipos culturais, para poder medir o efeito puro do rosto em si. Eles consideraram apenas as 55 corridas eleitorais para governador em que o gênero e a etnia dos candidatos eram os mesmos. Ao fazer isso, aumentaram o percentual de resultados corretamente previstos de 57% para 69%, e o julgamento de competência com base no rosto representava agora 10% dos votos nos candidatos nessas eleições. E a medida de competência que o rosto inspira tem especial importância para os eleitores — nesse experimento, nenhum outro julgamento de traço de personalidade com base nos rostos previu os resultados da eleição. Esse efeito tem se verificado repetidas vezes em outras eleições, nos Estados Unidos e em outros países.[25]

É claro que nós, como eleitores, estamos confiando demais nessas avaliações feitas mal e porcamente com base apenas em rostos. O registro histórico de eleição de políticos confiáveis é muito ruim. Tem havido demasiados casos de autoridades eleitas (inclusive uma série de governadores em meu estado, Illinois) que podem ter exibido um rosto confiável, mas depois foram indiciados e condenados por corrupção. Assim, a verdadeira questão é por que nos sentimos tão seguros em nossa opinião sobre as pessoas quando fazemos uma rápida avaliação delas com base apenas em seu rosto? Acho que a Gata Rabugenta tem a resposta para essa pergunta. Nós não evoluímos para interpretar uma pessoa (ou um gato, no caso) com base em fotografias estáticas de seu rosto; a fotografia é uma invenção muito recente. Nós evoluímos para avaliar uma pessoa rapidamente ao vê-la (e não apenas seu rosto) em ação, mesmo que por um curto espaço de tempo. Fotos estáticas, congeladas no tempo, nos iludem. Quando olhamos para uma fotografia, como a foto de arquivo de um candidato ou político num artigo de jornal, estamos confundindo os signos de um estado emocional temporário (que é o que estamos condicionados a fazer) com um traço de longo prazo, crônico, de personalidade. E isso acaba se revelando um grande erro.

Ver candidatos ou políticos na TV tampouco ajuda muito, já que os vemos principalmente em situações encenadas (como em seus anúncios de campanha, discursos ou "fotos de oportunidade"*). Os estudos de Todorov foram consistentes ao demonstrar que o rosto dos candidatos em si mesmos influencia grande número de eleitores. Isso sugere que mesmo ver os candidatos na TV, na medida em que os vemos, não acrescenta muito ao que já tínhamos concluído com base apenas em seus rostos.

Ainda que a competência possa ser o mais importante traço expresso no rosto a determinar em quem vamos votar, outros traços têm surpreendente medida de influência em outros desfechos importantes na vida real. Tomemos, por exemplo, casos em tribunais. Leslie Zebrowitz, da Universidade Brandeis, dedicou muito de sua carreira de pesquisadora ao estudo de como nossos rostos determinam como somos tratados pela sociedade.[26] Ela e seus colegas demonstraram que atributos dos rostos de réus influenciam as taxas de condenação e as sentenças em casos reais. Presentes em tribunais durante julgamentos, eles descobriram que, quando todos os outros fatos do caso são equivalentes, adultos com "cara de bebê" têm maior probabilidade de serem considerados inocentes e de terem sentenças mais brandas do que outros réus. Rostos racialmente prototípicos também fazem com que os réus sejam tratados de forma diferente. Chocante, mas não surpreendente, é o fato de que réus negros com a pele mais escura receberam sentenças com três anos a mais, em média, do que réus negros com a pele mais clara e que cometeram o mesmo crime. Sam Sommers, da Universidade Tufts, tinha demonstrado, de modo similar, que entre negros sendo julgados os que tinham aparência afro mais acentuada recebiam em geral sentenças mais rigorosas e tinham maior

---

* Beijando crianças, visitando asilos, prestando solidariedades. (N. T.)

probabilidade de serem condenados à morte por assassinar uma vítima branca, do que os que tinham aspecto facial menos prototipicamente africano.[27] A prisão não é mais que um método de evitação pela sociedade.

Num clássico estudo de psicologia social na década de 1970, pesquisadores de Minnesota demonstraram que numa conversa telefônica entre pessoas que não se conheciam, participantes eram classificados como mais amistosos e donos de uma personalidade mais atraente se seu interlocutor acreditasse que eram pessoas fisicamente atraentes, e não o contrário. Elas passavam a acreditar nisso no início do experimento, ao receber a fotografia de uma pessoa, que na verdade não era aquela com quem estavam conversando. Assim mesmo, acreditar que a pessoa do outro lado da linha era fisicamente atraente fez ressaltar o lado mais amistoso e atraente das personalidades dos participantes.[28] Somos todos culpados de tratar pessoas bonitas de modo mais favorável e mais amistoso do que tratamos as pessoas menos bonitas.

Até os bebês apresentam esse viés em relação a pessoas atraentes, o que demonstra que essa tendência é um aspecto inerente da natureza humana. Crianças recém-nascidas, antes de terem um dia de idade, preferem olhar para rostos que são atraentes comparados com outros não atraentes, e ficam olhando por mais tempo para os atraentes quando lhes é dada essa opção.[29] Para nós, adultos, basta um rápido olhar para saber se um rosto é atraente ou não.[30] Estudos da neurociência revelaram que para os adultos o contato visual com fotos de pessoas atraentes ativa os centros de recompensa do cérebro.[31] Num estudo, apenas a visão de rostos atraentes, sem julgá-lo do ponto de vista de sua atratividade, já causou a ativação do córtex órbito-frontal médio dos participantes (o centro de recompensa).[32] Nós, de modo natural e inconsciente, gostamos de ver rostos atraentes: para nós eles são gratificantes e prazerosos. Por isso contratamos pessoas atraentes em vez de outras, com as mesmas qualificações porém menos atraentes, lhes pagamos salários melhores, vamos assistir a filmes nos quais elas atuam e queremos ter relacionamentos com elas. Muito. Realmente queremos que fiquem, e não que vão embora.

Ao ficarmos ou irmos embora num presente que está sempre se desenrolando, temos reações mentais e musculares que operam num plano diferente, mais rápido e mais instintivo do que aquele em que opera o pensamento consciente. As forças evolucionárias fizeram teste de campo e mantiveram esses mecanismos inconscientes porque eles permitiram que sobrevivêssemos, que nos tornássemos uma exceção ao fato de que 99% de todas as espécies que já existiram foram extintas.[33] Poderíamos facilmente ter sido uma delas. Mas, durante milhões de anos, nossos instintos de sobrevivência nos fizeram ficar próximos de nossa tribo, apoiá-la e amá-la, e nos fizeram evitar as outras tribos, combatê-las e odiá-las. Darwin alegou que essa união em bandos para nos protegermos de outros humanos nos conferiu uma significativa vantagem evolucionária, e isso logo se tornou uma tendência inata.[34]

E assim foi, durante os milhões de anos de existência de nossa espécie. Nós atacamos e matamos "eles", e eles atacaram e mataram a "nós", em quantidades horripilantes pelos padrões modernos. Fazer a distinção entre nós e eles, não confiar "neles" e ajudar os outros em nosso próprio grupo se tornaram coisas para as quais nascemos. Hoje em dia, subjacente às várias nuances dos rostos e ao compartilhamento de datas de aniversário e letras de nomes, ainda vigora o código primordial: Nós contra Eles, amigo ou inimigo, conosco ou contra nós. Existem domínios na vida moderna em que esses poderosos motores de ação, que governaram a vida de nossos ancestrais hominídeos, ainda nos movimentam. Norte contra Sul. Alemanha contra França. Brancos contra Negros.

E até mesmo: Yankees contra Red Sox.

TORCENDO PELAS ROUPAS

Na noite de 2 de outubro de 2010, Monte Freire estava no restaurante U.S.S. Chowder Pot III, em Branford, Connecticut, assistindo ao clássico do beisebol entre Yankees e Red Sox numa das grandes telas de televisão do restaurante. Homem de família, empregado no Departamento de Parques e Recreação em Nassau, New Hampshire, Freire estava na cidade no fim de semana para competir com amigos num torneio de softbol. Já tendo jogado naquele dia, mais cedo, ele e seus companheiros de time estavam agora relaxando no exótico restaurante, decorado com motivos náuticos e ostentando no telhado uma gigantesca lagosta vermelha. Não havia motivo para achar que algo ruim fosse acontecer. Ou havia?

Como todo torcedor de beisebol sabe, é lendária a rivalidade entre os Yankees, de Nova York, e o Red Sox, de Boston. As cidades-sede dessas equipes foram, elas mesmas, ferrenhas competidoras pelo domínio cultural e econômico durante os séculos XVIII e XIX, porém foram seus estádios de beisebol que se tornaram campos de batalha simbólicos a partir de 1919, quando os Sox negociaram para os Yankees seu grande astro, Babe Ruth: Boston passou depois por um período de seca que durou 86 anos, nos quais não ganhou nenhum campeonato da série mundial. (Torcedores supersticiosos chamaram isso de Maldição do Bambino, apelido de Babe Ruth.) Ao longo desses anos, os Yankees foram competidores mais fortes, embora tenham acontecido confrontos emocionantes entre os dois times, e os torcedores de Boston nunca tenham vacilado em seu apoio ao combalido Sox. Em 2004, a "maldição" foi, enfim, quebrada. O Red Sox primeiro derrotou os odiados Yankees num épico retorno ao título de campeão da liga, e continuou em frente, vencendo a série mundial daquele ano. (E vencendo depois mais duas vezes.) Aquela rivalidade de longa data ainda estava, apaixonadamente, intacta naquela noite de outono no Chowder Pot.

O jogo ao qual Freire e seus amigos estavam assistindo na grande tela era decisivo para os Yankees. Se vencessem, seriam os campeões de sua divisão. O Red Sox, naturalmente, esperava poder impedi-lo. O restaurante estava superlotado de torcedores. Em algum momento do jogo, Freire e seus amigos começaram a discutir com um morador local chamado John Mayor, torcedor dos Yankees. À medida que o jogo avançava na tela, Mayor ficava cada vez mais agitado e agressivo, lembrando aos visitantes, em alto e bom som, que eles estavam em "território Yankee". Freire e seus amigos alertaram um barman que estava perto, mas nenhum dos funcionários do restaurante interveio. A tensão continuou a subir, e antes que alguém se desse conta do que estava acontecendo, Mayor puxou uma faca, foi até Freire e o esfaqueou duas vezes no pescoço, fugindo em seguida do restaurante.

Freire desmaiou, sangrando, enquanto seus amigos perseguiam Mayor, que se afastava correndo do Chowder Pot. Eles o agarraram e o atacaram com socos e pontapés, até a polícia chegar. Freire foi levado ao hospital onde, tecnicamente, morreu duas vezes naquela noite, mas os médicos o ressuscitaram em ambas as vezes, e de algum modo conseguiram salvá-lo. Mayor também foi levado ao hospital para ser tratado dos golpes que recebera; depois foi preso e acusado de tentativa de homicídio.

Eu moro a dezesseis quilômetros do Chowder Pot, e o tempo todo passo por ele dirigindo, na rodovia US 1. Quando minha filha era muito pequena, ficava bastante assustada com a lagosta gigante no topo do prédio e cobria o rosto com as mãos quando nos aproximávamos. Assim, como muitas pessoas daquela área, acompanhei as notícias sobre o incidente enquanto se desenrolavam e, dois dias depois, um artigo no *Branford Eagle* dizia: "A polícia não conseguia entender, no domingo, como uma rivalidade no beisebol pôde dar tão errado".[35] Ora, os fãs de esportes sabem muito bem que as rivalidades são intensas e às vezes podem se tornar violentas, e eu, como psicólogo, sabia que os esportes são uma réplica ritualizada moderna das condições tribais nas quais nossa mente evoluiu. E, no mundo dos esportes, Yankees versus Red Sox era, tanto quanto possível, a mesma coisa que "nós" contra "eles".

Mas como demonstra a citação do que dissera a polícia local, isso pode parecer muito estranho para quem não é fã de esporte algum; afinal, trata-se de homens adultos jogando um jogo de crianças, algo que dificilmente vale o ato de matar outra pessoa. Numa recente e rotineira apresentação de stand-up, Jerry Seinfeld representou o papel de alguém alheio a esportes, com o mote perfeito. Ele vai a um jogo de beisebol com um amigo. Comete o erro de gritar o nome de um jogador pelo qual eles tinham torcido na última vez em que tinham ido juntos a um jogo. "O que você está *fazendo*?", diz o amigo, com um olhar espantado. "Ele está jogando pelos Phillies!" Jerry parece ficar intrigado: "Mas você adorava essa cara no ano passado". "Foi quando ele era um Met!", diz o amigo, já quase exasperado. "Ahhh, entendi", diz Jerry, como se tudo se tornasse claro. "Nós torcemos *pelas roupas*".

Até a década de 1970, e o advento do livre agenciamento de jogadores, eles não mudavam de time tantas vezes, e os fãs do beisebol podiam crescer torcendo praticamente pelos mesmos jogadores durante toda a infância. Hoje as coisas são muito diferentes, e um jogador "odiado" de um time rival pode de repente ser perdoado pelos fãs, que passam a torcer por ele. Seinfeld tinha razão. Quando olhamos isso com mais profundidade, agora nós de fato torcemos pelas roupas.

Há dois experimentos de psicologia, um antigo e um novo, que demonstram quão transitórios e maleáveis podem ser esses sentimentos de "nós" contra "eles", e têm a ver com a violência sem sentido que aconteceu no Chowder Pot naquela noite. Mas esses estudos demonstram também que há esperança de que possamos controlar o ódio e a hostilidade em relação a grupos externos a nós. Se "eles" forem incluídos em um novo "nós", poderemos ser todos felizes juntos. Se os "eles" anteriores se tornarem parte de "nosso" time, assim como os jogadores de beisebol que são negociados de um time para outro, o "não gostar" pode de repente mudar para "gostar".

O estudo clássico foi feito há setenta anos no Robbers Cave State Park, no leste de Oklahoma, à margem da Autoestrada 2. Aninhado aos pés dos montes Ozark, Robbers Cave é um parque natural protegido, que contém lagos, trilhas para percorrer a pé ou a cavalo e áreas de acampamento com cabanas. Foi nesse lugar tranquilo, no verão de 1949, que Muzafer e Carolyn Sherif realizaram um dos mais famosos experimentos na história da psicologia.[36]

Os Sherif convidaram um grupo de garotos com doze anos — sendo que os garotos não se conheciam — para acampar por alguns dias na área dos escoteiros do parque. Os garotos eram todos brancos, protestantes, de famílias da classe média baixa. Não sabiam que estavam participando de um experimento. O que os Sherif esperavam estudar sobre conflitos e cooperação entre grupos dependia de serem criados dois grupos de garotos, uma divisão comparável à existente entre duas torcidas por times diferentes. Dividiram os meninos nesses grupos assim que chegaram, mantendo-os separados, de modo que nenhum dos grupos sabia da existência do outro. Durante vários dias, cada grupo caminhou e nadou e se integrou em sua parte do campo, tornando-se uma espécie de equipe. Descobriram quem eram seus líderes naturais, estabeleceram um tipo de hierarquia e se aglutinaram num coletivo unido. E, como garotos costumam fazer, cada grupo adotou um nome — um eram os Águias, o outro, os Cascavéis.

Veio então o revés. Os Sherif juntaram os dois grupos. Mas isso não foi tudo. Como os garotos logo descobriram, não só havia agora outra "tribo" entre eles, como também teriam de competir com esse novo adversário (o grupo de fora) em jogos como cabo de guerra e — é claro! — beisebol.

A vida dos garotos no campo mudou abruptamente. Seu comportamento coletivo e individual agora passava por um filtro bastante simplificado de nós contra eles. Os Cascavéis mobilizaram seu espírito de grupo *contra* os Águias, compactando-se numa união mais estreita e antagonizando o que percebiam como inimigo. Cravaram a bandeira de seu grupo no solo do campo de jogo e ameaçaram os Águias, advertindo-os de que não se metessem com ela. Os Águias, é claro, descobriram um jeito de queimar a bandeira dos Cascavéis, depois sujaram sua cabana. Logo as tensões esquentaram tanto que os "conselheiros" por fim tiveram de intervir fisicamente para impedir que os garotos se machucassem.

O experimento dos Sherif em Robbers Cave, no estilo de *O senhor das moscas*, foi inquietante, dada a facilidade com que fora manipulada a tendência de os garotos gostarem ou desgostarem uns dos outros apenas dividindo-os em dois grupos; e desanimadora, por essas atitudes terem se transformado tão rápido em atos hostis. Ficou mais fácil compreender como incidentes terríveis, como o que quase matou Monte Freire, podem acontecer.

No final daquele estranho, balcânico verão dos doze garotos, os experimentadores tentaram acabar com a hostilidade e a animosidade entre os dois grupos. Fizeram isso dando aos garotos alguns importantes objetivos comuns, que só poderiam ser realizados se trabalhassem todos juntos. Por exemplo, no percurso de volta de um lugar afastado do parque, o veículo que conduzia os garotos ficou atolado num trecho enlameado da estrada. Somente puxando-o todos juntos por meio de cordas seria possível desatolar e chegar de volta ao acampamento — o que fizeram, com muita comemoração e orgulho. Depois de mais algumas realizações conjuntas, eram agora um só time, rindo e se divertindo juntos. Os antes amargos rivais agora eram grandes amigos. Sua identidade "nós" havia sido fortalecida pelos objetivos comuns compartilhados — em vez de Cascavéis e Águias, eram todos garotos do mesmo acampamento de verão.

Num experimento moderno com a mesma temática, os psicólogos Jay van Bavel e Wil Cunningham demonstraram como um racismo inconsciente pode ser "desracializado" quando membros do grupo racial alheio tornam-se membros do grupo principal.[37] Ao apresentar rostos negros a participantes brancos dizendo que serão membros de sua equipe na tarefa seguinte, as posturas no início implicitamente negativas dos participantes em relação a esses mesmos rostos negros (medidas pelo IAT) subitamente mudaram para positivas. Isso aconteceu mesmo antes de realizarem qualquer coisa juntos, como uma equipe. Assim, como no caso do estudo com os garotos em Robbers Cave, nossas reações inconscientes a grupos sociais, de ficar ou ir embora, não são, de modo algum, inerentes a nós ou imutáveis. Os participantes no experimento de Van Bavel não estavam torcendo pela cor da pele naquela segunda tarefa do IAT. Estavam torcendo pelas roupas.

6. Quando confiar em seu instinto?

Às 9h40 de uma manhã de segunda-feira na cidade de Nova York, quatro dias antes do Natal de 1982, um homem de 29 anos chamado Reginald Andrews estava numa plataforma do metrô, em Greenwich Village, aguardando o trem em sentido norte. Estava desempregado havia mais de um ano e acabava de sair de uma entrevista numa indústria de embalagem de alimentos localizada nas proximidades. Não estava especialmente otimista quanto ao seu sucesso na entrevista. Calculava ter se candidatado a quase mil vagas durante o último ano, mas ainda estava desempregado, e as coisas pareciam ficar cada vez piores para ele, sua mulher e seus oito filhos. A companhia telefônica cortara sua linha havia pouco tempo, e estavam sobrevivendo graças à generosidade de pessoas conhecidas de sua comunidade.

O trem chegou e Andrews foi em direção às portas, com os demais passageiros. Ao fazê-lo, notou algo alarmante: um idoso cego que se encaminhava para embarcar no trem confundiu, tateando com a bengala, o espaço entre dois vagões com a porta do vagão — e caiu nos trilhos.

Não havia tempo para analisar a situação antes de o trem partir, apenas alguns segundos para agir. Gritando freneticamente para os outros passageiros, a fim de alertá-los, Andrews pulou da plataforma para os trilhos e se juntou ao homem.

Quando as pesadas rodas do trem começaram a ranger, pondo-se em movimento, Andrews puxou David Schnair, de 75 anos, que estava ferido, para um vão debaixo da borda da plataforma. Andrews sabia que aquele vão estava lá? Tinha planejado isso quando pulou lá embaixo? Não importa. Eles estavam fora do trajeto do trem quando ele parou. Um dos outros passageiros, uma mulher, tinha conseguido avisar o condutor. Funcionários do metrô cortaram a energia nos trilhos, e pouco depois os dois homens foram içados em segurança. Schnair tinha sobrevivido a seu quase mortal acidente nos trilhos, e Andrews tinha sobrevivido a seu quase mortal ato de heroísmo. E, felizmente, aquele combalido homem de família foi recompensado por seu heroísmo — e muito.

No dia em que Reginald Andrews realizava seu incrível ato de bravura, eu estava a apenas alguns quarteirões daquela estação de metrô, num apartamento na Universidade de Nova York, trabalhando duro no capítulo de um livro que eu tinha de terminar em duas semanas. O resgate no metrô estava em todos os noticiários locais naquela noite, e depois as redes de notícias também cobriram a história. A cobertura nacional atraiu a atenção de ninguém menos que o presidente Ronald Reagan, e ele mencionou Andrews no dia seguinte em sua igreja quando respondia a perguntas de jornalistas, e depois telefonou para Andrews. No início, Andrews pensou que se tratava de um trote, mas no decorrer da ligação, tendo reconhecido a voz, deu-se conta de que não era uma brincadeira. Era mesmo o presidente dos Estados Unidos quem estava na linha. Reagan felicitou Andrews por seu ato heroico e lhe desejou um feliz Natal. Mais tarde, o presidente ligou para a fábrica onde Andrews havia sido entrevistado na manhã daquela segunda-feira. Reagan falou com o supervisor e sugeriu que contratasse Andrews. É claro que foi isso que o supervisor fez.

A decisão visceral de Andrews tinha salvado não apenas uma vida inocente, como também a segurança econômica de sua família. Lembro de ter assistido, um mês depois, ao discurso anual do presidente dos Estados Unidos no Congresso sobre o Estado da União, e é vívida em minha lembrança o momento em que Reagan contou à audiência o que Andrews tinha feito, e apontou para ele, na galeria do Capitólio, onde estava como convidado, e ele foi aplaudido de pé pelos senadores, congressistas homens e mulheres, e juízes da Suprema Corte lá reunidos naquela noite.

Agora, faço um avanço rápido de dezoito anos para 11 de maio de 2010. Era uma tarde de quinta-feira, e Rose Mary Mankos estava em outra plataforma de metrô em Manhattan, no Upper East Side, aguardando outro trem.

A advogada de 48 anos do bairro de Stuyvesant Town, alguns quilômetros ao sul, estava no meio de uma multidão de estudantes que, após as aulas, estava a caminho de casa. Ela carregava uma mochila preta LeSportsac, que inadvertidamente deixou cair nos trilhos. O que devia fazer? Ela pulou da plataforma para pegar a mochila.

Para muita gente, a distância do leito dos trilhos até a plataforma parece ser fácil de escalar. Mas, como bem sabem as autoridades de trânsito (que tentam advertir possíveis escaladores), não é. É difícil escalar a beirada da plataforma para sair do vão dos trilhos. Essa era a situação horrível em que Mankos se encontrava — ela não sabia como voltar para a plataforma — quando ela e todos que aguardavam na estação ouviram o fatídico rumor de um trem se aproximando da estação.

Houve quem gritasse a ela que se deitasse entre os trilhos. Disseram-lhe que os vagões passariam acima dela, mas a mulher estava assustada demais para fazer isso. O condutor do trem que chegava viu que estava indo em direção a uma pessoa, bem à sua frente, e acionou os freios de emergência enquanto apertava fundo no botão da buzina, seu barulho ensurdecedor encheu o espaço da estação. Não adiantou. Enquanto a velocidade do trem diminuía, Mankos tentou se espremer contra a plataforma, mas não conseguiu escapar da trajetória do trem. Ela morreu.

Foram duas pessoas que pularam da plataforma para os trilhos do metrô, em duas crises de risco de vida, com dois resultados radicalmente diferentes — ambos definidos por uma decisão visceral tomada naquele momento. Para um, a decisão visceral fez dele um herói e mudou sua vida para melhor. Para a outra, levou ao terrível e prematuro fim de sua própria vida. Em retrospecto, é fácil concluir que Andrews tomou a decisão correta, e Mankos não — é sempre fácil, depois de o fato estar consumado, identificar as vezes em que é bom confiar no instinto e as vezes em que não é tão bom. Mas precisamos saber qual é a coisa certa a fazer antes de fazê-la, e não depois. Livros inteiros — sucessos de vendas — publicados nos últimos anos parecem dar conselhos completamente conflitantes quanto a essa questão: podemos confiar em nossas intuições (*Blink: A decisão num piscar de olhos*, de Malcolm Gladwell), ou não (*Rápido e devagar*, de Daniel Kahneman)? A resposta está no meio do caminho. Há momentos nos quais você pode e deve, e momentos nos quais não pode e não deve seguir sua intuição. Vou apresentar oito regras simples, criadas com base em evidências acumuladas em pesquisas, para quando se deve e quando não se deve confiar em seu instinto visceral.

Em geral, tendemos a confiar em nossa intuição. Em um estudo feito pelos pesquisadores do processo de decisão Carey Morewedge e Michael Norton e seus colegas, pessoas relataram que suas intuições e sensações viscerais — como quando se tem um palpite e a mente vagueia em algum tema quando estão lendo, quando ideias parecem simplesmente espocar em suas cabeças — revelavam mais quanto a seus verdadeiros sentimentos, seus "eus" reais, do que revelavam seus pensamentos conscientes, como quando estavam pensando deliberadamente em alguma coisa, tentando resolver um problema ou planejando algo.[1] Os participantes classificaram o nível de espontaneidade de cada variedade de suas experiências mentais e avaliaram em separado o quanto cada tipo de experiência revelava sobre suas verdadeiras crenças e reais sentimentos. Essas duas avaliações eram altamente relacionadas — quanto mais espontânea e menos intencional era uma experiência mental, como um sonho ou um ato falho freudiano, mais as pessoas confiavam que se tratava de um insight revelador sobre si mesmas.

Por que confiamos em nossa intuição, até mais do que em nosso pensamento cuidadoso? Basicamente, confiamos em nossa intuição pelo mesmo motivo que confiamos em nossos sentidos. A informação que chega às nossas mentes de forma fácil e natural, sem que tenhamos de interpretá-la ou dedicar a ela qualquer esforço, parece "verdadeira" e "parte do mundo lá fora", da mesma forma que quando olhamos para uma planta muito grande em nosso quintal sabemos na mesma hora, e sem ter de pensar sobre isso, que se trata de uma árvore. Eu posso olhar pela janela, além do lago, para uma cordilheira baixa que o sol nascente ilumina contra o azul pálido do céu, e imaginar o Stay Puft, o homem de marshmallow, caminhando na crista dessa cordilheira. Mas usando apenas minha imaginação, posso criar apenas uma imagem difusa disso, e sei que estou trabalhando duro para imaginá-lo, e por isso sei que não é real. Se o sr. Stay Puft estivesse de fato lá na crista, a experiência visual seria muito mais forte e clara, e eu não teria de tentar produzi-la. O quanto eu tenho de me esforçar para ver a imagem (usando minha imaginação) é um indício muito poderoso de se aquilo que estou "vendo" é real ou não. Tendemos a confiar em nossas intuições por razões similares: quanto mais facilmente determinado pensamento surge em nossa mente, sem que tentemos produzi-lo, mais confiamos em sua validade e menos duvidamos de que seja verdadeiro. Nós somos programados para confiar em nossos sentidos, sem questioná-los; a alternativa, não confiar neles e questioná-los, é ser psicótico, e estar nesse estado é muito assustador.

REGRAS PARA QUANDO CONFIAR EM SEU INSTINTO: 1-4

E se a informação com a qual nos deparamos no mundo não chegar com facilidade e clareza aos nossos sentidos? E se está escurecendo e não temos certeza de que é nosso amigo quem está vindo em nossa direção, ou se é nosso cachorro que está lá entre os arbustos, e precisamos olhar com mais atenção e pensar em quem ou o que é aquilo? Não estamos, então, muito confiantes em relação àquilo que achamos que estamos vendo — e é aí que a reação visceral entra em ação. Temos de apostar em qual é a coisa certa a fazer, e esperar que essa aposta em nós mesmos valha a pena.

Assim, ao mesmo tempo que tendemos a confiar em nossas intuições, também reconhecemos que elas podem estar erradas ou ser ilusórias. Quando comecei a trabalhar neste capítulo, criei um grupo no Reddit, uma mídia social e centro de debates, perguntando aos usuários sobre as vezes em que suas reações viscerais acabaram se revelando totalmente erradas. Notei que as respostas se encaixavam em duas categorias principais: medo, quando, na verdade, nenhum medo era necessário, e excesso de confiança, quando era preciso exatamente o oposto. Na primeira categoria, uma mulher escreveu sobre como, após o primeiro encontro com seu atual namorado, ela ficou convencida de que ele era um "galinha". Ela o manteve à distância, até por fim conseguir enxergar além de seus instintos de precaução e se dar conta de que "ele é o mais doce e fiel dos homens". Outras pessoas escreveram sobre as vezes em que pensaram que alguém estava em perigo (por causa de um som estranho ou uma rua escura de aspecto assustador) e correram para ajudar, apenas para descobrir que a situação era inofensiva. Na segunda categoria, a de excesso de confiança, um homem escreveu que sempre pensava que as garotas por quem ele se interessava iriam se aproximar e reparar nele, mas isso nunca acontecia. Outro usuário do Reddit escreveu sobre como costumava achar que tinha se saído bem nos testes, mas acabava tendo resultados bem ruins. Todas as respostas às minhas perguntas eram bastante descontraídas, mas deixavam claro o quanto era comum que nossos "lampejos" nos cegassem.[2]

Os dois saltadores do metrô, Andrews e Mankos, tiveram de agir sob pressão extrema do tempo. Tinham de agir com rapidez ou o homem cego seria morto, e a mochila destruída. Os dois apostaram alto com suas próprias vidas. Com a vantagem do retrospecto, porque estamos cientes dos resultados diferentes, sabemos que Andrews fez a escolha certa e Mankos fez a escolha errada. Mas poderia facilmente ter sido o contrário. Andrews e o homem cego poderiam ter sido mortos se Andrews não tivesse tido tempo para enfiar a si mesmo e ao outro naquele vão; Mankos poderia ter sido ajudada por outros passantes a subir na plataforma ou o trem poderia ter conseguido parar a tempo. Mas Andrews seria assim mesmo um herói por sua tentativa altruísta de salvar outra pessoa arriscando a própria vida, ao passo que Mankos seria uma trágica assumidora de risco, já que sua mochila não valia a aposta que ela fez. Mesmo se tivesse conseguido escapar em segurança, teria feito uma má escolha. A diferença nos resultados de vida ou de morte parece se coadunar com a diferença no tipo de ganho que esperaram ter. Num caso, a vida de uma pessoa inocente e desamparada; no outro, uma mochila. Num deles, vale a pena arriscar a vida; no outro, não. Mas tanto Andrews quanto Mankos confiaram em seus impulsos viscerais. O que fazer quanto a isso?

Como no caso trágico de Rose Mary Mankos, nossa intuição pode nos levar para o caminho errado se nos apressarmos a aceitar respostas intuitivas que se provariam erradas com apenas um momento de reflexão.[3] O pesquisador de processos de decisão Shane Frederick desenvolveu um teste simples com três itens para dimensionar a tendência de uma pessoa a tomar decisões intuitivas rapidamente e sem refletir sobre elas.[4] Por exemplo: *Se cinco máquinas de produção de certo dispositivo levam cinco minutos para fazer cinco dispositivos, quantos minutos cem máquinas dessas levariam para produzir cem dispositivos?* Muita gente logo responderia cem minutos, porque essa resposta acompanha o padrão dado como exemplo na premissa. Parece certo. Como o padrão da premissa é cinco, cinco, cinco, o padrão incompleto da resposta, cem, cem, deveria ser completado com cem. Mas a resposta correta é na verdade cinco minutos, que é o tempo que cada máquina leva para produzir um dispositivo. Não importa quantas máquinas se tenha, cada uma levará cinco minutos, e assim cem máquinas produzirão cem dispositivos em cinco minutos (um dispositivo cada máquina). Isso me faz lembrar daquela velha pegadinha de pedir a um amigo que complete cada sentença o mais rápido possível: "Para ver um filme a gente vai ao...?" CINEMA. "Um texto em verso é um...?" POEMA. "O avestruz brasileiro é a...?" EMA. "E a parte branca do ovo é a...?" GEMA. *Peguei você!*

Não questionar nosso impulso instintivo pode às vezes nos render uma ovada na cara.

Isso já revela duas regras básicas para quando você pode confiar nesse impulso: *A regra número 1 é que você deve suplementar esse impulso com pelo menos um pouco de reflexão consciente, se tiver tempo para isso.* (Às vezes, como no caso de Reginald Andrews, não temos esse tempo; mas no caso de Mankos, ela tinha.) Os pensamentos consciente e inconsciente têm forças distintas e fraquezas distintas, como veremos a seguir, e usar os dois, se puder, é o melhor a fazer. Verifique o que está fazendo, se puder! *A regra número 2 é que, quando você não tiver tempo para pensar sobre a questão, não assuma grandes riscos por pequenos ganhos confiando apenas em seu instinto.* A vida do homem cego era valiosa para Andrews, Deus o abençoe por isso. Mas a mochila não valia o risco. Saiba o que está em jogo. (A atitude de assumir grandes riscos por pequenas recompensas me faz lembrar de todos os motoristas do meu bairro — andam colados no meu para-choque traseiro a oitenta quilômetros por hora ou mais rápido ainda. Grande risco, ganho muito pequeno — simplesmente não consigo entender.)

Os pesquisadores do processo de decisão em geral não gostam da intuição e tendem a descrever a reflexão consciente como o mocinho que vem a galope nos salvar do instinto que nos induz a erro.[5] Mas mocinhos também podem cometer erros. Sim, podemos ponderar de menos, mas também podemos ponderar *de mais* sobre nossas escolhas, e assim serão nossas deliberações conscientes que nos levarão para o caminho errado. Timothy Wilson e Jonathan Schooler descobriram isso estudando geleia de morango, aulas de faculdade e pôsteres de gatos. (Eles fizeram os experimentos um de cada vez, sem enfocar essas três coisas juntas, o que provavelmente seria confuso.)

Em seu primeiro estudo, pediram aos participantes que avaliassem a qualidade de diferentes marcas de geleia, depois compararam essas avaliações com as de especialistas. Descobriram que os participantes a quem se pedira que dispusessem do tempo que fosse necessário para analisar conscientemente as geleias tinham manifestado preferências que diferiam mais das dos especialistas comparadas com as dos que responderam segundo o "impulso" de suas papilas gustativas. No segundo estudo de Wilson e Schooler, eles entrevistaram centenas de estudantes de faculdade quanto à qualidade de uma sala de aula. Mais uma vez, aqueles a quem se pediu que pensassem por um momento em sua decisão ficaram mais distantes da opinião dos especialistas do que os que só responderam de acordo com suas percepções iniciais. E, no estudo final, os participantes tinham de escolher o pôster que levariam consigo como brinde por terem participado do estudo.[6] Eles podiam escolher entre dois tipos de pôster: um com reprodução de quadros, como o das íris de Van Gogh ou os nenúfares de Monet, ou pôsteres bobos com caricaturas de gatos. Foram solicitados a escolher de imediato ou que pensassem primeiro nos motivos de sua escolha. Na condição de reação "instintiva" apenas 5% escolheram o pôster bobo com o gato, mas na condição de "pense primeiro", 36% escolheram esse pôster. Três semanas depois, os participantes foram contactados e se perguntou a eles se estavam gostando do pôster pendurado em suas paredes. Os que tinham seguido mais espontaneamente seu impulso estavam mais felizes com o brinde que tinham escolhido do que os que tinham decidido depois de pensar nisso primeiro. O julgamento rápido e imediato previu melhor a satisfação futura do que a consideração cuidadosa e paciente da escolha.

Quando o estudo da "geleia de morango" foi publicado, no início da década de 1990, Shelly Chaiken e eu estávamos em meio à pesquisa de atitude automática que descrevi no capítulo 5. Consideramos que as descobertas de Wilson e Schooler estavam muito sintonizadas com nossas próprias conclusões. Em nossos estudos, quanto maior era o envolvimento de processos de avaliação consciente e intencional, mais difícil era detectar o efeito da atitude inconsciente, e mais fracos eram esses efeitos. Era como se os processos de avaliação consciente estivessem *interferindo* nas avaliações mais naturais e inconscientes dos objetos de nossos estudos. Assim aconteceu também nos estudos da geleia de morango — quanto mais as pessoas pensavam no que sentiam em relação à geleia, menos sua opinião declarada refletia suas verdadeiras e subjacentes atitudes.

As distintas forças e fraquezas dos processos de decisão consciente e inconsciente foram reveladas numa inovadora série de estudos pelos pesquisadores holandeses Ap Dijksterhuis e Loran Nordgren e seus colegas, quando testavam sua Teoria do Pensamento Inconsciente, ou UTT, na sigla em inglês.[7]

Dijksterhuis e Nordgren foram os primeiros a estender o estudo dos processos mentais inconscientes ao domínio do julgamento e da tomada de decisões, um dos últimos bastiões da ciência da psicologia a aceitar um papel desempenhado pelo inconsciente. A ciência da psicologia presumia havia muito tempo que julgamentos e decisões eram quase exclusivamente atividades conscientes. Claro que houve muitos estudos durante os últimos cinquenta anos, sendo os mais famosos os de Daniel Kahneman e Amos Tversky, que mostraram os atalhos irracionais ou heurísticos que as pessoas pegam quando tomam decisões conscientes, mas nesses estudos o processo efetivo de fazer julgamento e tomar decisão sempre foi um processo consciente, deliberado. A pesquisa da UTT de Dijksterhuis e Nordgren demonstrou que os julgamentos *em si mesmos* poderiam ser feitos inconscientemente durante um período em que a mente consciente estivesse distraída fazendo algo totalmente diferente. Não apenas isso — e o que é mais provocador —, eles também concluem que os resultados do processo de decisão inconsciente com frequência eram *superiores* aos de julgamentos feitos conscientemente.

Como eles testaram isso? Primeiro, forneceram aos participantes as informações necessárias para fazer um julgamento — por exemplo, qual seria o melhor carro para comprar ou o melhor apartamento para alugar — entre quatro possíveis alternativas. Fizeram com que cada uma das quatro alternativas variasse em parâmetros relevantes (quilometragem, preço, confiabilidade, luxo). Assim, um dos modelos de carro podia ter a melhor quilometragem por litro, porém um preço mais elevado, além de requerer moderado volume de serviço na oficina; outro podia fazer poucos quilômetros por litro, mas não precisava de nenhum serviço na oficina; e assim por diante. As quatro alternativas foram deliberadamente construídas de modo que houvesse de fato uma resposta objetivamente correta à questão de qual seria a melhor compra, levando em conta todas as quatro características. O mesmo foi feito em relação à escolha do apartamento: um podia ter o melhor preço de aluguel, mas não a melhor localização; outro podia ter mais espaço, mas não a melhor vista etc.

Depois de os participantes lerem todas as informações sobre os carros ou os apartamentos, pediu-se a alguns deles que ponderassem qual era o melhor carro ou o melhor apartamento, enquanto os outros foram impedidos de pensar sobre isso (isto é, conscientemente) durante o mesmo período de tempo. Para tanto, os participantes do segundo grupo tiveram de realizar uma difícil tarefa mental que exigia deles toda a atenção disponível. (Imagine, por exemplo, contar de trás para a frente, a partir de 643, de sete em sete, o mais rápido possível.) Concluída essa tarefa, os participantes tomavam suas decisões quanto ao melhor apartamento ou o melhor carro. E eis que entre os que tomaram a melhor decisão houve mais participantes na condição de pensamento inconsciente do que participantes em condição de pensamento consciente. Os pesquisadores então replicaram esse efeito em vários estudos semelhantes. Apesar de essa descoberta ter sido bastante surpreendente quando publicada pela primeira vez, ela confirmava o que Freud havia escrito mais de cem anos antes em *A interpretação dos sonhos*: "As façanhas do pensamento mais complicadas são possíveis sem a ajuda da consciência".[8]

Como é que os participantes na condição de julgamento inconsciente fizeram a melhor escolha? Aqui, mais uma vez, uma pesquisa da neurociência ajudou a explicar o que aconteceu com os participantes que tomaram decisões inconscientes durante o período em que tinham sido distraídos. Quando David Creswell e seus colegas neurocientistas na Universidade Carnegie Mellon obtiveram imagens dos cérebros dos participantes durante o experimento, tanto quando estavam lendo sobre os diversos carros e apartamentos quanto mais tarde, durante o tempo de "pensamento inconsciente" (instintivo), descobriram que a área do cérebro que estava ativa quando os participantes aprendiam conscientemente as características dos carros ou dos apartamentos continuou ativa durante o período em que foram distraídos pela tarefa mental (e estavam pensando inconscientemente). Além disso, quanto mais ativa estava a mesma área do cérebro durante esse período posterior de pensamento inconsciente, maior era a qualidade da decisão que eles tomavam.[9] Em outras palavras: a mesma parte do cérebro que foi utilizada primeiro para adquirir a informação importante foi usada depois pelos processos de instinto inconsciente na resolução do problema, enquanto a mente consciente estava em outro lugar.

Dijksterhuis, Nordgren e seus colegas continuaram a pesquisar as condições nas quais as decisões inconscientes foram tão boas quanto ou melhores do que as tomadas conscientemente, e as vezes em que as decisões conscientes foram superiores. Suas conclusões são de grande relevância para responder à nossa pergunta de quando podemos confiar em nosso instinto e quando não podemos. Decisões inconscientes tendem a ser melhores quando o julgamento é complexo e há vários parâmetros ou características que precisam ser combinados e integrados, como no caso dos carros e dos apartamentos. Nossa memória consciente em ação é limitada e não consegue reter tanta informação em dado momento; podemos lidar com até três coisas ao mesmo tempo numa boa, porém mais do que isso torna-se um esforço. Como nossa mente consciente só consegue se concentrar em poucas variáveis, a exemplo dos estudos da geleia de morango ou do pôster do gato, outras questões relevantes não são levadas em conta e não exercem a influência que deveriam. O pensamento consciente é poderoso, mas é limitado para a complexidade do que tem de ser considerado em dado momento. Ainda assim, os processos conscientes são melhores que os inconscientes se existir uma regra a ser seguida. Por exemplo, se você tiver de limitar suas escolhas quanto ao apartamento ou ao carro por causa do seu orçamento e precisa excluir as opções muito caras, ou se quiser ir para o trabalho a pé e por isso não pode morar a mais de 1,5 quilômetro de distância, nesses casos julgamentos conscientes serão melhores para levar em conta essas limitações. Uma pergunta que naturalmente surge é: Será que esses diferentes modos de pensamento podem funcionar juntos?

Em seus estudos mais recentes, os pesquisadores da UTT demonstraram como as melhores decisões são tomadas mediante uma combinação de processos conscientes e inconscientes, e nesta ordem: *conscientes primeiro, inconscientes depois*.[10] Por exemplo, primeiro é preciso eliminar de forma consciente qualquer opção que não atenda aos critérios necessários, como ser caro ou pequeno demais, muito longe, e assim por diante. Só depois disso você deve dar ao processo de julgamento inconsciente as opções que passaram no primeiro teste, dedicando-se a fazer alguma outra coisa sem pensar (conscientemente) na escolha a ser feita durante um período, para depois então verificar como se sente a respeito.

Nossa capacidade de resolver problemas complexos inconscientemente, sem a ajuda do pensamento consciente, faz sentido de um ponto de vista evolucionário, considerando o fato de que nossas aptidões de pensar conscientemente se desenvolveram numa etapa tardia da história da humanidade. Com isso em mente, faria sentido que os mecanismos de pensamento inconsciente funcionassem melhor para os tipos de problemas mais encontrados nos "velhos tempos" de nosso passado mais antigo, como avaliar um modo justo de tratar os outros ou identificar quem estava prejudicando os outros num grupo. Essa capacidade de fazer tais distinções era um elemento-chave para uma vida social harmoniosa e a solidariedade no grupo. Os pesquisadores Jaap Ham, Kees van den Bos e seus colegas aplicaram a ideia da UTT a problemas afins que poderiam surgir na vida moderna, como julgar se existe culpa ou inocência num processo judicial complexo e julgar se há equidade nos processos de contratação de uma companhia.

Nascemos sensíveis às violações do tratamento equitativo e com a capacidade de detectar quem está causando dano a outros, e assim atribuir a eles culpa e responsabilidade.[11] Pesquisas recentes demonstraram que mesmo crianças de três a cinco anos são bastante sensíveis a essa equanimidade nas permutas sociais.[12] Elas preferem abrir mão de um prêmio extra (uma borracha) a ver uma criança ganhar mais do que outra — mesmo que o prêmio extra pudesse ir para elas mesmas. Claro que as duas considerações, a da culpa e a da equanimidade, estão relacionadas. Veja a enorme atenção dada pelo público e pela mídia alguns anos atrás à aparentemente trivial questão de se Tom Brady, o *quarterback* do time de futebol americano dos Patriots, da Nova Inglaterra, estava envolvido num ligeiro esvaziamento da bola num jogo. Em comparação com os problemas mundiais ou nacionais, essa é uma questão muito insignificante; no entanto, foi o centro da atenção do público americano e dominou o noticiário durante semanas, e até meses. Ainda somos muito parecidos com nossos há muito esquecidos "eus" infantis que gritam "Ladrão!" quando reconhecemos alguma injustiça em um jogo.

Ham e Van den Bos usaram o procedimento padrão do estudo da UTT que consiste num período de três minutos de pensamento consciente imediato e um período de três minutos em condição de distração (pensamento inconsciente) para ver se resolvemos esses problemas inconscientemente. Os participantes julgaram a equanimidade (ou seja, a imparcialidade) de complexos processos para admissão de candidatos a um emprego. Foram descritos quatro desses procedimentos: um era objetivamente o mais justo, e outro, o mais injusto, ficando os demais num plano intermediário. No procedimento mais justo, por exemplo, o processo de admissão foi explicado com clareza, e todas as informações apresentadas pelo candidato foram lidas e consideradas na decisão de contratar ou não. No procedimento menos justo, o processo de admissão não foi descrito com muita clareza e apenas um dos quatro testes aos quais os candidatos foram submetidos foi usado na decisão de contratar. Os participantes foram divididos em grupos, alguns na condição de decisão imediata e consciente, outros na condição de decisão inconsciente e, mais uma vez, os que estavam na condição de decisão inconsciente saíram-se melhor em dizer qual dos procedimentos tinha sido o mais justo.

Em outro estudo, os participantes receberam muitos detalhes sobre um processo judicial real na Holanda, um caso complicado no qual uma garota que ainda não atingira a maioridade pegou um cavalo e uma carroça para dar uma volta sem a autorização do dono ou dos pais. Em uma total coincidência, um vizinho escolheu justamente esse momento para acionar explosivos a fim de afastar as aves de sua plantação. A explosão fez o cavalo disparar, o que acabou ocasionando ferimentos no animal e danos à carroça. Era um caso complicado, porque havia muitos fatores e várias partes culpadas. Um árbitro vinculante havia determinado que cada uma das quatro partes envolvidas (o vizinho, a garota, os pais dela e o dono do cavalo e da carroça) era responsável, em diferentes graus, pelo prejuízo causado, mas os participantes no estudo não sabiam disso. Eles tinham de atribuir a culpa e a responsabilidade sozinhos.

Depois de apresentadas todas as evidências, um grupo de participantes fez seu julgamento de imediato; a outro se permitiu que pensasse durante três minutos antes de se manifestar; e o último grupo realizou uma tarefa diversionista durante três minutos e depois apresentou seu parecer. A medida para avaliar a precisão do julgamento foi o quanto ele se aproximava do que fora efetivamente determinado pelo árbitro, e o aspecto importante em questão era o grau de responsabilidade de cada parte. Mais uma vez, foram os participantes na condição de uma tomada de decisão inconsciente que fizeram o julgamento mais preciso sobre esse caso judicial. Essa descoberta tinha uma clara importância prática, uma vez que os jurados (ao menos nos Estados Unidos) não têm permissão de tomar notas ou de recorrer a qualquer assistência tecnológica quando estão fazendo um julgamento. Os processos nos tribunais costumam ser complexos; muitas peças diferentes de informação devem ser consideradas, vários elementos de provas apontam em direções diferentes, e pode haver circunstâncias atenuantes a serem levadas em conta também. Processos de decisão inconscientes dão melhor resultado na combinação e na integração de toda essa complexidade.

No entanto, para decisões complexas de cunho financeiro ou para qualquer decisão para a qual dados concretos e quantificados são relevantes, é obviamente melhor usar computadores e os dados relevantes do que se fiar num período de atenção-distração, propiciando o pensamento inconsciente. O best-seller *Moneyball: O homem que mudou o jogo*, de Michael Lewis, mostrou como as melhores decisões no processo de arregimentar e negociar jogadores de beisebol profissionais podem ser tomadas se baseando menos na intuição de olheiros e mais nos aspectos quantificáveis do jogo, como a velocidade dos que têm de recolher a bola rebatida pelo batedor.

Sou um grande fã de beisebol, e agora já faz quase vinte anos que jogo o que se costuma chamar de "beisebol de rotisseria". Esse era o jogo "de fantasia" original de todos os esportes, no qual os jogadores assumem o papel de gerente de um time profissional e convocam a equipe inicial de jogadores de determinado esporte. Hoje, milhões de pessoas se divertem com esses jogos todos os dias. Eu jogo a versão que se estende por toda uma temporada. É altamente competitivo, e uma das partes mais importantes acontece bem antes do início da temporada de beisebol real — o dia em que você e seus competidores montam seus times. A preparação é a chave. A partir de janeiro já estamos vasculhando os muitos guias que são publicados com fatos e números sobre todos os principais jogadores da liga principal.

Os avanços tecnológicos aumentaram muito os tipos de informação objetiva disponível sobre todos os jogadores e eliminaram muitos dos aspectos "viscerais" ou intuitivos do jogo — tanto no jogo de fantasia quanto no trabalho do gerente na vida real. A Major League Baseball instalou radares e outros dispositivos sensíveis nos estádios, e assim companhias como a StatCast podem medir eventos como a força com que se bate na bola — sua "velocidade de partida" em milhas por hora quando atingida pelo bastão do batedor. As bolas atiradas em curva pelo *pitcher*, o arremessador, podem ser medidas em termos de giros por segundo. E embora as ligas de fantasia não costumem utilizar esses recursos, existem muitos dados reunidos sobre jogadas defensivas, como a velocidade do defensor ao perseguir uma bola rebatida em voo e a eficácia do percurso que ele faz para apanhá-la. Em acréscimo a esses dados novos sobre o desempenho dos jogadores, há novas maneiras de se considerar os tipos tradicionais de dados coletados — como o percentual de bolas voadoras, de *hard contacts*, quando o taco atinge a bola em cheio, e o percentual de rebatidas depois de a bola entrar em jogo (isto é, rebatidas de lançamentos válidos) — para desenvolver índices mais precisos das aptidões de um jogador independentemente do desempenho de seus companheiros de time e do fator sorte.[13] (Por exemplo, uma média de rebatidas boas acima da média geral costuma ser atribuída apenas à sorte, e é esperado que com o tempo ela retroceda à média da liga, o que leva à predição de uma média mais baixa para aquele jogador num futuro próximo.)

Nos velhos tempos, antes de toda essa tecnologia e análise sofisticada de dados, os times de beisebol contavam com *scouts*, ou olheiros — comumente profissionais mais velhos com muita experiência e um bom "olho" para avaliar jogadores. Olheiros bem-sucedidos se valiam de critérios e dicas que ao longo dos anos haviam previsto os grandes sucessos da liga. A atividade do *scout* era, em muitos aspectos, uma forma de arte, pois eles se baseavam em grande medida na própria intuição, sua aptidão de rápida e misteriosamente discernir o talento com base em pequenas coisas que um olho não treinado nunca perceberia. O som do bastão atingindo a bola era muito mencionado pelos *scouts* — um certo tipo de *crack!* que sinalizava ter havido um contato sólido entre o bastão e a bola. Ou, no caso de arremessadores, o *pop!* da bola quando atingia a luva do receptor.

Mas os olheiros não estavam "adivinhando". Não teriam obtido o sucesso que tiveram durante tantos anos se estivessem. Eles eram capazes de captar os indícios importantes e conectá-los. Seu sucesso como olheiros se evidenciava em sua capacidade de prever quais, entre os jovens jogadores, se tornariam astros e quais não — e, é claro, os olheiros bem-sucedidos tinham um histórico melhor que os menos bem-sucedidos. Mas a natureza intuitiva de seu processo pessoal de avaliação fazia com que lhes fosse difícil justificar ou explicar suas reações viscerais aos mais jovens e menos experientes. Eram seus anos de experiência, de atenta observação, que lhes outorgava aquela aptidão. Em parte, estavam se valendo do que a ciência cognitiva moderna chama de "aprendizado estatístico" — nossa capacidade de, após uma boa dose de experiência, detectar regularidades no mundo, captar padrões e sequências confiáveis para determinar o que permite prever o quê — sem necessariamente estar apto a explicar ou mesmo ter ciência do que são essas previsões e esses padrões.[14] Isso advém naturalmente de uma observação atenta — de manter os dois olhos e a mente abertos — durante prolongados períodos.

Quando estou decidindo qual carro comprar, acesso websites relevantes para coletar informações confiáveis sobre quantos quilômetros um carro faz por litro de combustível, quanto exige de revisões e as características

193

pertinentes ao lugar onde eu moro, como boa condutividade em estradas cobertas de gelo e a altura em relação ao solo, por causa da neve no inverno. Mas nem todas as escolhas importantes da vida vêm com dados medidos e confiáveis quanto aos fatores cruciais. Na maioria dos aspectos de nossa vida diária, quase não dispomos de dados confiáveis para fazer as melhores escolhas e tomar as melhores decisões. Tomem o caso de Joe, por exemplo. Ele é solteiro, está se mudando para uma nova cidade e quer começar a namorar — em sites não existem artigos sobre isso. Nem sobre qual é a carreira à qual se adaptaria melhor e o satisfaria mais, se deve ir morar no centro urbano ou no subúrbio ou quais entre diversos ternos ou pares de sapatos ele deveria comprar. Talvez Joe consiga obter alguma informação objetiva que o ajude a tomar suas decisões, mas dificilmente será um conjunto completo de dados confiáveis sobre cada um dos aspectos relevantes. Poucas de nossas decisões na vida real vêm acompanhadas de evidências objetivas e cuidadosamente avaliadas, ou dos algoritmos de predição testados e aprovados que banqueiros de investimentos, e agora gerentes-gerais de times de beisebol, usam ao decidir quais ações comprar ou qual jovem e promissor jogador contratar. (E, mesmo nesses casos, a previsão está longe de ser perfeita.)

A pesquisa da Teoria do Pensamento Inconsciente (UTT) sustenta o ponto fundamental de que a evolução formatou nossas mentes de modo a que os processos de julgamento inconsciente produzam uma orientação razoavelmente acurada para nosso comportamento, em particular nos milhões de anos em que não tínhamos computadores, algoritmos e planilhas (ou beisebol). Com isso, chegamos à *regra número 3: Quando estiver diante de uma decisão complexa que envolve muitos fatores, e especialmente quando não dispuser de critérios objetivos (dados confiáveis) quanto a esses fatores importantes, leve seus instintos muito a sério.* Verifique como se sente depois de um período de distração em que faça algo que demanda muita atenção para afastar sua mente (consciente) da decisão. Ou deixe para decidir depois de uma noite de sono, porque o inconsciente nunca dorme, como veremos no capítulo 9.

Há mais um fator importante que influencia nossas reações viscerais imediatas — nossos objetivos e nossas motivações atuais — e esse é o tema do capítulo 8. O modo como nos sentimos em relação às pessoas que conhecemos e àquilo que consideramos fundamental em nossa vida, como o alimento, cigarros e álcool, pode mudar significativamente dependendo se ajudam ou dificultam o que estamos tentando realizar. Há estudos que demonstram, por exemplo, que tendemos a criar novas amizades com pessoas que nos ajudarão a alcançar nossos objetivos pessoais, e que somos menos propensos a nos tornar amigos de pessoas que são muito parecidas com aquelas, mas que não nos ajudariam a alcançar esses objetivos. A lista que fazemos de nossos melhores amigos na vida muda, dependendo de qual é nosso objetivo em determinado momento. Fumantes que querem parar de fumar e que não fumaram um cigarro há muitas horas, apresentam apreciações automáticas positivas em relação a itens relacionados com cigarros, por exemplo um cinzeiro, mas apreciações inconscientes negativas desses mesmos itens se acabaram de fumar e não sentem mais necessidade ou ânsia de fazê-lo.

Os objetivos *mudam* o impulso visceral. Eles têm uma importância tremenda em nossa avaliação espontânea de tudo que seja relevante para sua consecução; temos sentimentos positivos em relação àquilo que nos ajuda a atingir um objetivo e sentimentos negativos em relação àquilo que não contribui. Como disse Seinfeld, estamos torcendo por roupas. Um odiado "jogador que joga sujo", quando se transfere para nosso time, torna-se de repente um "veterano astuto" que fará todo o possível para ajudar o time a vencer. O que era negativo agora é visto de um ângulo positivo — os sentimentos viscerais comandam o ponto de vista segundo o qual o mesmo comportamento, a informação idêntica, são vistos. Quando ansiamos por um cigarro, nosso íntimo diz que cigarro é bom (como é bom!); porém, depois que fumamos e nos arrependemos por tê-lo feito, nossa reação visceral é que ele é muito ruim (até maligno). Seu objetivo atual muda sua reação visceral, e com muita frequência você não tem consciência do motivo dessas reações fortes e imediatas. Isso nos leva à *regra número 4 para quando confiar em seu instinto: Tenha cuidado com aquilo que deseja*, porque seus objetivos e suas necessidades atuais vão configurar o que você quer e aquilo de que gostaria naquele momento.

REGRAS PARA QUANDO CONFIAR EM SEU INSTINTO: 5-7

Até agora nos concentramos em nossos sentimentos instintivos no que concerne a escolhas importantes e decisões sobre as quais andamos refletindo. Mas e quanto às nossas reações viscerais iniciais, imediatas, às entidades com as quais nos deparamos, especialmente as pessoas que conhecemos? Podemos confiar nesses instintos viscerais?

Esses instintos são algo que todos nós experimentamos — sem compreender como funcionam. Na década de 1980, cientistas começaram enfim a observar com atenção o mecanismo da intuição, e duas décadas depois a cultura pop os acompanhou, mais notadamente na forma do livro de Malcolm Gladwell, *Blink: A decisão num piscar de olhos*. A premissa subjacente nesse livro é que nosso primeiro pensamento costuma ser o melhor pensamento, ou que as reações "num piscar de olhos" — aquelas que não requerem uma reflexão consciente — são mais confiáveis e úteis do que as que surgem de um autoquestionamento e ruminação. Como veremos, isso é verdadeiro, mas só até certo ponto. Gladwell encerra seu livro com um caso em que seguir o instinto foi a coisa errada a fazer. Trata-se da história trágica de Amadou Diallo, vítima de perfilagem racial, que foi morto a tiros pela polícia no South Bronx, numa saraivada de balas, quando entrava no prédio de seu próprio apartamento, desarmado. Ele estava segurando sua carteira para mostrar à polícia que tinha um documento de identidade e provar que morava ali, mas a polícia alegou que na escuridão da noite confundiu a carteira com uma arma. Diallo era negro. Será que os policiais confundiriam a carteira com uma arma se ele fosse branco? Se fosse assim, será que chegariam a suspeitar, para início de conversa, que ele estava arrombando o prédio? Essas foram as perguntas feitas na onda pública de protestos que se seguiu.

Uma das razões mais importantes pelas quais o inconsciente evoluiu foi para fazer "avaliações", sobretudo de outras pessoas.[15] Como vimos no capítulo anterior, evoluímos para fazer julgamentos instantâneos e ter palpites informados sobre pessoas e situações, para determinar se devemos ficar ou ir embora. Às vezes essas avaliações instantâneas dão muito certo, e às vezes podem dar muito errado. Quando decidimos se é para confiar em alguém ou não, é importante ter em mente que o mundo moderno é muito diferente daquele no qual nosso mecanismo de avaliação inconsciente se desenvolveu. Assim como no processo de tomada de decisão inconsciente, quanto mais uma situação corrente se parecer com as condições que enfrentávamos em nosso mundo ancestral, mais precisa será a orientação que nosso instinto nos fornecerá. Mas se a situação for diferente — e de fato há algumas diferenças notáveis — é mais provável que nosso instinto nos conduza ao caminho errado.

Já vimos como avaliamos rapidamente os outros em termos de "nós" contra "eles". Mesmo bebês e crianças pequenas têm preferências automáticas, inconscientes, por seu próprio grupo e sentimentos negativos por pessoas de outros grupos sociais. Em outro de nossos estudos conjuntos, Mark Chen e eu demonstramos que a apresentação subliminar de rostos negros sorridentes e atraentes (de modelos tirados de revistas populares, mas que não eram famosos) na primeira parte do experimento desencadeou maior hostilidade por parte de participantes brancos na segunda parte do experimento — mas a apresentação subliminar de rostos brancos não causou esse efeito.[16] (E, sem dúvida, os policiais envolvidos no episódio de Diallo com certeza reagiram a um homem negro desarmado com muita hostilidade.) Como vimos, nossas entranhadas tendências de nós contra eles podem levar até a tentativas de assassinato entre torcedores de times de beisebol rivais. Apesar de esse tipo de reação visceral de tribo contra tribo ter sido útil lá atrás, no tempo de Ötzti, é muito menos útil nos dias de hoje, num mundo no qual pessoas de várias raças e culturas se misturam na mesma cidade. Infelizmente, porém, ainda terá de passar muito tempo até que nossos mecanismos inatos acompanhem essas sísmicas mudanças culturais.

Assim, isso nos dá outra resposta à questão de se podemos confiar em nosso instinto, que chamaremos de *regra número 5: Quando nossa reação instintiva a uma pessoa de raça ou grupo étnico diferente dos nossos for negativa, devemos sufocá-la.* Nossas reações iniciais comuns, negativas, a pessoas que são diferentes de nós — e isso se aplica a religião ou língua tanto quanto a raça ou etnia — não devem ser levadas a sério. Essas reações são um vestígio de nosso passado evolucionário, do tempo de Ötzti e antes disso, ou um produto de nossa cultura através de uma socialização muito anterior e da mídia de massa, como já vimos. Em especial quando se trata de gente que é claramente diferente de nós, precisamos dar às pessoas uma oportunidade, precisamos enxergar além de seus aspectos superficiais e, em vez disso, basear a avaliação que fazemos delas em seu comportamento efetivo.

O experimento que realizei com Mark Chen utilizando rostos negros subliminares aponta também para uma sexta resposta à questão de se confiar ou não no instinto, que chamaremos de *regra número 6: Não devemos confiar em nossa avaliação dos outros com base apenas em seus rostos, ou em fotografias, antes de termos alguma interação com eles.* São dois os motivos para isso.

Primeiro, a avaliação que fazemos considerando apenas rostos imóveis, como em fotografias, não é um diagnóstico; não vale como previsor da verdadeira personalidade ou do comportamento da pessoa. Segundo, nossas reações inconscientes em relação às pessoas *depois de* termos tido alguma experiência com elas, de tê-las visto em ação, mesmo que por um breve momento, é um previsor surpreendentemente *válido*. Como diz William Wallace, o personagem de Mel Gibson em *Coração valente*, às suas tropas, ao enfrentarem uma carga de cavalaria que se aproxima: "Esperem... esperem, ainda não...". E o que acontece é que, assim como as tropas de Gibson, não teremos de esperar muito tempo.

Como vimos no capítulo 5, percebemos com facilidade diversas características diferentes e básicas diretamente a partir do rosto de uma pessoa, numa fotografia. Isso também acontece quando vemos alguém pela primeira vez na vida real, mesmo antes de o conhecermos ou o vermos interagir com outros. Interpretamos traços como os de competência e confiabilidade do rosto de uma pessoa com tanta certeza que a aparência de um candidato numa fotografia pode ajudar a determinar o resultado de uma eleição. Pior ainda, estudos feitos em tribunais descobriram que as características faciais dos réus determinam a probabilidade de serem considerados culpados e a duração do tempo de prisão a que serão sentenciados. Lembre que há maior probabilidade de que adultos com "cara de bebê" sejam considerados inocentes, e de que réus com rosto mais racialmente prototípico recebam sentenças mais duras. No entanto, nós humanos não evoluímos para sermos capazes de interpretar a personalidade a partir de fotografias estáticas ou de expressões faciais apenas. Ao contrário, evoluímos para sermos muito sensíveis à expressão emocional de uma pessoa — se parece estar triste, contrariada ou em pânico, por exemplo — quando ela está *em ação*, interagindo conosco, os outros. Como apontou Darwin, pela primeira vez, a expressão emocional é um marcador mais ou menos autêntico do estado emocional interno de uma pessoa, que prediz, por sua vez, seu provável comportamento em relação a nós. Podemos confiar que essas expressões nos proporcionem uma leitura instintiva precisa do atual estado emocional dessa pessoa. No entanto, o problema acontece quando interpretamos erroneamente uma expressão facial em repouso de uma pessoa como um indicador de uma dessas emoções de curta duração.

Talvez você já tenha visto na internet um vídeo que se tornou viral, chamado em inglês "Bitchy Resting Face" [que poderia ser traduzido como "Cara relaxada e azeda"], uma paródia desses anúncios onipresentes de remédios. A premissa do esquete é que há mulheres que são incapazes de sorrir e que por isso são percebidas como implicantes ou hostis. Enquanto se ouve ao fundo uma música bem emotiva e cafona, pessoas que conhecem mulheres com cara relaxada e azeda demonstram como se sentiram magoados por aquelas que ostentam essa desagradável expressão facial. Um homem pede uma mulher em casamento, ela responde que "sim", mas ele interpreta a carranca involuntária dela como uma rejeição. Uma freguesa insulta uma simpática vendedora dizendo "obrigado" com expressão de azedume. Trata-se de um conceito hilário, mas também muito perspicaz. Como diz um dos atores no vídeo sobre mulheres que padecem da Bitchy Resting Face: "Talvez elas nem sejam *bitchy*". Como vimos no caso do velho Marley em *Esqueceram de mim*, ou da bibliotecária na escola fundamental de minha filha, aparências e primeiras impressões com base apenas em rostos podem ser, e são, enganadoras.

Alexander Todorov, o cientista de Princeton que demonstrou como os rostos de políticos candidatos a eleições podem influir nos resultados, e seu colega Christopher Olivola, da University College London, estudaram quão acuradas podem ser nossas avaliações rápidas da personalidade de uma pessoa feitas apenas com base em seus rostos. Olivola e Todorov se utilizaram de um website on-line chamado "What's My Image?" ["Qual é minha imagem?"], no qual pessoas podem postar fotos de si mesmas para que outras avaliem suas personalidades sem saber mais nada sobre elas.[17] Eles conseguiram obter dados de mais de 1 milhão desses julgamentos com base na aparência — feitos por novecentas pessoas diferentes — nos quais os participantes davam palpites sobre aspectos como: orientação sexual da pessoa na foto, se era usuária de drogas, se seus pais eram divorciados, se alguma vez tinha sido presa ou se envolvido fisicamente numa briga, se bebia, se era virgem. Os pesquisadores puderam calcular quão precisos eram esses julgamentos porque a pessoa que postava a fotografia fornecia as respostas para essas questões. E o que descobriram foi que os participantes que viam as fotos faziam na verdade *menos* previsões exatas do que as de um grupo em separado de participantes, que nunca tinha visto as fotos e, em vez disso, baseava-se apenas em quão comum ou esperados eram esses comportamentos em geral. Se você tivesse adivinhado o comportamento de uma pessoa levando em conta unicamente o quanto ser heterossexual é mais comum do que ser homossexual, um usuário de drogas etc., teria se saído melhor do que 1 milhão de pessoas que tinham se orientado pelas fotografias. Portanto, entre nossos olhos e nossa intuição, as coisas podem dar muito errado.

Num segundo estudo, mais de mil participantes, recrutados por meio de um link no website da revista *Scientific American*, jogaram um "Jogo de Adivinhação Política", no qual tentavam adivinhar a filiação política (republicano ou democrata) de cada um de quase oitocentos candidatos a cargos na política, homens e mulheres, que concorreram nas eleições para o Congresso de 2002 e 2004 — com base apenas em fotografias do rosto dos candidatos. Os pesquisadores variaram a proporção de democratas que cada participante via e disseram previamente a alguns dos participantes qual era essa proporção; no entanto, mais uma vez, o fato de adivinhar com base em fotografias levou os participantes a serem menos exatos no total do que se tivessem se guiado apenas pelo índice da proporção. Quando informados de que 30% das fotos eram de democratas, três em cada dez, os participantes pensaram saber quem eram esses democratas mais do que realmente sabiam, e seguir sua reação visceral ao rosto nas fotos fez diminuir, em vez de aumentar, as adivinhações corretas.

Mas nosso desempenho decepcionante com base em fotografias se transforma dramaticamente, como um sapo que vira príncipe ao ser beijado, quando se baseia num tipo de informação ao qual nosso mecanismo evolucionário teve acesso — o do *comportamento efetivo* de uma nova pessoa.

Em 1992, Nalini Ambady e Robert Rosenthal cunharam um termo pertinente para descrever o breve estímulo que o inconsciente usa para gerar reações instintivas: "fatias finas".[18] Eles estavam estudando com que precisão pessoas são capazes de identificar as capacidades e personalidades de alguém, baseando-se apenas numa fração do comportamento total daquela pessoa.[19] Por exemplo, você poderia ficar sentado na sala de aula o dia todo, durante um ano inteiro, e depois fazer sua avaliação da competência e do desempenho do professor ou da professora. (Isso seria o presunto inteiro.) Ou poderia escolher como amostra algo como uma hora de cada um dos cinco dias de determinada semana. (Isso seria uma bela e gorda fatia do presunto.) Ou poderia ser muito inovador, como foram Ambady e Rosenthal, e apresentar aos avaliadores apenas um clipe de vídeo com trinta segundos de duração com o professor ou professora em sala de aula — e nada mais. (Isso seria uma fatia fina do presunto, daquelas que vêm empilhadas num bom sanduíche.)

Ambady e Rosenthal compararam as avaliações que as pessoas fizeram baseadas nessa fina fatia de trinta segundos com o que especialistas disseram sobre esse professor com base em horas de observação. E depois de vários estudos diferentes de diversas ocupações — professores, terapeutas, CEOs — e capacidades, eles descobriram que somos efetivamente muito precisos, mesmo com essas fatias finas, ao avaliar aptidões e personalidades, fazendo julgamentos que não diferem muito dos de especialistas que tinham muito mais evidências à disposição.

Em um de seus estudos, Ambady e Rosenthal gravaram em videotape as aulas ministradas por treze pós-graduados em Harvard e juntaram três clipes de dez segundos de cada um num trecho de trinta segundos, como uma espécie de amostra de seu desempenho pedagógico.[20] Em seguida, um grupo de participantes assistiu aos vídeos e atribuiu uma nota à atuação de cada um como professor, de acordo com treze categorias. Depois, Ambady e Rosenthal esperaram até o fim do semestre, quando estudantes que assistiram a essas aulas preencheram suas usuais avaliações de fim de curso, e compararam as notas dadas ao "presunto inteiro" com as atribuídas às fatias finas do experimento. Notavelmente, tinham estreita correlação, demonstrando um alto grau de concordância entre as avaliações das fatias finas e as do presunto inteiro. Contudo, Ambady não parou por aí. Ela fez a fatia ficar ainda mais fina, reduzindo a amostra em vídeo até ela ter apenas seis efêmeros segundos. Ainda assim, os participantes que assistiram a esse curto trecho de desempenho em sala de aula foram capazes de predizer com exatidão quem foram os melhores professores nas aulas de todo aquele semestre. Ambady continuou a realizar outros estudos sobre fatiamento fino e descobriu que humanos são aptos a avaliar com exatidão outras características, como a orientação sexual, se um CEO estava gerindo uma companhia bem-sucedida ou se alguém tinha um transtorno de personalidade. Temos a sorte de contar com essa aptidão inconsciente para fazer avaliações, e eu sou um beneficiário em primeira mão dessa aptidão.

Depois do Natal de 2012, eu estava num McDonald's no sul de Indianápolis, à margem da rodovia interestadual, com minha filha Danielle. Estávamos voltando de carro de uma viagem em visita à família, em Illinois, e eu era pai solteiro na época. Já era quase hora do almoço, e assim encostamos para abastecer o carro e comer alguma coisa. Danielle, então com seis anos, queria um Mc Lanche Feliz, por isso entramos no McDonald's ao lado do posto de gasolina. Ela estava muito contente, comendo e brincando com o cobiçado brinde que tinha achado na caixa com seu hambúrguer e fritas, quando uma criança mais nova, a algumas mesas da nossa, começou a chorar, muito alto, atraindo a atenção da maioria de nós naquele setor da lanchonete. Danielle parou de brincar e olhou para a criança também. Ela então fez uma coisa que nunca vou esquecer. Pegou o seu brinquedo, foi até a criança que chorava e o deu para ela. A criança olhou para Danielle, pegou o brinquedo que ela lhe oferecia, e imediatamente se acalmou. Parecia que a lanchonete inteira estava assistindo ao desenrolar dessa pequena cena, e você pode imaginar como fiquei orgulhoso da minha filha. Ela voltou para nossa mesa e os outros clientes voltaram a comer, menos uma pessoa.

Essa pessoa veio até nossa mesa, pediu desculpas por estar nos interrompendo e disse que queria expressar a Danielle que coisa boa e generosa ela tinha feito para fazer a outra criança se sentir melhor. Ela não estava falando comigo nem olhando para mim, porém dessa "fatia fina" de seu comportamento achei que já sabia muita coisa a respeito dela. Suas palavras gentis nos fizeram sorrir, e eu e minha filha a agradecemos por ter vindo falar conosco; quando o pedido dela ficou pronto no balcão, ela veio se sentar conosco em nossa mesa. Estava na hora de almoço, e ela trabalhava num hospital ali perto. Mantivemos contato, e nos encontramos novamente no verão, quando minha filha e eu fizemos outra viagem de carro ao Meio-Oeste. O resto, como se diz, é história — nós nos casamos poucos anos depois. Agora, sempre que fazemos essa viagem, vamos ao mesmo McDonald's, que nos traz lembranças do dia em que nos conhecemos.

É evidente que nem todo primeiro encontro entre pessoas é tão positivo. Qual é nossa reação visceral a alguém cujo comportamento demonstra que não podemos confiar nele? A resposta: exatamente aquela que Dante disse que seria. Yoona Kang, Jeremy Gray, Margaret Clark e eu fizemos, em 2011, um estudo baseado em neuroimagens das reações imediatas do cérebro à traição.[21] Nesse estudo, a mesma região do cérebro, a ínsula, que fica ativada quando o participante segura algo fisicamente frio, também fica ativada quando outro participante o trai num jogo financeiro ao se mostrar ganancioso e ficar com todo o dinheiro para si mesmo. Essa é uma reação "fria" baseada numa experiência factual com essa pessoa, e, é claro, como se baseia em evidência factual no que concerne à confiabilidade da pessoa, a reação deveria ser levada a sério. E, além disso, nosso cérebro também desliga os circuitos necessários para produzir reações imitativas (que sinalizam ligação e amizade com outra pessoa) quando deparamos com alguém que demonstrou com seu comportamento que não é confiável. Num estudo de Oriana Aragón, Michael Pineda e meu, medimos as ondas cerebrais de participantes enquanto jogavam entre si jogos financeiros, e também quando observavam reciprocamente os movimentos dos dedos de cada um.[22] Observar os movimentos dos dedos de outras pessoas antes de começar o jogo fazia o participante produzir de imediato as ondas cerebrais associadas ao início do processo natural da imitação. No entanto, depois do jogo, se outra pessoa tivesse traído o participante — guardando todo o dinheiro para si, sem dividir nada —, a observação dos movimentos dos dedos da outra pessoa não mais produzia aquelas ondas cerebrais imediatas associadas à imitação (e ligação e amizade). *Regra número 7 (talvez a mais importante de todas): Você pode confiar em seu instinto em relação a outra pessoa — mas somente após tê-la visto em ação.*

REGRAS PARA QUANDO CONFIAR EM SEU INSTINTO: 8

Nossos instintos em relação a outra pessoa evoluíram em tempos bem diferentes dos atuais, é claro, éons antes do advento da mídia social e, sendo assim, o que dizer então de conhecer e encontrar pessoas na internet? A vida social na internet é como o Oeste Selvagem na história americana: não mapeada, um tanto sem lei, frequentemente perigosa e em constante mudança. Podemos confiar em nosso instinto no que tange a pessoas que conhecemos on-line? Podemos saber quem esse alguém é de verdade antes de conhecê-lo pessoalmente?

"Você consegue enxergar meu verdadeiro eu? Consegue? Consegue?", canta Roger Daltrey em uma das minhas canções preferidas do The Who, composta muito antes de a internet ser inventada, muito menos se tornar algo que se pode carregar no bolso. Nós sempre nos produzimos para consumo público, pondo nossa melhor parte à frente e escondendo ou camuflando nossas falhas o melhor que podemos. E hoje fazemos isso de montão. Qualquer um que tenha estado uma vez no Facebook ou no Instagram, ou em qualquer outra mídia social, sabe que as pessoas passam grande parte do tempo apresentando versões cuidadosamente melhoradas de si mesmas, que projetam imagens de vida que parecem ser mais perfeitas do que de fato são. Às vezes essas personas públicas são pura ficção, como na prática do *catfishing*.* Confiar nosso "eu real", como somos de verdade por dentro, à apreciação de outras pessoas exige muita confiança, pois isso nos torna muito vulneráveis, em particular se algumas dessas partes do "eu real" são menosprezadas pela sociedade ou por quem está à nossa volta.

Ainda na Idade de Pedra da internet — ou seja, na década de 1990 —, pesquisadores das comunicações humanas e psicólogos sociais começaram a estudar como esse novo meio eletrônico de se comunicar com os outros estava afetando a vida social. Katelyn McKenna estava entre os pioneiros. Numa inovadora série de estudos, ela se apresentou disfarçada, assumindo o papel de "participante observadora", conquistando aceitação como membro de vários grupos de discussão eletrônicos, chamados *newsgroups*, que cobriam uma gama de tópicos diferentes.[23] Naquela época, não era difícil se manter anônimo ao participar nesses grupos, o que permitia que muita gente aderisse a grupos formados em torno de tópicos considerados de "interesses estigmatizados". Podiam ser de cunho político, como grupos supremacistas brancos, ou sexual, como de travestis. Mas também se formavam grupos de discussão em torno de interesses especializados mais mundanos, como coleções de borboletas e filmes de Humphrey Bogart. Pessoas afluíam a esses fóruns porque para muitas delas era a primeira vez que encontravam pessoas com quem compartilhar seus interesses. E especialmente no caso de interesses estigmatizados e desaprovados pela sociedade — relacionados a inclinações sexuais, como travestismo ou sadomasoquismo; ou políticas, como grupos de milícias antigoverno ou de supremacistas brancos —, muitas dessas pessoas tinham passado a vida inteira ocultando esses interesses não apenas dos vizinhos, mas em muitos casos também dos amigos mais íntimos e da família, até de seu cônjuge.

Ao se infiltrar e participar desses grupos, McKenna conseguiu conquistar a confiança dos membros. Apenas depois disso, após muitos meses e mesmo

---

* Procedimento ou método de apresentar uma identidade e características pessoais totalmente falsas numa mídia social para, supostamente, atrair mais a atenção e contar com mais seguidores. (N. T.)

anos de participação, ela conseguiu reunir informações dos membros sobre há quanto tempo participavam do grupo, em que grau aceitavam ou não aquele envolvimento — se tinham vergonha dele ou o aprovavam e sentiam orgulho — e se tinham contado sobre ele a seus entes queridos. Ela também acompanhou se os indivíduos participavam ativamente do grupo fazendo postagens e atuando em discussões eletrônicas, ou se ficavam só "à espreita", apenas lendo os posts dos outros, mas sem falar nada.

O que McKenna descobriu foi algo notável. Em muitos casos, esses participantes em grupos de discussão eletrônicos tinham sentido vergonha disso ou querido a qualquer custo manter esse seu interesse ou comportamento em segredo. Havia principalmente pessoas mais velhas — com trinta, quarenta ou cinquenta anos — que mantiveram essa parte de si mesmos oculta dos outros durante toda a vida. Muitos disseram que antes de encontrar o grupo de discussão tinham pensado serem os únicos com aquele interesse. O efeito notável de encontrar outras pessoas com quem podiam compartilhar seu "verdadeiro eu" foi que essas pessoas passaram a não ter mais vergonha ou a se sentir mal em relação a isso. Em muitos casos, aquele primeiro passo de autoaceitação levou a pessoa a falar sobre isso, pela primeira vez, com os amigos mais próximos e a família. Primeiro tinha de haver a autoaceitação, mas uma vez acontecendo isso, muitas pessoas realmente quiseram se expor e tornar pública essa parte de seu ser, até então privada.[24] Em alguns casos, fizeram isso depois de uma vida inteira, trinta ou quarenta anos em que mantiveram segredo absoluto.

Cito a pesquisa de McKenna para ressaltar que ser capaz de se conectar com um mundo inteiro de pessoas nos permite encontrar, e interagir com, outras pessoas que compartilhem conosco aspectos importantes de nós mesmos, o que muitas vezes não seríamos capazes de fazer presencialmente, em condições não digitais. Na mídia social podemos desenvolver relacionamentos com pessoas às quais talvez não déssemos um só momento de atenção na vida real. Nesses ambientes, essas pessoas podem dispensar o que chamamos de "traços que abrem portas", como atratividade ou as feições de seu rosto, que usamos para avaliar as pessoas que encontramos pessoalmente na vida real. Esses filtros iniciais permitem que se abram as portas para certas pessoas, mas, para outras, bloqueiam a passagem. Muitos relacionamentos românticos de grande potencial não decolam devido à importância que damos a esses traços que abrem portas, sobretudo a atração física ou a aparência geral de uma pessoa.

205

Deveríamos ter em mente o conselho de Nietzsche, de nos casar com quem possamos conversar, pois a maior parte da vida em comum ocorrerá depois que a rosa perder seu rubor.

Como muitas formas de mídia social (não todas) nos permitem contornar esses traços de abrir portas, essas pessoas que não se encontram pessoalmente, e sim por meio de mídias sociais, como grupos de discussão na internet, e-mail, blogs, sites ou salas de bate-papo, podem ter relacionamentos tão estáveis e duradouros quanto as que se encontram na "vida real". Nos idos da década de 1990, os encontros via internet eram bastante estigmatizados e era lugar-comum dizer que poucos desses relacionamentos sobreviveriam a um primeiro encontro presencial do casal. Mas, desde então, houve uma verdadeira explosão de namoros on-line, e uma pesquisa recente em nível nacional, nos Estados Unidos, cobrindo quase 20 mil pessoas que se casaram entre 2005 e 2012, revelou que 35% haviam se conhecido on-line. Metade dessas pessoas se conheceram em sites de namoro on-line, como eHarmony e Match, e o restante em suas redes sociais (Facebook, Twitter), sites de games para múltiplos jogadores, salas de bate-papo ou outras comunidades on-line.[25]

O psicólogo social John Cacioppo e seus colegas, que coletaram e analisaram esses dados, relataram que entre os casais que se conheceram on-line não houve mais casos de separações do que entre aqueles que se conheceram de maneiras mais tradicionais. Além disso, os primeiros estavam tão satisfeitos em seu casamento quanto os casais mais tradicionais. Hoje em dia, é claro, diferentemente de como era a internet na década de 1990, pode-se ver fotos da outra pessoa e buscar um "encaixe" entre interesses comuns (mediante um recurso da plataforma de namoro, por saber interpretar o conteúdo dos posts enviados pelo outro ou por serem ambos membros do mesmo grupo de interesse especial), e com isso o encontro on-line abre hoje mais portas do que costumava abrir antes. (O Tinder, por exemplo, tem seu foco mais numa oportunidade de atração inicial do que em encontros na vida real, e envolve decisões rápidas de sim ou não, ficar ou ir embora, com base apenas em fotografias.) Mesmo assim, encontrar (em especial quando depois se conhece) alguém on-line pode muitas vezes proporcionar mais informações sobre o contexto de uma pessoa (valores, posição política e interesses, por exemplo) do que o tradicional e fortuito primeiro encontro cara a cara. E os dados que vão surgindo sobre a qualidade e a estabilidade dos relacionamentos pela internet têm sido consistentes em desautorizar o ceticismo inicial da década de 1990 em relação a seu possível sucesso no longo prazo.

Não me interpretem mal: a atratividade é importante. É uma característica real da pessoa. Como vimos, rostos atraentes são literalmente prazerosos de contemplar; nossos centros de recompensa no cérebro ficam ativos quando olhamos para eles. E, como vimos, até bebês preferem olhar para rostos atraentes! Faz parte da natureza humana preferir pessoas atraentes às não atraentes quando se trata de estreitar relacionamentos. O problema surge quando se usa a atratividade para fazer suposições inexatas quanto a *outras qualidades* da pessoa. Tendemos a acreditar que o que é bonito é bom, e pressupomos que há coisas boas, como uma personalidade agradável, competência, confiabilidade, quando olhamos para um rosto atraente.[26] Somos induzidos a confiar demais nessas reações instintivas baseadas apenas na aparência. E isso nos dá a *regra número 8: É perfeitamente aceitável que a atração seja parte da equação romântica, mas não tão aceitável a ponto de ser o único, ou mesmo o principal, fator.* Ao menos não no longo prazo.

Nossas reações viscerais nos serviram bem durante muitos milhares, talvez milhões, de anos. Se tivessem nos orientado mal, ou sido contraproducentes, teriam sido extirpadas como ervas daninhas pela seleção natural. Mas nossa vida moderna é muito diferente de como era a vida nesses milhares e milhões de anos. Pessoas de raças distintas, diferentes de nossa família e de nossos vizinhos, não são mais inimigos nos quais não podemos confiar. Tecnologias modernas, como fotografias de rostos, podem enganar nossos mecanismos viscerais de avaliação, que se desenvolveram a partir da observação de pessoas em ação, no contexto de como tratam a nós mesmos e às outras pessoas ao redor. Nossas reações viscerais podem ser bastante sofisticadas ao combinar grandes quantidades de informação e deveriam ser levadas a sério, mas nesse caso também temos de nos ajustar às condições da vida moderna e fazer uso de dados confiáveis, se os tivermos, e dos poderosos métodos de analisá-los hoje disponíveis, sobretudo para escolhas e decisões importantes.

Atualmente, mesmo especialistas discordam quanto a se as intuições são precisas, e se podemos confiar em nossos instintos. Os que dizem que não podemos tendem a ser os que estudam complexas decisões no campo financeiro e de negócios, tomadas com pouca ou nenhuma urgência e baseadas em dados confiáveis a partir de poderosos computadores e softwares que analisam esses dados. Os que dizem que podemos confiar em nossos instintos costumam ser psicólogos ou cientistas evolucionários, que estudam as realidades mundanas da vida diária, nas quais frequentemente estamos sob a pressão de urgências na tomada de decisões e não dispomos de quaisquer parâmetros quantitativos relevantes. Portanto, com certeza, ouça o que estão lhe dizendo suas vísceras ou seu coração, ou qualquer outro órgão interno (inclusive o cérebro), leve a sério e não o descarte, mas também *verifique o que está fazendo*, e lembre-se sempre de dar uma chance à outra pessoa.

7. O que você vê é o que você faz

No início da década de 1980, quando eu estava me acostumando à vida em Nova York e psicólogos em todo o mundo começavam a prestar mais atenção em mecanismos inconscientes, um neurologista no Hospital Salpêtrière, em Paris, tratava dois pacientes idosos que tinham sofrido um AVC havia pouco tempo. O nome do médico era François Lhermitte. Tinha a cabeça arredondada, estava ficando calvo, usava óculos e ostentava uma gravata debaixo de seu avental branco — a imagem da competência médica sob a cúpula daquele hospital de quatrocentos anos no qual trabalhava. Seus pacientes, um homem e uma mulher, estavam, os dois, agindo do mesmo jeito estranho. O comportamento deles parecia ser totalmente induzido por estímulos de seu entorno, como se não tivessem mais um controle independente do que faziam. "Um controle excessivo dos estímulos externos às expensas de sua autonomia comportamental", foi como Lhermitte descreveu o caso.[1] Curioso quanto ao que poderia aprender com aquela estranha abertura à influência externa, o médico decidiu expor os dois a uma variedade de contextos cotidianos e observar o que aconteceria.

Lhermitte começou de maneira simples. Encheu dois copos com água e os pôs diante dos pacientes, que prontamente beberam tudo. Nada incomum nisso, é claro. Exceto que Lhermitte continuou a encher os copos, e os pacientes continuaram a beber toda a água, copo após copo, mesmo reclamando de já estarem incomodados de tão cheios. Eles não conseguiam evitar beber dos copos de água à sua frente. Numa outra ocasião, o médico levou o homem para a casa dele, um apartamento, e para varanda, de onde se via um parque próximo, e os dois ficaram admirando a vista juntos. Logo antes de tornarem a entrar, Lhermitte disse baixinho "museu", e quando entraram o paciente começou a examinar os quadros e os pôsteres pendurados nas paredes com grande interesse, dando atenção também a objetos comuns que havia sobre as mesas — pratos e xícaras, sem grande atração estética — como se fossem na verdade obras de arte. Quando, em seguida, lhe foi mostrado o quarto de dormir, o homem olhou para a cama, tratou de se despir e foi se deitar. Logo estava dormindo.

O que estava acontecendo? Evidentemente, não era provável que esses dois indivíduos, normais antes do AVC, estivessem agindo com intenção consciente. Como Lhermitte e outros psicólogos já sabiam (antes de ter sido inventada a tecnologia de tomografia e ressonância magnética), vítimas de AVC costumam representar oportunidades fascinantes para se compreender as operações ocultas da mente, descortinando o comportamento para enxergar os bastidores de suas motivações. Os problemas que pessoas manifestam após um AVC — na fala, na visão, na emoção ou na memória — eram indícios importantes da função e do propósito da região cerebral que fora afetada. O que revelava então, nesses dois pacientes, essa desnorteante sugestionabilidade, uma espécie de obediência cega aos estímulos de seu entorno?

Lhermitte continuou com seus experimentos em novos locais em Paris que pareciam ser capazes de provocar esse impulso ousado e industrioso de seus dois pacientes. Nos caminhos do Jardim das Tuileries, perto do Louvre, eles depararam com alguns equipamentos de jardinagem: uma mangueira e alguns ancinhos. Claro que tanto o homem quanto a mulher pegaram os instrumentos e começaram espontaneamente a trabalhar, passando o ancinho e regando, como se fossem jardineiros. Apesar da idade, fizeram isso durante horas, até que por fim o bom doutor os fez parar. Em outra ocasião, no consultório do médico, a mulher submeteu Lhermitte a um exame físico, ao menos segundo a ideia que ela tinha do que era um exame físico. Ela chegou a ponto de lhe pedir que baixasse as calças para lhe dar uma injeção. Em seu bom espírito esportivo, o dr. Lhermitte obedeceu (e até incluiu uma fotografia da cena quando publicou essa pesquisa). Depois, quando os questionou quanto a seu comportamento, nenhum dos dois pacientes parecia ter percebido ou achado que havia nele algo incomum ou estranho. Pareciam estar inconscientemente instigados pela pré-ativação que ocorria naturalmente em seu entorno, embora não tivessem problema em justificar de forma consciente todas essas atividades — beber toda aquela água, apreciar arte, fazer jardinagem e praticar medicina sem uma licença. Esses AVCs tinham mudado fundamentalmente a natureza de seu comportamento. As reações de sintonia fina do cérebro, aprendidas no passado — ou orientadas pelo futuro, no que concerne a planos ou objetivos que pudessem ter — tinham sido substituídas por uma hipersensibilidade ao presente, e, ao que parecia, *apenas* ao presente.

Por fim, as duas inapelavelmente impulsivas e laboriosas vítimas de AVC faleceram. Um exame cuidadoso de seus cérebros revelou que o AVC havia danificado ou destruído a mesma região cerebral de ambos os pacientes — áreas do córtex pré-frontal cruciais para o planejamento e o controle da ação. Os pacientes eram capazes de receber através dos cinco sentidos estímulos de comportamento que vinham de seu entorno, mas careciam da região complementar no cérebro que exerce controle intencional sobre esses estímulos e sobre o comportamento subsequente. Nós, indivíduos afortunados, contamos com os dois, é claro, mas antes da descoberta de Lhermitte (e a de Gazzaniga, descrita anteriormente e feita mais ou menos na mesma época), os cientistas só tinham conhecimento do componente de controle intencional. Lhermitte demonstrou que também temos essa segunda influência sobre nosso comportamento, a do ambiente externo, que sugestiona ações que são típicas e apropriadas para a situação atual; sem a presença do controle consciente, esses estímulos ambientais podem conduzir sozinhos o espetáculo, sem que o input consciente ou o controle sejam necessários (embora sejam muito desejáveis, é claro). Lhermitte era modesto e chamava a condição de "síndrome da dependência ambiental", mas logo ela se tornou mais conhecida como "síndrome de Lhermitte", em sua homenagem.

Com a ajuda dos métodos de escaneamento cerebral com obtenção de imagens, dos quais Lhermitte não dispunha na década de 1980, a pesquisa na neurociência confirmou subsequentemente essas conclusões. Uma importante revisão pelo neurocientista Chris Frith e seus colegas na University College London concluiu que o cérebro armazena nossas atuais intenções de comportamento nas áreas do córtex pré-frontal e pré-motor, mas as áreas que de fato são usadas para orientar esse comportamento estão numa parte anatomicamente separada do cérebro, o córtex parietal.[2] Essa descoberta ajuda a explicar como a pré-ativação e outras influências inconscientes podem afetar nosso comportamento, e como os pacientes de Lhermitte puderam ser tão influenciados por seus entornos sem ter qualquer controle intencional sobre essas influências. A pré-ativação e as influências externas sobre nosso comportamento podem ativar o comportamento efetivo numa parte do cérebro independente daquela que controla a intenção de efetivar aquele comportamento, a qual está localizada num lugar totalmente diferente.

Os pacientes de Lhermitte que tinham sofrido o AVC sem dúvida estavam se comportando sem escolher ou controlar de forma consciente seu comportamento, demonstrando que o ato da escolha consciente não é necessário para produzir modelos sofisticados de ação. Em vez disso, parece que William James captou bem essa questão (ao escrever em 1890, fez notáveis previsões acerca de muitas coisas) quando, em seu famoso capítulo sobre "A vontade", alegou que nosso comportamento na verdade emana de fontes inconscientes e não intencionais, inclusive comportamentos adequados a e sugeridos por aquilo que estamos vendo e experimentando em nosso mundo no momento. Nossos atos voluntários conscientes, disse James, são atos de controle desses impulsos inconscientes, permitindo que alguns se manifestem, mas outros não. O "centro de controle" era exatamente aquela parte do cérebro que se encontrava danificada nos pacientes de Lhermitte que sofreram AVC. Toda mente humana, portanto, é uma espécie de espelho, gerando comportamentos potenciais que refletem as situações e o ambiente no qual nos encontramos — um copo de água diz "beba-me", canteiros de flores dizem "cuide de mim", camas dizem "durma em mim", museus dizem "admire-me". Somos todos programados desse jeito, para reagir a esses estímulos externos tanto quanto o fizeram os pacientes de Lhermitte. Antes de você saber, o que você vê é o que você faz.

Agora, trinta anos depois de o médico francês ter publicado suas importantes observações, a neurociência moderna fez avanços notáveis em nosso conhecimento sobre o cérebro e as especializações das diferentes regiões cerebrais, e sobre como interagem umas com as outras. Pesquisas adicionais confirmaram que, de fato, os pacientes de Lhermitte estavam apenas exibindo em seu comportamento impulsos inconscientes e *desinibidos* de ação que todos temos. Felizmente para o resto de nós, cujos sistemas de controle de comportamento estão intactos, dispomos dessas outras operações no cérebro, como a *vontade* que William James descreveu, que servem como guardiãs, ou filtros, desses impulsos constantes. Então, o que significa o fato de que, bem fundo em nossos cérebros, estamos sempre gerando involuntariamente reações que espelham não apenas o que está acontecendo diretamente à nossa volta, mas também o que está implícito na situação ou contexto em que nos encontramos? A um primeiro olhar, poderia parecer que somos autômatos insensatos, bestas de carga, acompanhando o resto do rebanho. Não seríamos, você poderia se perguntar, seres singulares cujas mentes expressam apenas nossa natureza única quando pensamos, falamos e fazemos? Sim e não — mas com muito mais de não.

Somos muito mais parecidos com os pacientes de Lhermitte do que percebemos ou talvez queiramos admitir. Nossos impulsos ocultos moldam o modo como agimos no presente, de maneira ampla e poderosa. O comportamento e as emoções dos outros nos contagiam, não apenas quando os testemunhamos direta e pessoalmente, mas até quando lemos sobre eles ou vemos sinais deles após o fato (isto é, suas consequências visíveis). As "sugestões" de como agir que surgem a partir daquilo que estamos percebendo em dado momento vão além das ações físicas dos outros, que poderíamos inconscientemente imitar, até formas bem complexas e abstratas de comportamento, que aprendemos serem adequadas ao nosso ambiente particular (aquilo que as pessoas costumam fazer quando estão num jardim, num museu ou num quarto). Estímulos sutis que podem fazer com que nos comportemos seja de maneira nobre, seja de maneira vil, estão chegando sem parar através de nossos sentidos para influenciar nossa mente enquanto ela navega pelo presente. Como os pacientes de Lhermitte, não temos consciência dessas influências e, assim, acreditamos estar agindo de forma autônoma.

O EFEITO CAMALEÃO

Prestamos muita atenção nas outras pessoas ao nosso redor. Todos os dias, o tempo todo, vemos outras pessoas fazendo coisas: seus gestos ou maneirismos, posturas e expressões emocionais, o tom e o volume de sua voz, e o conteúdo do que dizem, escrevem ou postam na mídia social. E o que vemos e ouvimos tem o efeito natural de nos tornar propensos a também fazer essas mesmas coisas

— a, *inconscientemente*, imitá-los. Não temos uma noção consciente de ter essa intenção. (Assim como é válido o que Darwin afirmou sobre nossas expressões emocionais, podemos também imitar tanto de propósito quanto sem intenção, mas na maior parte das vezes o fazemos sem nos darmos conta disso.) Essa tendência adaptativa não é exclusiva dos humanos, é claro. Ficamos maravilhados ao ver como cardumes de peixes e bandos de aves parecem movimentar-se como se fossem um(a) só, em uníssono. Isso não acontece porque João Pássaro olha para Maria Ave e decide: "Uau, a Maria está indo para lá, acho que vou também!". Os movimentos são rápidos demais e a sincronia perfeita demais para que estejam dependendo de um punhado de opções intencionais nos cérebros das aves. Em vez disso, o efeito deve estar baseado num mecanismo de conexão instalado entre a percepção e o comportamento, que desencadeia um impulso imediato de ação a partir da percepção do movimento e da direção das outras aves. Nós humanos temos esse mesmo mecanismo de conexão, a *conexão percepção-ação*; só que temos mais controle intencional sobre ele se estamos conscientes de sua influência.[3] No final da década de 1990, eu e meus alunos nos dispusemos a compreender melhor essa não muito explorada profundeza da mente. Queríamos verificar se pessoas se imitavam reciprocamente sem intenção, sem estar querendo ou tentando fazer isso.

Ao projetar nosso experimento, tentamos criar uma situação na qual os participantes não estariam focados uns nos outros ou em tentar fazer amizades, uma vez que é sabido que pessoas se imitam mais quando estão tentando estabelecer um relacionamento. Mas será que poderia ocorrer imitação e mimetismo mesmo sem essa motivação? Será que haveria imitação a partir da mera observação do que outra pessoa estava fazendo? Para testar isso em nosso laboratório na Universidade de Nova York, Tanya Chartrand e eu dissemos aos participantes desavisados que estávamos desenvolvendo um novo tipo de teste projetivo de personalidade, como o velho teste de Rorschach, mas com fotografias em vez de manchas de tinta.[4] Eles só teriam de tirar ao acaso uma foto de uma pilha sobre a mesa, entre eles, e dizer o que lhes vinha à mente ao olhar para ela. Queríamos que a interação entre os participantes fosse a menor possível, assim, direcionamos a atenção deles para as fotografias sobre a mesa.

No entanto, só uma das pessoas à mesa era realmente um participante; a outra fazia parte da nossa equipe, tratava-se de um cúmplice cuja tarefa era exibir um ou dois tipos de comportamento durante o teste da fotografia.

Tínhamos dois desses cúmplices, e os participantes avaliavam as fotos com um deles primeiro e depois com o outro. A jogada era que um dos cúmplices que fingiam ser voluntários deveria, como fora preestabelecido, cruzar as pernas e balançar um dos pés numa espécie de tique nervoso. O outro não devia balançar o pé, mas tocar o próprio rosto e a cabeça, mexer na orelha e apoiar o rosto na mão, como a famosa escultura de Rodin, *O pensador*. Assim, o verdadeiro participante e o primeiro cúmplice ficaram falando das fotografias durante algumas rodadas. Depois de um tempo, nós os interrompemos e levamos o participante para outra sala, onde realizou a mesma tarefa com o segundo cúmplice. Nossa previsão era de que os participantes agiriam como camaleões humanos, mudando seu comportamento para que acompanhasse o da pessoa com a qual estavam, assim como um camaleão muda de cor e de manchas para se confundir com o fundo contra o qual está naquele momento.

Gravamos em segredo um vídeo de cada uma dessas interações, para podermos medir depois quantos toques no rosto e quantas balançadas de pé o participante havia feito em cada situação. Os vídeos revelaram que os participantes de fato copiavam o comportamento da pessoa com quem estavam e mudavam esse comportamento quando estavam diante de uma pessoa diferente. Eles tocaram no próprio rosto e não balançavam os pés quando estavam com o cúmplice dos toques no rosto, e balançavam os pés quando estavam com o cúmplice que balançava os pés. Quando questionados, depois do estudo, eles demonstraram não ter consciência de terem imitado os dois comparsas durante o experimento. Esse espelhamento tinha sido totalmente automático e involuntário.

Exemplos desse *efeito camaleão* são abundantes no mundo. Tudo que se tem de fazer é olhar em volta. De fato, depois de nosso estudo ser publicado, a equipe de jornalismo da CNN que estava fazendo uma reportagem sobre ele percorreu o Central Park, em Nova York, e filmou casais e grupos de pessoas que estavam sentados nos bancos do parque ou de pé, conversando ou caminhando e acertando os passos — inúmeros exemplos do mundo real de pessoas que inconscientemente estavam imitando umas às outras. O produtor nos disse que eles não tiveram problema em encontrar exemplos do efeito e filmá-los para a reportagem.

Então, por que temos essa conexão entre o que vemos e o que fazemos? A resposta está em nosso passado e em nossos genes. Crianças pequenas e bebês imitam e reproduzem gestos de outros como também fazem os adultos (na verdade, estes até mais do que aqueles); não é algo que temos de aprender ou tentar fazer. Se é uma tendência inata, é mais provável que nos tenha servido bem durante o tempo da evolução, produzindo vantagens adaptativas que nos ajudaram a sobreviver como espécie. Um de seus benefícios, concluiu Andrew Meltzoff — um dos pioneiros na pesquisa da imitação e do mimetismo nas crianças —, é que as crianças pequenas aprendem muito sobre como reagir e se comportar em várias situações apenas imitando outras crianças e os adultos que cuidam delas.[5] Crianças estão muito mais abertas a essas tendências para imitar porque ainda não desenvolveram a capacidade de controlar esses impulsos (que se manifesta por volta dos três ou quatro anos). Desse modo, elas se parecem muito com os pacientes de Lhermitte, apresentando apenas reações primitivas e imitativas estimuladas por seu entorno (bem como pelos impulsos internos de estar com fome, ou com gases), mas sem a capacidade de suprimi-las ou inibi-las. Porém, o que está acontecendo exatamente do ponto de vista neurológico?

Na verdade, nossos cérebros estão equipados para receber diferentes fluxos de informação dos olhos: um com o propósito de compreender e saber, o outro com o propósito de se comportar de modo adequado. O primeiro flui por um estuário mais ou menos consciente, e o segundo por outro mais automático, inconsciente. Esses dois fluxos foram descobertos na década de 1990 pelos neuropsicólogos David Milner e Melvyn Goodale.[6] Cada um desses fluxos sai da retina e se dirige ao córtex visual primário do cérebro para ser analisado. Um deles segue para as regiões cerebrais responsáveis por *saber*, como identificar um objeto, e fornece o tipo de informação que usamos para responder a perguntas sobre ele. O outro fluxo vai diretamente para uma região responsável por *fazer*, ou seja, pela nossa reação. Esse fluxo de informação visual que leva ao *fazer* opera sobretudo fora da zona do saber consciente, enquanto o fluxo que leva à compreensão e ao reconhecimento em geral está acessível à consciência.

Reiterando, essa descoberta se deu graças a pacientes que tinham sofrido AVCs e que voluntariamente permitiram que fossem estudados, propiciando com isso um avanço em nossa compreensão do cérebro e de suas funções. Milner e Goodale notaram que um paciente com dano numa pequena área do cérebro causado por um AVC não conseguia dizer corretamente o que um pesquisador segurava na mão (digamos, um livro), mas assim mesmo conseguia orientar direito o movimento de sua mão (tanto no sentido vertical quanto horizontal) para pegá-lo quando ele lhe estendia o objeto. Porém, outros pacientes conseguiam dizer corretamente o que o pesquisador estava segurando, mas não eram capazes de orientar da forma certa o movimento da mão quando lhe passavam o objeto. Constatou-se, assim, que nos dois casos haviam sido danificadas regiões diferentes do cérebro; o dano em uma das regiões bloqueara o fluxo visual do "saber" mas deixara intacto o fluxo do "fazer", ao passo que o dano em outra região tinha bloqueado o fluxo visual do "fazer", deixando intacto o do "saber". Literalmente, nascemos imitadores.

Em consequência de nossa estrutura neural, porém, quando imitamos não costumamos ter consciência disso. A informação que percebemos nos atos de outra pessoa pode afetar nossa tendência de "fazer" de forma separada de nosso conhecimento sobre esses atos (e nossas mentes conscientes costumam estar concentradas em outras coisas).[7] O efeito camaleão — ao lado da descoberta por Milner e Goodale dos dois fluxos visuais, e, por Lhermitte, da síndrome de dependência ambiental — demonstra que *ver* pode levar diretamente a *fazer*, sem a presença do *saber*. Nossos cérebros e mentes evoluíram não apenas para pensar e saber, mas sobretudo para agir, e agir rápido, se for necessário.[8] Mas além de nos dar suporte na infância (desde bebês até a idade em que começamos a andar) à medida que aprendemos a nos comportar da maneira adequada — o que sem dúvida já é, em si mesmo, um grande benefício —, que outras consequências benéficas o efeito camaleão produz? A resposta tem muitas camadas, mas, acima de tudo, ele nos ajuda a colaborar e a cooperar uns com os outros.

O processo de espelhar os comportamentos dos outros, no qual nos engajamos, é uma forma de obter coesão social. Mantém duas ou mais pessoas ligadas. A imitação inconsciente proporciona essa conexão. Meu laboratório observou isso em ação no segundo estudo que fizemos depois do primeiro sobre o efeito camaleão. Invertemos os papéis do primeiro estudo, de modo que a cúmplice tentava imitar, de forma bastante sutil, a postura e os movimentos corporais do participante na pesquisa enquanto ambos comentavam as fotografias que estavam sobre a mesa. No grupo de controle, a cúmplice não tentava imitar o participante. Depois, ela saía do recinto e nós fazíamos ao participante várias perguntas sobre o experimento, inclusive se ele tinha gostado da outra participante (na verdade, a cúmplice) e quão tranquila havia sido a interação entre eles. Se tinham estado na condição na qual a cúmplice os imitava enquanto comentavam juntos as fotos, os participantes gostavam mais dela, e também achavam que a interação entre eles havia sido mais tranquila, em comparação com o grupo de controle, no qual não havia imitação. Quando alguém age de modo parecido conosco, mesmo que sutilmente, nós percebemos isso e gostamos mais da pessoa, e é maior a sensação de que temos uma ligação com ela; a interação também é mais tranquila, nossas ações parecem estar mais coordenadas e em sincronia. Nossa tendência natural de fazer o que outros estão fazendo naquele momento é recompensada por um sentimento maior de união e amizade. E, assim como no caso de Dante e sua frieza poética, esse efeito de sincronia comportamental e de ligação é, ao que parece, algo do qual as culturas humanas têm tido ciência durante milhares de anos — inconscientemente, é claro.

Durante milênios temos conhecido a força aglutinadora de um comportamento ritualizado, quando todos fazem a mesma coisa ao mesmo tempo. Durante a maior parte do tempo que a história registra, bandas militares e seus tambores marcharam ao lado dos exércitos para manter seus passos sincronizados. Os romanos arrastaram uma banda com eles enquanto conquistavam a Europa por volta do ano 200 a.C.[9] Os soldados não só marchavam ao ritmo da música tocada pela banda como costumavam cantar para sustentar as longas marchas durante dias, semanas e às vezes meses. (Durante a Primeira Guerra Mundial, cidadãos da Bélgica foram citados por afirmar que uma das piores partes da ocupação de seu país pela Alemanha foi ter de ouvir os soldados cantando o tempo todo.)[10] Embora contingentes militares não marchem mais para a batalha levando suas bandas, ainda há muitos aspectos da vida pública nos quais atuamos em uníssono. Nas cerimônias religiosas, por exemplo, frequentemente nos mantemos de pé, nos ajoelhamos e cantamos ao mesmo tempo. Da mesma forma, todos nos pomos de pé e cantamos o hino nacional em uníssono antes de eventos esportivos — eventos religiosos seculares, se é que isso alguma vez existiu — em parte para nos lembrar que mesmo torcendo por times (e roupas) diferentes, somos todos parte da mesma comunidade nacional. Podemos até usar o poder inconsciente da imitação e da afiliação para mudar comportamentos de outros, incluindo criminosos dos quais temos de arrancar informação. Ao explorar o impulso inconsciente de nos identificar com outros, agentes da lei podem ser capazes de abrir novos caminhos, não coercitivos, para resolver crimes. Isto é, se optarem por fazer isso.

Infelizmente, o método tradicional, e ainda o mais comum, dos interrogadores tem sido criar exatamente o tipo oposto de atmosfera — ameaçar, achacar e até torturar suspeitos para obter deles informações importantes. Uma das primeiras coisas que se veem quando se faz uma turnê pela Torre de Londres, dentro da "Torre Sangrenta" central, aonde eram levados os inimigos do Estado, é o ecúleo — espécie de cavalete — no qual os prisioneiros eram interrogados enquanto seus ossos eram lentamente tracionados e esticados, e seus corpos quebrados. Ainda hoje, quinhentos anos depois, essa forma de tortura subsiste.

Em outubro de 2002, um homem chamado Abu Zubaydah estava sendo mantido num centro secreto de detenção da CIA na Tailândia. (Dois meses antes, tinha sido capturado no Paquistão por forças secretas americanas. Fora atingido por um tiro durante a escaramuça, e a unidade médica cuidou de seus ferimentos para garantir que sobrevivesse.) A CIA acreditava — erroneamente — que ele fosse um militante de alto escalão da Al-Qaeda capaz de fornecer informações valiosas sobre o atentado de Onze de Setembro, Osama bin Laden e os campos de treinamento de terroristas no Afeganistão. Para obter essa informação, os interrogadores se utilizaram do que o governo chamou eufemisticamente de "técnicas aprimoradas de interrogatório", que visavam submeter o prisioneiro a um estado de submissão voluntária. A técnica aprimorada da CIA era a de afogamento — e eles submeteram Zubaydah a essa prática medieval cruel em nada menos que *83 ocasiões*. É doloroso só de imaginar como seria passar por essa experiência, mas é importante fazer esse exercício de imaginação.

Provavelmente já num estado de fragilidade e exaustão — de algum modo Zubaydah já tinha perdido um olho desde que fora preso —, deve ter sentido os interrogadores prenderem seu corpo numa prancha inclinada, mas sem ver o que aconteceria em seguida, pois um pano havia sido posto sobre seu rosto. Depois, os interrogadores derramaram água, através do pano, em sua boca. Isso criava uma sensação de afogamento, acompanhada de um estado fisiológico de pânico. Entre as arfadas e sufocações de Zubaydah, os agentes da CIA lhe pediam informações, depois derramavam mais água através do pano em sua boca. Os sons que ele emitia com certeza eram horrendos — gorgolejos, arquejos, engasgos, gemidos. Depois os agentes aumentavam a quantidade de água, bloqueando suas vias respiratórias até que seu corpo se agitasse violentamente. Depois do que devia parecer uma eternidade, Zubaydah sentia que a prancha era trazida de volta, o que permitia que voltasse a respirar. Em seguida, vinham mais exigências de informações que ele não tinha. Mas o tratamento desumano ao qual foi submetido não parou aí.

Num artigo muito perturbador de 2016, a acadêmica Rebecca Gordon estudou o caso de Zubaydah desde seu início sinistro até sua ultrajante falta de um final.[11] Ele não foi submetido apenas a afogamentos; também era privado de sono durante dias a fio, jogado repetidas vezes de encontro a uma parede supostamente macia, e obrigado a ouvir ruídos em alto volume por tempo suficiente para induzir reações psicóticas. O trauma do Onze de Setembro instigou as forças dos Estados Unidos a infligir traumas profundos em outros, em nome do que acreditavam ser uma causa maior. Os fins justificavam os meios, em sua opinião. O presidente George W. Bush usou a informação que extraíram de Zubaydah para justificar a invasão do Iraque e também as "técnicas aprimoradas" — de tortura — que foram usadas em outros e incontáveis prisioneiros durante a chamada Guerra ao Terror. Só que, como admitiram depois, as informações que obtiveram de Zubaydah usando esses métodos eram absolutamente inúteis. Tudo relacionado ao método de interrogatório estava errado.

Ainda vivemos num mundo no qual terroristas matam pessoas inocentes, e no qual os Estados Unidos e outros governos usam várias táticas para obter informação de pessoas que eles prendem, e muitas dessas táticas continuam sendo desumanas. Essas são as notícias (muito) ruins. A boa notícia é que novos trabalhos de cientistas forenses no campo da justiça criminal têm se voltado para a psicologia da imitação e do mimetismo inconsciente e começam a oferecer um paradigma alternativo e muito menos cruel de como as autoridades devem conduzir interrogatórios e extrair informação de suspeitos e de inimigos. Essa nova abordagem, eles relatam, também permite obter informações mais válidas e confiáveis da pessoa que está sendo interrogada do que aquelas obtidas com os tradicionais métodos linha-dura, nos quais o suspeito tende a contar aos agentes tudo que eles querem ouvir, só para interromper a dor e o sofrimento insuportáveis. A imitação e o mimetismo sinalizam uma similaridade, a ideia de que eu compartilho de seus sentimentos e de suas reações ao que está acontecendo agora. Isso fortalece uma ligação e cria uma afinidade entre pessoas que antes eram estranhas umas às outras. Usado em rituais de grandes grupos sociais durante milhares de anos, isso facilita o compartilhamento e a cooperação. Assim, pode-se pensar que um bom método para fazer com que alguém que não está colaborando passe a colaborar seria tentar estabelecer uma afinidade com ele.

Mark Frank e seus colegas na Universidade de Buffalo pesquisaram como essa abordagem poderia funcionar na área da investigação criminal e nos interrogatórios a respeito de crimes.[12] Testemunhas colaborativas são fontes primordiais de informação para as investigações. Se for estabelecido um sentimento positivo entre a pessoa que está sendo interrogada e a que está fazendo as perguntas, o suspeito ou testemunha fica mais propenso a cooperar. E se ele for mais cooperativo, é mais provável que forneça informação válida e valiosa. Frank e sua equipe realizaram um estudo sobre o efeito dessa afinidade na precisão e na completude dos relatos de testemunhas oculares. Usaram o vídeo de um evento real ao qual todos os participantes assistiram apenas uma vez, assim como uma testemunha real veria um evento real acontecer uma só vez. Era um vídeo colorido e muito vívido com um minuto de duração, em que um transeunte do sexo masculino começa a correr e mergulha dentro de um carro em chamas (aparentemente cometendo suicídio), em meio a sons de agitação partindo de transeuntes fora de vista e, no fim, de um carro dos bombeiros que se aproxima. Depois os participantes foram entrevistados usando-se três métodos nas entrevistas: uma abordagem simpática para criar afinidade, de modo abrupto e frio, ou com aquela neutralidade padrão para a qual a maioria dos agentes da lei são treinados.

No primeiro grupo, o entrevistador estabeleceu uma boa afinidade, adotando uma postura corporal mais relaxada, um tom de voz mais gentil e tratando o participante pelo nome. No segundo grupo, empregou-se o segundo estilo — um ritmo de voz mais duro e entrecortado, postura corporal rígida, e o entrevistador não se referia ao participante usando seu nome. Depois veio o tradicional grupo neutro. Os resultados demonstraram que ser gentil funciona.

Os participantes na condição de afinidade falaram por mais tempo e forneceram consideravelmente mais (50% mais) itens corretos de informação sobre o que tinha acontecido no vídeo do que os outros grupos. Apenas cinco minutos despendidos na construção de uma percepção de afinidade haviam sido recompensados com um ganho significativo de informações precisas por parte da testemunha.

Embora esse primeiro estudo não tenha usado especificamente a imitação ou o mimetismo para criar a afinidade, o estudo seguinte de Frank, com Paul Ekman e John D. Yarbrough, fez exatamente isso.[13] Eles desenvolveram o que se chama "Aprimoramento das Avaliações Interpessoais", ou IEE, na sigla em inglês, para agentes da lei e da segurança nacional. A premissa básica do IEE é a de que entrevistadores bons e eficazes criam um ambiente mais confortável construindo uma afinidade com o sujeito a ser entrevistado. Uma técnica que utilizam para facilitar essa afinidade é a imitação, na qual o entrevistador tenta reproduzir os comportamentos do entrevistado. Isso envolve os mesmos tipos de comportamentos que Chartrand e eu tínhamos manipulado em nossos estudos originais do efeito camaleão — a postura de estar sentado com uma mão no queixo. Frank e sua equipe acrescentaram a imitação vernacular, a utilização do mesmo nível de vocabulário usado pelo participante. O objetivo declarado de usar a imitação nessa técnica de interrogatório é o de estabelecer uma sincronia de comportamento entre o entrevistador e o entrevistado, porque a sincronia (como em rituais de grupo) aumenta a ligação e os sentimentos de estima, o que por sua vez leva a uma sensação de confiança e à cooperação — uma coesão que se fabrica com rapidez entre duas pessoas. De fato, as instruções para se usar a técnica IEE sugerem que se teste periodicamente se a afinidade ainda está estabelecida, ajeitando a postura de forma deliberada para ver se a pessoa que está sendo interrogada faz o mesmo (imitando o gesto). O IIE é agora bastante usado no treinamento de agentes da lei, pois está provado que se trata de um aperfeiçoamento em relação às técnicas tradicionais de interrogatório.

É claro que os interrogadores não são os únicos que estão (ou poderiam estar) fazendo uso dos efeitos positivos da imitação. Em um estudo holandês, garçonetes foram instruídas a repetir o pedido de seus clientes (condição de imitação) ou não, mas sem saber por que agiriam assim (não sabiam sobre o que era o estudo). Aquelas que imitavam o pedido, repetindo-o para o cliente, recebiam gorjetas significativamente maiores do que as que não faziam isso — ao que parece, a imitação aumentava a estima e a ligação entre a garçonete e o cliente, e essa experiência mais positiva resultava numa gorjeta maior.[14] E num estudo realizado na seção de eletrodomésticos numa grande loja de departamentos na França, quatro vendedores homens de vinte e poucos anos alternaram uma atitude de imitar ou não seus clientes, repetindo ou não o que eles diziam quando faziam perguntas sobre os vários modelos de MP3 à venda.[15] Quais clientes seriam imitados e quais não era determinado de modo aleatório. Por exemplo: "Você pode me ajudar a escolher um tocador de MP3 para meu neto?". "Claro que sim. *Posso ajudá-lo a escolher um MP3 para seu neto. Quantos anos ele tem?*" Esses clientes eram abordados mais tarde no estacionamento e solicitados a avaliar sua experiência na loja e revelar se tinham gostado do vendedor. Eram perguntados também se tinham ou não adquirido o tocador de MP3. Quase 80% dos que haviam sido imitados tinham comprado o aparelho, comparados com 62% entre os que não tinham sido imitados; além disso, entre os que tinham sido imitados havia mais clientes que tinham gostado do vendedor e da própria loja do que entre os que não tinham sido imitados. Essas pesquisas de campo demonstram o poder da imitação na criação de um sentimento de estima e de ligação em nosso dia a dia.

COMPORTAMENTOS CONTAGIOSOS

Se o que vemos é o que fazemos, conclui-se então que quanto mais vemos determinada pessoa em nossa vida diária, mais oportunidades teremos de fazer o que ela faz. E quem nós vemos mais do que quaisquer outras pessoas? Nossos parceiros de vida.

Outra consequência de nossa natureza camaleônica tem um efeito físico fascinante no contexto de relações românticas de longo prazo. Imagine ser parte de um casal típico de meia-idade ou idoso, casado há 25 ou trinta anos, ou mais. Vocês se veem todos os dias, conversam e são testemunhas constantes, consciente ou inconscientemente, das expressões faciais e das reações emocionais um do outro. Se seu parceiro está quase sempre sorrindo e feliz, é mais provável que você se sinta assim também. Se ele for triste e desanimado, a probabilidade de você ser desse jeito também é maior. Como vocês dois passam a vida juntos, cada um estará inconscientemente imitando seu amado num regime diário, ou mesmo a cada momento. Como resultado, ao longo de décadas vocês tenderão a usar os mesmos músculos faciais da mesma maneira, compartilhando as emoções e as expressões um do outro, de modo que, por fim, com o decorrer de muitos anos, vão desenvolver os mesmos músculos e as mesmas feições de rosto. Em outras palavras, em teoria vocês deveriam efetivamente começar a se parecer mais um com o outro quanto mais tempo viverem juntos. Mas vocês se parecem?

Para testar essa premissa, meu orientador de pós-graduação, Bob Zajonc, e seus colegas na Universidade de Michigan analisaram fotos de recém-casados — fotos individuais de cada um, não as que os mostram juntos como um casal — e depois analisaram fotos desse mesmo grupo de pessoas depois de 25 anos de matrimônio. As fotos individuais foram pareadas com as do cônjuge, mas também com fotos de estranhos da mesma idade, e os graus de similitude em cada par de fotos foram classificados por um grupo de pessoas que não conhecia nenhum dos personagens nem sabia quem era casado com quem. Pela avaliação deles, os membros de um casal se pareciam mais um com o outro do que se pareciam duas pessoas estranhas uma à outra. Porém, o que é mais importante, os membros de um casal foram considerados mais parecidos um com o outro após 25 anos de casados do que quando eram recém-casados. E, consistentemente com a constatação de que estavam mais parecidos um com o outro, estavam mais felizes, porque prestavam mais atenção um no outro e compartilhavam as mesmas reações emocionais aos muitos eventos da vida. Além disso, quanto mais parecidos um com o outro, segundo a avaliação feita, mais feliz o casal se declarava ser. Eu digo aos alunos em minhas aulas que tenham cuidado com quem se casam, pois no fim vão ficar parecidos com ele ou com ela! A imitação não é apenas a mais alta forma de lisonja — é também uma poção do amor.

No entanto, nosso mecanismo de imitação e o mimetismo não nos fazem confiar em qualquer um e cooperar com ele como um reflexo. Por exemplo, se uma pessoa tiver demonstrado com o próprio comportamento que você pode confiar nela. Lembre-se do estudo conduzido por Oriana Aragón, no capítulo 6, no qual as ondas cerebrais dos participantes eram avaliadas enquanto eles observavam os movimentos dos dedos de outra pessoa. As ondas cerebrais avaliadas eram parte do que é chamado de sistema de neurônios-espelho, uma das reações primárias do cérebro à percepção dos comportamentos de outras pessoas e que ajuda a acionar uma tendência a fazer (espelhar) os mesmos movimentos. Descobrimos que esse sistema costumava se tornar ativo quando o participante observava os movimentos dos dedos de outra pessoa, mas não se tornava ativo — este primeiríssimo, imediato estágio de imitação — quando o participante observava os movimentos de alguém que acabara de lhe passar a perna num jogo financeiro. Nosso mecanismo cerebral de imitação é sensível a quem podemos e não podemos confiar, e isso acontece num nível do qual nem sequer temos consciência. Afinal, não é que o participante tenha *optado* por não imitar a pessoa que o enganou. E sim que a maquinaria inconsciente que sustenta essa imitação se desligou tão cedo que o participante nem teve a oportunidade de fazê-lo.

Todos nós queremos ter relações sociais positivas e não ficar sós ou isolados. Mas a vida nem sempre segue o curso que gostaríamos, e na escola das duras realidades da vida às vezes somos excluídos ou rejeitados pelos outros, como o pobre garoto que, no recreio, ninguém escolhe para entrar no time. Ou, já adultos, quando um grupo sai para tomar um drinque depois do trabalho e não somos convidados. Como é cruel! Pesquisas demonstraram que quando nos encontramos nessa situação ficamos mais motivados do que de costume a tentar criar novas ligações com pessoas que conhecemos, e também mais propensos a imitar os outros.[16] É como se nosso objetivo de estabelecer amizades e fazer os outros gostarem de nós já trouxesse embutidos os benefícios do efeito camaleão.[17] Uma dinâmica semelhante entra em ação durante uma corte romântica, que, como todos sabemos, com frequência nos exige um trabalho considerável para que atinjamos nosso objetivo. A evolução também enfiou o efeito camaleão em nossa instintiva sacola de truques usados para fazer a corte. Para nossos genes egoístas, namorar e acasalar diz respeito à reprodução, garantindo que genes passem para a próxima geração com segurança. Isso tanto faz sentido que, num experimento, homens passaram a imitar muito mais a mulher com quem interagiam no momento se, sem que eles soubessem, ela estivesse na fase mais fértil de sua ovulação.[18]

O outro lado dessa mesma moeda é que teremos a tendência de resistir a essas influências externas em nosso comportamento — tanto o efeito camaleão de imitar os outros quanto o efeito Lhermitte de fazer o que a situação naturalmente pede — se o fato de ceder a elas seja conflitante com um objetivo ou uma motivação importante. Numa conferência há cerca de vinte anos, logo após eu ter apresentado nossas descobertas sobre o efeito camaleão, o psicólogo escocês Neil Macrae subiu à tribuna para sua própria apresentação. Ele pediu que quem, no recinto, tivesse visto o filme *Ou tudo ou nada* levantasse a mão. Era um filme popular na época, sobre um grupo de ingleses oprimidos que decidem montar um espetáculo de striptease. Muita gente na plateia tinha visto o filme e ergueu a mão. Macrae pediu então que mantivessem a mão erguida se, durante a famosa cena do filme na qual os dançarinos tiram toda a roupa no palco, eles também tivessem se levantado no cinema e despido suas roupas. A plateia riu, e só alguns brincalhões mantiveram as mãos erguidas. Mas todos entenderam o recado.

Os efeitos contagiantes do comportamento não são obrigatórios nem incontroláveis, porque, ao contrário dos pacientes de Lhermitte, temos uma boa dose de controle sobre fazer ou não o mesmo que outra pessoa está fazendo (se nos dermos conta de que estamos fazendo) e podemos também imitá-la intencionalmente, se quisermos. Lembre-se que Darwin disse a mesma coisa a respeito de nossas expressões faciais. Em recepções que se seguiram a palestras que fiz sobre o efeito camaleão, fui testemunha em primeira mão de muitas tentativas das pessoas para controlar o efeito, quando se davam conta de que ele estava em ação. Como eu estivera falando sobre o efeito durante cerca de uma hora, as pessoas presentes na recepção estavam muito mais suscetíveis a perceber que estavam agindo sob ele, e foi engraçado observar como tentavam, com muito esforço, *não* imitar umas às outras. Eu conversava diante de alguém com meus braços cruzados no peito. Ele fazia o mesmo, depois o percebia e de repente jogava os braços para outra posição! (E então nós dois ríamos, sabendo o que estava acontecendo.) Como sugeria o exemplo de Macrae, é menos provável que ocorra o efeito camaleão quando se percebe o *custo* de se fazer o que os outros estão fazendo. Lembra de quando, ainda criança, você atazanava seus pais para que o deixassem fazer alguma coisa, alegando que todos os seus amigos a estavam fazendo? E lembra-se da infalível resposta deles? *Se todos os seus amigos pulassem de um penhasco você ia querer pular também?*

Bem, não, não íamos querer. Macrae e sua colega Lucy Johnston demonstraram essa limitação aos efeitos contagiosos do comportamento num estudo feito em duas partes.[19] Primeiro, pré-ativaram os participantes com palavras relativas à prestatividade, utilizando procedimentos padrão em testes de linguagem e criando um impulso de ajudar, semelhante ao estimulado por Lhermitte. Depois se agradeceu aos participantes, e eles foram embora pensando que o experimento tinha acabado. Mas, no elevador, antes de saírem do prédio, ocorria a parte real do experimento. Uma pessoa no elevador, que pertencia à equipe de pesquisadores, deixava cair muitas canetas no chão, como se fosse por acidente. O que acontecia em seguida? Os participantes que tinham sido pré-ativados com palavras que evocavam prestatividade estavam mais propensos a se abaixar para recolher as canetas do que os que não tinham sido pré-ativados. As palavras relacionadas com ajuda no teste de linguagem exerceram seu pretendido efeito de incrementar a tendência dos participantes a ajudar — *exceto* quando as canetas estavam sujas e vazando tinta. Nessa condição, muito poucos participantes quiseram ajudar a recolhê-las, mesmo que tivessem visto previamente no teste de linguagem palavras que denotavam prestatividade. O custo ou componente desincentivador de "fazer o que outros estão fazendo" entrou em ação e bloqueou a influência inconsciente.

O estudo da "caneta vazando" ilustra também que a qualquer dado momento podemos receber sugestões inconscientes relativas a mais de um tipo de comportamento, e é possível que estejam em conflito umas com as outras. Esses participantes do estudo com a caneta que tinham sido pré-ativados com prestatividade tiveram o impulso de ajudar (estavam mais propensos a ajudar do que outros, na condição de canetas sem vazamento), mas tiveram um impulso ainda mais forte de não pegar as canetas sujas e vazando tinta, como se elas transmitissem germes ou doenças. Talvez você se lembre de uma pegadinha cruel, mas reveladora, na qual os produtores enfiavam uma nota de cem dólares num cocô de cachorro no meio da calçada. Pessoas diferentes, assim se revelou, têm diferentes critérios para considerar o limite desse custo quando estão diante de tal dilema. (E diferentes graus de necessidade de dinheiro também.) Algumas pessoas pegavam a nota suja, outras não. Infelizmente, não são apenas comportamentos cooperativos que podem ser incentivados por estímulos externos do entorno, mas também comportamentos rudes e antissociais.

Assim como Macrae e Johnston demonstraram que a prestatividade de alguém pode ser incrementada no elevador apenas pelo fato de a pessoa ter visto e utilizado palavras relacionadas com prestatividade, nosso teste de laboratório demonstrou que a rudeza (assim como a gentileza) pode ser incrementada da mesma forma.[20] Nossos participantes eram estudantes da Universidade de Nova York que tinham vindo ao laboratório em Washington Place para um experimento em "aptidão linguística". Primeiro, eles tinham de completar um teste curto com uma sentença embaralhada que continha palavras relacionadas com rudeza, palavras relacionadas com gentileza, ou, na condição de controle, palavras que não se relacionavam com nenhum desses conceitos. Dizia-se a eles que quando completassem o teste deveriam seguir pelo corredor para encontrar o pesquisador, ele lhes daria a segunda tarefa do estudo, e depois dela o teste estaria terminado.

No entanto, quando terminavam o teste de linguagem e seguiam pelo corredor, o pesquisador estava ocupado falando com alguém, aparentemente outro participante. Eles podiam ver o pesquisador na porta de uma sala, falando com alguém no interior, cuja voz era audível. Essa outra pessoa (que na verdade pertencia à equipe de pesquisadores) continuava fazendo perguntas sobre a tarefa que acabara de receber, o pesquisador respondia, e essa conversa continuava com o pesquisador mantendo sua atenção totalmente focada nessa outra pessoa, enquanto o verdadeiro participante estava ali ao lado. Queríamos ver quanto tempo o participante ficaria esperando para receber sua segunda tarefa sem interromper a conversa, e quão "gentil" ou "rude" seria sua reação. Assim que o participante assomava no corredor indo em sua direção, o pesquisador acionava em segredo um cronômetro em seu bolso.

Enquanto o participante ficava ali de pé esperando para receber sua segunda tarefa, o pesquisador continuava a conversa, até o participante finalmente interrompê-lo pedindo a tarefa ou até que se passassem dez minutos, quando então ele parava o cronômetro e passava a tarefa. (Na verdade, quando propusemos o experimento pela primeira vez ao comitê da universidade que seleciona e aprova os estudos de psicologia, não incluímos esse limite de tempo de dez minutos, e eles nos disseram que o fizéssemos, pois sem isso o participante poderia ficar ali de pé para sempre! Essa possibilidade nunca nos tinha ocorrido porque, afinal, os nova-iorquinos não costumam ser conhecidos por sua paciência e gentileza. Supúnhamos que todos eles interromperiam a conversa em questão de minutos, se não de segundos. Como se viu depois, estávamos totalmente enganados quanto a isso.) A medição importante era quanto tempo os participantes, em sua atitude de rudeza ou de gentileza, esperariam antes de interromper. Como tínhamos previsto, os que tinham visto palavras relacionadas com rudeza na primeira tarefa, a da linguagem, estavam mais propensos a interromper o pesquisador (a maioria o fez) e também o faziam mais rápido do que os que tinham visto palavras relacionadas com gentileza. Mas o que nos surpreendeu foi que a maioria dos que estavam na condição de gentileza nunca interrompiam, e apenas ficavam ali, pacientemente, durante todo o período máximo de dez minutos.

Pesquisadores na Universidade da Flórida levaram esse efeito da pré-ativação de rudeza do laboratório para a sala de aula na faculdade de administração e negócios. Demonstraram que no ambiente de trabalho a rudeza dos outros é "contagiosa".[21] Como um resfriado, ela passa de pessoa a pessoa. Numa aula sobre negociação, a rudeza demonstrada por um dos parceiros de uma negociação numa semana fez o alvo dessa rudeza ser rude com uma outra pessoa na semana seguinte. Os pesquisadores demonstraram também que testemunhar um tratamento muito rude por parte do líder a um membro da equipe tinha o mesmo efeito que teve nosso teste de linguagem, de pré-ativar o conceito de rudeza na mente de seus participantes. Ou seja, ler palavras relacionadas com a rudeza tem o mesmo tipo de efeito no comportamento que testemunhar a rudeza sendo de fato praticada no mundo real. Essas duas ocorrências fazem com que o conceito de comportamento (neste caso, de rudeza) torne-se mais ativo em nossa mente, e quanto mais ativo for, mais provável que você mesmo se comporte dessa maneira.

Os estudos na Flórida demonstraram como o efeito camaleão pode afetar o clima de um dia de trabalho para muita gente. O comportamento de seus colegas e parceiros de trabalho — e também o seu próprio comportamento, é claro — pode se disseminar contagiosamente por todo o escritório. Os pesquisadores concluíram que as pessoas podem estar, na maior parte das vezes, inconscientes de que a fonte de seu próprio comportamento rude e agressivo são os comportamentos rudes de outros que elas testemunharam — e que o fenômeno do contágio de um comportamento negativo pode ser muito maior e ter mais consequências para as organizações e a sociedade do que nos damos conta. Às vezes o vírus contagioso do comportamento antissocial vem não do comportamento de outra pessoa, mas das consequências visíveis desse comportamento, que elas deixam em seu rastro. Estou me referindo a janelas quebradas, grafites, lixo, sinais de desconsideração e mesmo desprezo pela própria cidade ou vizinhança. Estou falando da cidade de Nova York nas décadas de 1970, 1980 e 1990.

JANELAS QUEBRADAS E ATUALIZAÇÃO DE STATUS

Ah, sim, Nova York. O ano era 1995, e nós tínhamos acabado de completar o experimento no laboratório que demonstrou como pré-ativações de rudeza ou gentileza faziam o participante interromper ou não o pesquisador, que conversava com alguém. Como no caso dos pacientes de Lhermitte que tinham tido um AVC, as deixas para seu comportamento tinham vindo do ambiente exterior e influenciado o modo como se comportavam na situação seguinte. Mas não é isso que acontece o tempo todo conosco, todos os dias, quando estamos nas ruas de nossas cidades ou nas estradas secundárias do campo, nos jantares de nossas cidadezinhas? Os sinais que indicam o que outras pessoas estão fazendo, como estão agindo, fluem constantemente através de nossos sentidos. Nova York é conhecida como tendo alguns dos mais irritáveis e insolentes cidadãos no mundo, mas se tivessem sido pré-ativados com deixas que insinuam gentileza e que estivessem fluindo em suas mentes, seriam capazes de demonstrar a máxima deferência e o maior decoro. (Pelo menos temporariamente; não fiquemos entusiasmados demais.)

Deferência e decoro eram difíceis de encontrar em Nova York nos primeiros quinze anos em que morei lá. A cidade atingira o ponto mais baixo de toda a sua existência. A Big Apple estava infestada dos germes da decadência e tinha se tornado uma área devastada pelo abandono urbano. A economia dos Estados Unidos estava se debatendo, e a cidade mais icônica do país estava à beira da bancarrota. Como resultado, o lugar estava desabando tanto física quanto moralmente. Muitos proprietários, que tinham se cansado do esforço financeiro de manutenção e gerenciamento, punham fogo em seus prédios para receber ilegalmente o dinheiro do seguro, e as ruínas permaneciam, como cascas assombradas de vidas desalojadas. Fogueiras feitas com lixo ardiam nas ruas, onde proliferavam os sem-teto. Viciados em heroína saqueavam comunidades, havia violência e crime por toda parte. No metrô, os assaltos eram constantes. Times Square era um reino de neon para o comércio sexual, e a prostituição atingia seu ponto máximo em todos os bairros. Nem mesmo a Estátua da Liberdade era mais a mesma, com a água a seus pés adquirindo um brilho gorduroso, iridescente por causa da poluição de óleo no porto de Nova York. Muitos se perguntavam como uma cidade tão grandiosa tinha podido cair em tão tenebroso abismo.

Por pura coincidência, estávamos fazendo nosso estudo sobre rudeza-
-delicadeza na mesma época em que o recém-eleito prefeito Rudy Giuliani
punha em ação seu plano de "atacar as pequenas mazelas". Alinhada com o
que se chamou de teoria das janelas quebradas, a ideia publicamente adotada
pelo prefeito Giuliani era de que derrubando os pequenos, porém visíveis,
crimes, como vandalismo, sujar as ruas e até atravessar a rua fora da faixa de
pedestres (os guardas de fato começaram a multar pessoas que atravessavam
grandes ruas, como a Quinta Avenida, no meio do quarteirão), depois os crimes
maiores e mais sérios também iriam diminuir. Se as pessoas vissem que as ruas
estavam mais limpas, fachadas de prédios e lojas intactas, e menos concidadãos
envolvidos em pequenos casos de desobediência civil, como atravessar fora
do sinal, elas respeitariam mais umas às outras e as leis em geral. E o plano de
Giuliani, por mais utópico e fantasioso que muitos considerassem na época,
era totalmente consistente com a emergente pesquisa psicológica de como
estímulos ambientais externos podem impactar diretamente o comportamento
social. Nossas representações mentais de conceitos como gentileza e rudeza,
assim como inúmeros outros comportamentos, por exemplo agressão e abuso
no consumo de substâncias viciantes, tornam-se ativados por nossa percepção
direta dessas formas de comportamento social e de emoção, que são, portanto,
contagiosas. E as pessoas em Nova York estavam vendo muita hostilidade e
muito vício nas décadas de 1970 e 1980.

E lixo. Muito lixo. Havia lixo nas ruas e grafites cobrindo muros e trens.
Mas será que isso poderia ter afetado de verdade o modo como se comportavam milhões de nova-iorquinos? Mais diretamente ao ponto, se todo o lixo e
todos os detritos fossem limpos, isso ajudaria mesmo a diminuir o índice de
crimes violentos? (Se você tivesse respondido "sim" a essa pergunta em 1995,
eu teria lhe contado sobre uma certa ponte sobre o East River, parte da qual
eu estava querendo adquirir a preço de banana.)

Mas espere — talvez pudesse ajudar. Talvez até tenha ajudado. Considere um
estudo relatado na revista *Science*, em 2007, por um grupo de pesquisadores
holandeses que mudaram o aspecto de uma rua verdadeira numa cidade de
modo que as paredes ou estavam cobertas de grafite ou eram pintadas para não
haver grafites.[22] Depois de armar esse cenário, colocaram folhetos de propaganda nos guidons de todas as bicicletas paradas nos pontos de estacionamento
daquela rua. (Os holandeses são grandes adeptos do uso de bicicletas, portanto

havia muitas delas.) Depois os pesquisadores apenas esperaram para ver o que os donos das bicicletas iam fazer com os folhetos. E o que aconteceu foi que, onde havia muitos grafites nas paredes, os ciclistas jogavam mais folhetos na rua, produzindo mais lixo. Onde não havia grafites, também havia muito menos lixo. Ninguém tinha visto pessoas grafitando as paredes, portanto não se tratava de um efeito camaleão propriamente dito, mas os sinais ou resultados da ação das pessoas que os tinham feito sem dúvida estavam lá. Os sinais de um comportamento antissocial de outros — os grafites — pré-ativaram outra forma de comportamento antissocial nos ciclistas, o de jogar lixo na rua. Foi um tipo de efeito Lhermitte.

Os pesquisadores holandeses demonstraram depois esse mesmo tipo de efeito de outra maneira, mais uma vez num ambiente urbano do mundo real. Colocaram os mesmos folhetos debaixo de limpadores de para-brisas numa garagem. Se houvesse carrinhos de compras perto de carros estacionados, obviamente tirados pelos clientes de um supermercado próximo, apesar dos muitos avisos pedindo que as pessoas, por favor, não fizessem isso, esses clientes perto de cujo carro havia carrinhos, mais uma vez, eram os mais propensos a jogar os folhetos no chão, comparados àqueles cujos carros não estavam próximos de carrinhos de compras (portanto, não estando presentes indícios de um comportamento antissocial).

Na inconsciência coletiva dos moradores de cidade, seria possível dizer que o comportamento antissocial se espalha como um vírus. O que as pessoas viam é o que elas mesmas faziam. Mas isso não seria considerar que o copo está meio vazio? Também seria possível dizer que ele está meio cheio — que os ciclistas que viram paredes sem grafites sujavam *menos*, e que os motoristas que não encontraram perto de seus carros carrinhos de compras levados da mercearia para a garagem sujavam *menos*, em ambos os casos devido à ausência de indícios de comportamento antissocial nessas condições do estudo. Assim, voltemos ao grande experimento de Giuliani na década de 1990. Como ele se desenrolou?

Estive fora da cidade em meados da década de 1990, numa licença sabática de um ano na Alemanha meridional. Quando voltei, fiquei surpreso com a mudança que ocorrera em tão curto período. Eu esperava ter o mesmo tipo de choque cultural que tinha experimentado ao voltar de anos sabáticos no passado — após ter me acostumado com a baixa taxa de criminalidade e as ruas limpas de uma cidadezinha alemã, tinha de me readaptar à barulhenta e perigosa Nova York. Mas dessa vez o choque veio da ausência do choque cultural. As ruas pareciam estar muito mais limpas, e as pessoas até mais cordiais. A mudança foi especialmente perceptível para mim por eu ter estado fora e não ter experimentado a gradual mudança comportamental em toda a cidade, como aconteceu com os vizinhos no prédio em que eu morava e os colegas no departamento de psicologia, mas eles também tinham notado.

As estatísticas de criminalidade desse período apoiaram minha impressão. Em meados da década de 1990, a cidade de Nova York testemunhou uma dramática redução no número de crimes graves — assaltos e assassinatos diminuíram em espantosos *dois terços*. Existem, é claro, outras teorias para explicar essa queda tão significativa e motivos adicionais para isso, mas também é difícil contestar as consequências positivas de um meio ambiente diário mais limpo e com mais civilidade, com menos evidência visual dos pequenos crimes aos quais a teoria das janelas quebradas deve seu nome. E as descobertas da pesquisa holandesa também apoiaram a ideia de que Nova York tinha chegado tão baixo em parte por causa das sinalizações comportamentais de que "quebrar janelas" não tinha problema, e de que o ressurgimento da cidade por sua vez resultou de uma nova cultura de sinalizações de um comportamento positivo.

Como já mencionei, não moro mais em Nova York, aliás, nem em outra cidade. Moro numa zona rural no centro de Connecticut, com minha família, nossos cães e gatos, além de todos os outros animais que habitam a região. Uma grande mudança depois de mais de vinte anos em Manhattan e no Brooklyn, o que reduziu significativamente minha exposição ao comportamento de outras pessoas — pelo menos a exposição presencial. Hoje, no entanto, a internet e as mídias sociais chegam em qualquer lugar, sejam regiões urbanas ou rurais, e novos estudos estão demonstrando que humores, emoções e comportamento on-line se mostram tão contagiosos quanto os comportamentos off-line da "vida real" (em pessoa) — talvez até mais. A imitação como um espelho inconsciente do que outras pessoas fazem não se desliga só porque o comportamento que estamos percebendo é em formato digital e não físico. De fato, graças ao fato de a mídia social nos conectar uns aos outros de maneira muito mais ampla do que jamais experimentamos, hoje há muito *mais* oportunidades para efeitos de contágio do que costumava haver.

Aves em bando se movem como um corpo só porque cada uma percebe o movimento e a velocidade da outra, e em seus cérebros há uma conexão direta entre a percepção e a ação. De forma semelhante, nós humanos somos influenciados pelo comportamento de nossos pares, mas, diferentemente das aves, nós podemos ver e ouvir de modo indireto e virtual o que outros fazem, seja em filmes e vídeos na televisão ou em livros, revistas e jornais. Agora essa mídia ficou emaranhada em nossas vidas reais de maneiras novas e transformativas, na medida em que deixamos de ser apenas consumidores passivos de imagens e textos e passamos a ser constantes criadores deles. A mídia *se tornou* nossa vida real. Podemos acompanhar um grupo muito grande de amigos do passado e do presente no Facebook, Twitter, Instagram ou Snapchat, e eles podem fazer o mesmo. E podemos acompanhar a vida, os pensamentos e o comportamento de celebridades também. Ao "seguir" outros estamos nos expondo não apenas a seu comportamento e suas opiniões, mas a seus humores e emoções. Com isso, o potencial do efeito camaleão é na verdade muito maior hoje do que era quando o estudamos pela primeira vez na década de 1990.

Os sociólogos James Fowler e Nicholas Christakis realizaram vários estudos de comportamento nas grandes redes sociais. Eles demonstram como formas diferentes de comportamento e emoções se disseminam pelas conexões sociais na internet, e assim você com frequência é afetado indiretamente por pessoas que nem sequer conhece. Digamos, por exemplo, que você conheça Bob, Bob conhece Dale, Dale conhece Mary, Mary conhece Wayne, mas você não conhece nem Mary nem Wayne. Dá no mesmo, porque devido ao efeito que fazem sobre pessoas que você *sim* conhece, o fato de Mary ou Wayne estarem felizes, cooperativos, deprimidos ou obesos faz com que seja mais provável que você fique também.[23]

Verificou-se que todas essas emoções e esses comportamentos se difundem e têm mais probabilidade de se manifestar numa determinada pessoa se as pessoas em sua rede social expressam essas emoções, adotam esses comportamentos ou apresentam as mesmas qualidades. Quanto mais contato você tem com gente que está feliz, mais feliz você é; com pessoas com excesso de peso, mais pesado você tenderá a ser. Quando pessoas em sua rede cooperam umas com as outras, é mais provável que você o faça também, e quando elas parecem estar muito tristes, você fica um pouco mais triste também. Os humores e comportamentos de gente com a qual estamos conectados por amizade, família ou o mesmo lugar de trabalho tendem a nos "infectar". O contágio costuma se estender a três pessoas na cadeia de conexão — três graus de separação virtual — de modo que pessoas que você nem conhece estão afetando seu comportamento e suas emoções, porque conhecem alguém que conhece alguém que você conhece. Claro, isso funciona também na direção inversa.

Em média, uma pessoa comum tem mais de trezentos amigos no Facebook; assim, nossos próprios humores e comportamentos têm, por sua vez, uma grande capacidade de afetar muita gente. Pesquisadores no Facebook mediram quão positivos ou negativos eram os posts no feed de notícias de determinado usuário,[24] e demonstraram que quanto mais positivos ou negativos eram os posts que esse usuário lia, mais positivos ou negativos ficavam seus próprios posts — *até três dias depois*. James está triste e deprimido, e isso transparece em seus posts no Facebook; os posts de sua amiga Mary são afetados, mas depois os seus vão ser também, porque você conhece Mary, ainda que não conheça James — e até três dias decorridos após o post triste de James. Talvez, então, devêssemos levar mais em consideração os tipos de pessoas às quais nos expomos na mídia social.

Num estudo semelhante, porém mais controverso,[25] os pesquisadores do Facebook *manipularam* deliberadamente a positividade ou a negatividade do feed de notícias de cerca de 700 mil de seus usuários.[26] Não fizeram isso criando posts falsos, e sim filtrando quais entre os muitos posts dos amigos desses usuários do Facebook iriam para seus feeds de notícias. (Uma coisa que aprendi com esse estudo foi que a maioria de nós nunca vê todos os posts de seus amigos, porque não teríamos como dar conta de um número tão grande deles. Com isso, a programação do Facebook filtra todos esses posts todos os dias usando determinados critérios e só disponibiliza um subconjunto deles naquilo que você de fato vê.) Para alguns usuários, o feed de notícias foi deliberadamente programado para ser um pouco mais negativo do que de costume, e para outros, um pouco mais positivo. Depois os pesquisadores mediram como essa mudança de humor no feed afetava o humor do próprio usuário, conforme transparecia no conteúdo e no tom de seus posts. Eles constataram que as pessoas realmente enviavam elas mesmas posts mais positivos se tivessem recebido posts mais positivos de outros, e posts mais negativos se estivessem no grupo que recebera feeds mais negativos. No todo, essa pesquisa demonstrou que todos os tipos de comportamento, incluindo comer em excesso, ser cooperativo, rude, bem-educado, jogar ou não lixo no chão, são tão contagiantes nas redes sociais quanto são presencialmente. A imitação inconsciente não exige proximidade física.

O mesmo princípio se aplica quando lemos textos que não têm a ver com mídia social, como romances, nos quais nos perdemos num mundo diferente, o qual enxergamos do ponto de vista do protagonista da história. Pesquisadores na Universidade Cornell fizeram participantes de um estudo ler uma história na qual a protagonista faz uma dieta para perder peso antes de passar férias numa praia em Cancun, e demonstraram que isso ativou os objetivos de dieta dos próprios leitores — a menos que na história se dissesse que a protagonista tinha alcançado a perda de peso buscada, caso em que os objetivos de dieta dos leitores não eram ativados.[27] Assim, os objetivos dos leitores ficavam ativos ou não dependendo de se o objetivo da protagonista estava ativo ou não. Um segundo estudo chegou aos mesmos resultados, mas também mostrou que quanto mais o leitor se identificava com a protagonista, mais queria perder peso. No entanto, isso só acontecia quando a personagem conseguia perder peso, e não quando fracassava. Ao que parece, não só "o que você vê é o que você faz" é verdade, como também "o que você lê é o que você faz".

O cenário social no qual nos encontramos em cada dado momento também nos sinaliza como supostamente devemos nos comportar, e essas normas nos guiam inconscientemente, fazendo com que, sem esforço, nosso comportamento se ajuste a elas da maneira adequada (e não se destaquem, suscitando a desaprovação dos outros). Num estudo sociológico marcante de George Barker na década de 1950,[28] que consistiu em muitos meses de cuidadosa observação dos cidadãos do "Meio-Oeste" americano (da cidade de Oskaloosa, no Kansas), revelou-se que, de longe, o fator mais determinante para o modo como as pessoas se comportavam não era suas personalidades individuais ou seu caráter, mas *onde estavam* em determinado momento — numa cerimônia religiosa, numa barbearia, em casa, num parque, num restaurante ou na estrada; todo mundo fica quieto e parado na igreja, correndo e um tanto barulhento no parque, espera pacientemente a comida chegar no restaurante, e fica menos paciente sentado no carro em meio ao trânsito de uma estrada. A similaridade de comportamento entre pessoas diferentes num mesmo cenário são muito maiores do que a semelhança entre os comportamentos de uma mesma pessoa em cenários distintos. Se você mantiver os olhos abertos para ver como seu próprio comportamento e o de outras pessoas mudam claramente quando se passa de um cenário para outro, não poderá deixar de reconhecer essa influência profunda no comportamento humano. Você verá o que você faz.

Uma demonstração inteligente da natureza inconsciente do efeito do cenário provém de outro estudo holandês, dessa vez numa universidade, envolvendo a biblioteca. Como todos sabemos, espera-se que fiquemos em silêncio em bibliotecas, já que a maioria das pessoas está lá para ler e estudar. No experimento, pediu-se a estudantes que levassem um envelope a outras destinações no campus. Se o destino era a biblioteca universitária, eles ficavam mais silenciosos e falavam mais baixo com quem encontravam no caminho até lá do que os que estavam indo para destinos diferentes, como a cafeteria da universidade. O efeito de ter o destino "biblioteca" ativo em suas mentes (mesmo ainda não estando na biblioteca, e sim em corredores movimentados) era muito semelhante ao modo como estar num "museu", "consultório médico" ou "jardim" influenciava o comportamento dos pacientes de Lhermitte que tinham sofrido um AVC. De maneira similar, as normas de comportamento quando estamos na rua também influenciam nossas tendências camaleônicas, levando-nos a fazer o que outros estão fazendo.

Para muitos de nós, os cenários mais comuns na vida são o da casa e o do trabalho. Com frequência, somos pessoas muitos distintas nesses dois lugares, porque há diferentes conjuntos de comportamentos que são adequados para a casa, mas não para o escritório, e vice-versa. E os diversos grupos de pessoas com quem interagimos nos dois cenários têm expectativas diferentes em relação a nós, e é possível até que tenhamos personalidades claramente distintas dependendo de em qual desses lugares estamos. Sei que como pai, em casa, sou uma fonte contínua de muitas brincadeiras horrorosas que jamais sonharia fazer no trabalho. (Mas é isso que pais fazem.) Um conjunto de estudos feitos em 2014 pelo economista suíço Ernst Fehr e seus colegas examinou como essas diferentes *identidades situadas*[29] em casa ou no trabalho atuavam inconscientemente para produzir comportamentos muito distintos na mesma pessoa, incluindo até comportamento imoral num caso e moral no outro. Eles estudaram uma figura nativa, banqueiros suíços.

Fehr e seus colegas fizeram isso mediante um experimento on-line realizado num fim de semana, quando esses banqueiros de investimentos estavam em casa, e não em seus locais de trabalho. A teoria era de que os banqueiros tinham uma identidade situada no trabalho que era diferente de sua identidade quando estavam em casa. Para alguns dos banqueiros, sua identidade de trabalho foi pré-ativada no início do experimento ao responderem a várias perguntas sobre o ambiente de seu escritório; ao outro grupo de banqueiros não se perguntou nada sobre o local de trabalho. Depois todos eles participaram de um jogo de cara ou coroa no qual ganhavam vinte dólares toda vez que acertavam (se ia cair cara ou coroa, a cada vez) — a pegadinha era que eles mesmos informavam se tinham acertado ou não. Ninguém, a não ser eles mesmos, saberia se estavam sendo honestos ou não. Com isso, trapacear para ganhar mais dinheiro era moleza. Mas os pesquisadores examinaram o percentual geral de acertos dos dois grupos do experimento e o compararam com os 50% que seriam de esperar pela lei das probabilidades. O número de acertos foi significativamente superior no grupo de banqueiros que tinham respondido antes a questões referentes a seu local de trabalho nos dias úteis, portanto um resultado suspeito, com muito mais acertos do que seria provável apenas pelas leis do acaso. O grupo não pré-ativado, por outro lado, foi na verdade bastante honesto em seus relatórios, atribuindo-se um índice de acertos muito mais próximo dos esperados 50% de probabilidade. Lembrando que esses participantes eram todos banqueiros de investimentos, o mesmo tipo de pessoa nas duas condições do experimento, no qual fora designado aleatoriamente quem ia pensar primeiro em seu local de trabalho e quem não seria levado a fazer isso.

O comportamento moral dos banqueiros foi marcadamente diferente, dependendo de qual de suas identidades pessoais, correspondentes aos dois principais cenários de suas vidas, estava ativo no momento. Em termos de moralidade, eram pessoas diferentes quando estavam no trabalho e em casa. Nesse sentido, os banqueiros suíços eram como as garotas ásio-americanas no estudo de pós-graduação de Harvard — se pré-ativados com uma das identidades, comportam-se de um jeito (boas em matemática, honestos); se pré-ativados com a outra identidade, comportam-se de um jeito muito diferente (deficiente em matemática, desonestos). Em ambos os estudos, os efeitos ocorriam sem que os participantes tivessem ciência ou intenção.[30] Mas identidades também podem ser pré-ativadas para o bem.

Todos nós já estivemos numa mercearia onde nos foi oferecida uma receita simples que nos incentivava a experimentar um novo prato ou um tipo de alimento. A psicóloga holandesa Esther Papies e seus colegas entravam em mercearias na Holanda e ofereciam folhetos com receitas para clientes obesos assim que eles entravam na loja.[31] Para alguns deles, o folheto entregue continha palavras de pré-ativação relativas à dieta e a uma alimentação saudável, e para outros essas palavras não estavam incluídas. Então os pesquisadores esperavam que os clientes terminassem suas compras e passassem pelo caixa. Eles iam até cada um deles e pediam para fotografar as notas de compras emitidas pelo caixa, para verem quantos petiscos não saudáveis, como saquinhos de batatas fritas, os clientes tinham adquirido. Havia uma notável diminuição na compra desses petiscos causada pela pré-ativação dos folhetos de receita, apesar de muito poucos clientes se lembrarem do que estava escrito nos folhetos que tinham lido antes de começarem a fazer as compras, e nenhum deles acreditou que os folhetos tivessem influenciado no que tinham comprado na loja. (Imagine-se nessa situação — você acreditaria?) Mas, apesar de os clientes não estarem cientes da influência dos folhetos, quando estes continham uma pré-ativação em prol de uma alimentação saudável, tinham uma influência significativa nas compras de petiscos por parte de clientes obesos.

Em seu estudo seguinte, Papies e seus colegas foram a um açougue e rotisseria local impregnada do tentador aroma de frango assado.[32] Quando os clientes entravam na loja, um pôster fixado na porta de vidro, visível do exterior, apresentava uma receita semanal do açougueiro que "favorecia uma figura esbelta" e de poucas calorias. Durante duas manhãs e duas tardes nos quatro dias do estudo, esse pôster estava na porta, mas não foi mantido lá nas outras manhãs e tardes (que constituíam, estas, a condição de controle). Papies e seus colegas observaram o número de amostras grátis de petiscos de carne que os clientes pegavam numa bandeja, depois de terem sido ou não pré-ativados com o objetivo de uma dieta. Quando estavam saindo da loja, um dos pesquisadores fazia algumas perguntas de contexto, inclusive se estavam fazendo dieta e qual era sua altura e seu peso atuais. Como no estudo feito na mercearia, o pôster — de pré-ativação da dieta — fez com que aqueles que tinham de controlar sua comida (os obesos e os que estavam de dieta) comessem cerca de metade da quantidade de petiscos oferecidos no açougue comparados com o mesmo tipo de clientes quando o pôster não estava na porta de entrada. O pôster não afetou a quantidade de petiscos consumida pelos que não eram obesos nem estavam de dieta.

A obesidade é hoje um tremendo fardo nos Estados Unidos e em grande parte do mundo desenvolvido, tanto do ponto de vista da saúde quanto econômico, e por isso intervenções de pré-ativação como essa, na vida real, são muito necessárias.[33] Mas uma influência externa muito mais poderosa e pungente sobre o que fazemos — a publicidade — nem sempre leva em conta nossos melhores interesses. Os fabricantes de petiscos e outras opções não saudáveis estão sempre se esforçando para fazer você consumir seus produtos em vez de se alimentar de maneira saudável.[34] Pesquisas comprovam que suas campanhas publicitárias funcionam. Demonstrou-se que anúncios com imagens de alimentos apetitosos pré-ativam áreas do cérebro relacionadas com comida e associadas a sabor e recompensa.[35] Nós demonstramos o poder dos anúncios sobre o comportamento relacionado ao ato de comer num estudo conduzido por Jennifer Harris, do Centro Rudd para Política Alimentar & Obesidade.[36] Adultos e um grupo de crianças de oito anos participaram, um de cada vez, assistindo a um clipe de cinco minutos de um programa humorístico na televisão. Uma tigela com biscoitos e um copo de água estava à disposição deles enquanto assistiam. Nós editamos o programa de modo a incluir, ou não, anúncios de comida. Depois de terminado, pesamos a tigela com biscoitos para ver quanto o participante tinha comido. Tanto as crianças quanto os adultos comeram consideravelmente mais biscoitos quando havia anúncios do que quando não havia. Anúncios de comida, portanto, atuam como sugestões inconscientes de comportamento e podem influenciar o modo como comemos e outros atos de consumo, em particular se não temos consciência do poder que exercem sobre nós.[37]

A poderosa conexão entre anúncios na televisão e nosso comportamento foi demonstrada recentemente numa grande pesquisa em nível nacional nos Estados Unidos com mais de mil jovens consumidores de bebidas alcoólicas (que relataram ter consumido algum tipo de bebida alcoólica no mês anterior) de idades que iam dos treze aos vinte anos, realizada por pesquisadores da Faculdade de Medicina e Saúde Pública da Universidade de Boston.[38] Foi encontrada uma forte relação entre o número de anúncios de bebidas alcoólicas que esses jovens tinham visto na televisão e o quanto tinham bebido. Foi medida a exposição a anúncios de 61 marcas diferentes de bebidas alcoólicas; eram as marcas que anunciavam nos vinte programas não esportivos mais populares assistidos por jovens menores de idade. (E, é claro, há uma quantidade tremenda de anúncios de bebidas alcoólicas nas transmissões esportivas também.) Os menores de idade que consumiram álcool e não viram nenhum anúncio de bebida alcoólica tinham tomado em média catorze drinques num mês, mas os que tinham visto a quantidade média de anúncios tomaram 33 drinques no mesmo período. Um estudo separado descobriu ainda que garotos entre onze e catorze anos veem entre dois e quatro desses anúncios por dia, em média.[39] Os pesquisadores concluíram que quanto mais anúncios de bebida alcoólica os adolescentes viam, mais eles consumiam daquela marca de bebida.

Anúncios de comida e bebida na TV e outras mídias nos dão a ideia ou o impulso de comer ou beber, portanto podemos querer pensar melhor sobre os reais motivos que nos fazem ir com tanta frequência à geladeira.[40] E podemos também querer monitorar mais de perto os tipos de anúncio aos quais nossos filhos são expostos.

Mesmo os anúncios de serviços públicos que nos induzem a parar de fumar podem produzir o efeito contrário, por oferecerem deixas relacionadas ao ato de fumar. Muita gente tenta parar de fumar — e por bons motivos, já que mais de 5 milhões de mortes por ano no mundo inteiro são causadas pelo fumo. Porém, as tentativas de ajudar as pessoas a abandonar, ou ao menos reduzir, o hábito de fumar muitas vezes fracassam não só por causa dos componentes altamente viciantes do cigarro, mas também porque a própria intenção de abandonar o vício ativa os mesmos processos mentais de redes cerebrais relacionadas com o desejo de fumar. Neurocientistas revelaram essa consequência não intencional da intenção parar de fumar, mediante pesquisas com imagens cerebrais, nas quais se descobriu que as mesmas regiões do cérebro se tornam ativas em ambos os casos — quando as pessoas estavam com vontade de fumar um cigarro e quando se concentravam em deixar de fumar.[41]

Dan Wegner e Robin Vallacher foram os primeiros a descobrir essas "irônicas" e não intencionais consequências de tentar não fazer alguma coisa.[42] É um tanto perverso que quando tentamos não fazer alguma coisa temos de ter em mente a ideia do que é que não queremos fazer. E isso mantém esse comportamento indesejado ativo em nossas mentes, talvez até mais do que estaria se não estivéssemos tentando ativamente não praticá-lo. Nossa tentativa de suprimir o comportamento indesejado funciona bem enquanto estamos prestando atenção e tentando ativamente suprimir o comportamento, mas se nos distraímos ou nossa atenção vacila (como quando estamos cansados), então, bum! Na verdade, você fica mais propenso do que de costume a fazer justamente o que não quer fazer, porque aquilo está muito ativo, acessível e pronto para a ação em sua mente. Wegner e Vallacher demonstraram isso em numerosos e inteligentes estudos, como pedir aos participantes que não pensassem num urso-polar e depois mostrar que quando eles se distraíam estavam muito mais propensos a pensar num urso-polar do que estariam se nunca tivesse sido mencionado a eles um urso-polar para começar. (Tente você mesmo. Diga a um amigo para não pensar num urso-polar e veja quanto mais vezes ele pensa num deles comparado com outro amigo, a quem você nunca mencionou um urso-polar.)

O mesmo acontece com bem-intencionados anúncios antitabagistas e com propagandas antifumo de utilidade pública na televisão.[43] Repetindo, essas são mensagens que dizem às pessoas para não fazer algo. Mas, ao fazerem isso, lembram às pessoas da existência desse "algo", no qual, não fosse por isso, talvez nem teriam pensado. Com frequência essas propagandas mostram pessoas fumando, o que pode acarretar um efeito "o que você vê é o que você faz" e aumentar, em vez de diminuir, a tendência para fumar entre seus espectadores. Os fabricantes de cigarros não podem mais anunciar seus produtos, mas se tem demonstrado que as campanhas de utilidade pública que elas patrocinam, nas quais estão presentes as palavras "fumo" e "cigarros", além de outras deixas visuais e auditivas para o fumo, na verdade aumentaram as intenções e o comportamento efetivo de fumar entre pessoas jovens.

Buscando compreender esse fenômeno com maior profundidade, nosso laboratório demonstrou experimentalmente o perverso efeito não intencional das mensagens antitabagistas. Em outro estudo em nosso laboratório, conduzido por Jeannifer Harris, 56 fumantes contumazes assistiram a um trecho curto de um programa humorístico da televisão.[44] Para alguns deles, o intervalo comercial no meio do vídeo incluía um anúncio antifumo (ou a campanha da Philip Morris ou a campanha da American Legacy Foundation); para outros, o intervalo não incluía anúncios desse tipo. Depois de assistirem ao programa humorístico, todos os participantes tiveram um intervalo de cinco minutos, e nós os observamos para ver quantos deles aproveitariam a oportunidade para sair e fumar. Constatamos que um número significativamente maior dos fumantes que tinham visto o anúncio antifumo (42% e 33% para anúncios da Philip Morris e da American Legacy Foundation, respectivamente) saíram para fumar, comparado com o dos que não tinham visto nenhuma publicidade antifumo (11%). Ao apresentar deixas alusivas a cigarros e ao ato de fumar, essas mensagens antifumo tiveram, como consequência não intencional, um aumento no ato de fumar em vez de sua redução. O que vemos é o que fazemos, sobretudo quando estamos assistindo passivamente à televisão ou navegando na internet sem prestar muita atenção nas mensagens que nos estão bombardeando.

A natureza imitativa de nossa mente não é, em si, boa ou má — isso depende das sugestões que recebemos do mundo exterior no presente, como os estímulos que os pacientes excentricamente exuberantes de Lhermitte captavam. Nossa natureza camaleônica nos torna mais propensos a fazer o que outras pessoas estão fazendo no momento. Esse efeito se estende ao que vemos as pessoas fazendo em anúncios, bem como ao nosso entendimento de o que as pessoas em geral estão propensas a fazer em cenários e situações padrão. Algumas situações nos induzem a ser mais educados e pacíficos, outras a ser mais rudes e hostis. Alguns comportamentos imitativos, como a desonestidade, podem levar a um derretimento financeiro, como ocorre com banqueiros de investimentos gananciosos, enquanto outros podem levar ao renascimento de uma cidade, como quando o prefeito Giuliani e seus companheiros nova--iorquinos "atacaram as pequenas mazelas".

Porém, o efeito de nosso comportamento nos outros, e o deles em nós, *em última análise depende de nós*. Em termos práticos, o que você faz de fato influencia o comportamento de quem está à sua volta, e o clima geral da sociedade. (Isso será especialmente verdadeiro se você for um patrão ou líder de outras pessoas; eles serão estimulados a se comportar segundo o modo como veem você se comportando.)[45] Você pode (e deve) começar uma "corrente do bem", dando um bom exemplo e fazendo gestos visíveis de gentileza — como segurar uma porta para outros passarem, dar passagem a outros motoristas no trânsito, depositar alguns trocados no chapéu que lhe estende um sem-teto ou ir até a lixeira da esquina para jogar fora um folheto que não quer guardar. Assim como no ato de votar, suspeito que muitos de nós não se dão ao trabalho de fazer essas pequenas coisas porque não achamos que elas tenham muita importância. Afinal, cada um de nós é apenas uma pessoa num mundo de bilhões, uma gota d'água num vasto oceano. Mas o impacto de uma só pessoa, o efeito de apenas um ato, multiplica-se e dissemina-se para influenciar muitas outras pessoas. Uma única gota torna-se uma onda. As reverberações de um único ato podem ser sentidas durante dias. Por que não pôr uma onda em ação quando você tiver oportunidade?

Parte 3

O futuro oculto

O futuro é um mundo limitado por nós mesmos;
nele descobrimos apenas o que nos preocupa.
Maurice Maeterlinck[1]

8. Cuidado com o que deseja

Hoy no circula — Hoje você não sai de carro.

Esse é o nome que a Cidade do México deu ao seu inovador programa de "rodízio de automóveis nas ruas", quando foi instituído em 1989. A capital do país, metrópole de grande extensão, estava no topo da lista das cidades mais poluídas do mundo. Uma amiga que vivia lá naquela época mencionou uma vez que sempre que assoava o nariz o lenço ficava preto. A fonte principal da grande poluição e da qualidade do ar perigosamente ruim era, é claro, a abundância de carros. O trânsito na cidade era muito denso, e as distâncias que muitos tinham de percorrer para se deslocar até o local de trabalho também eram enormes. Pensando na saúde de seus milhões de cidadãos, o governo da cidade criou um programa que impunha limitações de uso aos proprietários de automóveis do Distrito Federal. Em determinados dias da semana, eles não teriam permissão para usar o carro, o que aos poucos faria o smog se dissipar.

O plano era bastante simples, baseado no último algarismo na placa dos automóveis. Uma vez por semana, carros cuja placa terminava em determinados algarismos não tinham permissão para circular nas ruas e estradas da cidade. Nesse dia, teorizava o plano, você teria de usar o transporte público ou pegar carona com alguém. Com a diminuição dos gases expelidos pelos veículos que todos os dias poluíam o ar na cidade localizada em um vale, as pessoas contrairiam menos doenças relacionadas com contaminação e haveria menos mortes prematuras. Essa melhora coletiva na saúde da capital compensaria o aborrecimento individual. Soa bem, certo?

Errado. O bem-intencionado programa não levou em consideração a natureza humana, que tende a pôr as próprias necessidades acima do bem geral do grupo. (Esse é um problema clássico na ciência política, chamado "dilema dos comuns", e exerce um papel também na atual questão da mudança climática global.)[1] As pessoas costumam buscar brechas ou meios de contornar a inconveniência pessoal. E na Cidade do México muita gente encontrou mesmo um jeito criativo de contornar as novas restrições de uso das estradas, que sabotou todo o propósito daquela política reformista.

Os motoristas simplesmente compraram mais um carro e obtiveram uma placa com um número com um final diferente daquele de seu carro original (par, quando aquele era ímpar, e vice-versa).

Dessa maneira, puderam continuar dirigindo para o trabalho todos os dias — e, além disso, o segundo carro logo estava sendo usado quatro dias por semana, e não em apenas um. Assim, em vez de reduzir o smog e o congestionamento nas estradas, a nova política na verdade fez aumentar o número de carros, os congestionamentos e o smog. Os segundos carros, claro, eram na maioria automóveis usados, que agora jorravam de regiões distantes para a Cidade do México para atender à demanda — carros mais antigos e mais poluidores do que aqueles que já estavam na cidade. Seis meses após o novo programa de uso das rodovias ter começado, o consumo de gasolina na cidade tinha se elevado substancialmente, e a poluição e o congestionamento tinham aumentado.

É difícil predizer ou configurar o futuro, sobretudo quando se considera o comportamento humano, até (ou especialmente) quando é importante tentar fazê-lo. Isso é ainda mais verdadeiro quando se trata de políticas que impõem restrições à liberdade individual em benefício de um bem comum, como feito na Cidade do México, ou que incentivam ou recompensam o comportamento desejado. Num exemplo famoso, que levou a algo que se chamou de efeito cobra, o governo da Índia instituiu um prêmio de centenas de dólares para cada cobra que fosse morta e trazida para o funcionário indicado, como forma de ajudar o país a se ver livre desses predadores perigosos e tão comuns. Mas a nova política acabou aumentando, e não diminuindo, a população de cobras. Na verdade, levou a uma *explosão* da população de cobras! Por quê? Porque muita gente começou a *criar* cobras para depois trazê-las e receber a recompensa.

Eu criei minhas próprias cobras, você poderia me dizer, no primeiro experimento em psicologia de que participei, quando ainda cursava Psicologia Básica na faculdade. As aulas de introdução à psicologia costumam exigir que os estudantes participem de cinco a dez experimentos. Naquele, eu tinha de cumprir a "tarefa de perseguição do rotor", uma antiquada tarefa experimental na qual o que está em jogo é concentração e coordenação. Você tem de tentar manter uma vareta de metal que tem na mão em contato com um disco metálico que gira rapidamente num antigo toca-discos; o contato fecha um circuito elétrico que aciona um cronógrafo que registra durante quanto tempo você conseguiu manter os dois em contato. O experimentador, um estudante de pós-graduação, explicou-me que eu deveria fazer isso duas vezes, e que me pagariam até dez dólares, dependendo de quão melhor eu me saísse da segunda vez em relação à primeira. Era muito dinheiro para um aluno de faculdade na década de 1970. Assim, ele pôs o disco para girar, disse-me que começasse e voltou para a sala de controle. É claro que eu me dei muito mal na primeira vez. Por algum motivo, poxa, eu simplesmente não conseguia manter a vareta no disco durante muito tempo. O experimentador entrou na sala depois da primeira parte parecendo estar muito preocupado e perguntou se eu tinha compreendido qual era a tarefa, o que eu tinha de fazer. Respondi que sim, mas que (poxa) era muito difícil. Ele pôs o disco para girar uma segunda vez e voltou para a sala de controle. Eu fui muito melhor na segunda vez — na verdade, quase perfeito. Quando ele voltou dessa vez parecia estar muito desconfiado — e, resmungando bastante, contou os nove dólares e alguns centavos que eu tinha ganhado. Economistas diriam que eu me comportara racionalmente. Os incentivos eram concedidos de tal maneira que, para maximizar meus ganhos, eu deveria me sair o pior possível da primeira vez, e o melhor que pudesse na segunda vez. Mas, ao que parece, as motivações humanas básicas e o efeito da recompensa no comportamento tinham sido desconsiderados pelo experimentador, que não os levou em conta nas consequências que estavam além de suas intenções científicas — como aconteceu com os que criaram as políticas seguidas no México e na Índia.

Assim como políticas que buscam reconfigurar comportamentos, nossos próprios desejos e objetivos pessoais em relação ao futuro podem nos fazer mudar enquanto os estamos perseguindo, muitas vezes de modo não intencional — portanto, inconscientemente. Perseguir determinado objetivo pode nos fazer cometer atos que vão contra nossos valores e conceitos mais importantes, coisas que costumamos considerar imorais, antiéticas ou insalubres. Pode nos tornar mais abertos a influências externas, até propaganda subliminar, do que estamos normalmente. Pode nos fazer gastar nosso dinheiro em algo que mais tarde, ao receber a fatura, vamos achar que foi tolice e desperdício. Pode nos fazer gostar de pessoas das quais, não fosse isso, não gostaríamos, e também gostar menos de nossos amigos do que em geral gostamos. Tudo porque essas mudanças nos ajudarão a alcançar o objetivo que estamos perseguindo naquele momento. Nossos objetivos atuais nos modificam — nossa mente, nosso coração e nossos valores. E sem que tenhamos consciência de que essas mudanças aconteceram.[2] É por isso que devemos ter cuidado com o que desejamos.

ÓCULOS COM A COR DOS OBJETIVOS

Como nossos objetivos e motivações visam a estados que desejamos *no futuro*, sua influência reside na terceira zona de tempo da mente oculta. O quê, com quem e onde queremos ser ou estar no futuro, no curto ou no longo prazo, configura o que pensamos, sentimos e fazemos no presente. O que queremos e precisamos obter, onde e com quem queremos e precisamos estar, tudo isso influencia fortemente aquilo de que gostamos e não gostamos bem agora, neste momento. Nós nos tornamos aquilo que perseguimos e começamos a ver o mundo através de óculos com lentes coloridas, da cor de nossos objetivos. Isso vale quer você esteja ou não a par, conscientemente, dos objetivos aos quais está visando.

Desejos exercem grande poder sobre nós. É como se nossos objetivos nos reconfigurassem, fazendo de nós, temporariamente, pessoas diferentes, com valores diferentes e que fazem coisas diferentes daquilo que costumamos fazer. Infelizmente, muitas vezes só reconhecemos isso depois do fato, depois de o objetivo ter sido alcançado ou não estar mais sendo perseguido, e nesse momento nos perguntamos no que é que estávamos pensando. Dan Wegner costumava contar a história de que estava na fila da cafeteria com a melhor das intenções de comer uma boa e saudável salada no almoço e de como ficou surpreso ao se sentar à mesa e ver um prato quente e fumegante de batatas fritas diante de si. ("Como isso veio parar aqui?") O que ele queria de verdade, ou que talvez costumasse comer no almoço, acabou vencendo porque ele não estava prestando atenção bastante para realizar sua boa intenção de fazer outra coisa. (Superar nossos desejos inconscientes e acabar com nossos maus hábitos não é fácil, mas pode ser feito, como veremos no capítulo 10.)

Nossos objetivos intencionais podem ter, então, consequências não intencionais. Porém, com um desejo consciente temos ao menos a oportunidade de tirar os óculos que têm a cor de nossos objetivos e pensar nas consequências práticas de os alcançarmos. Mas muitas vezes, e por várias razões, nossas motivações atuam inconscientemente, ocultas num pano de fundo enquanto influenciam o que fazemos antes que o saibamos. É a isso que o filósofo holandês do século XVII Baruch Espinosa se referia quando escreveu que "os homens normalmente ignoram as causas de seus desejos — estamos conscientes de nossas ações e desejos, mas ignoramos as causas pelas quais estamos determinados a desejar qualquer coisa."[3] Podemos achar que sabemos porque estamos fazendo o que estamos fazendo, mas com frequência há uma razão subjacente mais profunda.

Eu experimentei isso em primeira mão cerca de quinze anos atrás, voltando de carro para Nova York depois de um fim de semana do Dia de Ação de Graças com a família da minha irmã, no Tennessee. Era um percurso de cerca de 1500 quilômetros. Saí às oito e meia da manhã e disse a todos, enquanto me encaminhava para o carro, como uma espécie de desafio, que ia fazer a viagem em doze horas, e dirigi o dia inteiro com o objetivo de chegar em casa às oito e meia da noite. Eu realmente fiz o percurso nesse tempo e estava me sentindo bem contente comigo mesmo quando saí da garagem onde estacionei o carro. Mas em vez de me dirigir ao prédio de meu apartamento ali perto, eu me vi caminhando para a loja de bebidas mais próxima, que naquela época, de acordo com uma lei estadual, fechava aos sábados às nove horas da noite, e não abria aos domingos. Foi então que me lembrei de que não tinha nada para beber em meu apartamento. Naquela noite, enquanto bebia um cálice do vinho que tinha acabado de comprar, me ocorreu o motivo de eu estar tão determinado a chegar em casa às oito e meia. Não tinha nada a ver com "o desafio" de fazer 1500 quilômetros em doze horas. Tinha tudo a ver com chegar à loja de bebidas antes que fechasse. Quando me dei conta da verdadeira razão de eu querer estar de volta às oito e meia, do poder que tinha sobre mim a minha necessidade de ter algo para beber naquele fim de semana, fiquei um tanto chocado. Não foi fácil, mas aquele cálice de vinho foi o último drinque que tomei na vida. Eu tinha aprendido que o que é bom para nossos objetivos pode não ser bom para nossas almas.

Você se lembra da cena no primeiro filme da trilogia *O senhor dos anéis* na qual o rosto gentil de tio Bilbo subitamente se distorce, assumindo o aspecto de um animal feroz, só porque seu sobrinho Frodo não o deixa segurar o Anel do Poder? Assim como a necessidade de Bilbo de tocar o anel o transformou, objetivos podem se apoderar de nós e mudar dramaticamente nossas preferências e nosso comportamento. Isso talvez seja mais evidente no caso de um vício muito forte. No capítulo 5, tratamos de um estudo no qual fumantes tentam deixar de fumar. Suas atitudes inconscientes para com o fumo e os cigarros foram negativas, mas quando precisaram muito de um cigarro depois de quatro horas de abstinência, suas atitudes inconscientes em relação ao fumo mudaram. Então, embora quisessem muito deixar de fumar e soubessem tudo sobre os danos que o fumo estava causando em seus corpos, essa poderosa necessidade mudou seus sentimentos inconscientes em relação ao fumo de negativos para positivos. A força do objetivo *mudou suas mentes*.

O pesquisador de processos de decisão George Loewenstein, da Universidade Carnegie Mellon, foi o primeiro a chamar a nossa atenção para o quanto essas poderosas necessidades viscerais podem mudar dramaticamente nossas escolhas. Pense no alcoólico que de manhã jura (e acredita nisso) que nunca mais tocará em bebida e faz votos de não ter nada para beber naquela noite. No entanto, à medida que as horas passam e seu corpo está esperando, não, *exigindo* a substância, suas atitudes e seu comportamento mudam drasticamente.[4] Nessa altura, ele faz todo tipo de racionalizações: "Uma noite a mais não vai fazer diferença", diz. "Amanhã não bebo mais." Mas para muitos viciados essa promessa nunca é cumprida, e o amanhã nunca chega.

Já vimos como outro objetivo com raízes profundas, o do acasalamento ou da reprodução, age nos bastidores, orientando nosso comportamento em seu benefício. Mulheres atraentes que são candidatas a um emprego e, em menor extensão, homens atraentes candidatos a um emprego, têm maior probabilidade de serem chamados para uma entrevista de admissão do que candidatos menos atraentes com as mesmas qualificações. Pessoas atraentes ativam as estruturas de recompensa de nosso cérebro sem que nos demos conta ou tenhamos essa intenção. A motivação para o acasalamento é ativada inconscientemente, sejam quais forem os valores de equanimidade e meritocracia da pessoa que está contratando.[5]

Uma pesquisa de neurociência sobre circuitos motivacionais do cérebro, realizada por Mathias Pessiglione e Chris Frith, da University College London, confirmou que a percepção de uma recompensa ativa os centros de recompensa do cérebro quer a pessoa tenha ou não uma noção consciente de uma recompensa externa.[6] Participantes apertavam com mais força um dispositivo de empunhadura quando a figura de uma moeda de uma libra (recompensa por fazer aquilo bem) era apresentada subliminarmente, num lampejo, comparada com a força que exerciam quando se apresentava subliminarmente a figura de um pêni. Além disso, o centro de recompensa do cérebro, no encéfalo frontal basal, ficava mais ativo com a imagem da libra do que com a do pêni.

Outro estudo demonstrou a atuação inconsciente da motivação para o acasalamento. Estudantes masculinos de uma faculdade eram ou não pré-ativados com o objetivo de interagirem com mulheres, ao ler um trecho curto sobre um encontro romântico.[7] Em seguida, era lhes dada a opção de escolher passar por um curso rápido dado por outra pessoa, Jason ou Jessica, sobre uma entre duas matérias, digamos, geologia ou astronomia. Metade do tempo Jason ensinava geologia e Jessica astronomia, e na outra metade, o contrário. Mas a matéria ensinada não importava muito — se a motivação para o acasalamento estivesse atuando inconscientemente, os participantes queriam trabalhar com a tutora mulher mais do que com o tutor homem. E no fim do curso eles realmente acreditavam que sua escolha tinha sido por causa da matéria que ela ensinava (geologia ou astronomia), e que eles tinham um interesse genuíno em relação a essa matéria, que não sabiam que tinham.

O problema de não saber quais são os reais motivos daquilo que você faz é que somos todos muito bons em apresentar razões verossímeis para nosso comportamento, após o fato.[8] Bob não contratou a mulher devido à sua aparência, mas (é claro) por causa de suas qualificações. Mary não tomou três doses de uísque porque é viciada em álcool, mas porque só queria — *merecia* — relaxar depois de um longo e árduo dia de trabalho. Aziz não escolheu aquela matéria no curso porque a tutora era atraente, mas porque tinha um interesse genuíno no assunto. E eu não voei para casa numa velocidade louca para chegar à loja de bebidas antes que fechasse, e sim pela diversão, pelo desafio de ver se conseguia chegar em casa em menos de doze horas. Tudo isso são, essencialmente, *racionalizações*, e nossa mente consciente é muito boa em apresentá-las. No filme *O reencontro*, de 1980, o personagem de Jeff Goldblum diz que as racionalizações eram mais importantes para ele do que o sexo, porque muitas vezes ele ficava vários meses sem sexo, mas não podia passar uma manhã sequer sem uma boa racionalização.

Quando o objetivo do acasalamento está operando, ele pode nos fazer racionalizar atitudes que costumamos evitar por causa dos riscos que representam para a saúde. Tome, por exemplo, os salões de bronzeamento e as pílulas para emagrecer. Ambos podem nos ajudar a alcançar um objetivo de acasalamento ao nos fazer parecer mais atraentes para os outros — mais magros, com aparência saudável de quem tomou sol, ainda que às vezes num tom um tanto alaranjado. Mas eles podem ser prejudiciais à saúde e à segurança física: o bronzeamento artificial danifica a pele e aumenta a probabilidade de desenvolver câncer de pele; já as pílulas de emagrecimento elevam a pressão arterial, comprometem o coração, prejudicam o sono e podem nos deixar viciados. Os aspectos negativos sem dúvida superam os positivos, o que provavelmente explica por que a maioria das pessoas não toma pílulas para emagrecer nem se submete a sessões de bronzeamento artificial.

De fato, pesquisadores numa grande universidade estadual americana constataram que um grupo de várias centenas de estudantes de graduação em geral apresentava opiniões negativas quanto a usar um ou outro.[9] Relataram que havia pouco ou nenhum interesse em aderir a um programa de fidelidade de um salão de bronzeamento para ter tratamento gratuito, ou tomar pílulas para emagrecer cujo risco de causar problemas cardíacos mais tarde na vida era conhecido. Mas tudo isso mudava quando sua motivação para acasalamento, seu desejo de ter um relacionamento romântico íntimo, se tornavam ativos, depois de terem avaliado e classificado muitas fotografias de homens e mulheres "locais" muito desejáveis, num website de namoro. A partir daí as opiniões de estudantes mulheres sobre o uso de salões de bronzeamento e pílulas para emagrecer ficaram mais positivas. Elas expressaram maior disposição de adotar esses comportamentos arriscados, e, de fato, classificaram esses comportamentos como menos arriscados do que o fez o grupo de controle. A ativação do objetivo de acasalamento fez com que *subestimassem* o aspecto negativo dos salões de bronzeamento e das pílulas para emagrecer, porque esses aspectos negativos interferiam em seu objetivo ativo de se tornarem mais atraentes. Esse objetivo estava agora se sobrepondo às crenças e aos valores usuais das estudantes, *mudando suas mentes* de modo que pudessem perseguir com maior eficácia seu objetivo de atrair um parceiro.

Atrair um parceiro, ou se preparar para fazer isso, é algo que fazemos com frequência em nosso tempo de lazer, mas durante essas horas livres nossa mente busca satisfazer outros objetivos também. Uma pesquisa de Shira Gabriel e seus colegas na Universidade de Buffalo demonstrou que grande parte de nossa atividade em tempo livre é dedicada a satisfazer nossas necessidades sociais mais profundas de pertencer a um grupo e socializar, mas na maioria dos casos sem que nos demos conta disso.[10] De acordo com o Departamento do Trabalho dos Estados Unidos, de 2003 a 2014 a maior parte do tempo de lazer de adultos foi dedicada a atividades solitárias — assistir a TV e a filmes (56%), ler livros (7%) e navegar na internet (9%). Apenas 13%, em média, foram dedicados à efetiva socialização — passar o tempo com amigos e colegas (fora do escritório). Como pode essa avassaladora preferência por atividades solitárias se conciliar com a noção de que nós, humanos, somos basicamente uma espécie social?

Isso acontece porque, como demonstram muitos estudos, essas atividades que parecem ser não sociais e solitárias são, na verdade, sociais em sua natureza. Bem no fundo, temos a sensação de estar passando um tempo com as pessoas que vemos na TV, e assim elas satisfazem aquela necessidade que temos, e que nos move, de ter contato social real. E muitas vezes não temos consciência de como nosso "sorrateiro 'eu' social", como os pesquisadores o chamam, satisfaz suas necessidades por meio dessas atividades solitárias. Por exemplo, quando nos sentimos solitários, temos maior tendência a assistir aos nossos programas favoritos, com personagens que conhecemos melhor e que nos são mais familiares, e, de fato, isso nos faz sentir menos sozinhos. Por outro lado, quando não nos sentimos solitários, nossa tendência é assistir ao que estiver passando na TV naquele momento.

Gabriel e seus colegas notaram que as pessoas costumam lamentar o fato de estarem assistindo demais à TV, e quando expõem os motivos para isso, raramente apresentam razões de cunho social. Em vez disso, dizem que assistem à TV porque acham a trama interessante ou porque estavam entediados. Quando desafiados quanto à veracidade desse argumento, se mostram bastante céticos à ideia de que a motivação mais profunda seja que essas atividades ajudam a satisfazer necessidades sociais importantes. Mas elas realmente ajudam. Isso é em grande parte a razão pela qual assistir à TV é uma atividade tão popular, e bichos de estimação também são um excelente "substituto". Quando um dos heróis de minha infância, Walter Cronkite, morreu, sua família estava ao lado de seu leito de morte, mas seus vários gatos, aos quais ele era muito apegado, também estavam lá com ele, na cama.[11] Pesquisas demonstram que a simples presença de um cão, nem precisa ser seu próprio cão, ajuda a reduzir a angústia de uma pessoa depois de ela ter sido excluída socialmente.[12] Eles são mesmo nossos melhores amigos.

A fome é outro poderoso motivador inconsciente, como a segurança física e a reprodução, motivando o comportamento de modos surpreendentes. A maioria de nós já aprendeu, por experiência própria, a não sair para fazer compras na mercearia quando está com fome. Mas algumas pesquisas recentes demonstraram que estar com fome faz você comprar mais de qualquer coisa, não apenas comida. Aplacar a fome é uma motivação evolucionária profunda que já existia muito antes de nossas lojas de departamentos e promoções com ofertas imperdíveis, e isso influencia nossas formas de consumo, que vão além da comida. Alison King Xu e seus colegas estudaram compradores que saíam de um grande shopping em Minneapolis-St. Paul, e, ao verificar suas notas de compra e lhes pedir que atribuíssem um grau à intensidade da fome que sentiam naquele momento, descobriram que os que estavam famintos tinham comprado mais itens que não tinham relação com comida, como roupas, cosméticos e aparelhos eletrônicos.[13] Em outro estudo, descobriram que pessoas famintas também levavam mais itens gratuitos, como elásticos e clipes, demonstrando que sua motivação não era querer gastar mais dinheiro, e sim de adquirir mais coisas, desejo influenciado pela subjacente necessidade de se alimentar.

Assim, fazer compras quando se está com fome não é má ideia apenas no supermercado, pois comprar *qualquer coisa* é má ideia quando se tem fome. Se você está pretendendo fazer compras on-line, devia primeiro ir à geladeira para descolar um sanduíche.

Nossos objetivos e nossas necessidades também nos fazem ficar mais sensíveis a informações que sejam relevantes para satisfazer esses objetivos e essas necessidades. Sessenta anos atrás, o psicólogo de Harvard Jerome Bruner introduziu o conceito de "prontidão perceptual",[14] uma teoria que relacionava um estado motivacional corrente e os desejos de uma pessoa com um aumento da receptividade a pessoas e objetos relevantes ao seu entorno. Você, inconscientemente, sintoniza sua atenção em coisas que o ajudarão a satisfazer seus objetivos e suas necessidades. Assim, em outro estudo, Xu e seus colegas demonstraram como pessoas que estão com fome ficam temporariamente mais sensíveis a palavras relacionadas a essa sensação e a conceitos como "querer", "ganhar" e "adquirir", tanto que foram capazes até de enxergar e identificar essas palavras quando lhes foram apresentadas subliminarmente, durante apenas cinquenta milissegundos, ou seja, um vigésimo de segundo cada uma. Isso é tão rápido que pessoas que não estavam com fome naquele momento não conseguiram identificá-las. Mas o fato de estarem com fome *alterou* a percepção dos participantes, a ponto de se tornarem capazes de ver coisas relacionadas com seus objetivos que numa situação normal não seriam capazes de ver.

Essa maior sensibilidade à informação relacionada com o objetivo tem implicações para o grau de nossa vulnerabilidade a influências externas. Somos mais influenciados por anúncios, por exemplo, quando já temos necessidade ou objetivo relacionado com o que está sendo sugerido na propaganda. Lembre-se dos clientes obesos no estudo de pré-ativação com receitas, citado no capítulo anterior. Palavras relacionadas com alimentação saudável e dieta num folheto com receitas que eles viam ao entrar na loja os fizeram diminuir a quantidade de petiscos que compraram em seguida. Mas esse efeito da pré-ativação com receitas só funcionou com os obesos ou pessoas que controlavam o que comiam por já estarem de dieta — não com outros clientes que não tinham aquele objetivo.

Reiterando, a mensagem é que devemos ter cuidado com o que desejamos, pois ficaremos mais suscetíveis a influências externas do que estaríamos sem esse desejo. Muitos de nós nos preocupamos com propaganda subliminar, porque não queremos ser manipulados por grandes corporações ou governos para comprar coisas que, sem essa propaganda, não desejaríamos.[15] Existe um mito urbano da década de 1950 a respeito de um cinema em Fort Lee, Nova Jersey, que intencionalmente projetava na tela "Beba Coca-Cola" e outras mensagens subliminares durante os filmes, o que fazia as pessoas afluírem como zumbis sedentos aos pontos de venda da bebida. Na verdade isso nunca aconteceu. Tratava-se de um embuste perpetrado por uma firma de relações públicas e que foi apresentado como fato num best-seller da época, *A nova técnica de convencer*, de Vance Packard. Não só a tecnologia necessária para projetar essas mensagens subliminarmente durante um filme não existia na época, como o cinema no qual se disse que isso havia acontecido também jamais existiu![16] No entanto, a história fez muitas pessoas ficarem com medo de ser manipuladas para agir segundo os interesses de uma companhia, e não os próprios, e sem seu consentimento.

Nos últimos vinte anos, pesquisas têm demonstrado que a propaganda subliminar pode de fato influenciar suas escolhas e seu comportamento, mas somente se você *já tem* aquele objetivo. Se estiver com sede, pode afetar sua escolha do que vai beber. Se estiver com fome, sua escolha do que vai comer. O importante no que se refere a essas influências externas não é tanto se são ou não subliminares, mas se você percebe ou não que elas podem afetá-lo. Elas não foram subliminares para os clientes na mercearia que faziam dieta, e os clientes na loja de departamentos que estavam com fome provavelmente sabiam que estavam famintos, mas em nenhum dos casos tinham consciência de que seus objetivos — de fazer dieta ou de comer alguma coisa —, influenciava o que e o quanto eles compravam.

Quanto mais o objetivo é importante para você, mais impacto têm as influências externas. Esse princípio básico evidenciou-se numa revisão recente de centenas de estudos de pré-ativação com objetivo, que revelou um confiável e robusto efeito sobre o comportamento em geral de uma pré-ativação com um objetivo, porém um efeito ainda maior quando o objetivo tinha importância de cunho pessoal para o participante.[17] Quanto mais intensa a necessidade e mais importante o desejo, mais forte pode ser a influência externa. Saber isso é muito importante quando se trata de coisas que desejamos em nossas carreiras e em nossa vida pessoal, uma vez que estar motivado é bom — mas também é preciso conhecer os efeitos colaterais. Seu objetivo atual muda a informação que o está influenciando, e também muda o objeto de sua atenção e aquilo de que você será capaz de se lembrar depois.

Imagine um casal no banco dianteiro de um carro, viajando na estrada. A motorista está focada no tráfego, nos outros carros ao redor, na sinalização e também na velocidade do próprio carro, e talvez no ar-condicionado. O passageiro sentado a seu lado está apreciando a paisagem de outono, lendo o que está escrito na sinalização, observando placas de carros estranhas ou engraçadas e dizeres em para-choques de caminhões. Os dois terão lembranças bem diferentes da viagem quando chegarem ao destino, apesar de terem estado no mesmo lugar durante horas. Isso acontece porque aquilo que olhamos e no que prestamos atenção depende de sua relevância no que tange a nosso objetivo no momento, que neste caso é muito diferente para a motorista e para o passageiro.

Em 1978, Richard Anderson e J. W. Pichert realizaram um experimento clássico sobre como reconstruímos lembranças de uma situação de maneiras totalmente distintas dependendo do nosso objetivo. Os experimentadores pediram aos participantes que assistissem a uma excursão, gravada em vídeo, por uma casa residencial. Todos assistiram ao mesmo vídeo. A alguns foi pedido que assistissem ao vídeo como se fossem assaltantes que planejavam roubar a casa; a outros, que assistissem ao vídeo como se fossem compradores potenciais daquela casa. Depois disso, os dois grupos tiveram lembranças bem diferentes. Os "compradores" se lembravam do tamanho dos aposentos, do estado de conservação dos principais equipamentos (como o aquecedor de água e o forno a gás) e do número de banheiros. Os "assaltantes", por sua vez, recordavam se havia janelas acessíveis no porão, equipamentos portáteis valiosos, como aparelhos de televisão e sistemas de som, bem como outros pertences que pudessem ser revendidos. E uma vez que nossa atenção em determinado momento é limitada, os "compradores de casa" deixaram escapar muitos detalhes que os "assaltantes" perceberam, e vice-versa. As lembranças que os participantes tinham guardado do vídeo não eram uma cópia exata do vídeo (muita gente pensa que a memória funciona assim), mas uma versão dele que fora filtrada e editada de acordo com o objetivo específico que eles tinham enquanto assistiam às imagens.

Outro risco de se concentrar num objetivo durante muito tempo é que seu inconsciente pode continuar a notar e a avaliar coisas quando você já não está mais perseguindo aquele objetivo. Um grande exemplo e metáfora cômica desse efeito é mostrado na abertura de *Tempos modernos*, de Charles Chaplin. O famoso Vagabundo de Chaplin trabalhava com afinco e durante muito tempo numa fábrica onde sua única tarefa era apertar grandes parafusos em gigantescas engrenagens, o dia inteiro. Por fim, o apito que encerra o dia de trabalho toca e todos largam suas ferramentas e se encaminham para a saída. Charlie está tão enlouquecido com as incontáveis horas que passou apertando aqueles parafusos que não consegue se controlar e sai com suas chaves de boca nas mãos. Opa, na rua passa uma mulher corpulenta vestindo um grande casaco com, você adivinhou, grande botões na frente, de cima a baixo. Para a mente de Charlie, transtornada pelo objetivo, eles se parecem com os parafusos na fábrica, e ele salta sobre a mulher, tentando apertar aqueles botões, e a persegue pela rua quando ela tenta fugir.

Quem joga Tetris deve saber ao que estou me referindo. Pessoas que jogam Tetris durante longos períodos relatam que começam a enxergar o mundo real como se fosse uma versão aumentada do jogo. Jeffrey Goldsmith escreveu sobre essa experiência num artigo publicado na revista *Wired*, em 1994.[18] Ele estivera em Tóquio durante uma semana com um amigo que tinha um Game Boy: "Tetris escravizou meu cérebro. À noite, formas geométricas caíam na escuridão enquanto eu estava deitado num tatame alugado, num espaço de chão. Durante o dia, eu ficava sentado num sofá de camurça lilás jogando Tetris furiosamente. Nas raras vezes em que saía de casa para um passeio, eu visualizava carros sendo encaixados em árvores e pessoas". Quando dedicamos tanto tempo e atenção a perseguir algo, isso começa a modelar nossos pensamentos, imagens mentais e até sonhos, de modo não intencional. O jogador de Tetris enxergava o mundo em termos das formas incluídas no jogo, e as operações mentais do jogo aconteciam de maneira espontânea, com o jogador, inconscientemente, encaixando uma coisa na outra, girando para encaixar melhor — tudo se processando segundo o filtro de um jogo repetido tantas vezes que se tornara hiperacessível em sua mente. Pesquisadores do sonho descobriram que pessoas que jogavam Tetris o dia inteiro, mesmo se amnésicos e sem lembrança de o terem jogado, relatavam sonhos em que formas diferentes caíam do céu, girando e se encaixando nos espaços que existiam embaixo.[19]

Tive a mesma experiência em meu escritório no final da década de 1980, quando fiquei viciado em jogar Pac-Man, a versão monocromática disponível nos muito primitivos PCs da época. Meus dedos voavam percorrendo as teclas com as setas para a esquerda, para a direita, para cima e para baixo, e fiquei muito bom em me livrar daquelas figuras fantasmagóricas e acumular enorme quantidades de pontos. Um dia, depois de ter ficado jogando por tempo demais, quando deveria estar trabalhando, levantei os olhos e percebi que estava na hora de sair para o costumeiro papo da hora do almoço. Para minha surpresa, quando saí para o corredor olhei imediatamente para o corredor à esquerda, e depois direto em frente para o outro corredor, para ter certeza de que estavam vazios antes de seguir em frente. Nosso andar no prédio da Psicologia na Universidade de Nova York é um labirinto de corredores (visitantes com frequência se perdem) e, quando cheguei ao cruzamento seguinte, me vi parando mais uma vez para espiar em todas as direções e me certificar de que o caminho estava livre, antes de prosseguir. Para minha mente enlouquecida pelo Pac-Man, era como se nosso andar tivesse se tornado o labirinto do video game, fazendo com que eu reagisse a outras pessoas nos corredores como se fossem os fantasmas do jogo.

UMA AJUDINHA DE SEUS AMIGOS

Uma das operações mentais mais importantes influenciadas por seus objetivos é uma avaliação de se coisas ou pessoas são boas ou más, avaliação essa que dependerá menos de seus valores pessoais ou sua longa experiência com elas do que se elas dificultam ou ajudam a alcançar esses objetivos. Seus objetivos atuais podem mudar até quem você considera serem seus melhores amigos. A maioria de nós cultiva várias amizades; não fazemos os mesmos tipos de atividades com todos os nossos amigos. Gostamos de confiar em alguns e de conversar com eles sobre assuntos sérios. Com outros, gostamos de caminhar ou jogar golfe, e há aqueles cujo vínculo está relacionado com nossos filhos. Na faculdade, esse intenso período de formação de nossa jovem maioridade e no qual criamos amizades que muitas vezes duram o resto de nossas vidas, as principais atividades nas quais nos envolvemos é estudar ou sair juntos e relaxar. Com isso em mente, pesquisadores utilizaram os contextos mutantes da faculdade para examinar como os objetivos podem moldar nossas amizades mais íntimas. Será que podemos nos sentir mais próximos de certos amigos em vez de outros em função do objetivo — estudar ou relaxar — que temos naquele momento?

Gráinne Fitzsimons e sua equipe de pesquisa perguntaram a um grupo de estudantes de faculdade quem eram seus melhores amigos e que tipo de atividade faziam com eles.[20] Os participantes então realizaram um teste curto de linguagem com palavras (pré-ativação) relacionadas com bons resultados e alto desempenho ou com relaxamento e diversão. Em seguida, cumpriram uma tarefa destinada a pré-ativar o objetivo de um bom desempenho ou o de "relaxar e aproveitar", sem que tivessem consciência disso. Depois vinha a medida crucial: pedia-se a todos os estudantes que ordenassem hierarquicamente seu grupo de amigos, aqueles que tinham mencionado no início do estudo, do melhor amigo até o menos chegado. Se tivesse sido pré-ativado o objetivo do bom desempenho, o estudante listava como seus melhores amigos aqueles com quem estudava junto, mas se o objetivo pré-ativado tivesse sido o de diversão, o estudante listava seus companheiros nas festas como os melhores amigos. O objetivo reordenava a hierarquia dos melhores amigos de modo a refletir quais amigos tinham ajudado mais a alcançá-lo.

Nosso objetivo atual não só afeta como nos sentimos em relação aos amigos atuais, como também influencia nossa escolha de com quem vamos iniciar uma amizade. Estudantes da Northwestern University foram pré-ativados com o objetivo de sucesso acadêmico ou de bom desempenho físico, que atuava inconscientemente no plano de fundo.[21] Nos casos em que o objetivo do bom desempenho acadêmico era pré-ativado, os estudantes queriam fazer amizade com pessoas com quem pudessem estudar, mas se em vez disso o objetivo pré-ativado era o da boa forma física, passavam a querer ser amigos daqueles com quem poderiam malhar. Eles não tinham consciência dessa influência dos objetivos que estavam pré-ativados nas escolhas de suas amizades.

Esse efeito atua nos dois sentidos. Não só seus objetivos afetam o que você pensa sobre seus amigos e outros relacionamentos, como o simples fato de pensar num relacionamento pessoal mais íntimo pode influenciar com que eficácia ou vigor você persegue seu objetivo. Pensar em sua mãe, por exemplo, traz à mente (muitas vezes inconscientemente) os objetivos que você associa a ela, como o de deixá-la orgulhosa de você. Fitzsimons e eu reunimos num estudo alunos da faculdade que tinham dito num questionário alguns meses antes ter como objetivo fazer suas mães se orgulharem deles, e também montamos um segundo grupo de participantes que tinham outros objetivos em relação às suas mães, como o de ajudá-las ou ser bons amigos dela (mas não o de fazê-las se orgulhar deles).[22] Em seguida, pedimos que alguns deles pensassem em suas mães, mas de modo bem incidental, como descrever o que ela costumava fazer num sábado, desenhar o mapa da vizinhança em que ela morava, fazer uma lista de seus hobbies e assim por diante. No grupo de controle, os participantes respondiam a perguntas apenas sobre si mesmos, nenhuma sobre suas mães.

Será que pensar nas mães desencadeava o objetivo de fazê-las ficar orgulhosas — isto é, uma motivação para a realização? Depois da parte do experimento em que havia pré-ativação com a evocação da figura da mãe, todos os participantes trabalhavam numa curta tarefa verbal, retirada do jogo de tabuleiro *Palavras Cruzadas*. Demos a cada um deles o mesmo conjunto de sete peças, e a tarefa era formar com aquelas letras o máximo de palavras que conseguissem em cinco minutos. Como prevíamos, os estudantes que tinham tido como objetivo fazer suas mães ficarem orgulhosas deles *e* que tinham acabado de pensar nelas antes de fazer a tarefa de formar palavras superaram todos os outros participantes. Pensar na mãe não tinha sido suficiente se isso não fosse associado com o objetivo de um alto desempenho e realização; da mesma forma, querer deixar a mãe orgulhosa não foi suficiente se a pessoa não tivesse pensado nela antes da tarefa e, com isso, pré-ativado, ou "despertado", esse objetivo. Portanto, apenas pensar em uma pessoa importante em sua vida torna mais provável que você persiga imediatamente o objetivo que costuma associar a ela. Vale ressaltar que esse efeito pode ocorrer mesmo quando a pessoa não está lá — ela pode não estar presente fisicamente, mas está presente *psicologicamente*. Não importa se na verdade essa pessoa está a milhares de quilômetros de você.

Assim, nosso objetivo atual influencia se vamos gostar ou não de algo; pode nos fazer gostar de certas pessoas mais do que de outras, dependendo se representam uma ajuda ou um empecilho para alcançarmos um objetivo. Seu objetivo atual pode até fazer você gostar de alguém de quem normalmente não gosta nem um pouco. Por exemplo, esse objetivo pode mudar o modo com que você costuma reagir a um comportamento negativo e rude: se essa rudeza for boa para seu objetivo atual, você pode acabar gostando de uma pessoa rude.

Imagine um cenário no qual um diretor de recursos humanos está entrevistando candidatos a um emprego, situação que nosso laboratório simulou produzindo um vídeo realista de uma entrevista desse tipo.[23] A câmera foi posicionada atrás do entrevistador sentado à mesa, de modo que ele só era visto de trás, mas podia-se ver a pessoa sendo entrevistada sentada de frente para a mesa. Cada participante no estudo assistiu ao mesmo vídeo, com uma exceção. Essa exceção não tinha nada a ver com a entrevista em si. Nesse escritório muito movimentado, com secretárias e outros funcionários entrando e saindo durante a entrevista, um colega de trabalho chamado Mike aparece de repente na porta e lembra ao entrevistador que é meio-dia e eles tinham combinado de almoçar juntos. A diferença-chave entre os dois vídeos era como Mike agia. Em uma versão, ele era muito educado e respeitoso, pedindo desculpas por interromper a entrevista e dizendo que ia esperar lá fora. Na outra versão, Mike era, ao contrário, muito rude, avisando em tom impaciente que eles tinham combinado de almoçar juntos naquele dia e que estava na hora de ir.

Os participantes não tinham sido instruídos a emitir opinião sobre Mike, e sim avaliar apenas o candidato ao emprego, no qual a câmera estava focalizada, em termos de quão adequado ele era para o cargo. É aqui que entra o objetivo. A um grupo de nossos participantes foi dito que a entrevista era para um emprego como garçom num restaurante próximo. Sabíamos que a maioria das pessoas pensam que garçons devem ser educados e respeitosos — com um tipo de atitude que diz "o freguês tem sempre razão". Ao outro grupo de participantes foi dito que a entrevista era para um tipo muito diferente de emprego: o de repórter no *New York Daily News*, com a missão de cobrir o crime organizado. As qualidades ideais para o repórter criminal eram o exato oposto das de um garçom — ele deveria ser duro, agressivo e persistente — rude, se necessário.

O candidato ao emprego era o mesmo em ambos os vídeos, e as perguntas feitas pelo entrevistador durante a gravação eram genéricas e vagas o bastante para se aplicarem aos dois cargos, e diziam respeito a coisas como o currículo dos candidatos, a motivação para desempenhar um bom trabalho etc. Porém, depois que os participantes assistiram ao vídeo, nós lhes perguntamos — surpresa! — não sobre o candidato ao emprego, mas sobre Mike, que tinha interrompido a entrevista. Perguntamos o quanto gostavam de Mike e pedimos que dessem uma nota a vários traços de sua personalidade, que incluíam polidez e rudeza.

Como era de esperar, numa condição de controle na qual não se mencionava o tipo de emprego, os participantes gostavam bem mais do Mike educado e gentil do que do Mike grosseiro e rude. Essa tendência era ainda mais forte quando a profissão era a de garçom. As pessoas costumam gostar mais de pessoas gentis do que de pessoas rudes e grosseiras: não havia surpresa nisso. Mas aí estava a pegadinha: na condição em que a profissão era de repórter criminal, os participantes na verdade gostaram mais do Mike *rude* do que do Mike educado. Isso aconteceu mesmo quando eles reconheciam que Mike era rude e agressivo. O que mudou aqui foi que essas características, que não costumam ser consideradas boas, *eram* boas para o objetivo então vigente de avaliar um candidato a repórter criminal. Enquanto esse objetivo estava ativo e operante, eles deparavam também com Mike, e mesmo que não tivessem nenhuma intenção consciente ou instruções para avaliar Mike, o objetivo ativo reagiu positivamente à sua rudeza. O objetivo ativo, conscientemente focado em outra pessoa, fez com que gostassem de uma pessoa da qual, se aquele objetivo não estivesse atuando naquele momento, com certeza não gostariam.

As implicações na vida real são consideráveis. Traços e características que valorizamos em pessoas presentes num domínio de nossa vida, digamos, no trabalho, podem muito bem não ser os mesmos que valorizamos num relacionamento romântico. E vice-versa. Imagine uma diretora de recursos humanos que em suas horas de lazer está em busca daquela pessoa especial. Se esse objetivo, com o decorrer do tempo, tornar-se forte o bastante, como a compulsão de Charles Chaplin de apertar parafusos, ela poderá ficar propensa a selecionar e até contratar pessoas que são mais adequadas a um relacionamento romântico do que a um cargo na companhia. E ela pode não se dar conta de que está aplicando o critério errado, como os empregadores italianos que favoreciam esmagadoramente candidatos atraentes em detrimento de não atraentes. Por outro lado, imagine um banqueiro de investimentos ou um oficial de polícia gostando de namorar pessoas que são gananciosas e competitivas, ou eficientes mas sem emoções. E será que professores em escolas de ensino fundamental que valorizam alunos quietos, obedientes e estudiosos também vão preferir esse tipo de pessoa como amigo ou namorado?

ENGANANDO A NÓS MESMOS

Em 21 de abril de 1980, uma mulher de cabelo curto e escuro cruzou a linha de chegada da maratona de Boston usando uma camiseta de corrida amarela com seu número de competidora fixado nela. Rosie Ruiz chegou em primeiro lugar na categoria feminina, à frente de outras 448 corredoras. A multidão se agitava em volta e tinha bons motivos para estar excitada. Quem tinha vencido uma das mais famosas competições atléticas do mundo não só era uma mulher despretensiosa, de 26 anos, nascida em Cuba e com muito pouca experiência anterior em maratonas, como também tinha obtido o terceiro melhor tempo para mulheres na história, impressionantes duas horas, 31 minutos e 56 segundos. Ela era uma assistente de escritório comum, subitamente transformada numa campeã de corridas. Era uma perfeita história de Cinderela.

Só que não era. Não havia se passado nem quatro horas após ela ter sido declarada vencedora, e a organização da corrida começou a receber relatos que punham em dúvida a autenticidade do desempenho sensacional de Ruiz. Para começar, as mulheres que chegaram atrás dela, competidoras de categoria internacional que tinham estado na liderança até cerca de trinta quilômetros de corrida, não tinham lembrança de terem sido ultrapassadas por Ruiz. Apesar das suspeitas cada vez maiores, ela sustentou sua história, oferecendo-se para fazer um teste no polígrafo, o detector de mentiras. No dia seguinte, apareceu a prova que faltava: dois estudantes de Harvard que assistiram à maratona tinham visto Ruiz sair da multidão para se juntar às corredoras já na parte final da corrida. Pouco depois, descobriu-se também que quando ela se classificara para competir em Boston, na maratona da cidade de Nova York, só tinha conseguido porque pegou o metrô e usou a mesma técnica de se infiltrar na pista na parte final da corrida. Em 29 de abril, oito dias depois de sua falsa vitória, os organizadores a destituíram do título.

Maneiras de enganar e iludir, muito menos extremas do que a de Rosie Ruiz, é claro, são muito comuns nos esportes, como "desabar" num jogo de basquete para enganar o juiz e fazê-lo marcar uma falta contra seu adversário (que na verdade não atingiu você com tanta força). Todos já vimos jogadores de futebol contorcendo-se no gramado como se estivessem com dores lancinantes, segurando a canela depois de uma entrada dura, enquanto os que assistem ao jogo em casa pela TV veem, no replay, que não houve contato algum. Esses exemplos espetaculares e óbvios nos esportes realçam o que pesquisadores demonstraram ser uma tendência humana geral: quando o objetivo da conquista e do alto desempenho está ativo, as pessoas ficam mais propensas a burlar regras usando métodos que normalmente elas consideram desonestos e imorais, se isso ajudá-las a atingir seu objetivo de desempenho.

Durante meus muitos anos como professor, descobri que muito poucos estudantes demonstram obediência e abaixam suas canetas ou seus lápis quando eu anuncio "tempo esgotado" numa prova. Algumas vezes, depois de ter pedido diversas vezes que entregassem sua prova, e de esperar vários minutos, tive de tirar eu mesmo a prova de suas mãos enquanto eles ainda escreviam furiosamente! (Um aluno até disse que eu estava sendo rude por fazer isso.) De modo experimental, ao lado de meus colegas na Universidade de Nova York, Peter Gollwitzer e Annette Lee-Chai, meu laboratório recriou esse efeito pré-ativando primeiro o objetivo da conquista em nossos participantes, por meio da técnica da sentença embaralhada, com palavras do tipo "conquistar", "esforçar-se" e ter "sucesso" entremeadas no teste.[24] Em seguida, nós lhes demos um conjunto de peças com letras do jogo de palavras cruzadas e três minutos para escreverem com elas quantas palavras conseguissem. Por fim, a experimentadora dizia que tinha de sair da sala para iniciar outro experimento, e que se não voltasse a tempo iria anunciar "Stop" pelo intercomunicador quando o tempo acabasse, quando então eles deveriam pousar seus lápis e parar de trabalhar.

O que nossos participantes não sabiam era que tínhamos uma câmera de vídeo escondida na parte frontal da sala, e com isso pudemos verificar depois se eles realmente tinham largado as canetas quando foram instruídos pelo intercomunicador, ou se haviam continuado a escrever palavras até o experimentador voltar (após cerca de cinco minutos). Entre os participantes nos quais o objetivo da conquista estava operando, graças à pré-ativação, mais de 50% deles "trapacearam", continuando a escrever palavras bem depois do comando de parar; na condição de controle, apenas cerca de 20% agiu assim. Se um objetivo de conquista ativo pode fazer uma pessoa burlar as regras desse jeito numa tarefa relativamente sem importância — sem prêmios, sem reconhecimento, sem possibilidade de que alguém saiba do feito e o valorize, sendo apenas um teste psicológico —, é fácil compreender o poder que exerce sobre nossos juízos morais e nosso comportamento quando isso envolve dinheiro ou vitórias atléticas reais.[25]

Rosie Ruiz queria tanto vencer a maratona de Boston que, literalmente, usou atalhos para fazer isso. Ela trapaceou, de maneira bastante afrontosa e pública. Seu desejo ardente de vencer a famosa e prestigiosa corrida a convenceu de que trapacear para conseguir isso era, de certo modo, válido. Ruiz é um exemplo extremo de uma tendência que todos nós temos de fazer coisas que nos ajudem a alcançar nossos mais acalentados objetivos e que não faríamos sem eles.

267

Nossos objetivos têm influência tão poderosa sobre nós que podem se sobrepor mesmo aos nossos mais antigos e arraigados valores e crenças. E se eu lhes dissesse que alunos de seminário, cuja aspiração é passar a vida como sacerdotes e ministros religiosos, com sólidos valores e conceitos pessoais quanto a ajudar os outros e se comportar moralmente, são capazes de passar por uma pessoa doente estirada à margem da estrada ou da rua só porque seu objetivo atual é chegar logo à sua próxima aula, pois estão atrasados? Mas isso foi exatamente o que aconteceu no famoso estudo chamado "Bom Samaritano", realizado na Universidade Princeton na década de 1970.

Nesse experimento, realizado por John Darley e Daniel Batson, pediu-se a estudantes seminaristas religiosos que fizessem uma apresentação sobre carreiras vocacionais para pessoas que estudam para se tornarem membros do clero ou sobre a parábola do Bom Samaritano na Bíblia, na qual um homem ajuda um estranho que passa necessidade, depois que quase todos os outros passaram por ele, ignorando-o.[26] Para fazer essa apresentação, todos os participantes tinham de caminhar de um prédio para outro. Um detalhe importante: foi dito para alguns participantes que eles estavam atrasados e tinham de se apressar para chegar ao outro prédio; para os demais, isso não foi dito. No caminho para o outro prédio, numa calçada coberta, todos os estudantes passavam por uma pessoa malvestida, estirada no chão e que parecia estar sofrendo. Na verdade, essa pessoa fazia parte da equipe do experimento. O propósito do estudo era ver quem a ajudaria e que fatores pessoais e presentes na situação fariam diferença no que concerne a essa ajuda.

Constatou-se que a única coisa capaz de prever qual era a probabilidade de um estudante parar e prestar ajuda era se estava ou não com pressa. O tipo de apresentação que iria fazer ou quão religioso era (conforme medido numa escala de personalidades) não fez diferença. Tudo que importava era se tinha ou não de chegar rapidamente à outra sala de aula. Parar para ajudar iria lhe custar tempo, e isso era avaliado como um ponto negativo, levando em conta o objetivo de "chegar lá rápido". Esse objetivo tinha uma influência inconsciente tão forte que provocava um curto-circuito nas convicções morais do próprio estudante, e até no mais relevante princípio moral que estava presente naquele momento na mente dele — a parábola do Bom Samaritano!

O que é importante salientar aqui é que os alunos do seminário não se transformaram de algum modo em pessoas ruins. O que aconteceu é que o objetivo ativo naquele momento desviou a atenção deles da pessoa que passava por necessidades, tornou menos provável que eles percebessem que a pessoa precisava de sua ajuda e menos valorosa a noção de que deveriam parar para ajudar, orientando o comportamento dos seminaristas no sentido de chegar à próxima sala de aula o mais rápido possível. Com base nas discussões com os participantes depois que o estudo terminou, Darley e Batson acreditaram que os estudantes que estavam com pressa não interpretaram que aquela pessoa estivesse angustiada, precisando de ajuda. Os pesquisadores concluíram que "por estarem com pressa" os alunos do seminário ficaram tão focados em chegar na sala de aula a tempo que não tiveram suas reações de empatia habituais ao ver uma pessoa em sofrimento.[27] Parar para ajudar significaria se atrasar para a aula, e assim o objetivo atribui um valor *negativo* ao ato de ajudar uma pessoa, alterando a mentalidade do aluno e sua valorização positiva desse gesto — o que, ironicamente, é a questão central da parábola do Bom Samaritano que eles estavam indo com tanta pressa comentar em sua aula seguinte.[28]

UM AFRODISÍACO PERIGOSO

Um fator que dispõe de tremendo poder para mudar nossos objetivos e, com isso, transformar nossos valores e nosso comportamento é o poder em si. O poder do poder é lendário: como diz o ditado, o poder corrompe, e poder absoluto corrompe de modo absoluto. Casos de abuso de poder e de corrupção entre funcionários de governo são todos, infelizmente, muito comuns; no estado americano de Illinois, onde moro, já é quase uma tradição enviar políticos primeiro para a Mansão do Governador e depois para a prisão, por abuso do poder em benefício próprio.

Frequentemente, aqueles que abusam do poder parecem ignorar por completo como seu comportamento deve estar sendo visto pelo público, como se de algum modo não estivessem de todo cientes de que aquilo é um mau uso do poder. Mas para qualquer outra pessoa isso não pegaria bem. Em 1993, no último dia do mandato de George H. W. Bush, o responsável pela Biblioteca do Congresso tornou inacessível por cinquenta anos todo o material relacionado com o escândalo de armas do Irã-Contras (no qual Bush esteve envolvido como vice-presidente); poucas semanas depois, a mesma pessoa foi nomeada responsável pela Biblioteca Presidencial de Bush na Universidade Texas A&M, com o salário bem principesco (sobretudo na época) de 400 mil dólares por ano. Não existe conexão entre os dois eventos, é claro. E, há não tanto tempo, o governador da Carolina do Sul teve de renunciar por ter viajado para a América do Sul a fim de encontrar sua amante, quase sem se dar ao trabalho de ocultar isso. Exemplos desse tipo são surpreendentemente fáceis de encontrar, e só nos resta balançar a cabeça de espanto com o fato de a corrupção ser tão aberta — como se quem abusa do poder estivesse cego por essa inconsciente influência do poder, o que não acontece com ninguém à sua volta.[29]

Há várias teorias que tentam explicar por que o poder tem esse efeito corruptor, mas a que eu gostaria de destacar aqui é a de que o poder tem como efeito natural ativar os próprios objetivos pessoais de alguém — aqueles que costumam ser constrangidos ou suprimidos devido à desaprovação social com que são vistos ou por causa das punições cabíveis caso sejam perseguidos. Muitas vezes são objetivos egoístas alcançáveis às custas de outras pessoas. O poder confere a capacidade de conseguir o que se quer apesar das objeções ou do não consentimento dos outros. O que a pesquisa de nosso laboratório demonstrou, de fato, é que a concessão de poder a uma pessoa acaba revelando quais são esses desejos mais profundos. E pode-se citar quanto a isso o maior herói do meu estado, Abraham Lincoln: "Qualquer um pode fazer a coisa certa quando é dada essa possibilidade", ele escreveu. "Se quer realmente avaliar o caráter de um homem, dê poder a ele."

Na campanha presidencial de 2016, mais de uma dúzia de mulheres se apresentaram para acusar Donald Trump de ter abusado de seu poder e seu status para, inadequadamente, tocá-las ou beijá-las — por exemplo, candidatas relataram que, como dono dos concursos de Miss Universo e Miss Teen dos Estados Unidos, ele se sentiu autorizado a andar pelos camarins quando muitas estavam nuas ou seminuas, e Trump foi gravado em vídeo pelo programa *Access Hollywood*, dez anos antes, gabando-se de ter se dirigido a mulheres que não conhecia, as beijado e acariciado. O que é desencorajador é que um comportamento tão odioso por parte dos poderosos não é incomum, e é até tolerado por alguns, embora já esteja sendo estudado por cientistas há algum tempo.[30]

Nosso laboratório se interessou pelo tema do assédio sexual na década de 1990, depois que um juiz nomeado para a Suprema Corte, Clarence Thomas, foi acusado de assediar uma ex-funcionária, Anita Hill. Desde então, os Estados Unidos têm avançado na abordagem desse problema sistêmico, mas está claro que ainda há muito a ser feito.[31] O assédio sexual é uma objetificação de subordinados (ou de colegas de trabalho menos poderosos), o ato de tratá-los como objetos sexuais em vez de tratá-los com respeito como colega ou parceiro de trabalho. O assédio sexual pode assumir várias formas, mas uma das mais flagrantes é a da chantagem ou *quid pro quo — eu lhe dou isto em troca daquilo*. Isso pode ser implícito ou explícito. Para dar um exemplo real, em certo caso, um patrão no Tennessee chegou a dizer a uma subordinada, numa sala cheia de empregados: "Vamos discutir seu aumento no Holiday Inn".[32]

Em 1993, Louise Fitzgerald, professora de direito na Universidade de Illinois, examinou o acervo de casos na Suprema Corte que tratavam de assédio sexual com base na chantagem, sobretudo os testemunhos dos assediadores acusados (em geral homens). Ela concluiu de seu estudo que 75% dos acusados por assédio *não sabiam ou não se davam conta de que estavam fazendo algo errado*. A história em geral era que 1) eles estavam mesmo atraídos pela mulher, e 2) tinham se comportado com ela da mesma forma que qualquer um faz quando sente atração por uma pessoa: sorriram para ela, a convidaram para sair, a cortejaram, assumiram uma atitude amorosa em relação a ela. Em outras palavras, eles acreditavam — com aparente sinceridade, segundo a análise de Fitzgerald — que estavam genuinamente atraídos pela vítima de seu assédio e motivados *apenas* pelas qualidades dela (aparência, conduta, personalidade), e que isso não tinha nada a ver com seu poder sobre ela.

As conclusões de Fitzgerald nos deram um indício de que o fato de dispor de poder poderia estar exercendo uma influência inconsciente sobre os assediadores, ao ativar inconscientemente seus fortes objetivos pessoais de terem relações sexuais com mulheres, fazendo-os se sentir atraídos por mulheres sobre as quais tinham poder e se comportar em relação a elas de maneira inadequada. Em sua forma extrema de assédio por chantagem, os poderosos patrões se utilizam desse poder de maneira imprópria para perseguir o objetivo de fazer sexo com as mulheres sobre quais têm esse poder, contratando-as ou demitindo-as e distribuindo aumentos e promoções.

Na época, meados da década de 1990, outros pesquisadores desenvolveram escalas de personalidade que faziam distinção entre os homens que eram propensos a cometer assédio sexual e os que não. O que parecia separar os que tinham essa tendência daqueles que não tinham era a disposição para usar a hierarquia ou o poder contra uma mulher como meio de obter favores sexuais dela. Outro determinante importante era o que a pessoa admitia que faria *se recebesse garantias de que não seria apanhada* — isto é, se nada de mau lhe acontecesse.[33] Nós e outros pesquisadores ficamos perplexos e consternados com o grande percentual de homens que disseram que provavelmente cometeriam estupro e assédio sexual nessas circunstâncias.

Num estudo, trouxemos homens que tinham manifestado alto grau e baixo grau dessas tendências ao laboratório da Universidade de Nova York para um suposto estudo sobre ilusões visuais.[34] Antes de trabalharem com as ilusões, primeiro nós os pré-ativamos usando o método das sentenças embaralhadas contendo palavras relacionadas com poder, como "patrão", "autoridade", "status" e "poder". Na condição de controle, não se apresentou nenhuma palavra relacionada com poder. Esperávamos que, ao ativar inconscientemente a ideia de poder, isso desencadearia o objetivo sexual no grupo dos que tinham alta tendência para o assédio, e que isso por sua vez os faria ficar mais atraídos do que ficariam sem isso pela colega que participava com eles no estudo de ilusão visual. Assim, após os dois terem visto e classificado várias ilusões visuais padrão, nós os levávamos para recintos separados e fazíamos ao homem várias perguntas inócuas sobre o que tinham vivenciado no experimento. Uma delas dizia respeito à "outra participante" e ao quanto ela era agradável e atraente. Podíamos então constatar como a manipulação com a pré-ativação da ideia de poder influenciava o quanto o participante homem se sentia atraído pela estudante mulher que participara do estudo com ele.

Primeiro as boas notícias — os participantes que tinham tido um grau baixo nas tendências para assédio sexual e agressão consideraram a mulher igualmente atraente quer estivessem no grupo pré-ativado com a ideia de poder ou no grupo de controle. Para esses homens, o poder não fez nenhuma diferença em quão atraídos ficaram pela mulher. Mas o caso foi muito diferente para os homens com alto grau nas tendências para assédio e agressão. No caso dos que estavam na condição de controle, sem a pré-ativação da ideia de poder, eles acharam que a mulher não era atraente — abaixo do ponto médio na escala que ia de não atraente a atraente. Apenas quando a ideia de poder estava ativa em suas mentes eles consideravam a mulher atraente, tão atraente quanto a tinham classificado os homens sem tendência para assédio. Em outras palavras, quando a ideia de poder foi desencadeada em suas mentes, exercendo uma influência inconsciente em seus sentimentos, a mulher se tornava, a seu ver, mais atraente. Assim, o que esse estudo sugere para situações reais em que o poder está em jogo, e de modo bem alarmante, é que os assediadores sexuais ficam atraídos por mulheres *por causa* do poder que têm sobre elas.

Como se demonstrou que esses efeitos do poder atuam inconscientemente, sem que os participantes tenham conhecimento disso, é mais fácil entender como patrões na vida real, como os envolvidos nos casos de assédio sexual revistos por Louise Fitzgerald, puderam relatar com sinceridade que não sabiam estar fazendo algo errado ou antiético. Na visão deles, estavam se comportando como achavam que todos nós nos comportamos quando nos sentimos atraídos por alguém. Mas o que eles não perceberam era o efeito de seu próprio poder sobre a pessoa que tinham considerado atraente. É por essa razão — a de que o poder em si pode ser afrodisíaco, nas palavras de Henry Kissinger — que muitas universidades e empresas instituíram a política de proibir namoros e relacionamentos românticos entre estudantes e professores, patrões e empregados ou entre qualquer um que tenha algum poder potencial sobre os resultados de outra pessoa. O caso muito comentado do professor de filosofia de Yale Thomas Pogge, acusado de assédio sexual com base na chantagem a muitas de suas alunas, realça a necessidade de um contínuo reforço dessa política.[35] Embora o comportamento de Pogge, que se estendeu por muitos anos, seja especialmente notório, o objetivo dessas políticas de proteção é impedir até influências não intencionais do poder na atração, que nossos estudos e também os processos legais factuais demonstram que ocorrem com frequência. Pois ainda que aquele que detém o poder possa (conscientemente) acreditar que é tudo inocente e claro, a pessoa que é relativamente impotente pode se sentir desconfortável e preocupada com as reais consequências para sua carreira se não corresponder a seu interesse.[36]

No entanto, há mais "boas notícias" ou uma visão de "copo meio cheio" em nosso estudo, no sentido de que o poder não corrompe a todos. Para nossos participantes que não tinham o objetivo sexual conectado à ideia do poder, não houve efeito inconsciente do poder na atração que sentiram pela mulher. Minha colega de Yale Margaret Clark foi a primeira a demonstrar que nem todos têm objetivos egoístas de explorar outras pessoas; há também entre nós aqueles que têm uma postura de orientação mais *comunitária* em relação a seus semelhantes e efetivamente colocam os interesses de outras pessoas acima de seus próprios interesses.[37] Pense nos pais, quanto a esse aspecto. Pais — pelo menos os bons pais — tipicamente põem os interesses dos filhos acima dos seus, apesar de serem eles que detêm o poder em casa, e não tanto seus filhos. Como essas pessoas de inclinação comunitária reagiriam a ter poder sobre outras? Decidimos examinar isso em nosso laboratório com... uma escrivaninha.

Na Universidade de Nova York, minhas colegas Serena Chen e Annette Lee-Chai e eu ponderamos que pessoas com inclinações comunitárias ou objetivos em relação a outras pessoas reagiriam ao poder de modo diferente do restante de nós.[38] Utilizamos uma escala de personalidade que Margaret Clark havia desenvolvido, que diferenciava essas pessoas, e selecionamos um grupo comunitário de participantes e um de controle para nosso estudo. No primeiro experimento, trouxemos cada participante para meu próprio gabinete de professor, dizendo que todas as salas normalmente usadas do laboratório estavam ocupadas naquele momento. Pedia-se ao participante, de modo casual, que se sentasse em uma das duas cadeiras que havia no gabinete: ou na minha grande cadeira de couro (que ainda tenho e na qual estou sentado enquanto escrevo no meu escritório, em casa) atrás da escrivaninha ou numa pequena cadeira de madeira usada pelos alunos que iam até lá falar comigo, diante da escrivaninha. Fizemos isso para pré-ativar a ideia de poder de modo natural. Para os estudantes que participavam do estudo, sentar atrás de minha escrivaninha representava uma posição de alto poder, sentar diante dela, uma posição de baixo poder.

Entregávamos depois aos participantes alguns questionários que mediam o quanto se preocupavam com o que os outros pensavam sobre eles, e que, bem explicitamente, avaliava o racismo. Quem não estivesse muito preocupado com o que os outros pensavam — marca registrada de quem tem poder, por achar que os outros não podem prejudicá-lo — tinha uma nota baixa na escala de "importar-se com o que os outros pensam" e notas mais altas na medição do racismo. De fato, foi isso que observamos na condição de controle: participantes diziam estar menos preocupados com o que os outros pensavam quando se sentavam na poderosa cadeira do professor do que quando sentavam na cadeira do estudante, de relativamente menos poder, em frente à escrivaninha. Mas o efeito oposto acontecia com os participantes que tinham objetivos comunitários em relação a outras pessoas, que geralmente punham os interesses dos outros acima dos seus. Para eles, sentar na "cadeira do poder" os fazia se importar *mais* do que o habitual com o que os outros pensavam, e se mostravam *menos* racistas, e não mais, quando estavam na cadeira do poder.

Num estudo posterior, participantes pré-ativados com a ideia de poder, quando lhes foi dada a opção escolheram para si mesmos as tarefas mais fáceis e deixaram as mais difíceis para outra pessoa. A menos que, reiterando, fossem pessoas de orientação comunitária. Quando esses participantes eram pré-ativados com palavras relacionadas com poder, eles escolhiam depois mais tarefas difíceis e deixavam as fáceis para outras pessoas fazerem. Quando a ideia de ter poder estava ativa em suas mentes, ficavam mais preocupados com a outra pessoa, e menos consigo mesmos. O efeito inconsciente do poder em nossos participantes dependia de seus próprios objetivos importantes, e ativar inconscientemente a ideia de poder revelava claras diferenças em seus graus de egoísmo e de preocupação com outras pessoas. Em outras palavras, revelava seu caráter.

Lincoln estava mais certo do que pensava.

Aquilo que desejamos, o futuro a que aspiramos tanto no curto quanto no longo prazo, têm consideráveis, e sobretudo ocultos, efeitos em nossas mentes e em nosso comportamento. Mais do que somos capazes de perceber, nosso objetivo atual está no controle, e com frequência se sobrepõe às nossas mais arraigadas crenças e aos nossos valores pessoais, fazendo de nós, de fato, pessoas diferentes enquanto esse objetivo estiver atuando. É por isso que devemos ter cuidado com aquilo que desejamos, porque essas vontades e esses desejos podem se apoderar de nossas mentes de um jeito do qual não temos consciência. Delegamos o controle a esse objetivo e, embora possamos não ter consciência dele ou mesmo aprovar ao que visa esse objetivo, ainda assim somos pessoalmente responsáveis por ele.

Temos de ser ainda mais cuidadosos quando se trata de objetivos importantes e possivelmente egoístas que, se satisfeitos, aconteceriam às custas dos outros. Por isso é tão importante cultivar um genuíno cuidado e uma preocupação com os outros, porque essas tendências acabarão se revelando aos outros, mesmo que inconscientemente de nossa parte, quando tivermos oportunidade de atuar sobre elas, como em nossos estudos do poder. Acima de tudo, nunca deseje algo de mau para você mesmo ou para outra pessoa, como pode acontecer quando sente raiva de alguém, porque para a sua mente um objetivo é um objetivo, e esse desejo rancoroso pode se voltar contra você mesmo. Por outro lado, desejar coisas positivas, como estabelecer um objetivo importante para você mesmo, pode ajudar a realizar seus sonhos — porque mesmo quando está sonhando, seu inconsciente nunca dorme.

9. O inconsciente nunca dorme

"Ao longo dos anos, encontrei uma regra. É a única que menciono nas ocasiões em que falo sobre o ato de escrever", explica o notável autor americano Normal Mailer em *The Spooky Art* [A arte assustadora], seu livro sobre o que significa ser um escritor. "Uma regra simples. Se você disser a si mesmo que vai estar sentado a sua escrivaninha amanhã, estará com essa declaração pedindo a seu inconsciente que prepare o material. Está, na verdade, fazendo um contrato para colher esses bens valiosos num determinado momento. Conte comigo, você está dizendo a algumas forças lá embaixo: estarei lá para escrever."[1]

Está claro que a estratégia de Mailer funcionou para ele. No decurso de sua longa carreira ele escreveu mais de trinta livros e se tornou um dos mais celebrados — e controversos — escritores dos Estados Unidos. Em 1948, ele publicou seu primeiro romance, *Os nus e os mortos*, sobre suas experiências como soldado na Segunda Guerra Mundial, que o catapultou para o cenário literário na idade precoce de 25 anos. Enquanto muitos escritores de sua época viam sua futura produção criativa bloqueada ou muito postergada após o sucesso do primeiro romance — como, notadamente, nos casos de *Homem invisível*, de Ralph Ellison, *O sol é para todos*, de Harper Lee, ou *Ardil 22*, de Joseph Heller, todos livros magníficos —, Mailer continuou a escrever. Despejou toda a sua energia desenfreada em quase todos os gêneros, recusando-se a ficar limitado à ficção: ensaios, reportagem, biografia, não ficção criativa, peças de teatro — experimentou de tudo. Ainda que Mailer não tenha conseguido escrever o Grande Romance Americano, ele foi sem dúvida um Grande Escritor Americano.

De onde provinha tal fecundidade artística?

Mailer considerava seu inconsciente um parceiro pleno em seus projetos de escrita — e um parceiro a ser tratado com respeito. Acreditava que precisava estabelecer um relacionamento de confiança, e por sua vez confiável, com sua mente oculta. Se você der a seu inconsciente essa tarefa, dizia ele, é melhor que cumpra sua parte no trato e esteja lá na manhã seguinte para escrever, como programado, e não decida ficar dormindo ou tirar o dia de folga. Se não fizer isso, e principalmente se isso continuar a acontecer, seu inconsciente não levará você a sério na próxima vez em que o solicitar e não vai preparar o material se achar que de qualquer maneira você não estará lá para trabalhar.

Seu inconsciente sabe quais são seus objetivos importantes pelo quanto você pensa neles conscientemente e por quanto tempo e esforço dedica a eles. Como vimos no capítulo anterior, em particular quando se trata de objetivos importantes, seus valores e sentimentos inclinam-se na direção que mais o favorece na realização desses objetivos, literalmente mudando sua mente por causa de um objetivo. Neste capítulo, ficará ainda mais aparente a influência pungente do futuro no funcionamento oculto da mente. Ficamos trabalhando inconscientemente por nossos objetivos nos bastidores: usando o *tempo ocioso* durante o dia, quando a mente consciente não está envolvida em alguma tarefa, e enquanto dormimos, à noite; sempre *vigilante*, como uma sentinela, na busca de informação relevante a respeito daquele objetivo e prestando atenção a eventos e objetos que possam ser úteis, e que, não fosse isso, passariam despercebidos por nós; e tentando *encontrar respostas* que estamos tendo dificuldade de encontrar conscientemente. Meu sonho com o jacaré foi um exemplo perfeito de como minha mente inconsciente veio com uma solução para um problema que estava torturando meu cérebro havia muitos anos.

Nos bastidores, sua mente está trabalhando em seu futuro, constantemente. De fato, a neurociência demonstrou que esse é o modo padrão da mente, que é isso que ela fica fazendo quando nada mais está acontecendo. Ela está trabalhando em problemas importantes que ainda não foram solucionados no passado ou no presente, esses que ainda *estão para ser* resolvidos no futuro. Ela está nos guiando de todos os modos possíveis para um futuro no qual nossos objetivos importantes serão alcançados, nossas necessidades importantes atendidas e nossos problemas importantes resolvidos. A pesquisa sobre a Teoria do Pensamento Inconsciente descrita no capítulo 6 demonstrou a superioridade de períodos de pensamento inconsciente na ação de combinar e integrar muitas e diferentes ocorrências e peças de informação. Pesquisas iniciais sobre criatividade, sobre a obtenção de soluções "fora do padrão" para problemas e dilemas que parecem insolúveis, também demonstraram que com frequência essas soluções advêm de insights inconscientes, e que a solução se forma por completo quando é repassada para o consciente.

Por uma estranha coincidência, as perspicazes aptidões da mente inconsciente para resolver problemas foram descobertas na década de 1930 por um psicólogo americano com um nome curiosamente semelhante ao do famoso autor de Os nus e os mortos, que de maneira independente de qualquer pesquisa havia defendido o papel do inconsciente no trabalho criativo.

Norman Mailer, eu lhe apresento Norman Maier.

REVELAÇÕES NA BANHEIRA

As coincidências não acabam nos nomes quase idênticos. Acontece que Norman Maier tem diversas conexões com este livro. Um de seus alunos foi T. C. Schneirla, que viria a ser o curador do Museu Americano de História Natural e autor do clássico trabalho sobre motivações de aproximação-evitação, "ficar ou ir embora", tratado no capítulo 5. O mentor de Maier quando estava na Universidade de Chicago de 1929 a 1931, onde realizou seus famosos experimentos sobre criatividade, foi o professor Karl Lashley, o pensador original que, como descrito no capítulo 4, foi o primeiro a descobrir a pré-ativação e os efeitos da prontidão mental. Maier foi de Chicago para a Universidade de Michigan, onde trabalhou no Departamento de Psicologia da faculdade por mais de quarenta anos e, em outra estranha coincidência, morreu em setembro de 1977 — mesmo mês no qual comecei ali meu trabalho de pós-graduação.

Meier foi um dissidente, interessado nos processos de raciocínio e resolução de problemas em plena era do behaviorismo. Seu trabalho inicial em Chicago, sob a orientação de Lashley, identificou um importante problema na resolução consciente de problemas, chamado *fixidez funcional*, no qual nos fixamos demais no uso corriqueiro de um objeto e deixamos passar outras

279

formas mais criativas de utilizá-lo. Isso é ainda mais comum quando estamos sob a pressão do tempo ou do estresse. Maier descobriu que mecanismos inconscientes trabalham no problema e, como não estão tão ligados quanto o pensamento consciente a um foco ou atenção limitados, podem apresentar essas soluções inovadoras em casos nos quais o raciocínio consciente não consegue, e nos fornecê-las em súbitos momentos do tipo "a-há!".

Em seu famoso experimento, Maier encheu uma sala vazia no Laboratório de Psicologia da Universidade de Chicago com objetos normais de uso cotidiano, como fios de extensão, mesas e cadeiras, paus, alicates e grampos de fixação.[2] De particular importância eram duas longas cordas penduradas no teto e que vinham até o chão. Uma delas descia ao longo de uma parede, a outra estava no centro da sala. Para esse espaço incomum e confuso, ele trouxe seus 61 participantes. A cada um deles, um de cada vez, pediu-se que resolvesse vários problemas que envolviam os diversos objetos espalhados na sala. Alguns tinham soluções bem simples, outros nem tanto. Mas o verdadeiro foco do estudo era o problema que envolvia as duas cordas. Maier disse a cada participante que sua tarefa era atar as extremidades das cordas. A pegadinha era que elas estavam afastadas demais uma da outra para alguém poder pegar a extremidade de uma e ir até a outra para atá-las. Maier acionava o cronômetro em seu bolso sem que o participante soubesse, como nós faríamos sessenta anos depois em nosso estudo da interrupção rude-ou-educada na Universidade de Nova York.

A solução criativa era amarrar uma das ferramentas pesadas (alicates ou grampos de fixação) na extremidade da corda pendurada no meio e fazê-la oscilar na direção da outra; em seguida, esticar a segunda corda na direção da primeira e, quando a corda oscilante estivesse ao alcance, agarrá-la e atar as duas. Trinta e nove por cento dos participantes resolveram o problema sozinhos, sem precisar de nenhuma dica. O restante não resolveu nos primeiros dez minutos. A essa altura, receberam a primeira de duas dicas: se depois de mais dois minutos a primeira dica não levasse à solução, dava-se a segunda. Trinta e oito por cento dos participantes foram capazes de resolver o problema após terem sido dadas uma ou mais dicas — metade do número total de participantes que tinham conseguido resolver o problema, e o grupo no qual Maier estava particularmente interessado. O restante dos participantes, 23%, não resolveu o problema nem depois de uma segunda dica e tempo adicional.

A primeira dica foi uma pré-ativação. Maier foi até a janela e como se fosse por acaso esbarrou na corda, fazendo-a oscilar levemente. (Se essa deixa sutil não funcionasse em alguns minutos, Maier recorria a outra não tão sutil — ele simplesmente entregava um alicate ao participante e lhe dizia que a solução tinha a ver com ele.) Houve dezesseis participantes que resolveram o problema depois da dica da corda oscilante. Eles tinham matutado sobre o problema durante dez minutos, mas quando Maier como que por acaso fez a corda oscilar, a maioria atinou com a solução, que consistia em amarrar o alicate na extremidade da corda e fazê-la oscilar, em menos de quarenta segundos. Mas depois, quando lhes perguntaram como tinham resolvido o problema, apenas um deles disse que essa ocorrência tinha ajudado a encontrar a solução. Os outros quinze não mencionaram o balanço da corda quando descreveram como tinham chegado à resposta; na verdade, nenhum deles se lembrava de ter visto a corda se mover. Segundo Maier: "Insistiram que se essa sugestão os tinha ajudado, com certeza eles não tinham consciência disso".

Maier concluiu que a explicação mais plausível era que a dica de movimentar a corda tivera um papel importante no processo de chegar à solução, mas não tinha sido experimentada *conscientemente* pelos participantes. Ele também ficou impressionado com o modo pelo qual a solução se apresentara, completa, na consciência dos participantes: "Subitamente e sem que se notasse seu desenvolvimento". Não foi como experimentar um avanço passo a passo com um raciocínio consciente guiando o processo e juntando as peças para uma solução. E sim, a nova forma de compreender o problema — interpretar a corda não como corda, mas como parte de um pêndulo — surgia de repente em sua forma completa, tendo sido produzida por meios inconscientes.

Por volta da mesma época, outro famoso problema de criatividade estava sendo desenvolvido por Karl Duncker, um psicólogo alemão exilado pelos nazistas em 1935. Foi publicado postumamente em 1945.[3] O problema envolve o seguinte material: uma cartela de fósforos, uma caixa com tachinhas e uma vela. A tarefa era prender a vela na parede de modo que a cera não pingasse no chão quando fosse acesa. É um problema semelhante ao da corda de Maier, porque a solução envolve pensar "fora da caixa" (neste caso, literalmente), enxergando a caixa de tachinhas não apenas como uma caixa, mas como uma potencial plataforma para a vela. Uma vez considerando-a sob essa perspectiva, fica simples usar uma das tachinhas para prender a caixa na parede, pôr a vela de pé sobre a caixa aberta e acendê-la com um fósforo. A chave do enigma é pensar na caixa como sendo um item independente das tachinhas que ela contém, ou seja, não como um contentor de tachinhas, mas como algo útil por si mesmo.

Um modo de induzir esse tipo de insight inconscientemente é enfatizar com sutileza que a caixa e as tachinhas são dois itens separados. E. Tory Higgins, da Universidade Columbia, e seus colegas apresentaram um jeito de fazer isso usando palavras para pré-ativar o insight, e não um gesto — esbarrar na corda —, como fizera Maier.[4] A chave foi enfatizar, ou pré-ativar, usando a palavra "e" ou a palavra "de" antes de o participante começar a trabalhar no problema da vela. Apresentaram-se a trinta estudantes de graduação do sexo masculino os slides de dez objetos descritos pelo experimentador usando "e" ou "de"; por exemplo, uma "garrafa *e* água" para alguns, e uma "garrafa *de* água", para outros; uma "caixa *e* pratos" e uma "caixa *de* pratos". Depois foi apresentado o problema da vela. Como no estudo de Maier após a dica de fazer a corda oscilar, o número de participantes que resolveu o problema foi maior entre os que estavam na condição do "e" do que entre os que estavam na condição do "de" ou na condição de controle (que só tinham visto os slides, sem descrição verbal). Oito dos dez estudantes com a dica do "e" resolveram o problema, mas apenas dois entre dez fizeram isso nas outras duas condições. Mais uma vez, a parte interessante foi quando se perguntou aos participantes como tinham resolvido o problema, em particular se algo na primeira parte do teste talvez tivesse influenciado — positiva ou negativamente — em sua capacidade para resolvê-lo. Como no estudo de Maier com a corda, nenhum dos participantes no estudo com a vela relatou ter havido qualquer relação entre as tarefas. Não expressaram ter conhecimento de qualquer influência da exibição dos slides ("e" contra "de") em sua capacidade para resolver o problema da vela. A pré-ativação foi usada pelo inconsciente para resolver o problema, e os participantes não tinham ciência dessa ajuda.

A pesquisadora Janet Metcalfe, também da Universidade Columbia, estudou esses problemas relacionados com "insights", charadas difíceis nas quais é tão difícil imaginar como resolver o problema quanto chegar à solução.[5] São problemas do tipo "Descreva como pôr 27 animais em quatro cercados de modo que em cada um haja um número ímpar de animais", ou "Descreva como fazer um buraco num cartão de 7,5 por 12,5 centímetros que seja grande o bastante para passar sua cabeça por ele". Para esses tipos de problema, suas previsões quanto a se você vai ou não *ser capaz* de encontrar uma solução não predizem de jeito algum se você vai ou não *resolver* o problema. É como se não tivéssemos acesso consciente a uma solução *nem* ao modo como se pode resolvê-lo. Metcalfe concluiu que a solução para esse tipo de problema, quando vem, também surge como um lampejo súbito, imprevisto, de iluminação. Isso acontece porque quem o resolveu estava trabalhando no problema inconscientemente, e quando chegou a uma solução ela lhe veio já formada e pronta para o uso.

Como exatamente essa proeza que mais parece mágica se realiza? Como vimos no capítulo 6, Dijksterhuis e seus colegas na pesquisa da Teoria do Pensamento Inconsciente demonstraram que se faz uma escolha melhor, ou pelo menos tão boa quanto, entre várias alternativas quando a pessoa faz essa escolha após um período de pensamento inconsciente, e não de pensamento consciente. Um componente-chave dessa teoria é que quando alguém é distraído ou impedido de considerar conscientemente as alternativas, ocorre uma reativação neural na qual as mesmas regiões do cérebro que se utilizam quando se adquire a informação sobre a qual será baseada a decisão são agora ativadas inconscientemente. E lembre-se que essa descoberta foi mais tarde confirmada por David Creswell e colegas na Universidade Carnegie Mellon, quando demonstraram que o processo inconsciente de resolver problemas usava as mesmas regiões do cérebro que estavam ativas quando conscientemente se tomava conhecimento do problema e de todas as informações relevantes.[6] E quanto mais ativas estavam essas regiões enquanto a atenção consciente estava em outro lugar, melhor era o resultado da solução do problema.

Isso pode fazê-lo lembrar-se da famosa história do antigo grego em sua banheira. Você sabe, aquele que gritou "Eureca!". Esses problemas que envolvem insight estudados por Maier Duncker, Metcalfe e Higgins estão sendo resolvidos do mesmo modo como Arquimedes subitamente resolveu um problema de física que o perturbava havia muito tempo, quando a resposta lhe veio do nada enquanto relaxava numa casa de banho pública. Segundo o historiador grego Plutarco, quando a solução lhe surgiu, Arquimedes gritou "Eureca" várias vezes e correu nu pelas ruas de Siracusa sem se explicar a ninguém. Na verdade, há muitos exemplos de descobertas científicas e outras intelectuais e artísticas que ocorreram quando a pessoa menos esperava e estava pensando em outra coisa — como Einstein quando se barbeava e Arquimedes quando estava na banheira.[7] E até quando a pessoa não estava pensando em nada, e sim adormecendo.

Ah, sim — sonhos! O maravilhoso e enlameado pântano que é a mente, na qual têm lugar jornadas estranhas, e descobertas às vezes acontecem. Pelo menos *eu* vejo os sonhos dessa maneira, desde que foi num lugar assim que descobri meu miraculoso jacaré.

Benzeno. Composto orgânico feito de apenas dois elementos da tabela periódica — hidrogênio e carbono, seis átomos de cada um. Incolor e tóxico, mantém unida a estrutura de importantes compostos como se fosse uma cola fantástica. O petróleo cru existe graças ao benzeno, o que o torna muito importante para a civilização moderna. Mas, a despeito de sua evidente importância, no século XIX ainda estava envolto em mistério. Depois que o gênio da ciência inglês Michael Faraday descobriu sua existência em 1825, mais de 35 anos se passaram sem que os químicos compreendessem a estrutura que subjazia a seu cerne molecular. Isso era problemático, já que limitava a capacidade da ciência de aproveitar todo o seu potencial.

O químico orgânico alemão August Kekulé era um dos cientistas que tentava desvendar o segredo do benzeno na década de 1860. Não era um novato na atividade de investigar verdades químicas ocultas — poucos anos antes, havia criado a brilhante teoria de que átomos de carbono, em certo sentido, davam--se os braços para permanecerem juntos — e ele tinha a perfeita aparência do cientista erudito: barba rabínica branca e sobrancelhas franzidas. Mas sua mente, tanto os componentes conscientes quanto os inconscientes, assim como as mentes de muitos outros químicos, estivera trabalhando no problema do benzeno em vão. Quando viria o insight crucial?

Na mesma época, Kekulé estava terminando um novo compêndio sobre química. Uma noite, em casa, mergulhado nesse projeto, ele ficou sonolento. (Quem poderia culpá-lo por isso?) Eis seu relato do que aconteceu em seguida:

Eu virei a cadeira na direção da lareira e caí num semissono. Os átomos flutuavam diante dos meus olhos... se retorcendo e se virando como cobras. E veja, o que era aquilo? Uma das cobras agarrou o próprio rabo e essa imagem rodopiava diante de mim, cheia de desdém. Despertei como que tocado pelo lampejo de um relâmpago. Passei o resto da noite elaborando as consequências dessa hipótese.[8]

Outro réptil arrepiante e revelador — no meu caso um jacaré, no de Kekulé, uma cobra. O significado do sonho, com suas importantíssimas implicações para a teoria química, ficou logo evidente para ele. Ele fornecera à sua mente consciente o insight do qual precisava. A cobra comendo o próprio rabo — símbolo mítico conhecido como uróboro — era a chave que destrancava o armário que continha o segredo: o *anel* de benzeno. Como as cobras em seu círculo de fogo, as moléculas de hidrogênio e de carbono do benzeno uniam-se num padrão cíclico em que se alternam ligações simples e duplas. Kekulé tinha resolvido o problema, e sua visão ficou tão famosa quanto — ou até mais que — a própria descoberta, que o estabeleceu para sempre como um dos pais fundadores da química orgânica. Mas o sonho de Kekulé não foi um milagre ou um evento sobrenatural, pois o que o tornou possível foi uma mente bem preparada, a partir de um prolongado pensamento consciente às voltas com o problema. A grandeza do esforço que ele conscientemente despendera para resolver a questão foi compreendida por sua mente como um reflexo de quão importante para ele era chegar à solução do problema. Em retrospecto, seu futuro estava assegurado.

Em todos esses casos, genialidade e criatividade eram o resultado de aptidões inconscientes para resolver problemas. No caso de Mailer, ele deliberadamente fez uso do tempo ocioso ao dar à sua mente tarefas a realizar enquanto ele, conscientemente, fazia outras coisas. Nos estudos de criatividade de "pensar fora da caixa", de Maier e Duncker, soluções inconscientes eram produzidas para problemas que o pensamento consciente não era capaz de resolver. A solução pipocava na mente consciente dos participantes já formada, pronta para ser aplicada, como acontecera com Arquimedes e Kekulé enquanto faziam algo totalmente diferente. Em todos esses casos, o lampejo da criatividade surgira de processos mentais inconscientes que trabalhavam no mesmo problema em que trabalhava a mente consciente da pessoa. Eram *companheiros de time* trabalhando para o mesmo objetivo.

SEJA COMO MIKE

Frederic Myers foi um dos primeiros cientistas da psicologia, contemporâneo de William James, Pierre Janet e Alfred Binet — todos estes hoje muito mais famosos do que ele. Na verdade, é um pouco estranho que Myers não seja mais conhecido, pois foi muito respeitado e mais tarde elogiado por quase todo psicólogo proeminente de sua época e colaborou com Janet na pesquisa que foi um marco, realizada no Hospital Salpêtrière, em Paris. Entre as muitas jornadas intelectuais de Myers está seu estudo de uma vida inteira sobre genialidade e criatividade. A definição de Myers para *genialidade* antecipou os estudos de criatividade feitos por Maier e Duncker, assim como o conselho de Norman Mailer a quem aspira a se tornar escritor, em *The Spooky Art*.[9] Genialidade, diz Myers, é a aptidão para utilizar o pensamento subliminar (inconsciente) mais do que outros o fazem ou são capazes de fazer. Ele disse que a inspiração da genialidade ou as inovações criativas vêm de uma investida de ideias subliminares sobre o fluir consciente de ideias que a pessoa está manipulando conscientemente. Insights brilhantes ocorrem quando se faz uso dos poderes inconscientes da mente mais do que o faz a maioria das pessoas.

Há pessoas geniais em todos os caminhos da vida, não apenas na ciência e na literatura, mas entre inventores, como Thomas Edison e Steve Jobs, e músicos e compositores, como Bob Dylan, que ganhou o Nobel de Literatura em 2016 com letras de música que a Academia Sueca considerou comparáveis à obra de poetas gregos antigos, como Homero e Safo.[10] Dylan, contudo, muitas vezes parecia não saber conscientemente de onde vinham essas letras ou o que significavam. Quando enfim o entrevistaram para conhecer sua reação por ter ganhado o prêmio Nobel e lhe contaram sobre as comparações feitas entre sua poesia e a dos gregos antigos, ele disse que deixaria essa análise aos acadêmicos, porque ele não se sentia qualificado para explicar suas letras. E a lenda da guitarra, Eric Clapton, lembrou um momento em 1975 no qual, na praia de Malibu, Dylan ofereceu uma canção, "Sign Language" [Linguagem de signos], para seu novo álbum. "Ele me disse que compusera toda a canção de uma vez só, sem nem mesmo compreender sobre o que era. Eu disse que não me importava saber sobre o que era. Eu simplesmente gostei das palavras e da melodia. No geral, é minha faixa favorita no álbum."[11]

No mundo do esporte também proliferam os gênios, e de vez em quando aparece um atleta que "muda o jogo" por ser diferente e criativo de modo tão consistente que maneiras de jogar estabelecidas e consolidadas não são capazes de freá-los. Convenções ficam superadas só por causa daquela única pessoa.

Em meu tempo, nenhum atleta pareceu estar jogando esse "jogo diferente" mais do que o astro de basquete da NBA, jogador do Chicago Bulls, Michael Jordan.

Era o segundo jogo da primeira rodada dos *playoffs* da Conferência Leste da NBA em 1986, Boston Celtics contra Chicago Bulls, numa tarde de domingo no Boston Garden. O Celtics, juntamente com o Los Angeles Lakers, dominava a liga na década de 1980 e estava no ápice de seu poder naquele ano. Cinco jogadores que iriam integrar o Hall da Fama jogavam por Boston naquela temporada, incluindo o incrível trio de frente formado por Larry Bird, Robert Parish e Kevin McHale. Eram cabeça de chave, número um em sua conferência, jogando contra o número oito, os Bulls, na primeira rodada.

Assisti àquele jogo de um local bem incomum — o paddock no hipódromo de Belmont Park, em Elmont, Nova York. Era uma bela tarde de primavera e eu tinha pegado um trem chamado Belmont Special, que saía da Estação Penn em Manhattan e ia direto para a pista em Long Island. Era uma bela maneira de sair da cidade, curtir um lindo parque e ar fresco, e se divertir assistindo a — e fazendo pequenas apostas em — corridas de cavalos.

Eu não tinha ido lá para assistir ao jogo Bulls-Celtics, mas depois de fazer minha aposta de dois dólares no quarto páreo do dia, notei uma aglomeração em torno de um aparelho de TV numa parede. O som estava ligado, assim pude ver e ouvir que se tratava do jogo do *playoff*. Torcedores do Celtics, concluí, e fui assistir à corrida.

No entanto, quando voltei, depois da corrida, para apostar meu dinheiro no quinto páreo, a multidão tinha crescido exponencialmente. Agora havia centenas de pessoas ali reunidas para assistir ao jogo. Alguém tinha posto o som no volume máximo, e eu parei para ver o que estava acontecendo. E fiquei lá até o fim do jogo e esqueci por completo os cavalos.

O jogo já tinha avançado, a contagem muito mais apertada do que a maioria das pessoas esperava, mas não era esse o motivo da aglomeração. Um astro emergente na liga, chamado Michael Jordan, estava realizando alquimias explosivas na quadra, irrompendo através da aclamada defesa dos Celtics — um dos melhores times de todos os tempos, é bom lembrar — como se ela não estivesse lá, chegando até a cesta ou fazendo subitamente um arremesso num *jump* a média distância. Ele tinha marcado trinta pontos, logo quarenta, depois mais de cinquenta — nesse ritmo, ia quebrar o recorde de pontos num só jogo de *playoff* (o que de fato fez, com 63 pontos, recorde que subsiste até hoje).

Os Celtics não conseguiam pará-lo, e ele estava, sozinho, mantendo seu time vivo no jogo. Como estava fazendo isso?

O que resta em minha memória é uma espécie de visão difusa de um basquete improvável e belo, com uma atuação destacada de um virtuosístico Jordan, que se movia como um raio e flutuava, arremessava-se e levitava. Ele ia aonde aqueles experientes defensores não esperavam que fosse, saltando num *jump* quando parecia que ia correr para a cesta. Os instintos dos Celtics estavam dando errado, uma vez atrás da outra. Jordan, claramente, estava fazendo o que era inesperado, criativo e fora do comum, uma vez e mais outra, e mesmo quando os Celtics se ajustavam a seus movimentos, ele se reajustava também. Marcação dupla e tripla sobre ele não funcionavam. A multidão em volta da TV em Belmont arquejava e aplaudia a cada jogada.

Seus companheiros de equipe contaram mais tarde que antes do jogo Jordan estava especialmente concentrado. Era um jogo de tarde de domingo televisionado em rede nacional, numa época em que poucas redes de TV tinham ampla cobertura; os fãs da NBA em todo o país estavam assistindo. Ele sabia disso e armou aquele espetáculo. Foi o dia em que Michael Jordan, o fenômeno, número 23, surgiu oficialmente. Ele e seus Bulls iriam vencer seis campeonatos nos doze anos seguintes — mas foi naquela tarde de domingo que a lenda nasceu.

Os Bulls, com menos jogadores de peso, acabaram perdendo o jogo, que teve duas prorrogações, e os Celtics venceriam naquele ano mais um campeonato da NBA, mas o que permanece como um momento luminoso na história do esporte não foi a vitória dos Celtics, mas o desempenho de Jordan na derrota dos Bulls. O próprio Larry Bird foi quem melhor captou isso ao resumir o jogo depois para os repórteres: "Acho que ele é Deus disfarçado de Michael Jordan", disse. "É o jogador mais assombroso da NBA. Hoje, em Boston Garden, em rede nacional nos *playoffs*, ele deu um dos maiores espetáculos de todos os tempos. Eu não conseguia acreditar que alguém pudesse fazer isso contra o Boston Celtics."[12]

Não havia como Jordan ter conseguido fazer o que fez contra os poderosos Celtics, jogando o melhor que podiam num jogo de *playoff* diante de sua torcida local, com transmissão nacional pela TV, pensando e decidindo constante e *conscientemente* o que fazer, que jogada tentar, qual arremesso arriscar, em pleno jogo. O pensamento consciente e deliberado é muito lento, e o jogo na NBA rápido demais para isso. Ela via um padrão para as jogadas e as antecipava bem antes que qualquer outro o fizesse, e repetidas vezes tirava vantagem dessa previsão. Pense nisso. Milhares de pequenas coisas estavam acontecendo na quadra a cada momento: aquele jogador movimentando-se ali, aquele outro acolá, um caleidoscópio em giro contínuo, formado por corpos, oportunidades e riscos — tudo isso exigindo uma análise constante e respostas vantajosas. Os "instintos" de Jordan — que é apenas outra palavra para se referir a processos inconscientes — o estavam guiando sem cometer erros, e ninguém mais tinha instintos assim. Seu desempenho naquele dia — e nas doze temporadas seguintes — se encaixa na definição que Frederic Myers criou para um gênio: alguém que utiliza mais e melhor do que todos nós seus processos subliminares. Devido aos limites da mente consciente em termos da quantidade de informação com a qual ela pode lidar ao mesmo tempo, e a sua relativa lentidão ao lidar com essa informação, o inconsciente de Jordan entregou já prontas à sua mente consciente, que estava focada no objetivo de ganhar o jogo, as estratégias de que necessitava para enfrentar a defesa cada vez mais desesperada do Celtics. Ele tinha de fazer coisas que aquela defesa muito experiente *não* esperasse, que não fossem comuns — em outras palavras, que fossem muito criativas. O montante de análise e trabalho sendo feito inconscientemente tinha o benefício adicional de liberar a mente consciente de Jordan daqueles detalhes, dando-lhe capacidade para elaborar uma estratégia e um planejamento de alto nível. Jordan estava na "Zona" — aquele estado mítico que se alcança quando o inconsciente engrena em sua marcha mais alta e a mente consciente acrescenta com tranquilidade suas próprias contribuições especiais. Locutores esportivos, de fato, costumam descrever um jogador de basquete que esteja numa maré de sorte, aparentemente incapaz de perder um só arremesso, como "inconsciente", sugerindo um nível de desempenho mais elevado do que aquele que se pode alcançar com os falíveis, lentos e limitados meios conscientes.

Claro, por mais que queiramos ser como Mike (*"Be Like Mike"*, como expressava o slogan de propaganda do Gatorade), nem toda a capacidade do mundo para resolver problemas inconscientemente nos daria a experiência, o físico e o talento dele, adquiridos em anos de dedicação e treinos. Para tirar toda a vantagem da ajuda do inconsciente temos primeiro de fazer o trabalho consciente — como fizeram Mailer, Arquimedes e Kekulé, cada um em seu próprio domínio. Jordan com certeza fez sua lição de casa consciente: era conhecido por declarar que durante a carreira tinha feito mais arremessos em sua mente do que jamais fizera na quadra. E eu não tive meu pequeno sonho com o jacaré antes de ter primeiro passado anos pensando em meu próprio enigma pessoal e lendo sobre ele.

Mas a incrível explosão de Michael Jordan naquela tarde de abril em Boston é uma demonstração dos frutos a serem colhidos por quem seguir o conselho de Norman Mailer e der a seu inconsciente atribuições, como se fosse um parceiro, e começar a trabalhar em tarefas e objetivos importantes cedo o bastante para colher os benefícios da criatividade e da solução de problemas enquanto a mente consciente está focada em outras coisas. Ao escrever este livro, eu fiz uso constante desse conselho — lendo e começando a pensar no próximo capítulo um ou dois dias antes de ter efetivamente tempo para trabalhar nele. O que descobri é que me ocorriam ideias e eu reparava em histórias que apareciam nos noticiários ou me lembrava de exemplos do passado que de outra forma não me ocorreriam. E também passei esse conselho aos meus alunos: não esperar até faltar uma semana para a data de entrega de um trabalho ou apresentação para começar a se dedicar a ele, e sim começar cedo o bastante para que esse objetivo entre em ação e passe a trabalhar a seu favor — e, ao fazer isso, recolher os insights e as vantagens de ter esse objetivo trabalhando nos bastidores enquanto eles conscientemente cuidam de outras coisas.

Quando a mente não está ocupada lidando com o presente, ela tende a se concentrar no futuro, trabalhando em objetivos e simulando soluções diferentes.[13] Pensar é algo "dispendioso", em termos da energia que isso exige — o cérebro humano constitui em média 2% do peso total de uma pessoa, mas consome cerca de 20% da energia que ela gasta enquanto está acordada — e ao longo do tempo evolucionário nem sempre tivemos estoques de alimento prontamente disponíveis, e muitas vezes tivemos de empregar muito de nossa energia para encontrar nossa próxima refeição.[14] Em outras palavras, fazer uso eficiente de nossas capacidades mentais buscando coisas que consomem menos energia nos bastidores faz muito sentido no que tange a adaptação e economia de calorias.

Esse arranjo me faz lembrar de um projeto lançado em 1999 para usar o tempo ocioso de milhares de PCs na busca de quantidades maciças de dados em ondas de rádio gravadas, oriundas de diversos pontos do universo. O objetivo era ajudar na busca por inteligência extraterrestre, ou SETI, na sigla em inglês. O SETI@home foi concebido por David Gedye juntamente com Craig Kasnoff, na Universidade da Califórnia, Berkeley, e ainda é um popular projeto de computação com participação voluntária. A proposta de um financiamento governamental para o SETI foi ridicularizada por membros do Congresso dos Estados Unidos, em particular pelo senador William Proxmire e seus irônicos prêmios "Golden Fleece", como sendo perdulário e fútil. Assim, Gedye e Kasnoff buscaram alternativas mais baratas para analisar as quantidades maciças de dados nas ondas de rádio. Eles o fizeram pedindo que voluntários (eu fui um dos primeiros) baixassem conjuntos de dados de rádio que seriam depois analisados por nossos PCs quando não os estivéssemos usando, e os resultados seriam reenviados automaticamente para a sede do SETI. Da mesma forma, sua mente se utiliza do tempo ocioso para trabalhar em seus objetivos importantes e suas preocupações atuais, e envia os resultados de volta para a sua consciência — sobretudo quando se descobrem soluções, como em sonhos ocasionais especulares que culminam num intenso, e expansivo, pensamento consciente.

Às vezes nossa mente se agarra a um tempo ocioso com certa ansiedade, como quando estamos estudando um tópico para uma prova no qual não estamos muito interessados ou lendo um trecho tedioso de um livro ou jornal nos quais, em geral, estamos interessados. Nossa mente pode se distrair, e ficamos olhando para a página, até virando-as, mecanicamente, sem ler na verdade o que está escrito nelas. Nossa mente está pensando em algo totalmente diferente. Que outras coisas são essas, e por que a mente se distrai tanto com elas?

O cientista motivacional Eric Klinger estudou essas questões durante toda a sua carreira. Em média, ficamos acordados e conscientes dezesseis horas por dia, e temos pensamentos conscientes durante todo esse tempo. Klinger estima que temos cerca de 4 mil segmentos discretos descontínuos de pensamento (pensamentos sobre um assunto antes de mudarem para outro diferente) por dia.[15] Sua pesquisa demonstrou que entre um terço e *metade* de seus pensamentos quando acordado não estão focados no que você está fazendo ou vendo no momento, e sim que sua mente está vagando para outros assuntos. Claro, são assuntos que ela acha mais interessantes do que aquilo que você está fazendo então. (É por isso que tenho certeza de que não aconteceu com você *nem uma só vez* enquanto lê este livro.) Estudantes que leem capítulos de livros didáticos, e mesmo pessoas que relaxam lendo um bom livro com passagens não de todo envolventes, voltam-se para outros pensamentos: *Por que meu namorado não telefonou, onde é que eu vou jantar, será que vou conseguir um emprego, será que estou preparado para a palestra de amanhã, como vou conseguir pagar o carro que prometi a meu filho como presente de formatura?*

Quando nossa mente vagueia, esse vaguear está sendo dirigido. Tem um propósito, e não é aleatório — diz respeito a nosso futuro, nossos objetivos importantes, não atingidos, ainda de pé, as coisas com as quais estamos preocupados e as coisas que precisamos que sejam feitas sem demora.[16] A mente está fazendo uso produtivo de seu tempo ocioso, num processo semelhante àquele com o qual seu PC agenda atualizações e varreduras em busca de vírus para os períodos ociosos, nos quais você não o está usando.

PENSAMENTOS QUE ASSOMBRAM A NOITE

Voltemos às misteriosas "mensagens" dos sonhos. A pesquisa científica da psicologia moderna nesse campo, grande parte dela feita pelo especialista em motivação Klinger, demonstrou que nossos objetivos importantes atuais ocupam não apenas nosso tempo ocioso mental quando despertos, mas também nossas mentes enquanto dormimos. Klinger e sua equipe estudaram pessoas enquanto dormiam,[17] e, quando apresentavam sinais de que estavam no estado do sonho (isto é, quando apresentavam atividade de movimento rápido dos olhos, ou REM, na sigla em inglês), ele reproduzia palavras e frases para elas por meio de fones de ouvido. Essas palavras eram projetadas para serem relevantes em relação aos objetivos de vida correntes da pessoa adormecida — objetivos importantes como "quero exercer uma profissão assistencial" ou "recuperar a amizade com meu filho". Na condição de controle, eram reproduzidas palavras e frases relevantes para os objetivos de outra pessoa, mas não os daquela que ouvia. Alguns minutos depois, as pessoas eram despertadas e se pedia que relatassem o que tinham acabado de sonhar. As pessoas apresentaram probabilidade três vezes maior de sonhar com assuntos e temas relacionados com as palavras e frases quando diziam respeito a seus objetivos importantes do que quando não. Durante a noite, a mente inconsciente estava, claramente, bem acordada.

Assim, mesmo quando estamos sonhando, nossa mente está trabalhando inconscientemente em nossos objetivos e nossas preocupações importantes, e fica mais sensível do que o habitual à entrada de informação que seja relevante para esses objetivos. Funciona em objetivos do tipo como restabelecer um relacionamento importante que azedou, resolver um problema no trabalho, descobrir qual é o melhor presente de aniversário para seu cônjuge ou filho, e até objetivos de vida mais amplos, relativos à carreira. Klinger e seus colegas concluíram que a prioridade que sua mente atribui a seus objetivos importantes continua a operar em seus sonhos enquanto você dorme.[18]

A influência do futuro na mente inconsciente também pode ser desagradável às vezes. Há alguns objetivos que simplesmente não podemos ignorar quando queremos, ou mesmo precisamos, como a entrega de um trabalho final cujo prazo está se esgotando ou uma conversa difícil que sabemos que precisamos ter com alguém. Podemos procrastinar e adiar essas atividades desagradáveis, porém necessárias, para outro dia, saindo para beber em vez de estudar ou dizendo a nós mesmos que teremos aquela conversa mais tarde naquela semana. Nesses casos, objetivos não resolvidos podem continuar a operar inconscientemente mesmo quando estamos *evitando* lidar com eles conscientemente. Como disse Norman Mailer: "Regra fundamental: a inquietude da mente pode ser medida pelo número de promessas que permanecem não cumpridas".[19] Lembre-se, sua mente orientada para o futuro não diz respeito a fazer você se sentir relaxado e feliz; e sim a ter seus objetivos e tarefas importantes concluídos. E se isso implica incomodar você com preocupações e ansiedade, que assim seja. Essa obstinação muitas vezes assombra a mente das pessoas durante a noite. Em outras palavras, nos faz dormir mal.

Um problema comum mencionado nos estudos do sono é que quando as pessoas despertam durante a noite, preocupações e ansiedades surgem de forma espontânea na mente e as impedem de voltar a adormecer. Enquanto estamos dormindo, as mesmas áreas do cérebro que estavam trabalhando conscientemente para resolver problemas continuam a tentar resolvê-los inconscientemente. O inconsciente não é muito bom em fazer planos específicos para o futuro — é bom, sim, em encontrar soluções para problemas e perseguir um objetivo de modo geral, mas não tão bom em elaborar planos concretos para sequências específicas de ações — assim, ele transfere o problema para a mente consciente dizendo: "Aí está, cuide disso você".[20] Se essas preocupações são

293

significativas — como uma prova ou apresentação, ou se deve terminar um namoro — elas virão como pensamentos espontâneos uma vez estando acordados. Uma das minhas canções favoritas dos Talking Heads traduz isso muito bem: estamos no meio da noite e todos os outros estão dormindo, porém "Estou plenamente desperto em lembranças — essas lembranças não podem esperar".

Num estudo sobre insônia que comparou pessoas que dormiam bem com aquelas que dormiam mal, das que relataram ter dificuldade para dormir, mais de 80% tinham dificuldade em voltar a dormir depois de terem despertado no meio da noite.[21] Esse é um problema que pessoas podem ter durante toda a vida. Em média, essas pessoas tinham tido dificuldade em voltar a dormir durante dezessete anos — uma delas tinha esse problema havia sessenta anos. Os pesquisadores descobriram que, de longe, o tipo de pensamento mais comum que as mantinha acordadas, em cerca de 50% dos casos, era sobre o futuro: os acontecimentos de curto prazo do dia ou da semana seguintes. Os pensamentos eram sobre o que teriam de fazer no dia seguinte ou nos próximos dias. Mesmo os pensamentos relativamente positivos daquela noite eram sobre tarefas a serem cumpridas no dia seguinte, como comprar um presente de aniversário para um ente querido. Em resumo, a causa principal de essas pessoas não serem capazes de voltar a adormecer naquela noite eram pensamentos negativos que provocavam ansiedade quanto ao futuro próximo, coisas que precisavam ser feitas, problemas que elas tinham de resolver.

Por que a mente, que trabalhava inconscientemente nesses problemas enquanto a pessoa dormia, tinha de aborrecê-la e incomodá-la com problemas assim que ela acordava? Porque eram problemas importantes e prementes que não podiam ser resolvidos inconscientemente. Precisavam de uma ajuda consciente na resolução das questões. Portanto, assim que a pessoa acordava, assim que sua mente consciente estava on-line de novo, esses objetivos e essas preocupações estavam à sua espera em seu repositório mental. O que o processo inconsciente estava pedindo, em especial, era um plano concreto. Essa é a especialidade dos processos conscientes de pensamento, e não é algo que possa ser feito inconscientemente, por isso o processo inconsciente vem aborrecer. Uma vez feito e instalado o plano, o aborrecimento tende a parar. Talvez até se consiga voltar a dormir.

Imagine-se acordando e começando a se preocupar se não deixou o forno ligado naquela noite ou se esqueceu de trancar a porta. Você pode ficar lá deitado se preocupando ou se levantar para conferir. Neste último caso, poderá voltar a dormir, pois já cuidou do problema. No entanto, outros problemas que suscitam pensamentos preocupados no meio da noite podem não ser solucionáveis com facilidade às três da manhã. Talvez você esteja com um problema de saúde que estava querendo confirmar, mas ainda não o fez, e acordou preocupado com isso. Você não pode cuidar disso agora, mas pode fazer um plano decidido e se comprometer a telefonar na manhã seguinte para o consultório médico, quando já estiver aberto, e marcar uma consulta. Fazer esse plano é tudo que seu objetivo inconsciente lhe está pedindo que faça, e você talvez possa voltar a adormecer.

Pesquisadores têm demonstrado experimentalmente como esses planos podem anular as influências perturbadoras, azucrinantes, dos objetivos não concluídos. Ezequiel Morsella e eu, com nossos colegas, demonstramos como objetivos não realizados se intrometem em nossos pensamentos conscientes.[22] Em um estudo, foi dito com antecedência a alguns participantes que depois eles passariam por um teste de geografia, no qual teriam de apontar cada estado dos Estados Unidos; a outros participantes foi dito que teriam de contar com rapidez o número de letras contidas nos nomes de estados que lhes seriam apresentados (por exemplo, WISCONSIN = 9). A diferença-chave entre essas duas futuras tarefas era que uma delas seria mais fácil de ser realizada quando se pensava nela com antecedência (lembrar os nomes de todos os estados) e a outra não (contar o número de letras de um nome recebido na hora). Com isso, esperávamos que o objetivo de enunciar os nomes suscitasse mais pensamentos intrusivos (porque a pessoa estaria trabalhando inconscientemente naquele objetivo com antecedência) em comparação com o de contar as letras. A parte importante do estudo veio antes de os estudantes realizarem efetivamente as tarefas designadas — nós lhes pedimos que fizessem durante oito minutos um exercício de meditação, que requeria limpar a mente de um excesso de pensamentos e se concentrar apenas na respiração. Durante esse tempo, eles anotavam quaisquer pensamentos intrusivos que estivessem tendo. Os participantes na expectativa de enunciar todos os cinquenta estados relataram ter tido sete vezes mais pensamentos intrusivos (pensando em todos os nomes de estado que conseguiram) do que os que iam fazer a tarefa de contar letras. Isso demonstra a primeira parte do efeito do "inconsciente aborrecente", em especial durante tempo ocioso.

E quanto à segunda parte? Será que fazer um plano concreto de como concluir aquele objetivo incompleto anularia os "pensamentos aborrecentes"? Para examinar essa questão, os pesquisadores E. J. Masicampo e Roy Baumeister primeiro fizeram com que seus participantes escrevessem sobre duas tarefas importantes que precisavam terminar,[23] como um trabalho de conclusão de curso cujo prazo estava próximo de vencer, e depois lhes deram para ler um trecho de um romance policial, *O caso das garras de veludo*, de Erle Stanley Gardner, cujo protagonista é o infalível advogado de defesa Perry Mason.[24] Depois de terem lido sobre as proezas do intrépido sr. Mason, perguntou-se a eles com que frequência suas mentes tinham vagueado enquanto liam, e também o quanto tinham pensado naquela tarefa não concluída. Como era de esperar, os participantes relataram muitos pensamentos sobre a iminente entrega do trabalho de conclusão de curso quando sua mente se afastava, vagueando, do romance policial. No entanto, um grupo diferente de participantes, antes de ler o trecho do livro, havia sido instruído a fazer um plano de como exatamente iriam terminar sua tarefa ainda não concluída. Esses participantes relataram ter tido, durante a leitura, um número significativamente menor de pensamentos intrusivos sobre o objetivo incompleto.

Num experimento posterior, foi dito aos participantes que mais adiante no estudo lhes seria pedido que listassem o máximo de criaturas marinhas que pudessem. Mas antes teriam de completar uma tarefa que nada tinha a ver com criaturas marinhas. Não obstante, nomes de várias criaturas marinhas pipocaram incontrolavelmente em suas cabeças durante a primeira tarefa, distraindo-os e prejudicando seu bom desempenho. Isso não aconteceu com outro grupo de participantes aos quais se indicou um bom plano para mais tarde se lembrarem dos nomes de muitas criaturas marinhas — seguindo a ordem alfabética e pensando em um nome para cada letra. Com esse útil plano assimilado, houve muito menos intromissão de pensamentos sobre a tarefa seguinte na primeira tarefa. Ter um plano concreto para completar um objetivo cuja iminência esteja incomodando realmente neutraliza essa pressão inconsciente quanto ao objetivo. Por fim, Masicampo e Baumeister demonstraram também que fazer planos concretos atenua o nervosismo e a ansiedade que sentimos em relação a prazos e projetos importantes, mas ainda incompletos.

Como nos advertiu Mailer, um bom relacionamento entre os estados mentais de consciência e inconsciência não é livre. Ele se baseia em confiança e, assim, para que funcione, você tem de fazer sua parte no trato. Se você cumprir sua parte do acordo, e de fato respeitar seus termos, na próxima vez em que tentar o truque de fazer no meio da noite um plano para com isso interromper esses pensamentos irritantes, ele vai continuar a funcionar. Mas se você não seguir o plano, talvez na próxima vez a chateação continue porque você demonstrou que na verdade não se leva a sério quando faz esses planos. Esses pensamentos irritantes podem de fato não parar até que você realmente faça o que planejou, digamos, ligar para o médico ou resolver um problema, o que quer dizer que poderá ficar acordado a noite toda com pensamentos que não podem esperar.

Alguns meses depois de minha irmã na Califórnia ter tido seu primeiro filho, tivemos uma minirreunião de família em Illinois para que pudéssemos todos conhecer o recém-chegado. O bebê dela foi o primeiro da geração seguinte em nossa família nuclear, assim nós, os irmãos, nos reunimos em torno da nova mamãe na sala para ouvir tudo que ela tinha a contar, depois de ter posto o bebê para dormir num quarto dos fundos. Após cerca de quinze minutos, ela estava no meio de uma sentença contando uma história realmente interessante, quando de repente parou de falar, como que paralisada, e eu vi seus olhos se revirarem, como se tentasse olhar para o corredor atrás dela. Intrigados, perguntamos o que havia de errado, e depois de uma pausa ela explicou que pensara ter ouvido alguma coisa. Nenhum de nós tinha ouvido nada. O quarto dos fundos, onde sua filha dormia, ficava a quase vinte metros de distância. Ficamos em silêncio por um momento de modo a termos certeza de que não se ouviam choro ou ruídos que expressassem aflição, e depois ela continuou a história.

Nossos objetivos e nossas motivações mais importantes estão em ação 24 horas por dia, sete dias por semana, sentinelas constantes e vigilantes de tudo que esteja acontecendo que lhes seja relevante. Estão ativos em segundo plano quando estamos envolvidos em outras atividades ou mesmo quando estamos dormindo. Pais adormecidos podem despertar de imediato ao som do lamento de um bebê, mas são capazes de dormir placidamente ao som de trovões numa tempestade.[25] Para que isso seja possível, o cérebro humano adormecido continua a processar sinais sensoriais, mesmo quando está literalmente inconsciente durante o sono, e então desencadeia um despertar total ante estímulos importantes e cruciais em menos de um segundo. É incrível.

Existe na psicologia uma tarefa experimental clássica que demonstra como nossos objetivos se agarram à tarefa de nos chamar a atenção, mesmo quando estamos tentando ignorá-los e prestar atenção em outra coisa. Chama-se tarefa de Stroop, inventada em 1935 por um tal de John Ridley Stroop, do George Peabody College, em Nashville, no Tennessee.[26] Nessa tarefa, tudo que se precisa fazer é dizer em que cores estão impressas algumas palavras quando são apresentas, uma de cada vez. Não é para dizer qual é a palavra; na verdade, a palavra em si não é relevante para a tarefa atribuída, que consiste apenas em dizer de que cor ela é. O aspecto interessante da tarefa de Stroop é que não se consegue evitar ler as palavras; trata-se de uma reação automática e incontrolável. E como estamos lendo as palavras, se elas forem relevantes para nossos objetivos importantes, o objetivo fará com que prestemos atenção nelas mesmo que estejamos tentando não fazê-lo — pois isso nos distrai daquilo que fomos encarregados de fazer, que é dizer qual é a cor da palavra o mais rápido que pudermos. Quanto mais o significado da palavra nos distrai, mais demoramos para dizer qual é a cor.

Pode-se usar o tempo que uma pessoa leva para dizer a cor de determinadas categorias ou certos tipos de palavras como uma medida de quão interessada ela está naquela categoria, ou se essas palavras correspondem a um objetivo ou uma necessidade importante para ela. Quanto mais demora para se dizer qual é a cor, mais a palavra está distraindo a atenção, e mais relevante como motivação é aquela categoria de palavras. Por exemplo, num desses estudos, pessoas que bebiam álcool com frequência foram mais lentas ao dizer a cor de palavras relacionadas com bebidas alcoólicas, como "cerveja", "coquetel", "licor", do que pessoas que não bebiam tanto assim. Mais ainda, a medida dessa distração, o grau em que a relação da palavra com álcool tornava mais lenta a identificação da cor foi proporcional a quanto a pessoa costumava beber numa semana. Quanto mais importante o objetivo, mais impregnantes são as palavras relacionadas com ele, e maior distração essas palavras causam quando a pessoa está tentando dizer qual é sua cor o mais rápido possível. A distração, causada pela atenção automática que se presta a palavras relacionadas com um objetivo, acontecia mesmo se a pessoa não estivesse pensando no objetivo no momento, e mesmo quando pensar nele prejudicaria seu desempenho naquilo que estava tentando fazer naquela hora;[27] e até então, como nesse experimento não há qualquer aviso prévio de que algo relacionado com o objetivo esteja prestes a acontecer — se as palavras relacionadas com álcool são uma distração é porque o objetivo de beber está constantemente vigilante em segundo plano.

É por isso que o uso de telefones celulares e a distração causada por eles são tão perigosos quando se está dirigindo. Textos ou chamadas por parte de pessoas próximas, amigos e familiares, são altamente relevantes para seus primordiais objetivos de relacionamento social. Esses objetivos centrais estão sempre vigilantes, prontos para distrair você e direcionar sua atenção para os amigos e entes queridos. Hoje, todos nos damos conta de quão perigosa é uma mensagem de texto quando se está dirigindo, porque é preciso desviar os olhos da estrada para o dispositivo, depois ler o que está escrito, e depois (o pior de tudo) digitar a resposta. É claro que essas reações instintivas desviam sua atenção consciente das exigências cruciais para conduzir seu carro pelo trânsito em segurança.

E não se trata apenas de mensagens de texto — hoje existem muitos outros aplicativos com os quais um motorista se ocupa enquanto está dirigindo. Sistemas de assistência à navegação (apoio ao atual objetivo de chegar ao lugar para o qual está se dirigindo); Snapchat, com o qual se pode postar fotos enquanto dirige e que mostra a velocidade do veículo (o que atende aos objetivos sociais de interagir com amigos, ser notado e popular com muitos outros); e (ainda pior) Pokémon Go, jogo que faz motoristas perseguirem criaturas virtuais nas ruas (com o objetivo de competir com amigos e outras pessoas).[28] Não é de admirar que nos Estados Unidos esteja se registrando atualmente o mais elevado aumento percentual de acidentes fatais nas estradas em cinquenta anos. Isso depois de quatro décadas de constante declínio. A taxa deu um salto em 2015 e teve um aumento ainda mais abrupto em 2016 — houve 17 775 mortes nas estradas só no primeiro semestre. As polícias estaduais e outras autoridades atribuem esse aumento súbito aos celulares e seus aplicativos.[29] Por exemplo, um acidente perto de Tampa, Flórida, matou cinco pessoas, e pouco antes da colisão um adolescente em um dos carros tinha postado no Snapchat um vídeo que mostrava o carro na velocidade excessiva de 160 quilômetros por hora.

Numa reação a essa crise, fabricantes de automóveis dizem que novos sistemas de telefone ativados por voz resolveriam o problema, porque as mãos seriam mantidas no volante e os olhos na estrada enquanto o motorista estivesse usando o smartphone.[30] Porém o que eles (e provavelmente a maioria das pessoas) não estão considerando é quanta atenção exige e quanta distração causa falar ao telefone quando se está dirigindo. Mesmo estando com "as mãos livres" (embora muitas vezes nem isso aconteça) e mesmo que não se tire os olhos da estrada, a própria conversa pode distrair muito a limitada atenção consciente, afastando-a de onde deveria e precisaria estar — no ato de dirigir e na prontidão para reagir a ações inesperadas de outros motoristas. Conversas sobre questões de trabalho, problemas domésticos ou, Deus nos livre, discussões com filhos ou cônjuge são muito relevantes para os mais importantes objetivos ligados a relacionamentos íntimos, à carreira e às pressões do trabalho, às tarefas domésticas e outras atividades familiares. Mesmo conversas amenas e agradáveis quando se está dirigindo podem causar distração, quando incluem muitas novidades ou novos desenvolvimentos, ou expressões de sentimentos. Afinal, só dispomos de um âmbito limitado de atenção, e quando ela é desviada para outra coisa, sobra menos da atenção necessária para uma direção segura.

Você alguma vez já se viu preso atrás de um motorista realmente lerdo, e quando enfim conseguiu ultrapassá-lo percebeu que ele estava o tempo todo ao telefone? A distração nos faz ficar mais lentos, e isso vale para nossas reações a súbitas situações de emergência, tirando nossa atenção do monitoramento do complexo ambiente da rua ou estrada. Uma forma de compensar isso é dirigir ainda mais devagar, muitas vezes sem nem perceber, porque a uma velocidade menor obtemos de volta o tempo do qual precisamos para sermos capazes de reagir. Isso aconteceu comigo uma vez, quando vinha de Nova York para visitar minha família no norte de Michigan e minha mãe foi me buscar no aeroporto. Enquanto eu dirigia a uns 75 quilômetros por hora por estradas locais para nossa cabana, ela me relatava todas as novidades da família. Lembro-me de estar absorvido em tudo que ela me contava. Mas de repente ela ficou em total silêncio e olhou para mim com ar divertido. "Você se deu conta de que parou completamente o carro, não?" E lá estávamos nós, no meio da rodovia estadual M-72, cada vez mais lentos e quase parando.

Seus objetivos importantes nunca dormem. Eles atuam inconscientemente em segundo plano, sem que você precise orientá-los ou mesmo estar ciente deles, monitorando o entorno em busca de coisas que possam ajudar a fazer o que é necessário. Soluções de problemas podem então pipocar em sua mente vindas aparentemente de lugar nenhum. O sono é um grande naco de tempo ocioso no qual as atividades conscientes estão num nível mínimo, e sua mente usa esse tempo inconscientemente para continuar a trabalhar nos problemas. A boa notícia é que às vezes ela é bem-sucedida, fornecendo uma resposta inovadora ou solução para um problema ou desafio no qual você já tinha trabalhado conscientemente por algum tempo. A má notícia é que se sua mente não estiver fazendo progresso suficiente e o tempo for curto, ela vai apoquentar você e causar preocupações e ansiedade. Sua mente não está tentando torturá-lo, não importa quanto pareça que sim. O que houve é que ela chegou a um impasse que só pode ser superado com um pouco de trabalho consciente — trabalho consciente na forma de se fazer um plano concreto de como resolver aquele problema num futuro próximo.

Processos conscientes e inconscientes interagem entre si e se ajudam um ao outro. Neste capítulo descrevemos muitos modos pelos quais o inconsciente recebe o bastão dos esforços conscientes e continua a trabalhar no problema mesmo depois de termos desistido ou passado a cuidar de outras coisas que precisamos fazer. Como colegas próximos ou membros da mesma equipe que trabalham juntos para realizar algo, os processos inconscientes dirigem nossa atenção consciente para informações importantes; eles se comunicam honestamente com sua mente consciente para informar se estão ou não tendo sucesso. Às vezes, no caso de problemas muito difíceis, a resposta pode nos vir até como um sonho, mas em geral só depois de ter sido feito muito esforço consciente para resolver a questão. Com frequência a criatividade conta com essas atividades inconscientes — seja você Michael Jordan, Norman Mailer ou o simples e velho eu.

Tudo bem se você "dormir sobre o problema" ou desviar a mente depois de dedicar a ele muitos pensamentos. Na verdade, fazer isso pode ser muito benéfico. Ocorre que o esforço da reflexão consciente é limitado e cansativo, e assim é uma boa ideia mitigá-lo fazendo algo diferente por algum tempo. Aprendi a confiar em mim mesmo quando sinto vontade de me levantar da escrivaninha e fazer uma pausa, preparar um café ou dar uma caminhada no quintal por alguns minutos; é comum isso acontecer quando tenho uma ideia vaga, ainda não completamente formada, daquilo que quero escrever em seguida. Essa interrupção costuma ajudar; ela provoca um estalo nos processos inconscientes à maneira mini-Mailer, e eu me sento de novo com uma noção mais clara do caminho a seguir. Muitos escritores e pensadores adotam caminhadas ou exercício como poderosa prática renovadora para a mente. Eu costumava fazer longas corridas no campo nas quais com frequência tinha insights e ideias para pesquisas que anotava assim que chegava em casa. Quando você está envolvido nessas atividades e exercícios, seus processos inconscientes de tratar objetivos e problemas podem se aproveitar do tempo ocioso e muitas vezes conseguir fazer coisas que você estava tendo dificuldades para fazer conscientemente.

Falar consigo mesmo, como aconselha Mailer, e dar a si mesmo atribuições pode soar um pouco estranho. Quando me mudei para Nova York, havia esses "falantes" que tinham conversas em voz alta consigo mesmos enquanto caminhavam sós, e nós sabíamos que estavam um pouco desligados e não os interrompíamos. (Hoje há muito mais "falantes" do que costumava haver, mas agora eles têm fones de ouvido e smartphones.) Mas pensando melhor sobre isso, não consiste nosso pensamento consciente normal simplesmente numa conversa interior consigo mesmo? E, na verdade, esse falar interior consigo mesmo começa quando crianças pequenas falam alto para si mesmas, numa pequena conversa com elas mesmas, e até dizendo a si mesmas o que farão em seguida. Esse curto estágio de desenvolvimento, por volta dos três anos de idade, foi observado pela primeira vez pelo psicólogo do desenvolvimento russo Lev Vygotsky na década de 1930.[31] À medida que desenvolvem a aptidão para pensar conscientemente, as crianças primeiro falam alto consigo mesmas e só depois tornam-se aptas a "falar em silêncio", mentalmente, consigo mesmas.

Assim, o que Mailer praticava, e sugeria a quem aspirava a ser escritor, era na verdade um jeito bem natural de operar nosso equipamento mental, aproveitando ao máximo a natureza cooperativa de nossos modos consciente e inconsciente de pensar e resolver problemas. As aptidões para controlar a si mesmo, para *autorregular-se*, dependem efetivamente dessa capacidade de falar consigo mesmo — apenas depois de ser capaz de fazer isso é que começa o autocontrole (por volta dos quatro anos de idade). E essa capacidade de controlar a própria mente e as próprias ações, de atingir com mais eficácia nossos objetivos importantes fazendo uso de meios inconscientes e conscientes para esses fins, é o foco do capítulo final.

10. Você controla sua mente

Durante milhares de anos nós fomos especiais, tão especiais quanto poderíamos ser. Não apenas a Terra, mas o universo inteiro girava em torno de nós. No pensamento ocidental, a Terra era o centro do universo e os seres humanos eram o centro da Terra. Tudo fora criado e existia somente para nosso benefício. E nossa mente consciente estava no cerne de tudo — nossa alma, o centro de cada um de nós, nossa conexão sobrenatural com Deus e com a eternidade.

Começaram então centenas de anos de implacável destronamento. Primeiro, vieram Copérnico e Galileu com a teoria e depois, com a invenção do telescópio, veio a evidência de que a Terra na verdade não era o centro do universo. Não era nem mesmo o centro do sistema solar, já que nós girávamos em torno do Sol, e não o contrário. Depois veio um golpe ainda mais devastador. Darwin demonstrou que os humanos não eram o centro da vida na Terra — nenhuma das criaturas, grandes ou pequenas, havia sido criada na forma em que a vemos hoje, tendo se desenvolvido aos poucos, ao longo de éons e mediante processos puramente naturais, e isso se aplicava a nós também. Lendo o que está escrito na parede, como a profecia de Daniel, Nietzsche fez a famosa declaração de que Deus estava morto.[1] O que quer que fôssemos, estaríamos sozinhos no cosmos. Mas ao menos ainda tínhamos nossa mente consciente, nosso superpoder, nosso livre-arbítrio. Ao menos dentro de nossos próprios corpos ainda éramos os senhores de nós mesmos, controlando o que fazíamos e o que pensávamos.

E então vieram Freud e Skinner para desferir os golpes finais. Não só o seu planeta, essa grande rocha na qual você está sentado, é apenas um pontinho num canto remoto do universo, e não só você não é especial ou diferente de todas as outras plantas e animais formados e modelados pela ação de forças naturais ao longo de grandes períodos de tempo, como também não está no controle nem de sua própria mente, seus próprios sentimentos, suas próprias ações. Forças ocultas que atuam dentro de você estão no controle, disse Freud, e você simplesmente não se dá conta disso. E mais tarde Skinner nos tirou o tantinho que restava daquela suposta atuação. Nada dentro de *você* tem qualquer importância, ele insistiu. O meio ambiente, o mundo exterior, está tocando você como se fosse um violino — mas você pensa que é Mozart.

A Terra não era mais o centro do universo. Os seres humanos não eram mais o centro da Terra e nossas mentes conscientes não eram mais o centro de nós. Sem dúvida fomos colocados no lugar que nos cabia. Na mitologia grega, o conceito de húbris aplicava-se a mortais que acreditavam terem características e aptidões divinas. Nêmesis era a deusa grega que punia essa húbris, que punha os mortais em seu devido lugar. Nós curtimos nosso longo período de húbris até a época de Copérnico, mas aí apareceu Nêmesis com a conta a pagar. Este livro provavelmente não ajudou muito nesse aspecto, porém meu objetivo foi revelar a verdadeira natureza da mente humana para que possamos recuperar nossa verdadeira capacidade de atuar.

Tem-se demonstrado repetidas vezes que influências profundas de nosso passado, presente e futuro atuam sobre nosso comportamento, nossas escolhas, nossos gostos e desgostos, antes de o sabermos. A vida se prolonga — experiências são transportadas de uma situação à seguinte e nos influenciam mais tarde sem nos darmos conta disso. Nós imitamos e mimetizamos naturalmente o que os outros fazem e "pegamos", como se fosse um resfriado, suas emoções e comportamentos, e até fumamos e bebemos mais só porque vemos pessoas fazendo isso na tv.[2] Objetivos e necessidades temporários dão o tom daquilo de que gostamos e de que não gostamos, aquilo no que prestamos atenção e aquilo de que depois nos lembramos, e afeta o que e quanto vamos comprar numa loja. Estamos certos de que podemos "ler" uma pessoa só de olhar seu rosto, mas não podemos. São tantas influências inconscientes atuando sob a superfície — como controlá-las? Ou estamos à mercê delas?

Eu tenho livre-arbítrio?

Neste capítulo final vamos descrever as maneiras mais eficazes de controlar essas influências — quando são indesejadas — e de usar esses processos inconscientes — quando são úteis — a nosso favor. Trata-se de uma via de mão dupla: você pode usar processos conscientes e intencionais para conter ou controlar influências inconscientes indesejadas, mas também pode usar mecanismos inconscientes para ajudá-lo naquilo que os usuais métodos conscientes não foram suficientes para atingir seu objetivo. Vou abordar três pontos principais que espero que você assimile para aplicar em sua vida fora das páginas deste livro.

PONTO NÚMERO 1: *Seus pensamentos conscientes importam. Isso quer dizer que, segundo o entendimento que os psicólogos têm do termo, você tem "livre-arbítrio". Porém, ele não é tão completo e tão poderoso quanto você pode ter acreditado.* Se você chegou até este ponto no livro, já sabe das muitas influências que atuam sobre nós sem que tenhamos ciência e, portanto, não controlamos. Como disse o lendário arremessador do time de basebol Cleveland Indians, Bob Feller, a respeito de sua bola rápida: "Você não pode acertar no que não vê". Assim, ver — estar mais ciente de — essas influências ocultas é o primeiro passo para controlá-las, ou usá-las a seu favor. Fingir que não existem e insistir que você tem livre-arbítrio e controle totais, fará você perder a jogada.

PONTO NÚMERO 2: *O reconhecimento de que você não dispõe de um livre-arbítrio total, ou de um completo controle consciente, na verdade aumenta o grau de livre-arbítrio e de controle que você realmente tem.*
Como isso é possível? Pessoas que insistem que a publicidade e as tentativas de persuasão por outras pessoas não as influenciam são as mais suscetíveis de serem controladas pelos outros; insistir que o que outros fazem não exerce papel algum no que elas mesmas fazem as deixa vulneráveis aos efeitos de contágio; são também as mais propensas a trazer seus problemas no trabalho para casa. Na verdade, também serão menos capazes de controlar com eficácia a si mesmas, porque acreditam poder fazer isso mediante apenas atos de vontade consciente, e assim não se utilizam dos meios inconscientes de autocontrole, que se demonstrou serem os mais eficazes (veja o ponto 3).

Somos os capitães de nossas almas, sem dúvida, e ser um capitão é um título importante, porém, assim como em outros aspectos da vida, há bons e maus capitães. O capitão sensato leva em consideração os ventos e as correntes marinhas, se ajusta a eles quando se opõem à rota do navio e se vale deles quando o conduzem para a direção correta. O mau capitão insiste que só o leme importa, e acaba indo de encontro às rochas ou fica à deriva no mar.

Ao ter ciência da atuação dessas influências ocultas, você terá a oportunidade de fazer algo a respeito delas, retomar o controle real que antes disso na realidade não tinha. É um ganho líquido. Mas que fica ainda melhor. Ao delegar controle a essas forças inconscientes, você se torna mais apto a atingir seus objetivos conscientes e intencionais. Você põe essas forças a serviço desses importantes objetivos quando sua mente consciente está em outro lugar e se beneficia de suas aptidões criativas na resolução de problemas. *Você as faz trabalhar para você.* E esse é um ganho ainda maior.

PONTO NÚMERO 3: *O autocontrole mais eficaz não é obtido se aplicando força de vontade e esforços para sufocar impulsos e comportamentos indesejados. Ele vem da mobilização dos poderes inconscientes da mente para que, muito mais facilmente, façam o autocontrole por você.*
Isso vira a velha sabedoria de cabeça para baixo, não?

O que acontece é que as pessoas que são mais capazes de ter autocontrole — que tiram as melhores notas, são mais saudáveis e se exercitam mais, têm menos excesso de peso, não fumam, ganham mais dinheiro, têm relacionamentos pessoais mais felizes — *não* são as que exercem, mais do que o restante de nós, sua força de vontade.[3] É exatamente o oposto. Esses santos indivíduos, que parecem abençoados e regulam suas vidas tão bem, são os que fazem as boas coisas *menos* conscientemente, de forma mais automática e habitual. E você, sem dúvida, pode fazer o mesmo.

É disso que queremos tratar neste capítulo. Por ora, relaxe sua mente no que se refere a todas as coisas sobre as quais falamos neste livro que estão "caminhando" sem que você as esteja guiando e monitorando conscientemente 24 horas por dia, sete dias por semana. Pense em si mesmo como um CEO que dispõe de uma grande equipe. Todos trabalham para Você & Cia. e estão dedicados a e comprometidos com sua felicidade e suas conquistas. Relaxe e deixe que cumpram suas tarefas.

IMPLEMENTE SUAS INTENÇÕES

Seus pensamentos conscientes importam. Eles são *causais*, no sentido de que têm o poder de mudar o modo como você se sente e o que você faz. Isso pode lhe parecer bastante óbvio, mas, na verdade, cem anos atrás a principal corrente da psicologia científica dizia exatamente o contrário. No início do livro, observei como, em 1913, o psicólogo americano John Watson, fundador do behaviorismo, publicou um importante trabalho de referência que sacudiu e transformou o nascente campo da psicologia científica — em particular o estudo da mente.[4] Foi o equivalente na psicologia à chocante declaração de Nietzsche sobre a morte de Deus. O que Watson escreveu e argumentou, com efeito, foi que "A consciência estava morta". Por quê? Porque na época em que escreveu, não havia métodos confiáveis para avaliar e estudar o pensamento consciente. Isso foi bem antes do advento do computador, dos medidores de tempo eletrônicos e monitores que a psicologia cognitiva contemporânea utiliza para realizar estudos controlados de percepção, atenção e julgamento. Tudo que Watson tinha eram relatos introspectivos de participantes voluntários sobre o que estavam vendo e no que estavam pensando, e eles demonstraram não ser muito confiáveis. Os diferentes participantes não concordavam uns com os outros quanto ao que estavam vendo, embora estivessem contemplando e julgando as mesmas coisas; estavam pensando e sentindo de modos diferentes sobre essas mesmas coisas, e a mesma pessoa não via ou pensava da mesma forma em momentos diferentes. Naquela época a psicologia estava apenas começando, e os pesquisadores faziam o melhor que podiam com as ferramentas de que dispunham, como pioneiros solitários em terreno selvagem. Mas foi uma confusão. Dizendo isso em fraseologia moderna, os resultados não se replicavam. Isso incomodava profundamente os cientistas. Onde estavam as conclusões que pudessem ser generalizadas? Onde estava a certeza?

Como o método da introspecção não produziu resultados confiáveis, Watson concluiu que uma psicologia científica não deveria usar a introspecção ou estudar a consciência em geral. Em vez disso, a pesquisa deveria se concentrar apenas nas propriedades do estímulo (Stimulus) externo e nas reações (Responses) comportamentais do organismo, e não se importar com noções como a de pensamentos e experiências interiores. Isso veio a ser conhecido como psicologia S-R. Mais ainda, como a consciência já não tinha importância, o estudo poderia ser feito com animais, como se fossem quase equivalentes aos humanos em seu comportamento. Eles não tinham consciência como nós, mas a consciência já não mais importava. Watson e os behavioristas, com isso, baniram efetivamente o estudo da consciência humana do reino da psicologia científica. Hoje, é claro, isso parece absurdo — o que é mais central na experiência humana do que a consciência?

Watson sustentou que a consciência não deveria constar na psicologia científica porque não havia métodos confiáveis para avaliá-la, porém seu sucessor B. F. Skinner e seus companheiros "neobehavioristas" levaram ainda mais longe essa posição de linha-dura: como não podiam avaliá-la, e portanto não podia ser incluída em seus modelos de laboratório de comportamento animal (incluindo o humano), Skinner e companhia concluíram que a consciência tampouco tinha papel causal na vida real. Devido ao fato de não poderem estudá-la com todo o rigor que queriam, e uma vez que não existia como variável a ser estudada em seu laboratório, a consciência humana, portanto, tampouco devia existir no mundo fora do laboratório. Foi considerada, em vez disso, um *epifenômeno*, o que significa simplesmente um efeito colateral espúrio de algum outro fenômeno, mas nem importante nem causal em si. De algum modo, a falta de métodos confiáveis para estudar o pensamento consciente *naquela época* foi transmutado no princípio de que o pensamento consciente *não existia* como uma força influente na vida das pessoas.

Os behavioristas estavam focados apenas no meio ambiente do momento presente, com a exclusão de outras zonas de tempo nas quais vive nossa mente — influências de nossos passados remoto e recente, nossas metas e aspirações no futuro. Para eles, era como se fôssemos todos pacientes de Lhermitte, controlados somente pelos estímulos do meio ambiente exterior e nada mais. Mas isso era só porque os próprios behavioristas, naquele momento na história da psicologia, só podiam enxergar o meio ambiente exterior; não eram capazes de ver como a mente funcionava internamente. Sua lógica era que, se não a podiam enxergar, então ela não existia. Essa atitude me faz lembrar nada menos que crianças de dois anos brincando de esconde-esconde e, para se esconder, cobrindo os próprios olhos.

Mais uma vez, a húbris mostrava sua cabeça arrogante. Os behavioristas foram muito além de um razoável desejo de métodos confiáveis; eles pressupuseram que, uma vez que não havia *ainda* métodos confiáveis para estudar o pensamento e o julgamento interiores, jamais haveria. Levando em conta até onde tinha chegado a ciência da psicologia, acreditaram já estar no fim da história — que o estado atual de sua ciência era o ápice, e que nunca seria superado e aprimorado por uma nova tecnologia ou novos métodos. Mas, como sabemos, logo vieram os transistores, os computadores, os monitores de televisão e os dispositivos de medição eletrônica, que permitiram o estudo científico da mente. A revolução cognitiva resultante, impulsionada por esses novos métodos, destituiu o behaviorismo para sempre.

A versão da psicologia para a questão do livre-arbítrio data do trabalho de Watson em 1913. A questão não era o livre-arbítrio em si, mas se o pensamento consciente importava, se desempenhava ou não um papel causal. Skinner e os behavioristas contendiam, dizendo que não, e, com base em seus estudos com pombos e ratos, Skinner escreveu vários livros populares alegando que o livre-arbítrio humano era uma ilusão.[5] É isso que a maioria de nós quer saber quando pergunta: "O livre-arbítrio existe?". Na verdade, estamos perguntando: "Será que meus próprios pensamentos privados e minhas decisões são vitais e efetivas, será que aquilo que penso e decido muda aquilo que eu faço, e será que tenho, portanto, controle sobre meus julgamentos e decisões e, por extensão, sobre minha vida?". E a resposta a essa pergunta, baseada em décadas de pesquisa psicológica, é um retumbante sim.[6]

Benjamin Franklin, em sua *Autobiografia*, escreveu que ele não costumava comer carne, ou "animais", inclusive peixe, porque eles nada tinham feito contra nós para "merecer o abate". Só que gostava muito de peixe e também achava que "cheiram muito bem quando saem da panela".

Eu hesitei durante algum tempo entre princípio e inclinação, até me lembrar de que, quando um peixe foi aberto, eu tinha visto peixinhos pequenos sendo retirados de seu estômago; então pensei: "Se vocês comem uns aos outros, não vejo motivo para eu não comê-los". Assim, comi um bacalhau no jantar com muita satisfação. *É muito conveniente ser uma criatura racional, já que isso permite achar ou criar uma razão para fazer tudo que se tem em mente.* [O destaque é meu.]

Franklin valeu-se de sua racionalização consciente para justificar a mudança em seus princípios quanto a comer animais, que era o que ele sempre quis fazer. Chamamos isso de *racionalização*, e no caso dele esse raciocínio consciente foi causal. Acarretou uma mudança em seu comportamento (e seu posicionamento moral em relação a comer peixe). A mente consciente é muito boa em distorcer tudo que fazemos, ou querermos fazer, de algum modo positivo, ou pelo menos tornando-o mais justificável e defensável. Mentalmente, trabalhamos os reveses e as tragédias de nossas vidas fazendo com que pareçam menos importantes, para podermos lidar melhor com eles da perspectiva emocional. Um de nossos truques favoritos é chamado de *comparação social para baixo*, e todos fazemos isso. Descontentes com algo em nossa vida, lembramos a nós mesmos que sempre há alguém que está pior, num estado mais grave, e que devemos estar agradecidos porque nossa situação é melhor do que a deles. Mais uma vez, aqui nossos pensamentos conscientes são causais, porque de fato mudaram (reduziram) o nível de nossa aflição emocional. Transformar mentalmente a situação em algo diferente e mais fácil de lidar é um importante meio de controlar tanto nossas emoções quanto nossos impulsos — por exemplo, pensar nas cinco zilhões de calorias do bolo duplo de chocolate e não em quão delicioso ele é.[7]

Um dos temas deste livro tem sido o de como você pode usar mecanismos inconscientes para ajudá-lo a atingir seus objetivos conscientes. Quer fazer amigos e criar uma ligação com alguém que acaba de conhecer? Olhe para eles, preste atenção neles, e deixe o efeito natural inconsciente da imitação acontecer por si mesmo, com a agradável consequência de aumentar a estima e a ligação entre vocês. Tem pela frente uma tarefa difícil ou que demanda muito tempo? Comece a trabalhar nesse objetivo antes do que seria o habitual, para que os processos inconscientes de atingir um objetivo o ajudem naturalmente a resolver o problema, ofereçam soluções criativas e inovadoras, o alertem quanto a informações relevantes e úteis, e trabalhem no problema durante o tempo ocioso de sua mente.

Da mesma forma, constata-se que a melhor maneira de exercer um autocontrole eficaz é transferir o máximo que possa de carga de trabalho para os mecanismos inconscientes e automáticos. Há duas formas principais de autocontrole inconsciente que pesquisas demonstraram serem tremendamente úteis na vida cotidiana. Uma é de curto prazo e tática, a outra é de longo prazo e estratégica.

No curto prazo (por exemplo: lembrar-se de fazer algo que está sempre esquecendo de fazer, ou começar a se exercitar), o modo mais eficaz de realizar as intenções que são difíceis de concretizar é mediante o uso da *implementação de intenções*. Meu colega de longa data Peter Gollwitzer descobriu e desenvolveu a poderosa técnica de implementação de intenções como o modo mais eficaz de realizar suas intenções mais difíceis e assumir o comportamento que deseja ter.[8] São planos concretos que você faz quanto a *quando, onde* e *como* vai realizar essas intenções. Utilizando esses planos, você será capaz de superar muitas das influências inconscientes que descrevemos neste livro.

Também no longo prazo (por exemplo: fazer dieta, exercitar-se ou estudar como atividade constante e regular), o melhor modo de se manter na linha, evitar tentações e realizar seus objetivos não é aplicando força de vontade num esforço titânico da mente sobre a matéria, mas *criando bons hábitos* mediante rotinas regulares no espaço e no tempo.[9]

Esses dois métodos de autocontrole são mais eficazes do que métodos conscientes que exigem esforços, porque se utilizam das maneiras naturais e automáticas com que nosso entorno estimula nosso comportamento. A implementação de intenções funciona ao se especificar um lugar e um momento exatos no futuro nos quais você vai adotar o comportamento pretendido. Adquirir hábitos também funciona ao especificar uma rotina, o lugar e momentos diários nos quais você adotará o comportamento desejado.

Isso dispensa a necessidade de se lembrar de praticar esse comportamento, algo que temos dificuldade de fazer com tantas outras coisas acontecendo em nossa vida; também elimina a possibilidade de arrumarmos um jeito de escapulir (como no caso de fazer exercícios ou dieta, ou de parar de fumar ou beber), o que, como ressaltou Benjamin Franklin, nossa capacidade consciente de racionalização é bem capaz de fazer. Em ambos os casos, fazer a coisa útil e necessária *sem pensar* constitui-se num método mais confiável e eficaz de autocontrole.

Skinner, como Freud, não estava de todo errado. Decerto é verdade que eventos que funcionam como estímulos em nosso entorno com frequência podem desencadear automaticamente reações comportamentais. Como vimos no caso dos pacientes de Lhermitte e na pesquisa de George Barker sobre o poder dos cenários em nosso comportamento, esses fatores no entorno podem ser determinantes diretos e poderosos do que fazemos e de como fazemos. Num de seus primeiros estudos, Gollwitzer e seus alunos perguntaram a estudantes de uma universidade de Munique o que iam querer fazer quando estivessem em casa nas férias de Natal. Por exemplo, iam querer terminar um curso importante no qual haviam se matriculado ou realizar alguma importante tarefa pessoal, como, em particular no caso dos estudantes homens, dizer a seu pai que o amavam? Todos os estudantes disseram que queriam concretizar esses objetivos. Os pesquisadores instruíram alguns deles a expressar com força e firmeza o compromisso com esse objetivo, como "Vou dizer a meu pai que o amo!". Mas outro grupo foi instruído a fazer um plano concreto que estabelecia onde, quando e como iam efetivamente fazer isso, do tipo: "Quando meu pai me apanhar na estação ferroviária, e eu entrar no carro, vou dizer a ele que o amo!". Quando os estudantes voltaram das férias os pesquisadores perguntaram se tinham realizado seus objetivos no período de férias. Esse primeiro estudo demonstrou que os estudantes que haviam feito a implementação de intenção — com o momento e lugar nos quais adotariam de fato o desejado comportamento — tinham tido muito mais sucesso na realização de suas intenções do que os outros estudantes, mesmo aqueles que tinham se comprometido a atingir seus objetivos.

Pouco tempo depois de ter estudado a implementação de intenções, decidi experimentar comigo mesmo, pois tinha tomado emprestado um livro de um colega na Universidade de Nova York e sempre me esquecia de levá-lo para o trabalho — coisa típica de professor distraído. Meu colega estava ficando um pouco impaciente, porque realmente precisava do livro para um trabalho que estava preparando. Assim, depois de mais uma omissão e uma cena desagradável em meu gabinete, eu disse a mim mesmo: "Quando eu entrar pela porta do meu apartamento esta noite, irei direto para minha mesa e porei o livro na pasta!". Mais tarde, quando cheguei em casa, fui para meu quarto, e não para cozinha, como costumava fazer, no escuro, antes mesmo de acender as luzes. Lembro-me de ter ficado um pouco intrigado ao ver para onde minhas pernas estavam me levando, até me ver junto à minha mesa olhando diretamente para o livro. Como ainda estava com a pasta na mão foi fácil pôr o livro dentro, e eu não precisei dar a isso outro momento de atenção. Estava feito: intenção implementada.

Estudos com imagens cerebrais demonstraram como funcionam essas implementações de intenções.[10] Basicamente, quando se forma uma implementação de intenção, o controle sobre nosso comportamento passa de uma região do cérebro para outra. Quando se tem o objetivo e o desejo de fazer alguma coisa, uma região associada a ações de autoiniciação, parte do que é chamado de área de Brodmann, torna-se ativa. Esse seria o caso de um objetivo do tipo "Quero ir hoje ao supermercado comprar leite e algo para o jantar". Mas quando se forma uma implementação de intenção, do tipo "Quando eu terminar de digitar este relatório, vou me levantar da escrivaninha e ir até o supermercado", uma região diferente do cérebro torna-se ativa, a parte associada com comportamento induzido pelo entorno. Assim, os estudos de varredura do cérebro demonstraram que intenções genéricas são controladas por pensamento interno (lembrando você a fazer algo que quer fazer), mas a implementação de intenções — que é mais confiável e mais eficaz — muda o controle do comportamento de seu pensamento interno autogerado para que seja um estímulo do entorno exterior, de modo que quando X acontece, você vai fazer Y, sem que tenha de se lembrar ou pensar nisso naquele momento. Isso vai acontecer antes de você saber.

Quando a implementação de intenções começou a ter reconhecimento científico, psicólogos clínicos começaram a aplicar a técnica em casos nos quais as pessoas estavam tendo problemas em seguir regimes complexos de medicação, quando deixar de tomar um remédio poderia significar a diferença entre viver e morrer. Num dos primeiros estudos, Pascal Sheeran e Susan Orbell fizeram com que pacientes idosos com assistência médica domiciliar fizessem implementação de intenções relacionadas a quando, onde e como iriam tomar cada uma das diversas pílulas que tomavam diariamente.[11] Para eles não foi tão fácil quanto possa parecer, porque algumas pílulas tinham de ser tomadas com a comida, e outras com o estômago vazio, algumas pela manhã outras à noite, e eles tinham de se lembrar de tomar cada pílula na hora certa, o que era por si só problemático. Na condição de controle, num período de vários meses, os pacientes mais idosos só tiveram sucesso em 25% das vezes em que tinham de tomar suas pílulas na hora certa, todos os dias. Porém, um grupo separado de pacientes fez implementação de intenções. Aqui o paciente diria: "Assim que terminar meu café da manhã, vou voltar para meu quarto e tomar a pílula 1". E: "Na hora de dormir, logo antes de apagar a luz, vou tomar a pílula 4". A chave é especificar eventos futuros com alta probabilidade de acontecer, numa base rotineira. Esse grupo, durante um período de vários meses, teve o notável resultado de 100%, todos tomaram todos os remédios na hora certa. Obviamente, nem todos os estudos tiveram resultados tão perfeitos, mas ficou bem claro que para esses pacientes idosos era uma grande ajuda delegar o controle do processo de tomar seus remédios, retirando-o de seu arbítrio consciente para ser um dos eventos rotineiros regulares de seu entorno.

Um dos principais motivos de as pessoas não realizarem suas boas intenções é que elas simplesmente se esquecem de fazer o que pretendiam. Numa pesquisa com mulheres que queriam fazer, mas ainda não tinham feito autoexame das mamas, 70% disseram que simplesmente tinham se esquecido.[12] Fazer uma implementação de intenções para realizar o autoexame ou para marcar uma consulta com um médico para um exame de imagem rotineiro não só ajudaria a pessoa a aumentar suas probabilidades com a detecção precoce de uma doença, como ajudaria também a sociedade como um todo, reduzindo o custo da assistência médica para todos. Uma empresa de seguro-saúde enviou correspondência para 12 mil empregados que estavam fora do prazo para sua colonoscopia regular, e para parte destes pedindo que fizessem uma implementação de intenção — um plano específico — para onde, quando e como marcariam uma consulta para fazer o procedimento. A taxa de consultas marcadas aumentou em 6,2% entre os que só tinham recebido o lembrete, e 7,2% entre os que receberam o lembrete mais as instruções para fazer um plano concreto. Esse aumento de 1% pode parecer pequeno, porém pesquisadores no Memorial Sloan Kettering Cancer Center relataram que esse aumento na taxa de colonoscopias rotineiras salvou 271 anos de vida para cada 100 mil pessoas no grupo de risco.[13]

Como vimos em várias eleições presidenciais muito disputadas nos Estados Unidos no século XXI, o número total de pessoas que votam influencia no resultado. Cientistas políticos começaram a usar a implementação de intenções para aumentar a participação nas eleições primárias e nas finais. Por exemplo, num estudo de campo realizado durante as primárias democratas na Pensilvânia em 2008 nas quais se enfrentaram Barack Obama e Hillary Clinton, quase 300 mil eleitores foram contactados por telefone por uma companhia profissional que fez milhões de ligações para as várias campanhas naquele ano.[14] Havia dois grupos no estudo. A um deles se pediu que os eleitores potenciais fizessem uma implementação de intenções definindo onde, quando e como iriam votar no dia das eleições, e o outro grupo recebeu somente a costumeira mensagem de incentivo ao voto. Os dias de eleição costumam ser numa terça-feira, quando as pessoas têm de trabalhar, levar os filhos à escola e depois ir buscá-los — em outras palavras, um dia útil normal no qual pode ser difícil arranjar tempo para ir votar. Muitas vezes as pessoas nem sabem de antemão onde fica sua seção eleitoral, de modo que esclarecer isso com antecedência e fazer um plano concreto pode fazer grande diferença. De fato, nesse grande estudo durante uma eleição primária real em nível estadual, houve 4% mais participantes no grupo que fez a implementação de intenções do que no grupo que recebeu os incentivos de praxe. As campanhas políticas gastam milhões de dólares (em correspondências, convocação porta a porta, anúncios na TV) até por um aumento de 1% na participação, e assim, para eles, 4% é um grande resultado.

A implementação de intenções não nos ajuda apenas a fazer coisas; ela também nos ajuda a *não* fazer coisas — como ceder a impulsos e influências inconscientes indesejados. Por exemplo, se queremos de verdade não ser racistas, nosso inconsciente nos ajudará a expressar esse desejo não só em pensamentos mas em atos. Em um dos primeiros estudos de Gollwitzer, estudantes comprometidos com conceitos de igualdade eram mais propensos a se envolver efetivamente em debates e discordar de comentários racistas do que estudantes nos quais não estava ativo esse mesmo objetivo de não ser racista. Em outros estudos sobre racismo, participantes foram instruídos a assumir o papel de um policial e atirar o mais rápido que pudessem quando aparecesse na tela a imagem de uma pessoa empunhando uma arma. Em todas as fotos a pessoa aparecia segurando alguma coisa, em metade das vezes não estava armada, e sim segurando algo totalmente diferente, como uma carteira. Em metade das vezes a pessoa na foto era branca e nas outras vezes era negra. Na condição de controle, como em vários estudos anteriores, os participantes brancos eram mais propensos a atirar por engano num negro desarmado do que num branco desarmado, e menos propensos a atirar corretamente num branco armado do que num negro armado. Mas entre os que fizeram implementação de intenções, quando os participantes diziam primeiro a si mesmos: "Quando eu vir uma pessoa, vou ignorar sua raça!", esse viés foi significativamente reduzido.[15] As implicações aqui para a aplicação da lei são bastante óbvias.

Vimos no capítulo 6 que imitar outra pessoa aumenta a ligação e a estima de forma muito natural. Num estudo feito numa loja de departamentos francesa, os vendedores que imitavam seus clientes tinham mais sucesso em persuadir esses clientes a comprar equipamentos eletrônicos caros do que os vendedores que não os imitavam. Será que a implementação de intenções pode proteger você dessas influências inconscientes? Recentemente, Gollwitzer e seus colegas demonstraram que a implementação da intenção de ser econômico era capaz de bloquear esses efeitos sutis de ser imitado por outra pessoa.[16] Os participantes primeiro disseram a si mesmos: "Se eu for tentado a comprar alguma coisa, direi a mim mesmo que vou economizar meu dinheiro para investir em algo importante!". Depois, quando o estudo aparentemente tinha terminado, o experimentador tentou induzir os participantes a aceitarem os pagamentos, por terem participado do experimento, na forma de chocolates ou café, em vez de dinheiro. O experimentador imitou a linguagem corporal de alguns participantes, como fizemos em nossos estudos de camaleão. Na condição de controle, os participantes tinham o mesmo objetivo de serem econômicos, mas não haviam feito implementação de intenções específica no sentido de economizar dinheiro. Os que não fizeram a implementação ficaram mais suscetíveis a se deixar influenciar pela imitação e aceitaram chocolate e café mais vezes — na verdade, três vezes mais. Mas não os que haviam feito a implementação de intenções. Esses não acusaram um aumento na aceitação de chocolate ou café causado pela imitação. A implementação de intenções — delegando controle de seus comportamentos futuros a estímulos confiáveis — parece ser um modo muito prático de evitar as pressões de vendedores e a tendência de comprar mais do que se quer, causando arrependimento mais tarde.

As tentações surgem em vários formatos, e você pode aplicar essa fórmula simples à sua própria fraqueza específica. "Se eu ficar tentado [a comer uma grande sobremesa/a sair com meus amigos/ a responder a meu chefe/ a comprar mais roupa] direi a mim mesmo [tenho de comer comida saudável/ tenho de terminar meu dever de casa/ preciso ser educado e respeitoso/ preciso economizar dinheiro para o futuro]." Num estudo na Holanda com mais de duzentas pessoas que fracassavam em suas dietas, os que fizeram implementação de intenções para impedir que cedessem a tentações específicas (chocolate, pizza ou batata frita) tiveram êxito em diminuir a quantidade de comida não saudável que consumiram nas duas semanas seguintes.[17] Por exemplo, pessoas que faziam dieta por querer parar de comer muito chocolate diriam a si mesmas: "Na próxima vez em que ficar tentada a comer chocolate, vou pensar na dieta!". Isso funcionava melhor do que condicionar intenções a "*não* fazer isso" ou "*não* comer aquilo" ("Na próxima vez em que ficar tentada a comer chocolate, não vou fazer isso!"), que resultava apenas em manter a atenção da pessoa que fazia dieta focada na tentação.

Eu mesmo utilizei essa técnica para bloquear o efeito de transporte de um dia no trabalho para dentro de casa, à noite. A situação mais certa para a qual aplicar minha implementação de intenção é "quando eu sair do carro na garagem". Posso perfeitamente contar que isso vai acontecer todos os dias após o trabalho, a menos que eu queira ficar sentado no carro, dentro da garagem, a noite toda. O problema que provocou esse desejo de mudança foi descobrir como, de modo indesejável, o mau humor causado por problemas no trabalho se prolongava e afetava meu comportamento em casa. Assim, quando eu estava passando por um momento difícil no trabalho vários anos atrás — resultado das costumeiras pressões de ter muitas coisas por fazer e muito pouco tempo para fazê-las — meu humor, o estresse e o modo como me sentia em relação às pessoas eram transferidos ao modo como reagia a eventos absolutamente benignos em casa. Eu chegava muito cansado, e minha filhinha, com uns três anos na época, vinha correndo até a porta, animada ao me ver. Eu me sentava e ela, naturalmente, desejava toda a minha atenção, queria que eu olhasse para algo que tinha desenhado ou que brincasse com ela. Em várias ocasiões eu fiquei impaciente com ela, como se fosse alguém no trabalho — mais uma pessoa querendo algo de mim, solicitando meu tempo quando eu só queria relaxar e fazer alguma coisa que eu quisesse fazer. Mas ver o desapontamento em seu rosto me causou um grande remorso e resolvi tomar medidas para impedir que aquilo tornasse a acontecer. Eu precisava de um meio de controlar esse efeito inconsciente de transferência — evitar essa interpretação automática da vontade da minha filha de fazer coisas comigo como "mais uma pessoa a solicitar meu tempo."

Como eu já tinha conhecimento da eficácia da implementação de intenções, adotei essa estratégia. Tratava-se de conectar (1) minha intenção de demonstrar felicidade ao ver minha família, falar com elas quando chegasse em casa e apreciar o fato de elas estarem alegres por eu estar lá e de quererem estar comigo, com (b) um estímulo rotineiro e confiável do entorno — como sair do carro e estar na garagem, antes de entrar em casa. Assim, fiz uma implementação de intenção do tipo: "Quando eu sair do carro, na garagem, ficarei feliz por estar em casa e vou cumprimentar minha família calorosamente!". E fiz isso com frequência bastante para que se tornasse um hábito, cuja deixa era o ato rotineiro de sair do carro. Pode ter havido alguns lapsos nos anos que se passaram desde então, mas não foram muitos, e essa tática mostrou-se eficaz ao bloquear o indesejável efeito de transporte do trabalho para casa.

A implementação de intenções não é feitiço ou mágica. Você tem de fazer sua parte — estar realmente comprometido com esse novo objetivo e com essa nova intenção, e querer honestamente realizá-los. Por vezes demais nossas boas intenções não se concretizam porque bem no fundo não queremos mudar de verdade — queremos continuar a fumar, beber e ser preguiçosos. A implementação de intenções, como todo objetivo que você possa ter, só funcionará se estiver verdadeiramente comprometido a realizá-las.

O poder de usar estímulos externos para ajudar você a controlar impulsos e comportamento indesejados vai além de uma ocasião eventual e pode levar a significativas mudanças no estilo de vida. Na verdade, pesquisas estão demonstrando que a formação de bons hábitos que delegam o controle de seu comportamento a situações e eventos rotineiros diários é o modo mais eficaz de nos conduzirmos no longo prazo — tirar notas melhores, conseguir empregos melhores, seguir dietas e estilos de vida mais saudáveis. São ótimas notícias, mas você ainda vai ter de desenvolver esses bons hábitos, para começar. E isso pode ser bem difícil. Eis aí, pois, outra ocasião na qual a implementação de intenções pode pôr você desde o início no melhor caminho. Talvez fazendo com que, por exemplo, uma pessoa cardiopata faça uma caminhada todos os dias logo que chega casa, assim que sai do carro na garagem e antes até de entrar em casa. Ou talvez suba para trocar de roupa e vestir imediatamente roupas de ginástica, como short, camiseta e tênis. Esses pequenos passos levarão a coisas maiores, e melhores.

Uma vez instalado esse novo comportamento, após vários dias usando com êxito a implementação de intenções, isso se tornará um novo hábito, sua nova rotina, e as deixas situacionais (chegar na garagem, tirar as roupas no quarto depois do trabalho) passarão a se tornar o desencadeador inconsciente desse novo e complexo comportamento. As primeiras semanas são as mais difíceis, mas logo tudo isso se torna parte de sua rotina e algo que você passa a fazer sem pensar. Torna-se até uma coisa que você quer fazer. Quando eu estava fazendo treinos intensos de corrida de longa distância, me preparando para a maratona da cidade de Nova York na década de 1990, eu me baseei num livro que muitos corredores usam, *Manual de corrida*, de Galloway.[18] Nele, o guru pioneiro de corridas, dr. George Sheehan, é citado como autor da frase: "O corpo quer fazer o que ele fez ontem. Se você correu ontem, ele quer correr hoje. Se você não correu, então ele não quer". Assim, o importante é se agarrar à sua rotina e não tirar dias de folga se puder evitar, porque isso só vai tornar mais difícil voltar a ela, e você perderá o impulso pelo qual trabalhou tão duro.

Se pensar bem, os hábitos já "acionam" sua vida. George Barker demonstrou na década de 1950 que, de longe, a principal causa de como nos comportamos é a situação específica, ou o cenário, em que nos encontramos. Ficamos calados e respeitosos na igreja, relaxados e falantes quando jantamos com pessoas, barulhentos e mais exaltados quando estamos entre dezenas de milhares de torcedores num jogo de futebol. E sabemos o que fazer e como nos comportar apropriadamente em cada uma dessas situações, sem ter de pensar nisso por um só momento. Numa lanchonete, por exemplo, primeiro pedimos a comida no balcão, esperamos por ela, depois a levamos, nos sentamos e comemos. Mas num restaurante chique nunca se pede a comida primeiro. Em vez disso, primeiro nos sentamos, esperamos por nossos cardápios, fazemos os pedidos e esperamos o garçom trazer a comida. Tudo isso parece ser muito simples, porque é familiar. Imagine se fôssemos de um lugar onde não houvesse lanchonetes, apenas restaurantes chiques em que tudo acontece à mesa — entraríamos num McDonald's, nos sentaríamos a uma mesa e ficaríamos esperando que alguém viesse anotar nossos pedidos — e íamos esperar sentados!

Todos nós experimentamos esse tipo de "choque cultural" quando viajamos para outro país. Lá, muitas de nossas pressuposições se mostram equivocadas e não sabemos com tanta facilidade qual é a coisa certa a fazer. Mesmo as atividades mais simples podem requerer muito esforço consciente: interpretar a sinalização, aprender as normas de comportamento e costumes locais, tentar não fazer, por pura ignorância, nada que seja ofensivo. Pode ser muito cansativo! Ou pior, pode ser perigoso — muitos turistas são atropelados quando caminham em Londres porque olham para a direção errada, sem pensar, quando atravessam a rua, que lá as mãos das vias são invertidas em relação às de muitos países no mundo. Visitar um lugar no qual as normas e as regras são diferentes nos demonstra o quanto de nossa vida cotidiana está efetivamente sob o controle dos processos inconscientes do hábito, que nos aliviam em tão grande medida de constantes e cansativas demandas da nossa mente consciente.

A boa notícia é que podemos explorar esse mecanismo do hábito para mudar nossa vida para melhor. Muitos, se não a maioria, de nós acreditam que é preciso muita força de vontade, convicção interior para abafar e eliminar tentações e impulsos fortes — e que fazer isso é um esforço titânico, contínuo, que pode durar um dia inteiro ou uma vida inteira. Mas uma nova pesquisa demonstra que, na verdade, acontece o contrário. Pessoas que de fato exercem um autocontrole são *menos* acossadas por tentações e despendem *menos* esforço para sufocar impulsos do que pessoas com menos autocontrole.

Sim, você leu certo. Pessoas com um bom autocontrole gerenciam sua vida preventivamente. Mas usando de meios *inconscientes* de autorregulagem, fazendo de "males necessários", como alimentação saudável e exercícios e estudo, uma parte rotineira de sua vida, elas fazem dessas atividades positivas um hábito, de modo que não precisam lutar para começá-las, nem superar uma relutância para praticá-las. Um autocontrole consciente e com esforço é oneroso demais, além de pouco confiável, e, como sabemos, suscetível a racionalizações ("só um pedaço de bolo não vai matar ninguém") e desculpas ("meu dia foi pesado e preciso de alguma coisa para relaxar esta noite").

Numa série de estudos, Brian Galla e Angela Duckworth, da Universidade da Pensilvânia, examinaram pessoas que tinham obtido notas altas numa medição padrão da aptidão para o autocontrole. Eles utilizaram um questionário com dez itens que continha declarações como: "Sou bom em resistir a tentações", "Faço coisas que naquele momento me fazem sentir bem, mas das quais me arrependo depois", "Às vezes não consigo parar de fazer uma coisa, mesmo sabendo que é errado", e então pediam aos participantes que concordassem ou discordassem, numa escala de um a cinco.[19] Em seu primeiro estudo, descobriram que pessoas que tinham notas altas naquela escala eram mais propensas do que outras a relatar que adotaram um comportamento benéfico, como o de fazer exercícios, "sem ter de se lembrar conscientemente"; tratava-se de "algo que faço automaticamente". Essas pessoas tinham mais propensão do que outras para se exercitar com regularidade, todos os dias no mesmo horário e no mesmo lugar — associando esse lugar e horário, estímulos externos, ao comportamento desejado. E fizeram desse comportamento uma rotina e um hábito ao estarem mais inclinados a adotá-lo todos os dias do que de vez em quando. E, como resultado, os que assim se autorregulavam de verdade relataram ter precisado fazer menos esforço para fazer essas atividades, e menos dificuldades ao fazê-las, em comparação com pessoas que exerciam menos autocontrole. Em outras palavras, um autocontrole efetivo e eficaz era associado a *menos*, e não mais, uso de força de vontade e de esforço para realizar a atividade desejada.

Galla e Duckworth realizaram vários estudos para confirmar esse princípio básico.[20] Num deles, por exemplo, era mais provável que pessoas com alto nível de autocontrole relatassem ser capazes de estudar em circunstâncias difíceis, como quando estavam sem vontade, quando estavam de mau humor, quando estavam estressadas e quando eram tentadas a fazer outra coisa. A rotina regular do estudo as ajudava a superar esses obstáculos, mas não ajudava as que tinham nível baixo de autocontrole.

Estudos recentes de pessoas que são boas de autocontrole revelaram que experimentam menos tentações do que o resto de nós e, como um todo, precisam se controlar com menor frequência.[21] Num estudo na Alemanha, mais de duzentas pessoas foram acompanhadas ao longo do dia durante uma semana, usando Blackberries que bipavam em intervalos aleatórios e faziam perguntas quanto ao que estavam experimentando naquele momento — sobre suas tentações, seus desejos, e sobre o autocontrole que estavam exercendo. Aqueles que eram melhores em termos de autocontrole — o que era medido num questionário padrão com questões do tipo "Sou bom em resistir a tentações" — relataram ter tido menos dessas tentações durante aquela semana. Num estudo diferente, feito na Universidade McGill, em Montreal, estudantes que relataram exercer maior autocontrole sobre tentações e impulsos não foram os mais bem-sucedidos em atingir seus objetivos importantes.[22] Em vez disso, quando os pesquisadores foram verificar, no fim do semestre, quem se dera melhor na conquista de seus objetivos tinham sido os que, para começar, tiveram menos tentações. Os pesquisadores concluíram que "no longo prazo, o exercício do autocontrole não é benéfico".[23]

Daí seria possível concluir que essas pessoas que são boas no autocontrole não sentem desejos tão fortes quanto o resto de nós — o poeta William Blake certamente pensava assim quando disse: "Os que reprimem seus desejos fazem isso porque os deles são fracos o bastante para serem reprimidos". Mas parece que Blake estava errado quanto a isso. Na verdade, o que acontece é que esses eficazes autocontroladores configuram seu entorno de modo que esses estímulos e oportunidades tentadores não estejam lá, para começar. Quando vão ao supermercado, não compram os petiscos não saudáveis, e se querem reduzir a bebida, não reabastecem a adega. Esse é o outro lado da moeda do uso de estímulos externos para provocar um comportamento desejado (que é como atuam a implementação de intenções e os bons hábitos); aqui o truque é, em vez disso, remover os estímulos externos indesejados. Kentaro Fujita, pesquisador de autocontrole e motivação na Universidade Estadual de Ohio, explica que "o bom praticante de dieta não compraria um *cupcake*. Não passaria em frente a uma confeitaria; se visse um *cupcake* imaginaria um jeito de dizer Eca! em vez de Oba!".[24]

Wendy Wood, da Universidade do Sul da Califórnia, grande especialista em hábitos e em autocontrole, me contou que durante os últimos 25 anos "o sucesso da campanha para reduzir o fumo foi conseguido principalmente mudando o entorno no qual as pessoas vivem.[25] O fumo foi reduzido em grandes proporções devido às proibições de fumar, impostos, eliminação de anúncios de cigarro e tabaco da televisão e das revistas, e a retirada de vitrines e anúncios de cigarros nas lojas. Foram mudanças ambientais que tornaram mais difícil o ato de fumar e, com isso, ajudaram a romper os padrões comportamentais habituais". O programa de pesquisa da própria Wood demonstrou que comportamentos habituais estão baseados num entorno diário regular da pessoa — são estimulados e mantidos por ela automática e inconscientemente. Resumindo, estamos aprendendo que a melhor maneira de mudar um comportamento é mudar o entorno habitual da pessoa.[26] No caso dos bons hábitos que você quer manter, associe-os a certo lugar e a certa hora; quanto aos maus hábitos dos quais quer se livrar, retire de seu entorno as deixas e estímulos e oportunidades que lhes dão suporte.

A mente inconsciente afeta nosso comportamento poderosamente e, com frequência, de modo invisível, às vezes até assustador. Ela modela não apenas a pessoa que somos em dado momento, como também a pessoa em que nos tornaremos e os objetivos que iremos — ou não — atingir. Sim, como vimos neste capítulo, nossa mente consciente também pode ser o instrumento que tocamos — digamos, uma Fender Stratoscastser ou uma Gibson Les Paul (a favorita de Jimmy Page), as icônicas guitarras da era do rock clássico. A ciência revelou que nossa mente inconsciente evoluiu para responder às nossas mensagens conscientes quando sabemos lhe comunicar com eficácia essas mensagens. Afinando as cordas de nossa mente com nossas intenções, poderemos melhorar radicalmente nossa saúde, nossa paz mental, nossa carreira e nossos relacionamentos. Podemos exercer e até incrementar o livre-arbítrio de que dispomos, e usufruir dos aspectos nos quais nossa espécie é de fato tão especial.

Você é o DJ

Quando tive o sonho com o jacaré que mudou minha vida, no outono de 2006, minha filha tinha apenas alguns meses de idade. Era uma minúscula, gorgolejante promessa que induzia ao amor — a promessa de uma vida futura. Esperei que a vida que ela tinha pela frente fosse cheia de alegria e de paz, de aspirações e satisfações profundas, embora soubesse também que dificuldades e desapontamentos aconteceriam de tempos em tempos, e eu quis muito poder ter habilidade, capacidade e paciência para ajudá-la a enfrentar e sobrepujar esses desafios. Enquanto eu adormecia naquela tarde e meu inconsciente enviava-me uma mensagem que iria reconfigurar abruptamente como eu enxergava a mente humana, a mente dela estava se desenvolvendo com rapidez. Sem ela saber, seu cérebro já a estava orientando a ter preferências dentro de um grupo, que dividiriam o mundo entre nós e eles. Em poucos anos, quando começasse a compreender que existia e compartilhava qualidades com outras pessoas, ela ficaria vulnerável à sabotagem de seu desempenho como menina devido aos preconceitos de sua sociedade em relação à mulher. E quando crescesse e descobrisse que gostava de certas coisas e que aspirava a outras, essas preferências e tendências determinariam quem seriam seus amigos e como ela agiria com eles. Como se pode imaginar, saber o que eu sabia sobre as armadilhas ocultas da mente aumentou consideravelmente minhas já numerosas preocupações — mas também me ajudou a saber com o que devia tomar cuidado. Minha pesquisa, então, tornou-se tanto sobre ser um pai quanto sobre ser cientista.

Durante os dez anos que levei para planejar e escrever este livro, observei minha filha crescer. Passamos por muita coisa juntos. Ela se transformou de uma adorável criança barulhenta que ganhava dentes numa menina de onze anos, notavelmente equilibrada e espirituosa com aparelho nos dentes, e agora encontra-se no limiar da adolescência. Ao longo do caminho ela foi minha super-heroína da vida real em mais de uma ocasião, e dediquei este livro a ela. Todos os pais querem deixar a seus filhos algo valioso que os ajude a ter uma vida feliz quando não estivermos mais presentes. Este livro, em certo sentido, é essa herança que espero legar a ela — a obra da minha vida, a sabedoria e o insight que labutei para acumular durante meu tempo neste nosso incrível planeta. (Dito isto, devo dizer que estou ciente de que poucos filhos se entusiasmam com a ideia de ler um livro de um de seus pais, ou mesmo de ouvi-los falar por mais de um minuto por vez.) Contudo, esta espécie de legado não é apenas para minha filha. Meu objetivo é que seja útil a qualquer um e a todos que se interessarem em aprender como compreender a própria mente pode ajudar a compreender melhor a si mesmo e, com isso, melhorar a si mesmo.

Por que deveríamos querer melhorar a nós mesmos? De um ponto de vista individual, a resposta é óbvia: para que possamos ser mais felizes, mais saudáveis e mais bem-sucedidos. Mas ninguém existe isoladamente; nenhum benefício se incrementa num vácuo. Nós enviamos vibrações em todas as direções, assim como recebemos as vibrações dos outros e nossas redes sociais tanto digitais quanto não digitais estremecem em função das interações com amigos, família, conhecidos e estranhos. Se melhorarmos a nós mesmos de verdade, teremos uma oportunidade para melhorar nossa comunidade, e, por extensão, nosso mundo. Mas esse processo requer algo que muitas vezes parece estar em falta: *humildade*. A humildade de aceitar que não compreendemos totalmente por que fazemos o que fazemos o tempo todo. Não estou dizendo que é fácil aceitar isso; porque não é. Mas quando você permite que a dúvida quanto a si mesmo se instale, por mais incômodo que seja, outras coisas se seguem: curiosidade, surpresa, novas ideias, reexame de suposições antes não questionadas, constatações difíceis porém importantes, e por fim — e miraculosamente — mudança. A possibilidade de deixar para nossos filhos um mundo melhor, mesmo se eles não lerem os livros que escrevemos para eles.

Processos mentais conscientes e inconscientes executam bem coisas diferentes. Se ambos fizessem bem as mesmas coisas e não tivessem desempenho ruim nas mesmas coisas, seriam redundantes, e não teríamos feito os dois evoluírem. Assim, não se trata de um ser ruim e o outro bom. Trata-se de que cada um deles é bom, mas em seu próprio domínio. Trabalham juntos, em geral em harmonia e dinamismo: um é causa do outro e vice-versa. Por exemplo, experiências conscientes numa situação prolongam-se na situação seguinte sem que nos demos conta disso e tornam-se as influências inconscientes nesse cenário subsequente. Processos inconscientes atuam em nossos problemas e objetivos importantes, e desencadeiam respostas e soluções em nossas mentes conscientes. Objetivos inconscientes direcionam nossa atenção consciente a coisas que são relevantes para nossos objetivos, fazem com que as notemos e delas façamos uso. *Ambas* as formas de pensamento fazem parte de nós, não só a parte consciente. Juntas, elas abrangem nosso "eu" real, interior. É por isso que você tem de ter cuidado com o que deseja. Esses desejos conscientes podem se manifestar de modos inconscientes quando menos se espera, e talvez leve você a fazer coisas que sem isso não teria feito. Suas necessidades mais fortes podem ter consequências indesejadas, como quando você faz compras com fome ou voa pela estrada a 160 quilômetros por hora para chegar em casa antes que a loja de bebidas feche.

Aprendi um bocado sobre motivação humana com meu colega Peter Gollwitzer, sobretudo como pessoas podem conscientemente assumir o controle sobre os efeitos automáticos e inconscientes que o mundo exterior possa ter sobre elas antes que o saibam. Peter e eu nos encontramos pela primeira vez em Munique, em 1989, quando ele me convidou para dar uma palestra em seu instituto e fazer um workshop com seus alunos. Minha área era cognição social e a dele, motivação social, o que se encaixava perfeitamente. No entanto, antes de me ensinar sobre motivação, ele me ensinou um pouco de alemão. Como era minha primeira visita à Alemanha, eu não sabia muito, e assim, um dia durante minha visita eu lhe perguntei qual era a palavra em alemão para "consciência". "Bewusstein", ele me informou. *Bewusstein*, repeti para mim mesmo. Pouco depois, perguntei: "E qual é a palavra para "inconsciente"?" Ele me lançou um olhar perplexo, rolando os olhos. "*Unbewusstein*", disse. (Como se dissesse: "Seu palerma". Pensando bem, aquele jacaré em meu sonho lançou-me esse mesmo olhar...)

A pesquisa de Gollwitzer no final da década de 1980 estava, literalmente, décadas à frente de seu tempo e, ao contrário da palavra em alemão para "inconsciente", não era nada que eu pudesse ter imaginado por conta própria. O laboratório dele estava demonstrando a existência de um tipo de combinação dos efeitos mental do inconsciente com o do consciente — a intencional passagem do controle sobre seu comportamento para os estímulos do entorno, para eventos futuros — uma estranha mistura de livre-arbítrio e arbítrio não livre. Fazer uso consciente dos poderes de seu inconsciente. E foi pura sorte para este palerma aqui estar morando na Alemanha naquela época e ele ter me convidado para ir a Munique e conhecer tudo que estava fazendo em seu laboratório. Junte a pesquisa dele na década de 1980 com meu trabalho naquela época sobre as influências automáticas, inconscientes do mundo exterior, e eis aí o que você obtém, e o que pode fazer com isso:

Seu entorno é composto de deixas e estímulos que podem suscitar seu comportamento, e também pré-ativações capazes de influenciá-lo sem que você se dê conta. Então, por que não assumir o controle desse entorno? Afinal, se por um lado pré-ativações funcionam como lembretes, nós também recorremos a métodos como o de usar post-its para nos lembrar de fazer alguma coisa da qual, não fosse esse recurso, não nos lembraríamos.[1] Ou seja, nós já estávamos fazendo uso dessa ideia básica de pré-ativarmos a nós mesmos, algo parecido com o modo como os agricultores da época de Darwin usavam o princípio da seleção natural para criar vacas mais gordas e espigas de milho maiores, sem saber como isso funcionava.[2] Não há motivo para você permitir que influências indesejadas continuem a atuar. Tomemos algo simples, como as fotos que você tem em sua mesa de trabalho ou os pôsteres de sua adolescência presos na parede. Que tipos de objetivos estão associados a eles? O que você pensa sobre isso, o que vem à sua mente quando olha para eles? Para alguns de nós, a foto de nosso cônjuge pode não ser uma boa ideia se provocar ideias de romance e atração em nosso ambiente de trabalho, onde é melhor que não tenhamos essas tentações, ou nos comportemos com os outros de modo inapropriado. Mas se, em vez disso, provocar pensamentos sobre nossa família, e o objetivo de trabalhar duro em benefício dela, seria uma influência positiva. Lembro um famoso episódio de *Os Simpsons* no qual Homer tem fotos da bebê Maggie na parede diante dele, na usina nuclear de Springfield, com o mote "Faça por ela". Basta que você faça essa pergunta a si mesmo e seja honesto nas respostas — e leve a sério as potenciais futuras influências inconscientes dessas fotos.

Alguns pesquisadores têm ressaltado, com perspicácia, que pôsteres de luminares como Einstein e o Super-Homem podem ser na realidade contraproducentes.[3] Se não podemos, realisticamente, ser como eles, esses pôsteres podem causar uma baixa na autoestima e no moral, e não a pretendida elevação da autoestima e da motivação. Nunca serei tão inteligente quanto Einstein, você vai pensar, e, consequentemente, sentir-se pequeno; nunca serei tão forte ou rápido ou corajoso quanto o Super-Homem, você tristemente vai admitir, sentindo-se diminuído. Assim, escolha de maneira sensata que papel pré-ativar com seu modelo — alguém que você considere, mas que possa efetivamente emular em sua vida. Lincoln, por exemplo, que foi honesto e fez a coisa certa mesmo sendo impopular. Ou Martin Luther King Jr., que pregou (e praticou) a não violência e a reconciliação entre as raças, e inspirou milhões de pessoas com seu exemplo e suas palavras. Lembre-se de que o mundo exterior só é capaz de pré-ativar dentro de você coisas que já estão dentro de você — todas as pré-ativações do mundo com o Super-Homem não farão você voar, e a pré-ativação para uma alimentação saudável não vai funcionar se você na realidade não quiser fazer isso. *Porém, o mundo exterior é capaz de ativar os objetivos e as qualidades que você já possui, e os comportamentos que estão dentro de seu âmbito de possibilidades.*

Durante anos ouvi falar de muitas pessoas que queriam saber se podiam pré-ativar a si mesmas, ou de professores que queriam pré-ativar seus alunos para que se saíssem melhor e tirassem boas notas nas provas. É uma grande ideia, mas encerra dois problemas principais. O primeiro deles acabamos de mencionar: pré-ativações externas só conseguem ativar o que já está dentro de você. O segundo problema é que você estará tendo consciência do que está fazendo — não será mais uma influência inconsciente atuando passivamente se você estiver fazendo isso consciente e intencionalmente. É similar ao fato de você não conseguir fazer cócegas em si mesmo — pois está ciente disso e tem o controle sobre isso. Mas nem tudo está perdido. Pode ser que nos primeiros dias ou primeiras semanas após ter pendurado a fotografia de Lincoln ou de Martin Luther King em sua parede você esteja ciente do porquê de elas estarem lá. Mas posteriormente elas se tornarão parte do pano de fundo — você vai deixar de notá-las e de prestar atenção consciente nelas. Poderá até começar a esquecer por que as pôs lá. É a partir desse ponto, em que estão lá diante de você, mas você já não presta uma atenção consciente e nelas quando tornaram-se parte do fundo em que estão pregadas, que podem ocorrer os efeitos de pré-ativação. Faça isso você mesmo, mas faça no longo prazo, e depois, como dizem os nova-iorquinos, *fuhgedaboudit!*, isto é, esqueça isso!

Essa é a beleza de usar influências inconscientes em seu benefício. Como elas são naturais e ocorrem por si mesmas, você só tem de dar partida ao processo, depois relaxar e deixá-lo trabalhar para você. Considere o efeito do camaleão, no qual só o fato de prestar atenção em alguém que acaba de conhecer leva naturalmente à imitação, o que por sua vez leva a estima e a ligação. Tudo que precisa fazer é prestar atenção em outra pessoa — olhar para ela e escutar o que está dizendo. O resto acontece por si só. Talvez você queira estabelecer um objetivo importante para si mesmo, cuidar de que algo seja feito ou resolver um problema. Precisa dedicar a seu objetivo um pensamento consciente para "estabelecê-lo" como objetivo importante, e depois estará trabalhando por ele inconscientemente e colhendo seus benefícios — como se você, o CEO, tivesse delegado a tarefa por um momento a um membro de sua equipe confiável e muito capaz.

A pré-ativação tem lá suas influências indesejáveis, como as decorrentes de anúncios na televisão. Kelly Wallace, correspondente da CNN, escreveu sobre a forte influência de anúncios de cerveja e bebidas alcoólicas em geral nos hábitos de consumo de bebidas entre menores de idade. Ela tinha filhos pré-adolescentes em casa e decidiu gravar os jogos de futebol americano aos quais ela (e os filhos) queriam assistir, para poder avançar quando entrasse um comercial.[4] É uma ótima ideia, suscitada por ela ter levado a sério os efeitos do "o que você vê é o que você faz". Pessoas que negam ser influenciadas por publicidade sem dúvida têm direito a essa opinião, e com isso acabam não fazendo nada para impedir sua influência, mas deveriam ter em mente que seus filhos podem estar assistindo a elas também, estando assim expostos a essas influências — e há clara evidência de que *serão* influenciados.

Quanto a outras influências inconscientes, como quando a vida se prolonga de um cenário para outro, você pode usar a implementação de intenções para quebrar o encanto se essas influências criarem problemas — "quando sair de meu carro na garagem, vou me lembrar de que estou feliz por estar em casa e com a minha família!". Ao conhecer pessoas novas, tente enxergar além daquilo que conduz suas impressões, como a raça, o rosto e a atratividade física, e em vez disso se concentre na personalidade e em como elas tratam você e os outros. Baseie suas opiniões, e sua confiança, no que elas fazem e não apenas no que aparentam.

E provavelmente você deveria escolher seus "amigos" no Facebook com mais sensatez, além de assumir mais o controle sobre seu *feed* de notícias e suas redes sociais em geral, porque pessoas que você nem conhece estão influenciando seu humor, suas inclinações e sua tendência para ajudar e cooperar — são tantas coisas — antes de você saber. Como elas agem, o que sentem e pensam se infiltram em você via redes sociais e se tornam efetivamente parte de você, do que você é por dentro e de como se parece por fora, para os outros. Você não precisa ficar à mercê delas; pode controlar com quem entra em contato, pelo menos muito mais do que a maioria faz hoje em dia.

Desenvolva bons hábitos para ser a pessoa que deseja ser. Se quer ser menos racista e menos sexista, use a implementação de intenções, como: "Quando eu vir uma pessoa de cor diferente da minha, vou me lembrar de não ter preconceito!". Considere as pessoas que são diferentes de você como uma oportunidade para praticar igualitarismo e equanimidade. Comece a praticar exercícios na mesma hora e no mesmo lugar todos os dias, e não recorra a pretextos para deixar de fazê-los (exceto situações reais de emergência); compre mais alimentos saudáveis e menos petiscos. Quanto mais praticar esses comportamentos positivos, mais habituais se tornarão e mais fáceis de adotar na próxima vez, e na próxima, até se tornarem uma segunda natureza, seu novo "eu real". E lembre-se de que outras pessoas estão vendo o que você faz e estão sendo influenciadas por isso, assim como você vê o que elas fazem e é influenciado por elas. As coisas boas que você faz e os atos de empatia social se multiplicam porque são literalmente contagiosos — mas o efeito é o mesmo para seus comportamentos ruins e antissociais. Dê um exemplo positivo, e ele vai se propagar a partir de você como uma onda.

Tem sido um longo caminho de descobertas desde que comecei meu curso de graduação na década de 1970, decompondo as operações de nossa mente entre as que temos ciência e as que não temos. Este livro é um registro do quanto sabemos sobre nossas mentes, bem como de quanto sobre seu funcionamento em geral não tomamos conhecimento. O que de fato nosso laboratório tem feito nos últimos tempos, enquanto eu escrevia este livro, é estender isso à questão fundamental de quanto sabemos sobre a mente *dos outros*. Se não temos conhecimento consciente de tanta coisa que acontece em nossa própria mente, sem dúvida sabemos menos ainda sobre o que se passa na mente de outras pessoas. E o grau relativamente maior do conhecimento que temos de nossos pensamentos conscientes, comparado com os deles, nos leva a algumas consequências importantes no modo como pensamos sobre outras pessoas, sobre o que elas estão pretendendo e até sobre quão boas e moralmente corretas elas são comparadas conosco.

Já houve uma esclarecedora pesquisa sobre essa questão, feita por Emily Pronin, de Princeton, e David Dunning, da Universidade Cornell, e seus colegas. O que eles demonstraram é que não sabemos quais são os pensamentos ou as intenções de outras pessoas, mas sabemos quais são os nossos, e, assim, frequentemente nos concedemos crédito por termos boas intenções, mesmo quando não as concretizamos. Nós dizemos: "Bem, eu pretendia dar dinheiro para caridade, apenas me esqueci, então continuo a ser uma boa pessoa". Mas como não temos acesso às boas intenções alheias, não damos às outras pessoas o mesmo benefício da dúvida, e com isso nós as avaliamos com mais rigor quando deixam de fazer caridade ou de dedicar seu tempo a uma boa causa. Mesmo que nós tampouco tenhamos doado à caridade, consideramos outras pessoas mesquinhas, egoístas ou insensíveis por não fazerem isso, enquanto nós "só esquecemos".[5] Não parece justo, parece?

No entanto, nosso acesso especial a nossos próprios pensamentos conscientes, combinado com nossa total falta de acesso aos pensamentos dos outros, tem algumas implicações surpreendentes no modo como nos sentimos especiais, e mesmo um tanto sós e isolados, no mundo social. Eu e minhas colegas em Yale, Erica Boothby e Margaret Clark, demonstramos que as pessoas — todos nós ou pelo menos a maioria — acreditamos que somos (de certo modo) relativamente invisíveis num ambiente público. Cada um de nós sabe que "checamos" as outras pessoas que estão conosco num vagão de trem ou numa sala de espera, na sala de aula ou num banco do parque. Fazemos isso sub-repticiamente, é claro, evitando contato visual, e achamos que ninguém está notando que fazemos isso. Mas também não achamos que alguém, por sua vez, esteja fazendo o mesmo conosco. Nossas pesquisas demonstram que cada um de nós pensa que é o único, ou a única, que faz isso — que estamos examinando os outros, mas não estamos sendo examinados por ninguém. Minhas colegas e eu chamamos isso de "ilusão da capa de invisibilidade", inspirada nas histórias de Harry Potter.[6] Mas, se pensarmos bem, é claro que estamos sendo observados e examinados tanto quanto fazemos com os outros. Afinal, você é minha "outra pessoa" e eu sou a sua. E você pensa que está olhando para mim, mas eu não estou olhando para você; e eu penso que você não está olhando para mim, mas eu estou olhando para você — e por uma questão lógica não podemos estar os dois com a razão. Na verdade, estamos os dois checando um ao outro e pensando (erroneamente) que cada um é o único que está fazendo isso.

Em certo sentido, o que estamos fazendo como indivíduos é cometer o mesmo erro lógico que Watson e os behavioristas cometeram cem anos atrás. Lembre-se que eles concluíram que, como não dispunham de métodos confiáveis para avaliar pensamentos conscientes, esses pensamentos não importavam e não desempenhavam papel importante nas emoções ou no comportamento humanos. É uma falácia lógica concluir que só pelo fato de não se dispor de uma evidência direta de que outras pessoas estão observando você, elas não estão fazendo isso. É claro que você não tem evidências dos pensamentos e da atenção sub-reptícia delas, nem elas têm dos seus. E você tampouco tem uma evidência direta de que elas têm boas intenções, e, portanto, você (e eu, e todo mundo) conclui que não têm. E elas concluem que você não tem, o que faz você (e eu, e todo mundo) protestar dizendo que sim, que suas intenções são para o bem; como ousam insinuar outra coisa? Isso tem implicações profundas em como nos julgamos reciprocamente e formamos opiniões uns sobre os outros, em especial sobre os que estão fora de nosso grupo, como outros partidos políticos, e como somos capazes de facilmente assumir que eles têm intenções malévolas.

Agora considere essa dualidade básica entre o acesso que temos à nossa própria mente em oposição à falta de acesso à mente de outras pessoas em outro domínio — não no aspecto de o quanto nós e outros estamos nos olhando reciprocamente, mas de o quanto nós e outros estamos *pensando* uns nos outros. Acontece a mesma coisa. Cada um de nós acredita estar pensando, em momentos aleatórios ao longo do dia, nas outras pessoas de nossa vida — família, filhos, colegas de trabalho — mas que essas outras pessoas não estão, por sua vez, pensando em nós. (Talvez às vezes, mas não tanto quanto pensamos nelas.) Por que não? Bem, mais uma vez, não temos evidência de que o façam, e, afinal, por que o fariam? Não seria um tanto egocêntrico de nossa parte supor que outros estão pensando em nós quando não estão por perto? E, no entanto, outra vez, sabemos que *nós* fazemos isso em relação a outras pessoas que *nós* conhecemos. E quando se começa a perguntar às outras pessoas, mais uma vez, cada uma admite que pensa nas pessoas de suas vidas várias vezes por dia, mas ao mesmo tempo acredita que essas pessoas pensam nela com muito menos frequência. (Chamamos isso de "lacuna mental" ou *mind gap*, uma brincadeira com os famosos avisos gráficos e sonoros em plataformas de metrô e estações ferroviárias que advertem as pessoas a "*mind the gap*" ou prestar atenção no vão entre o trem e a plataforma.)[7]

Que sentimento reconfortante não seria, especialmente para pessoas que se sentem solitárias, mal-amadas ou não valorizadas, saber que outros estão mesmo pensando nelas durante o dia. Como seria bom se as pessoas acompanhassem, anotando quando acontecesse, os momentos em que pensam sobre outras em sua vida, e depois, reunidas, mostrassem umas às outras que, sim, eu penso em você, e uau! — é verdade — você também pensa em mim? Aposto que haveria uma porção de rostos felizes quando descobrissem isso.

Esse é um novo e gratificante rumo para nossa pesquisa de laboratório, porque estende a questão de quanto estamos cientes do que acontece em nossa mente — com todas as importantes implicações e consequências que descrevemos neste livro — para a questão de quanto estamos cientes do que acontece na mente dos outros, e parece haver também implicações e consequências muito importantes no que concerne ao grau dessa consciência (e, especialmente, da ausência dessa consciência). Parece certo que baseamos algumas conclusões bem importantes sobre outras pessoas em sua relação conosco, em nossa ostensiva incapacidade de saber o que se passa na cabeça delas, como se o fato de não estar *ciente* do que está acontecendo signifique que nada está *efetivamente* acontecendo. E, como muitas das consequências negativas das atividades ocultas da mente que descrevemos neste livro, essas conclusões equivocadas e falácias lógicas sobre a mente dos outros parecem ser facilmente corrigíveis com apenas um momento de reflexão. Porém, mais do que tudo, essa pesquisa emergente nos lembra quão interconectados nós somos, não apenas por intermédio de nossas ações visíveis, mas também por nossos pensamentos invisíveis. Somos tão dependentes de outras pessoas quanto nossa mente consciente é dependente de nossa mente inconsciente, e aceitar bem essa verdade em nossas concepções pode nos ajudar a dar melhor apoio às pessoas em nossas vidas, e a receber o apoio delas também.

* * *

Quando, ainda aluno do ensino médio, comecei a atuar como DJ na estação de rádio do colégio, eu era um verdadeiro desastre. Engasguei na previsão do tempo logo na primeira vez em que falei no microfone, as transições de uma canção para outra foram mais complicadas do que pensei que seriam, e uma vez fui ao banheiro no meio de uma canção longa e consegui ficar trancado fora da sala de controle.

No papel de DJ de nossas próprias vidas, nem sempre as coisas se desenrolam com suavidade. Podemos nos afobar quando estamos sob pressão, ter dificuldade em aprender coisas novas (lembra-se de quando começou a dirigir?) e, quando as coisas estão correndo mal, perder o controle. (Pergunte ao dono de cavalos de corrida Steve Coburn.) Mas nós aprendemos nesses momentos, evitamos cometer os mesmos erros, e as coisas ficam mais fáceis. Nosso presente e em particular nosso futuro podem ser melhores que nosso passado. Depois de um ou dois meses no ar, eu realmente me tornei muito bom em dar seguimento e mixar o fim de uma canção com o início de outra, aprendi a não falar demais e a não interferir na música, que era, afinal, o motivo de os ouvintes estarem sintonizados. O que aqueles ouvintes podem não ter percebido era que eu estava tão mergulhado quanto eles na música que estava tocando. Claro, eu estava ocupado na preparação do noticiário ou pondo a próxima música no segundo toca-discos, mas também estava com eles no momento presente. Minha mente estava no futuro, preparando o que iria para o ar em seguida, mas meu verdadeiro motivo para ser DJ era vivenciar e ter controle sobre a música que estava tocando bem ali, no presente.

E hoje, se você verificar a lista de músicas em meu iPhone, vai encontrar na maior parte as mesmas músicas que eu tocava naquela época — muito de Led Zeppelin, é claro, mas também Traffic, Cream e Lynyrd Skynyrd, e bandas mais obscuras, como Spooky Tooth e Savoy Brown, que só descobri graças à discoteca da estação. E as décadas de 1980 e 1990 também estão representadas, com um bocado de Talking Heads e um pouco de Nirvana e de Pearl Jam. A música ainda tem sobre mim o mesmo poder que sempre teve. Enquanto minha mente é tomada pelo que está ribombando pelos fones de ouvido, muitas das antigas emoções, sentimentos e lembranças tornam a fluir também. Não podemos evitar viver nas três zonas do tempo ao mesmo tempo, lembrando e revivendo o passado, as raízes de quem somos hoje, e planejando e nos preocupando com o que temos de fazer amanhã e na semana que vem, com o que esperamos fazer este ano, e como queremos que seja nossa vida em cinco anos. O passado e o futuro estão constantemente moldando nosso presente.

Os momentos presentes do Led Zeppelin da década de 1970 tinham neles o indelével passado do blues americano, assim como estavam presentes na mente de um estudante de psicologia da década de 1970 as vozes de Skinner e de Freud. Desde então, a maior parte de meus momentos no presente têm sido com um olho mirando um objetivo futuro, o de compreender quanto livre-arbítrio e controle nós realmente temos sobre o que pensamos, sentimos e fazemos. Mas tudo isso tem sido vivenciado com a trilha sonora de meu passado tocando em minha cabeça — não só daqueles anos incríveis na estação de rádio, mas também as coisas maravilhosas que me deixavam de olhos arregalados na infância, as árvores em que trepei e o beisebol que joguei, meus doidos companheiros de banda no ginásio, as lembranças do meu pai. Na estação de rádio, meus desajeitados talentos iniciais como DJ tornaram-se depois uma segunda natureza, e me acostumar àquela rotina permitiu que eu me divertisse, me sentisse à vontade e levasse alguma alegria aos meus ouvintes nas horas tardias da noite. Minha esperança com este livro é que você se sinta mais em casa dentro da cabine de DJ que é sua própria mente e possa ter um controle melhor sobre a trilha sonora de sua vida.

Notas

VAMOS REFAZER A TESSITURA DO TEMPO [pp. 9-28]

1. Richard. E. Nisbett e Timothy DeCamp Wilson, "Telling More Than We Can Know", *Psychological Review*, v. 84, n. 3, 1977; R. B. Zajonc, "Feeling and Thinking", *American Psychologist*, v. 35, n. 2, pp. 151-75, 1980.

2. Michael. S. Gazzaniga, *The Social Brain*. Nova York: Basic Books, 1985, p. 64.

3. Wilder Penfield, "Activation of the Record of Human Experience", *Journal of the Royal College of Surgeons of England*, v. 29, n. 2, pp. 77-84, 1961.

4. Edward Colin Cherry, "Some Experiments on the Recognition of Speech, with One and Two Ears", *Journal of the Acoustical Society of America*, v. 25, n. 5, pp. 975-9, 1953; também Neville Moray, "Attention in Dichotic Listening", *The Quarterly Journal of Experimental Psychology*, v. 11, pp. 56-60, 1959.

5. Lancelot Law Whyte, *The Unconscious Before Freud*. Nova York: Basic Books, 1960.

6. William James, *Principles of Psychology*. Nova York: Dover, 1890.

7. Campbell Perry e Jean-Roch Laurence, "Mental Processing Outside of Awareness: The contributions of Freud and Janet". In: *The Unconscious Reconsidered*. Org. de K. S. Bowers e D. Meichenbaum. Nova York: Wiley, 1984.

8. Richard E. Nisbett e Timothy DeCamp Wilson, op. cit.; Timothy DeCamp Wilson e Nancy Brekke, "Mental Contamination and Mental Correction: Unwanted Influences on Judgments and Evaluations", *Psychological Bulletin*, v. 116, n. 1, pp. 117-42, 1994.

9. Arthur Koestler, *The Ghost in the Machine*. Londres: Hutchinson 1967.

10. Marus E. Raichle e Mark A. Mintun, "Brain Work and Brain Imaging", *Annual Review of Neuroscience*, v. 29, n. 1, pp. 449-76, 2006.

11. George A. Miller, Eugene Galanter e Karl Pribram, *Plans and the Structure of Behavior*. Nova York: Holt, Rinehart and Winston, 1960.

12. Sarah E. Hill e Kristina M. Durante, "Courtship, Competition, and the Pursuit of Attractiveness: Mating Goals Facilitate Health-Related Risk Taking and Strategic Risk Suppression in Women", *Personality and Social Phychology Bulletin*, v. 37, n. 3, 2011.

13. Campbell Perry e Jean-Roch Laurence, op. cit.; Adam Crabtree, *From Mesmer to Freud: Magnetic Sleep and the Roots of Psychological Healing*. Connecticut: Yale Univerity Press, 1993.

14. Esse encontro ocorreu em 1909 enquanto navegavam juntos pelo Atlântico para uma conferência em Massachusetts (onde se encontrariam com William James pela primeira e única vez), e foi um dos principais motivos para o rompimento entre eles, que durou o resto de suas vidas, ver Saul Rosenzweig, *The Historic Expedition to America (1909): Freud, Jung and Hall the King-Maker*. (Worcester: Rana House, 1994).

15. Sigmund Freud, "The Unconscious", 1915; Ernest Jones, *The Life and Work of Sigmund Freud*. Nova York: Basic Books, 1953-7.

16. John A. Bargh, "The Devil Made Me Do It". In: Arthur G. Miller (Org.), *The Social Psychology of Good and Evil*. Nova York: Guilford, 2016.

17. Essa questão foi levantada originalmente por Ulric Neisser num presciente trabalho de 1963 que buscava redefinir conceitos psicodinâmicos freudianos nos termos dos princípios emergentes da ciência cognitiva.

18. A psicanálise moderna ainda se baseia nas teorias e nos escritos freudianos, em grande parte independentemente das descobertas e das teorias da psicologia científica, portanto, o legado do modelo do inconsciente de Freud como "mente separada" permance ainda hoje, não só na teoria e na prática psicanalítica, como também em domínios tradicionalmente influenciados pela psicanálise, como a psiquiatria. A ciência médica da mente (psiquiatria), hoje, é muito mais influenciada pelo crescente conhecimento da estrutura, da função do cérebro e dos processos químicos envolvidos, para os quais são desenvolvidas drogas psicofarmacêuticas (como antidepressivos) como soluções paliativas. No entanto, a noção freudiana do inconsciente como uma mente separada e inacessível ainda está muito presente na cultura popular, a exemplo do filme da Pixar de 2015, *Divertida mente*, um desenho animado sobre as emoções e a mente, no qual o "inconsciente" é descrito como um quarto fechado e escuro dentro do centro de controle da mente.

19. Ver Timothy DeCamp Wilson, *Strangers to Ourselves*. Cambridge: Harvard University Press, 2004.

1. O PASSADO ESTÁ SEMPRE PRESENTE [pp. 31-65]

1. A história de Ötzti foi extraída de informações apresentadas pelo Museu de Arquelogia do Tirol do Sul. Disponível em: <http://www.iceman.it/en/oetzi-the-iceman>. Acesso em: 24 out. 2017.

2. Charles Darwin, "A Biographical Sketch of an Infant", *Mind*, v. 2, n. 7, pp. 285-94, 1877.

3. Ellen J. Langer, "Rethinking the Role of Thought in Social Interaction". In: John H. Harvey, William Ickes e Robert F. Kidd (Orgs.), *New Directions in Attribution Research*. Nova York: Wiley, 1978, v. 2, pp. 3-58.

4. John A. Bargh e Roman D. Thein, "Individual Construct Accessibility, Person Memory, and the Recall-Judgment Link", *Journal of Personality and Social Psychology*, v. 49, n. 5, pp. 1129-46, 1985.

5. E. Tory Higgins, Gillian A. King e Gregory H. Mavin, "Individual Construct Accessibility and Subjective Impressions and Recall", *Journal of Personality and Social Psychology*, v. 43, n. 1, pp. 35-47, 1982.

6. Merlin Donald, *Origins of the Modern Mind*. Cambridge: Harvard University Press, 1993.

7. William James, op. cit.

8. Ver John A. Bargh e Ezequiel Morsella, "Unconscious Behavioral Guidance Systems", *Perspectives on Psychological Science*, v. 3, n. 1, pp. 73-9; 2010; também Arthur Koestler, op. cit.

9. Brewster Ghiselin, *The Creative Process*. Berkeley: California University Press, 1952; J. A. Hadfield, *Dreams and Nightmares*. Harmondsworth: Penguin, 1954.

10. Ver Richard Dawkins, *The Selfish Gene*. Oxford: Oxford University Press, 1976.; Ernst Mayr, *Evolution and the Diversity of Life*. Cambridge: Harvard University Press, 1997; Terrence W. Deacon, *The Symbolic Species*. Nova York: W. W. Norton & Company, 1998; Merlin Donald, op. cit.; Julian Jaynes, *The Origin of Consciousness in the Breakdown of the Bicameral Mind*. Nova York: Houghton Mifflin, 1976.

11. John A. Bargh e Ezequiel Morsella, "The Unconscious Mind", *Perspectives on Psychologycal Science*, v. 3, n. 1, 2008; J. Jaynes, op. cit. (capítulo 1); este foi também um dos argumentos centrais do devastador e caracteristicamente corajoso ataque de Arthur Koestler à então dominante escola behaviorista de psicologia, *O fantasma da Máquina*.

12. Charles Darwin, *The Expression of the Emotions in Man and Animals*. Londres: John Murray, 1872.

13. Susan Wolf, *Freedom Within Reason*. Oxford: Oxford Press University, 1994.

14. Richard Dawkins, op. cit.

15. Napoleon A. Chagnon, "Life Histories, Blood Revenge, and Warfare in a Tribal Population", *Science*, v. 239, n. 4843, pp. 985-92, 1988; Steven A. LeBlanc, *Constant Battles*. Nova York: St. Martin's, 2003.

16. Ibid.

17. Steven. A. LeBlanc, op. cit.; ver também Steven Pinker, *The Better Angels of Our Nature*. Nova York: Penguin, 2011.

18. Último discurso de Obama sobre o Estado da União, em 13 jan. 2016.

19. Franklin D. Roosevelt, "Inaugural Address". In: Samuel Rosenman (Org.), *The Public Papers of Franklin D. Roosevelt*. Nova York: Random House, 1938 [1933], v. 2, pp. 11-6.

20. Paul R. Nail et al., "Threat Causes Liberals to Think Like Conservatives", *Journal of Experimental Social Phychology*, v. 45, n. 4, pp. 901-7, 2009.

21. L. J. Skitka et al., "Dispositions, Ideological Scripts, or Motivated Correction?", *Journal of Personality and Social Psychology*, v. 83, n. 2, pp. 470-87, 2002.

22. Jack Block e Jeanne H. Block, "Nursery School Personality and Political Orientation Two Decades Later", *Journal of Research in Personality*, v. 40, n. 5, 2006.

23. Douglas R. Oxley et al., "Political Attitudes Vary with Physiological Traits", *Science*, v. 321, n. 5896, pp. 1667-70, 2008; também Michael D. Dodd et al. (2012). Adultos conservadores também demonstraram maior sensibilidade a ameaças (por exemplo, desgosto ou perigo) em comparação com liberais (John Duckitt et al., 2002; Yoel Inbar, David A. Pizarro e Paul Bloom, "Conservatives Are More Easily Disgusted Than Liberals", *Cognition and Emotion*, v. 23, n. 4, 2009) e são mais vigilantes e atentos a estímulos ameaçadores (Luciana Carraro, Luigi Castelli e Claudia Macchiella,

"The Automatic Conservative: Ideology-Based Attentional Asymmetries in the Processing of Valenced Information", *Plos One*, v. 6, n. 11, 2011; John R. Hibbing et al., "Differences in Negativity Bias Underlie Variations in Political Ideology", *Behavorial and Brain Sciences*, v. 37, n. 3, pp. 297-350, 2014).

24. Ryota Kanai et al., "Political Orientations Are Correlated with Brain Structure in Young Adults", *Current Biology*, v. 21, n. 8, pp. 677-80, 2011.

25. Jaime L. Napier et al., "Superheroes for Change: Physical Safety Promotes Socially (but Not Economically) Progressive Attitudes Among Conservatives", *European Journal of Social Psychology*, v. 48, n. 2, pp. 187-95, 2018.

26. Jenna Johnson, "'Something Is Happening That Is Amazing', Trump Said. He Was Right", *The Washington Post*, 7 nov. 2016. Disponível em: <https://www.washingtonpost.com/politics/something--is-happening-that-is-amazing-trump-said-he-was-right/2016/11/06/ab9c0b48-a0ef-11e6-8832-23a007c77bb4_story.html?noredirect=on&utm_term=.14240131a4d5>. Acesso em: 20 ago. 2018.

27. Miranda Ruiz, "Talk of Ruiz on Sordid Turn", ABC 27 News, 1 out. 2016. Disponível em: <https://www.abc27.com/news/talk-of-sex-tapes-takes-presidential-campaign-on-sordid--turn/1037265234> Acesso em: 20 ago. 2018.

28. Michael R. Gilchrist, "Disease and Infection in the American Civil War", *American Biology Teacher*, v. 60, n. 4, pp. 258-62, 1998.

29. Ian Kershaw, *Hitler 1936-1945*. Nova York: Norton, 2000, pp. 13, 582-3.

30. Julie Y. Huang et al., "Immunizing against Prejudice: Effects of Disease Protection on Attitudes Toward Out-Groups", *Psychological Science*, v. 22, n. 12, pp. 1550-6, 2011.

31. S. Schnall et al., "Disgust as Embodied Moral Judgment", *Personality and Social Psychological Bulletin*, v. 34, n. 8, 2008; ver também H. A. Chapman et al., "In Bad Taste: Evidence for the Oral Origins of Moral Disgust", *Science*, v. 323, n. 5918, pp. 1222-6, 2009; Claudia Denke et al., "Lying and the Subsequent Desire for Toothpaste", *Cerebral Cortex*, v. 26, n. 2, pp. 477-84, 2016.

32. Ver Mark G. Frank e Allison Z. Shaw, "Evolution and Nonverbal Communication". In: David R. Matsumoto, Hyi S. Hwang e Mark G. Frank (Orgs.), *APA Handbook of Nonverbal Communication*. Washington, DC: American Psychological Association, 2016.

33. Peter J. Snyder et al., "Charles Darwin's Emotional Expression 'Experiment' and His Contribution to Modern Neuropharmacology", *Journal of the History of the Neurosciences*, v. 19, n. 2, 2010.

34. Paul Ekman e Wallace V. Friesen, "Pan-Cultural Elements in Facial Display of Emotions", *Motivation and Emotion*, v. 10, n. 2, pp. 159-68, 1969; ver também Paul Ekman, *Emotions Revealed*. Nova York: Henry Holt and Company, 2004.

35. Sebastan Kirschner e Michael Tomasello, "Joint Music Making Promotes Prosocial Behavior in 4-Year-Old Children", *Evolution and Human Behavior*, v. 31, n. 5, pp. 354-64, 2004.

36. Harriet Over Malinda Carpenter, "Eighteen-Month Old Infants Show Increased Helping Following Priming with Affiliation", *Psychological Science*, v. 20, n. 10, 2009.

37. O objetivo de cooperar pode ser pré-ativado e depois age inconscientemente tanto em adultos quanto em crianças: Steven Neuberg, "Behavioral Implications of Information Presented Outside of Conscious Awareness", *Social Cognition*, v. 6, n. 3, pp. 207-30, 1988; John A. Bargh et al., "The Automated Will: Nonconscious Activation and Pursuit of Behavioral Goals", *Journal of Personality and Social Psychology*, v. 81, pp. 1014-27, 2001; Simon Storey e Lance Workman, "The Effects of Temperature Priming on Cooperation in the Iterated Prisoner's Dilemma", *Evolutionary Psychology*, v. 11, n. 1, pp. 52-67, 2013.

38. Giovanni Busetta et al., "Searching for a Job Is a Beauty Contest", *Munich Personal RePEc Archive*, n. 49825, 2013.; ver Dario Maestripieri et al., "Explaining Financial and Prosocial Biases in Favor of Attractive People", *Behavioral and Brain Sciences*, v. 40, 2017.

39. Dario Maestripieri, op. cit.

40. Johan C. Karremans et al., "Interacting with Women Can Impair Men's Cognitive Functioning", *Journal of Experimental Social Psychology*, v. 45, n. 4, pp. 1041-44, 2009.

41. Saul L. Miller e Jon K. Maner, "Scent of a Woman", *Psychological Science*, v. 21, n. 2, 2010; id., "Ovulation as a Male Mating Prime", *Journal of Personality and Social Psychology*, v. 100, n. 2, pp. 295-308, 2011.

42. Para outras demonstrações dos efeitos inconscientes de cheiros e odores, ver Rob W. Holland et al., "Smells Like Clean Spirit", *Psychological Science*, v. 16, n. 9, pp. 689-93, 2005; Anat Arzi et al., "Sniffing Patterns Uncover Implicit Memory for Undetected Odors", *Current Biology*, v. 27, n. 4, pp. 263-4, 2014.

43. Ver, por exemplo, Valerian J. Derlega et al., *Self-Disclosure*. Londres: Sage, 1993.

2. ALGUMA MONTAGEM É REQUERIDA [pp. 66-89]

1. Dante Alighieri, *Inferno 34*: 53-57.

2. Ibid.: 10-15.

3. Ibid. *33*: 109.

4. Eileen Gardiner, *Visions of Heaven and Hell Before Dante*. Nova York: Italica, 1989.

5. Valerian J. Derlega et al., op. cit.

6. John G. Holmes e John K. Rempel, "Trust in Close Relationships". In: C. Hendrick (Org.), *Review of Personality and Social Psychology*. Londres: Sage, 1989, v. 10, pp. 187-220.

7. Richard Dawkins, op. cit.

8. Jeffry A. Simpson et al., "Attachment and the Experience and Expression", *Journal of Personality and Social Psychology*, v. 92, n. 2, pp. 355-67, 2007; Jeffry A. Simpson et al., "The Impact of Early Interpersonal Experience", *Current Directions in Psychological Science*, v. 20, n. 6, pp. 355-9, 2011; Jeffry A. Simpson et al., "The Impact of Early Personal Experience". In: Mario Mikulincer e Phillip R. Shaver (Orgs.), *Mechanisms of Social Connection: From Brain to Group*. Washington, DC: American Psychological Association, 2014, pp. 221-34.

9. Ibid.

10. Stephen T. Emlen, "Migratory Orientation in the Indigo Bunting, *Passerina cyanea*. Part II", *The Oaks*, v. 84, n. 4, pp. 463-89, 1967.

11. Harry F. Harlow, "The Nature of Love", *American Psychologist*, v. 13, pp. 673-85, 1958.

12. Harry F. Harlow e Stephen J. Suomi, "The Nature of Love — Simplified", *American Psychologist*, v. 25, n. 2, pp. 161-8, 1970.

13. John Bowlby, *Attachment and Loss, Volume I — Attachment*. Londres: The Hogarth Press, 1969.

14. S. E. Asch, "Forming Impressions of Personality", *Journal of Abnormal and Social Psychology*, v. 41, pp. 258-90, 1946.

15. Lawrence E. Williams e John A. Bargh, "Experiencing Physical Warmth Influences Interpersonal Warmth", *Science*, v. 322, n. 5901, pp. 606-7, 2008.

16. Hans IJzerman e Gün Semin, "The Thermometer of Social Relations", *Psychological Science*, v. 20, n. 10, 2009.

17. Simon Storey e Lance Workman, op. cit.; Lawrence E. Williams e John A. Bargh, op. cit. (Estudo 2).

18. Tristen K. Inagaki e Naomi I. Eisenberger, "Shared Neural Mechanisms Underlying Social Warmth and Physical Warmth", *Psychological Science*, v. 24, n. 11, 2013.

19. Yoona Kang et al., "Physical Temperature Effects on Trust Behavior", *Social Cognitive and Affective Neuroscience*, v. 6, n. 4, pp. 507-15, 2011.

20. Nossa compreensão do significado de outras metáforas, como um "dia duro" ou "conduzir uma negociação áspera", também abrange a ativação do córtex somatossensorial, que é primordialmente envolvido no processamento das próprias sensações físicas (dureza, aspereza etc.). Ver Simon Lacey et al., "Metaphorically Feeling", *Brain and Language*, v. 120, n. 3, pp. 416-21, 2012; Denke et al. "Lying and the Subsequent Desire for Toothpaste: Activity in the Somatosensory Cortex Predicts Embodiment of the Moral-Purity Metaphor", *Cerebral Cortex*, v. 26, n. 2, pp. 477-84, 2016; Michael Schaefer et al., "Rough Primes and Rough Conversations", *Social Cognitive and Affective Neuroscience*, v. 9, n. 11, pp. 1653-9, 2014; Michael Schaefer, "Dirty Deeds and Dirty Bodies", *Scientific Reports*, v. 5, n. 18051, 2015; id., "Incidental Haptic Sensations Influence Judgment of Crimes", *Scientific Reports*, v. 8, n. 6039, 2018; F. Puvermueller e Luciano Fadiga, "Active Perception", *Nature Reviews Neuroscience*, v. 11, n. 5, pp. 351-60, 2010.

21. Ver também Zhansheng Chen et al., "Cold Thermal Temperature Threatens Belonging", *Social Psychological and Personality Science*, v. 6, n. 4, 2015.

22. Hans IJzerman et al., "Caring for Sharing", *Social Psychology*, v. 44, n. 2, pp. 160-6, 2013.

23. David J. Kelly et al., "Three-Month-Olds, but Not Newborns, Prefer Own-Race Faces", *Developmental Science*, v. 8, n. 6, pp. 31-6, 2005; também Yair Bar-Haim et al., "Nature and Nurture in Own-Race Face Processing", *Psychological Science*, v. 17, n. 2, pp. 159-63, 2006.

24. Katherine D. Kinzler et al., "The Native Language of Social Cognition", *Proceedings of the National Academy of Sciences USA*, v. 104, pp. 12577-80, 2007.

25. Henri Tajfel et al., "Social Categorization and Intergroup Behavior", *European Journal of Social Psychology*, v. 1, n. 2, pp. 149-78, 1971.

26. Charles W. Perdue et al., "Us and Them: Social Categorization and the Process of Intergroup Bias", *Journal of Personality and Social Psychology*, v. 59, n. 3, pp. 475-86, 1990.

27. Susan T. Fiske et al., "Universal Dimensions of Social Cognition", *Trends in Cognitive Sciences*, v. 11, n. 2, pp. 77-83, 2007.

28. Yarrow Dunham et al., "The Development of Implicit Intergroup Cognition", *Trends in Cognitive Sciences*, v. 12, n. 7, pp. 248-53, 2008.

29. Trava-se atualmente certo debate entre cientistas da psicologia quanto à estabilidade ou à confiabilidade do IAT como medida de diferenças individuais estáveis em atitudes raciais implícitas — por exemplo: pode e deve ser usado como um instrumento diagnóstico de verificação por empregadores que preferem não empregar pessoas com atitudes raciais negativas inconscientes? No entanto, há muito menos dúvida de que o IAT revela atitudes implícitas positivas ou negativas no momento da medição, e toda a pesquisa de IAT comentada neste livro diz respeito a este último caso, e não ao primeiro. Ver Mahzarin R. Banaji e Anthony G. Greenwald, *Blindspot*. Nova York: Penguin Random House, 2013. Para opiniões opostas em relação à questão de diferença individual,

ver Jesse Singal, "Psychology's Racism Measuring Tool Isn't Up to the Job", *The Cult*, jan. 2017. Disponível em: ‹https://www.thecut.com/2017/01/psychologys-racism-measuring-tool-isnt-up--to-the-job.html›. Acesso em: 23 ago. 2018.

30. Medição *implícita* é aquela que revela indiretamente a atitude de uma pessoa, sem perguntar sua opinião de forma direta. Por exemplo, a dificuldade maior de usar o mesmo botão para dizer Negro e Bom, comparada com o uso do mesmo botão para dizer Branco e Bom, revela de certo modo as atitudes da pessoa em relação a raça. Por outro lado, uma medição *explícita* de atitudes em relação à raça é o tipo tradicional de questionário ou questão de pesquisa que pergunta diretamente o quanto a pessoa gosta/desgosta de negros e o quanto gosta/desgosta de brancos, atribuindo um grau numa escala que vai de um (nem um pouco) a sete (muito).

3. HORÁRIO NOBRE E TEMPO DE PRÉ-ATIVAÇÃO [pp. 90-114]

1. Steven Pinker, *The Language Instinct*. Nova York: Harper Perennial William Morrow & Co., 1994.

2. James Wilkinson, "The Americ-Uns: White North Korean Sons of US Soldier Who Defected in the 60s Become Kim Jong Un's Latest Propaganda Stars", *The Daily Mail*, 25 maio 2016. Disponível em: ‹http://www.dailymail.co.uk/news/article-3609562/Sons-American-GI-defected--North-Korea-1960s-country-s-latest-propaganda-stars-one-captain-imperial-army.html›. Acesso em: 23 ago. 2018. Ver também Daniel Schorn, "Joe Dresnok: An American in North Korea", CBS NEWS, 27 jan. 2007. Disponível em: ‹http://www.cbsnews.com/news/joe-dresnok-an-american--in-north-korea/›. Acesso em: 23 ago. 2018.

3. Dov Cohen, "Cultural Psychology". In: Mario Mikulincer e Phillip R. Shaver, *APA Handbook of Personality and Social Psychology: Attitudes and Social Cognition*. Washington, DC: American Psychological Association, 2015.

4. Eric Luis Uhlmann et al., "American Moral Exceptionalism". In: John T. Jost et al., *Social and Psychological Bases of Ideology and System Justification*. Oxford: Oxford University Press, 2009.

5. Ibid.

6. Dov Cohen, op. cit.

7. John A. Bargh e Tanya L. Chartrand, "A Practical Guide to Priming and Automaticity Research". In: Harry T. Reis e Charles M. Judd, *Handbook of Research Methods in Social and Personality Psychology*. Nova York: Cambridge University Press, 2000.

8. Ibid.

9. E. Tory Higgins et al., "Category Accessibility and Impression Formation", *Journal of Experimental Social Psychology*, v. 13, n. 2, pp. 141-54, 1977.

10. Todd Rogers e Katherine L. Milkman, "Reminders Through Association", *Psychological Science*, v. 27, n. 7, 2016.

11. Claude M. Steele e Joshua. Aronson, "Stereotype Threat and the Intellectual Test Performance of African Americans", *Journal of Personality and Social Psychology*, v. 69, n. 5, 1995.

12. Brad A. Meisner, "A Meta-Analysis of Positive and Negative Age Stereotype Priming Effects on Behavior Among Older Adults", *The Journals of Gerontology Series B Psychological Sciences and Social Sciences*, v. 67, n. 1, pp. 13-7, 2012.

13. Ver Jeff Stone et al., "Stereotype Threat Effects on Black and White Athletic Performance", *Journal of Personality and Social Psychology*, v. 77, n. 6, pp. 1213-27, 1999.

14. Nalini Ambady et al., "Stereotype Susceptibility in Children", *Psychological Science*, v. 12, n. 5, pp. 385-90, 2001.

15. Barbara L. Fredrickson et al., "That Swimsuit Becomes You", *Journal of Personality and Social Psychology*, v. 75, n. 1, pp. 269-84, 1998.

16. Ibid.

17. Max Weisbuch et al., "The Subtle Transmission of Race Bias via Televised Nonverbal Behavior", *Science*, v. 326, n. 5960, pp. 1711-4, 2009.

18. Mais detalhes sobre os estudos e os clipes utilizados encontram-se disponíveis em: <www.sciencemag.org/cgi/content/full/326/5960/1711/DC1>. Acesso em: 23 ago. 2018.

19. Martin Gilens, "Race and Poverty in America", *The Public Opinion Quarterly*, v. 60, n. 4, pp. 515-41, 1996.

20. Ibid., p. 537.

4. A VIDA SE PROLONGA [pp. 115-45]

1. Na verdade, estudos demonstraram que quanto mais restaurantes de fast-food existem em determinada área (zona postal), mais apressadas e impacientes são as pessoas que moram nesse bairro ao tomar decisões financeiras (Chen-Bo Zhong e Sandford E. DeVoe, "You Are How You Eat", *Psychological Science*, v. 21, n. 5, pp. 619-22, 2010).

2. Richard Metzger, "Marianne Faithfull Is Naked Under Leather In 'Girl On A Motorcycle'", *Dangerous Minds*, 7 out. 2014. Disponível em: "<http://dangerousminds.net/comments/marianne_faithfull_is_naked_under_leather_in_girl_a_motorcycle>. Acesso em: 27 fev. 2018.

3. Joanne R. Cantor et al., "Enhancement of Experienced Sexual Arousal in Response to Erotic Stimuli Through Misattribution of Unrelated Residual Excitation", *Journal of Personality and Social Psychology*, v. 32, n. 1, pp. 69-75, 1975.

4. Donald G. Dutton e A. P. Aron, "Some Evidence for Heightened Sexual Attraction under Conditions of High Anxiety", *Journal of Personality and Social Psychology*, v. 30, n. 4, pp. 510-7, 1974.

5. Dolf Zillmann et al., "Attribution of Apparent Arousal and Proficiency of Recovery from Sympathetic Activation Affecting Excitation Transfer to Aggressive Behavior", *Journal of Experimental Social Psychology*, v. 10, n. 6, pp. 503-15, 1974.

6. Stanley Schachter e Jerome Singer, "Cognitive, Social, and Physiological Determinants of Emotional State", *Psychological Review*, v. 69, n. 5, pp. 379-99, 1962.

7. Para exemplo, Daniel T. Gilbert e Michael J. Gill, "The Momentary Realist", *Psychological Science*, v. 11, n. 5, 2000.

8. William James, op. cit.

9. Norbert Schwarz e Gerald Clore, "Mood, Misattribution, and Judgments of Well-Being: Informative and Directive Functions of Affective States", *Journal of Personality and Social Psychology*, v. 45, n. 3, pp. 513-23, 1983.

10. David A. Hirschleifer e Tyler Shumway, "Good Day Sunshine: Stock Returns and The Weather", *The Journal of Finance*, v. 58, n. 3, pp. 1009-32, 2003.

11. Lisa Zaval et al., "How Warm Days Increase Belief in Global Warming", *Nature Climate Change*, v. 4, n. 2, pp. 143-7, 2014.

12. Kipling D. Williams e Blair Jarvis, "Cyberball: A Program for Use in Research on Interpersonal Ostracism and Acceptance", *Behavioral Research Methods*, v. 38, n. 1, pp. 174-80, 2006.

13. Chen-Bo Zhong e Geoffrey J. Leonardelli, "Cold and Lonely: Does Social Exclusion Literally Feel Cold?", *Psychological Science*, v. 19, n. 9, pp. 838-42, 2008 (Estudo 1).

14. Hans IJzerman et al., "Cold-Blooded Loneliness: Social Exclusion Leads to Lower Skin Temperatures", *Acta Psychologica*, v. 140, n. 3, pp. 283-8, 2012.

15. Tristen K. Inagaki et al., "A Pilot Study Examining Physical and Social Warmth: Higher (Non-Febrile) Oral Temperature Is Associated with Greater Feelings of Social Connection", *PLoS One*, v. 11, n. 6, 2016.

16. Chen-Bo Zhong e Geoffrey J. Leonardelli, op. cit. (Estudo 2).

17. Ver também Kelli F. Koltyn et al., "Changes in Mood State Following Whole-Body Hyperthermia", *International Journal of Hyperthermia*, v. 8, n. 3, pp. 305-7, 1992. Richard Beever ("The Effects of Repeated Thermal Therapy on Quality of Life in Patients with Type II Diabetes Mellitus", *The Journal of Alternative and Complementary Medicine*, v. 16, n. 6, 2010) relatou sucesso semelhante com uma terapia térmica em pacientes com diabetes do tipo 2.

18. Amy E. Nutt, "Report More than Half of Mentally Ill U. S. Adults Get no Treatment", *The Washington Post*, 19 out. 2016. Disponível em: <https://www.washingtonpost.com/news/to-your-health/wp/2016/10/19/report-more-than-half-of-mentally-ill-u-s-adults-get-no-treatment/?utm_term=.7376957893d4>. Acesso em: 24 ago. 2018.

19. Jordan D. Troisi e Shira Gabriel, "Chicken Soup Really Is Good for the Soul: 'Comfort Food' Fulfills the Need to Belong", *Psychological Science*, v. 22, n. 6, pp. 747-53, 2011.

20. Idit Shalev e John A. Bargh, "Use of Priming-Based Interventions to Facilitate Psychological Health", *Perspectives on Psychological Science*, v. 6, n. 5, 2011.

21. Amos Tversky e Daniel Kahneman, "Judgment under Uncertainty: Heuristics and Biases", *Science*, v. 185, n. 4157, pp. 1124-31, 1974.

22. Larry L. Jacoby et al., "Becoming Famous Overnight: Limits on the Ability to Avoid Unconscious Influences of the Past", *Journal of Personality and Social Psychology*, v. 56, n. 3, pp. 326-38, 1989.

23. Michael Ross e Fiore Sicoly, "Egocentric Biases in Availability and Attribution", *Journal of Personality and Social Psychology*, v. 37, n. 3, pp. 322-36, 1979.

24. Richard P. Eibach et al., "When Change in the Self Is Mistaken for Change in the World", *Journal of Personality and Social Psychology*, v. 84, n. 5, pp. 917-31, 2003.

25. E. A. Phelps, "Emotion's Influence on Attention and Memory". In: Larry Squire et. al, *New Encyclopedia of Neuroscience*. Oxford: Elsevier, 2009, pp. 941-6; e id., "Emotion Impact on Memory". In: Lynn Nadel e W. Sinnott-Armstrong (Orgs.), *Memory and Law*. Oxford: Oxford University Press, 2012.

26. Steve Corbun entrevista, NBC Sports. Disponível em: <https://www.youtube.com/watch?v=zzRSg-yabP0>. Acesso em: 27 fev. 2018.

27. Donald W. Black et al., "Family History of Psychiatric Comorbidity in Persons with Compulsive Buying: Preliminary Findings", *American Journal of Psychiatry*, v. 155, n. 7, pp. 960-3, 1998; Gary Christenson et al., "Compulsive Buying: Descriptive Characteristics and Psychiatric Comorbidity", *The Journal of Clinical Psychiatry*, v. 55, n. 1, pp. 5-11, 1994.

28. Ferris Jabr, "Step Inside the Real World of Compulsive Hoarders", *Scientific American*, 25 fev. 2013. Disponível em: <https://www.scientificamerican.com/article/real-world-hoarding/>. Acesso em: 27 fev. 2018.

29. Lerner & Keltner (2001); Jennifer S. Lerner et al., "Heart Strings and Purse Strings: Carryover Effects of Emotions on Economic Decisions", *Psychological Science*, v. 15, n. 5, pp. 337-41, 2004.

30. Daniel Kahneman et al., "Anomalies: The Endowment Effect, Loss Aversion, and Status Quo Bias", *Journal of Economic Perspectives*, v. 5, n. 1, pp. 193-206, 1991.

31. D. W. Black et al., op. cit.; Garry A. Christenson et al., op. cit.; Ronald J. Faber e Garry. A. Christenson, "In the Mood to Buy: Differences in the Mood States Experienced by Compulsive Buyers and Other Consumers", *Psychology and Marketing*, v. 13, n. 8, pp. 803-19, 1996.

32. Sarah Halzack, "Why Wal-Mart Is Ditching Celine Dion Soundtrack and Getting a DJ", *The Washington Post*, 3 jun. 2015. Disponível em: <<https://www.washingtonpost.com/news/business/wp/2015/06/03/why-wal-mart-is-ditching-its-celine-dion-soundtrack-and-getting-a-deejay/>. Acesso em: 27 fev. 2018.

33. George Sperling, "The Information Available in Brief Visual Presentations", *Psychological Monographs: General and Applied*, v. 74, n. 11, pp. 1-29, 1960.

34. Daniel Kahneman, *Thinking, Fast and Slow*. Nova York: Farrar Straus & Giroux, 2011.

35. Ibid., p. 127.

5. FICAR OU IR EMBORA? [pp. 149-78]

1. Eugene Sadler-Smith, *Inside Intuition*. Londres: Routledge, 2007, p. 126.

2. Marcia K. Johnson et al., "Do Alcoholic Korsakoff's Syndrome Patients Acquire Affective Reactions?", *Journal of Experimental Psychology: Learning, Memory, and Cognition*, v. 11, n. 1, pp. 22-36, 1985.

3. Charles E. Osgood, *The Measurement of Meaning*. Urbana: University of Illinois Press, 1957.

4. Ibid.

5. T. C. Schneirla, "An Evolutionary and Developmental Theory of Biphasic Processes Underlying Approach and Withdrawal". In: Marshall R. Jones (Org.), *Nebraska Symposium on Motivation*. Lincoln: University of Nebraska Press, 1959, pp. 1-42.

6. Robert B. Zajonc, "The Attitudinal Effects of Mere Exposure", *Journal of Personality and Social Psychology*, v. 9, n. 2 (parte 2), pp. 1-27, 1968; também id., "Feeling and Thinking", *American Psychologist*, v. 35, n. 2, pp. 151-75, 1980.

7. Ver Joseph LeDoux, *The Emotional Brain*. Nova York: Simon & Schuster, 1996.

8. Russel H. Fazio et al., "On the Automatic Activation of Attitudes", *Journal of Personality and Social Psychology*, v. 50, n. 2, pp. 229-38, 1986.

9. John A. Bargh et al., "The Generality of the Automatic Attitude Activation Effect", *Journal of Personality and Social Psychology*, v. 62, n. 6, pp. 893-912, 1992; id., "The Automatic Evaluation Effect", *Journal of Experimental Social Psychology*, v. 32, n. 1, pp. 104-28, 1996.

10. D. R. Herring et al., "On the Automatic Activation of Attitudes: A Quarter Century of Evaluative Priming Research", *Psychological Bulletin*, v. 139, pp. 1062-89, 2013.

11. Andrew Solarz, "Latency of Instrumental Responses as a Function of Compatibility with the Meaning of Eliciting Verbal Signs", *Journal of Experimental Psychology*, v. 59, n. 4, 1960.

12. Mark Chen e John A. Bargh, "Consequences of Automatic Evaluation: Immediate Behavioral Predispositions to Approach or Avoid the Stimulus", *Personality and Social Psychology Bulletin*, v. 25, n. 2, pp. 215-24, 1999.

13. K. Kawakami et al., "(Close) Distance Makes the Heart Grow Fonder: Improving Implicit Racial Attitudes and Interracial Interactions Through Approach Behaviors", *Journal of Personality and Social Psychology*, v. 92, n. 6, pp. 957-71, 2007.

14. Reinout W. Wiers et al., "Re-Training Automatic Action Tendencies Changes Alcoholic Patients' Approach Bias for Alcohol and Improves Treatment Outcome", *Psychogical Science*, v. 22, n. 4, pp. 490-7, 2011.

15. Steven A. LeBlanc, op. cit.

16. Brett W. Pelham et al., "Assessing the Validity of Implicit Egotism: A Reply to Gallucci", *Journal of Personality and Social Psychology*, v. 85, n. 5, pp. 800-7, 2003; John T. Jones et al., "How Do I Love Thee? Let Me Count the Js: Implicit Egotism and Interpersonal Attraction", *Journal of Personality and Social Psychology*, v. 87, n. 5, pp. 665-83, 2004; John T. Jones, "Name Letter Preferences Are Not Merely Mere Exposure", *Journal of Experimental Social Psychology*, v. 38, n. 2, 2004. Ver também James K. Beggan, "On the Social Nature of Nonsocial Perception", *Journal of Personality and Social Psychology*, v. 62, n. 2, 1992; Brett Pelhman e Mauricio Carvallo, "When Tex and Tess Carpenter Build Houses in Texas", *Self and Identity*, v. 14, n. 6, pp. 1-32, 2015.

17. Brett W. Pelham et al., op. cit.

18. Brett Pelham e Mauricio Carvallo, op cit.

19. Gregory Walton et al., "Mere Belonging: The Power of Social Conections", *Journal of Personality and Social Psychology*, v. 102, n. 3, pp. 513-32, 2012.

20. Charles Darwin, op. cit.

21. John Tooby e Leeda Cosmides, "Conceptual Foundations of Evolutionary Psychology". In: David M. Buss (Org.), *The Handbook of Evolutionary Psychology*, 2015, pp. 49-50.

22. Id., "The Past Explains the Present Emotional Adaptations and the Structure of Ancestral Environments", *Ethology and Sociobiology*, v. 11, n. 4-5, 1990.

23. Janine Willis e Alexander Todorov, "First Impressions", *Psychological Science*, v. 17, n. 7, 2006.

24. Alexander Todorov et al., "Inferences of Competence from Faces Predict Election Outcomes", *Science*, v. 308, n. 5728, 2005.

25. Ver também Charles C. Ballew e Alexander Todorov, "Predicting Political Elections from Rapid and Unreflective Face Judgments", *Proceedings of the National Academy of Sciences USA*, v. 104, n. 46, 2007.

26. Ver Leslie Zebrowitz e Joann M. Montepare, "Appearance DOES matter", *Science*, v. 308, n. 1565, 2005.

27. Samuel R. Sommers, "On Racial Diversity and Group Decision-Making: Identifying Multiple Effects of Racial Composition on Jury Deliberations", *Journal of Personality and Social Psychology*, v. 90, n. 4, pp. 597-612, 2006.

28. Mike Snyder et al., "Social Perception and Interpersonal Behavior", *Journal of Personality and Social Psychology*, v. 35, n. 9, pp. 655-66, 1977.

29. Judith H. Langlois et al., "Infant Preferences for Attractive Faces: Rudiments of a Stereotype?", *Developmental Psychology*, v. 23, n. 3, pp. 363-9, 1987; Alan Slater et al., "Newborn Infants' Preference for Attractive Faces", *Infancy*, v. 1, n. 2, 2000.

30. Ingrid R. Olson e Christy Marschuetz, "Facial Attractiveness Is Appraised in a Glance", *Emotion*, v. 5, n. 4, pp. 498-502, 2005.

31. Esther K. Papies e Lawrence W. Barsalou, "Grounding Desire and Motivated Behavior". In: Wilhelm Hofmann e Loran F. Nordgren (Orgs.), *The Psychology of Desire*. Nova York: Guilford, 2015, pp. 36-60.

32. John O'Doherty et al., "Beauty in a Smile: The Role of Medial Orbitofrontal Cortex in Facial Attractiveness", *Neuropsychologia*, v. 41, n. 2, pp. 147-55, 2003.

33. Richard Dawkins, *The Selfish Gene*. Oxford: Oxford University Press, 1976.

34. Charles Darwin, op. cit., p. 132.

35. Marcia Chambers, "Cops: Yanks Fan Stabs Sox Fan At Chowder Pot", *New Haven Independent*, 4 out. 2010. Disponível em: <http://www.newhavenindependent.org/index.php/branford/entry/yankee_fan_stabs_red_sox_fan_/>. Acesso em: 28 fev. 2018.

36. Muzafer Sherif et al., *Intergroup Conflict and Cooperation: The Robbers Cave Experiment*. Norman: Institute of Group Relations, 1961. Disponível em: <https://www.free-ebooks.net/ebook/Intergroup-Conflict-and-Cooperation-The-Robbers-Cave-Experiment/pdf?dl&preview>. Acesso em: 21 set. 2018.

37. Jay J. Van Bavel e William A. Cunningham, "Self-Categorization with a Novel Mixedrace Group Moderates Automatic Social and Racial Biases", *Personality and Social Psychology Bulletin*, v. 35, n. 3, 2009.

6. QUANDO CONFIAR EM SEU INSTINTO? [pp. 179-208]

1. C. K. Morewedge e M. I. Norton, "When Dreaming Is Believing: The (Motivated) Interpretation of Dreams", *Journal of Personality and Social Psychology*, v. 96, n. 2, 2009; Carey K. Morewedge et al., "The (Perceived) Meaning of Spontaneous Thoughts", *Journal of Experimental Psychology*, v. 143, n. 4, pp. 1742-54, 2014.

2. Ver Yoel Inbar, Jeremy Cone e Thomas Gilovich, "People's Intuitions about Intuitive Insight and Intuitive Choice" (*Journal of Personality and Social Psychology*, v. 99, n. 2, pp. 232-47, 2010) para uma perspicaz análise de quando as pessoas tendem a confiar e quando não confiam em seus instintos.

3. Daniel Kahneman e Shane Frederick, "Representativeness Revisited: Attribute Substitution in Intuitive Judgment". In: Thomas Gilovich, Dale Griffin e Daniel Kahneman (Orgs.), *Heuristics and Biases: The Psychology of Intuitive Judgment*. Nova York: Cambridge University Press, 2002, pp. 49-81.

4. S. Frederick, "Cognitive Reflection and Decision Making", *Journal Of Economic Perspectives* v. 19, n. 4, 2005.

5. Por exemplo, ibid.; C. K. Morewedge e D. Kahneman, "Associative Processes in Intuitive Judgment", *Trends in Cognitive Sciences*, v. 14, n. 10, 2010.

6. Timothy DeCamp Wilson e Jonathan W. Schooler, "Thinking Too Much", *Journal of Personality and Social Psychology*, v. 60, n. 2, pp. 181-92, 1991.

7. Ap Dijksterhuis e Loran F. Nordgren, "A Theory of Unconscious Thought", *Perspectives on Psychological Science*, v. 1, n. 2, pp. 95-109, 2006.

8. Sigmund Freud, *The Interpretation of Dreams*. Trad. de James Strachey. Nova York: Basic Books, 1899, p. 593.

9. John D. Creswell et al., "Neural Reactivation Links Unconscious Thought to Decision-Making Performance", *Social Cognitive Affective Neuroscience*, v. 8, n. 8, pp. 863-9, 2013.

10. Loran F. Nordgren et al., "The Best of Both Worlds: Integrating Conscious and Unconscious Thought Best Solves Complex Decisions", *Journal of Experimental Social Psychology*, v. 47, n. 2, pp. 509-11, 2011.

11. Dos autores Jaap Ham e Kees van den Bos, ver: "Lady Justice Thinks Unconsciously", *Social Cognition*, v. 27, n. 4, pp. 509-21, 2009; "The Merits of Unconscious Processing of Directly and Indirectly Obtained Information about Social Justice", *Social Cognition*, v. 28, n. 2, pp. 180-90, 2010; "On Unconscious Morality", *Social Cognition*, v. 28, n. 1, pp. 74-83, 2010.

12. Alex Shaw e Kristina R. Olson, "Children Discard a Resource to Avoid Inequity", *Journal of Experimental Psychology: General*, v. 141, n. 2, pp. 382-95, 2012; Alex Shaw et al., "Fairness versus Favoritism in Children", *Evolution and Human Behavior*, v. 33, n. 6, pp. 736-45, 2012.

13. Ver, por exemplo, o anuário de Ron Shandler *Baseball Forecaster*.

14. De Nicholas B. Turk-Browne et al., ver: "The Automaticity of Visual Statistical Learning", *Journal of Experimental Psychology*, v. 134, n. 4, pp. 552-64, 2005; "Neural Evidence of Statistical Learning", *Journal of Cognitive Neuroscience*, v. 21, n. 10, pp. 1934-45, 2009; "Implicit Perceptual Anticipation Triggered by Statistical Learning", *Journal of Neuroscience*, v. 30, n. 33, pp. 11177-87, 2010."

15. Richard Lazarus, *Emotion and Adaptation*. Nova York: Oxford University Press, 1991.

16. John A. Bargh et al., "The Automatic Evaluation Effect: Unconditional Automatic Attitude Activation with a Pronunciation Task", *Journal of Experimental Social Psychology* v. 32, n. 1, pp. 104-28, 1996 (Experimento 3).

17. Olivola e Todorov (2010).

18. Nalini Ambady e Robert Rosenthal, "Thin Slices of Behavior as Predictors of Interpersonal Consequences A Meta-Analysis", *Psychological Bulletin*, v. 111, n. 2, pp. 256-74, 1992.

19. Ibid.

20. Id., "Half a Minute: Predicting Teacher Evaluations from Thin Slices of Nonverbal Behavior and Physical Attractiveness", *Journal of Personality and Social Psychology*, v. 64, n. 3, 1993.

21. Yoona Kang et al., op. cit.

22. Oriana R. Aragón et al., "Modulations of Mirroring Activity by Desire for Social Connection and Relevance of Movement", *Social Cognitive Affective Neuroscience*, v. 9, n. 11, pp. 1762-9, 2014.

23. Katelyn Y. A. McKenna e John A. Bargh, "Coming Out in the Age of the Internet", *Journal of Personality and Social Psychology*, v. 75, n. 3, pp. 681-94, 1998.

24. Robert A. Wicklund e Peter M. Gollwitzer, *Symbolic Self-Completion Theory*. Hillsdale: Erlbaum, 1982

25. J. T. Cacioppo et al., "Marital Satisfaction and Break-Ups Differ Across On-line and Off-line Meeting Venues", *Proceedings of the National Academy of Sciences USA*, v. 110, n. 25, pp. 10135-40, 2013; ver também E. J. Finkel et al., "Online Dating", *Psychological Science in the Public Interest*, v. 13, n. 1, pp. 3-66, 2012.

26. Alice H. Eagly et al., "What Is Beautiful Is Good, But…", *Psychological Bulletin*, v. 110, n. 1, pp. 109-28, 1991.

7. O QUE VOCÊ VÊ É O QUE VOCÊ FAZ [pp. 209-44]

1. François Lhermitte, "Human Anatomy and the Frontal Lobes", Annals of Neurology, v. 19, pp. 335-43, 1986. p. 342.

2. Christopher D. Frith et al., "Abnormalities in the Awareness and Control of Action", *Philosophical Transactions of the Royal Society of London*, v. 355, pp. 1771-88, 2000.

3. Ap Dijksterhuis e John A. Bargh, "The Perception-Behavior Expressway: Automatic Effects of Social Perception on Social Behavior", *Advances in Experimental Social Psychology*, v. 33, pp. 1-40, 2001.

4. Tanya L. Chartrand e John A. Bargh, "The Chameleon Effect: The Perception-Behavior Link and Social Interaction", Journal of Personality and Social Psychology, v. 76, n. 6, pp. 893-910, 1999.

5. Andrew N. Meltzoff, "Elements of a developmental theory of imitation.", In Andrew N. Meltzoff e Wolfgang Prinz (Org.), *The Imitative Mind: Development, Evolution, And Brain Bases*. Nova York: Cambridge University Press, 2002, pp. 19-41.

6. Melvyn A. Goodale et al., "Perceiving the World and Grasping it: A Neurological Dissociation", *Nature*, v. 349, pp. 154-156, 1991.

7. Ver Bernhard. Hommel, "Ideomotor Action Control". In: Wolfgang Prinz, Miriam Beisert e Arvid Herwig, *Action Science: Foundations of an Emerging Discipline*. Cambridge: MIT Press, 2013.

8. John A. Bargh e Ezequiel Morsella, "Unconscious Behavioral Guidance Systems", op. cit.

9. Scott S. Wiltermuth e Chip Heath, "Synchrony and Cooperation", *Psychological Science*, v. 20, n. 1, 2009.

10. B. Tuchman, *The Guns of August*. Nova York: Random House, 1962, pp. 201-2.

11. Rebecca Gordon, "The CIA Waterboarded the Wrong Man 83 Times in 1 Month", *The Nation*, 2016. Disponível em: <https://www.thenation.com/article/the-cia-waterboarded-the--wrong-man-83-times-in-1-month/>. Acesso em: 28 fev. 2018.

12. Roger Collins et al., "The Effect of Rapport in Forensic Interviewing", *Psychiatry, Psychology and Law*, v. 9, pp. 69-78, 2002.

13. Mark G. Frank et al., "Investigative Interviewing and the Detection of Deception". In: Tom Williamson (Org.), *Investigative Interviewing: Rights, Research and Regulation*. Portland, OR: Wilan, 2006, pp. 229-55.

14. Rick B. Van Baaren et al., "Mimicry for Money", *Journal of Experimental Social Psychology*, v. 39, n. 4, pp. 393-8, 2003.

15. Céline Jacob et al., "Retail Salespeople's Mimicry Of Customers: Effects on Consumer Behavior", *Journal of Retailing and Consumer Services*, v. 18, n. 5, pp. 381-8, 2011.

16. Jessica L. Lakin et al., "I Am Too Just Like You", *Psychological Science*, v. 19, n. 8, pp. 816-22, 2008.

17. Ver Tanya L. Chartrand e Jessica L. Lakin, "Antecedents and Consequences of Human Behavioral Mimicry", *Annual Review of Psychology*, v. 64, n. 1, 2012.

18. S. L. Miller e J. K. Maner, "Ovulation as a Male Mating Prime", *Journal of Personality and Social Psychology*, v. 100, n. 2, pp. 295-308, 2011.

19. C. N. Macrae e Lucy Johnston, "Help, I Need Somebody", *Social Cognition*, v. 16, n. 4, pp. 400-17, 1998.

20. John A. Bargh et al., "The Automatic Evaluation Effect", *Journal of Experimental Social Psychology*, v. 32, n. 1, pp. 104-28, 1996 (Estudo 1).

21. Trevor Foulk et al., "Catching Rudeness Is Like Catching a Cold", *Journal of Applied Psychology*, v. 101, n. 1, pp. 50-67, 2016.

22. Kess Keizer et al., "The Spreading of Disorder", *Science*, v. 322, n. 5908, pp. 1681-5, 2008.

23. Nicholas A. Christakis e James H. Fowler, *Connected: The Amazing Power of Social Networks and How They Shape Our Lives*. Nova York: Little, Brown, 2009; James H. Fowler e N. A Christakis, "Dynamic Spread of Happiness in a Large Social Network", *British Medical Journal*, v. 337, 2008; James N. Rosenquist et al., "Social Network Determinants of Depression", *Molecular Psychiatry*, v. 16, n. 3, pp. 273-81, 2011.

24. Adam D. I. Kramer, "The Spread of Emotion via Facebook", *Facebook Inc*, 2012. Disponível em: <https://research.fb.com/wp-content/uploads/2012/05/the-spread-of-emotion-via-facebook.pdf>. Acesso em: 14 set. 2018.

25. Kashmir Hill, "Facebook Manipulated 689,003 Users' Emotions for Science", *Forbers*, 28 jun. 2014. Disponível em: <https://www.forbes.com/sites/kashmirhill/2014/06/28/facebook--manipulated-689003-users-emotions-for-science/#40a1f3c5197c>. Acesso em: 14 set. 2018.

26. Adam D. I. Kramer et al., op. cit.

27. Tae. K. Lee e Michael A. Shapiro, "Effects of a Story Character's Goal Achievement", *Communication Research*, v. 43, n. 6, 2016.

28. Roger G. Barker e Herbert F. Wright, *Midwest and Its Children: The Psychological Ecology of an American Town*. Nova York: Peterson and Company, 1954.

29. Alain Cohn et al., "Business Culture and Dishonesty in the Banking Industry", *Nature*, v. 516, pp. 86-9, 2014; ver também Alain Cohn et al., "Bad Boys: How Criminal Identity Salience Affects Rule Violation" (*The Review of Economic Studies*, v. 82, n. 4, pp. 1289-308, 2015), para achados semelhantes produzidos pela pré-ativação de identificação criminal de prisioneiros.

30. Ver também David T. Welsh e Lisa D. Ordonez, "Conscience Without Cognition" (*Academy of Management Journal*, v. 57, n. 3, 2014); para outra demonstração de influências inconscientes em nosso comportamento ético no ambiente de trabalho.

31. Esther K. Papies et al., "Using Health Primes to Reduce Unhealthy Snack Purchases Among Overweight Consumers in a Grocery Store", *International Journal of Obesity*, v. 38, pp. 597-602, 2014.

32. Esther K. Papies e P. Hamstra, "Goal Priming and Eating Behavior", *Health Psychology*, v. 29, n. 4, pp. 384-8, 2010.

33. Y. Claire Wang et al., "Health and Economic Burden of the Projected Obesity Trends in the USA and the UK", *Lancet*, v. 378, n. 9793, pp. 815-25, 2011.

34. Lawrence E. Williams e T. Andrew Poehlman, "Conceptualizing Consciousness in Consumer Research", *Journal of Consumer Research*, v. 44, n. 2, pp. 231-51, 2017.

35. W. Kyle Simmons et al., "Pictures of Appetizing Foods Activate Gustatory Cortices for Taste and Reward", *Cerebral Cortex*, v. 15, n. 10, pp. 1602-8, 2005.

36. Jennifer L. Harris et al., "Priming Effects of Television Food Advertising on Eating Behavior", *Health Psychology*, v. 28, pp. 404-13, 2009.

37. Comerciais na televisão também podem ter um efeito positivo no comportamento alimentar; ver D. J. Anschutz et al., "Exposure to Slim Images in Mass Media: Television Commercials as Reminders of Restriction in Restrained Eaters", *Health Psychology*, v. 27, n. 4, pp. 401-8, 2008.

38. Timothy S. Naimi et al., "Amount of Televised Alcohol Advertising Exposure and the Quantity of Alcohol Consumed by Youth", *Journal of Studies on Alcohol and Drugs*, v. 77, n. 5, pp. 723-9, 2016; Kelly Wallace, "The More Alcohol Ads Kids See, the More Alcohol They Consume", CNN, 9 set. 2016. Disponível em: <https://edition.cnn.com/2016/09/07/health/kids-alcohol--ads-impact-underage-drinking/index.html>. Acesso em: 14 set. 2018.

39. Rebecca L. Collins et al., "Alcohol Advertising Exposure Among Middle School-Age Youth", *Journal of Studies on Alcohol and Drugs*, v. 77, n. 3, pp. 384-92, 2016.

40. Ver Pierre Chandon e Brian Wansink, "Is Food Marketing Making Us Fat?", *Foundations and Trends in Marketing*, v. 5, n. 3, pp. 113-196, 2011.

41. Yi-Yuan Tang et al., "Brief Meditation Training Induces Smoking Reduction", *Proceedings of the National Academy of Sciences*, v. 110, n. 34, pp. 13971-5, 2013.

42. Daniel M. Wegner, "Ironic Processes of Mental Control", *Psychological Review*, v. 101, n. 1, pp. 34-52, 1994.

43. Brian D. Earp et al., "No Sign of Quitting: Incidental Exposure to No-Smoking Signs Ironically Boosts Cigarette-Approach Tendencies in Smokers", *Journal of Applied Social Psychology*, v. 43, n. 10, pp. 2158-62, 2013.

44. Jennifer L. Harris et al., "Priming Effect of Antismoking PSAs on Smoking Behaviour", *Tobacco Control*, v. 23, pp. 285-90, 2014.

45. Agnes Zdaniuk e D. Ramona Bobocel, "The Automatic Activation of (Un)Fairness Behavior in Organizations", *Human Resource Management Review*, v. 23, n. 3, pp. 254-65, 2013.

PARTE 3. O FUTURO OCULTO [p. 245]

1. Maurice Maeterlinck, *Joyzelle*. Paris: Fasquelle, 1903, Ato 1.

8. CUIDADO COM O QUE DESEJA [pp. 247-76]

1. Garrett Hardin, "The Tragedy of the Commons", *Science*, v. 162, n. 3859, pp. 1243-8, 1968.

2. Huang & Bargh (2014).

3. Citado em Joseph Ratner, *The Philosophy of Spinoza* (Nova York: The Modern Library, 1927), p. 253.

4. George Loewenstein, "Out of Control", *Organizational Behavior and Human Decision Processes*, v. 65, n. 3, pp. 272-92, 1996.

5. Dario Maestripieri et al., op. cit.

6. Mathias Pessiglione et al., "How the Brain Translates Money into Force", *Science*. v. 316, n. 5826, pp. 904-6, 2007.

7. Yoav Bar-Anan et al., "Inaccurate Self-Knowledge Formation as a Result of Automatic Behavior", *Journal of Experimental Social Psychology*, v. 46, n. 6, pp. 884-94, 2010.

8. Elizabeth J. Parks-Stamm et al., "Making Sense of One's Actions in an Explanatory Vacuum", *Journal of Experimental Social Psychology*, v. 56, pp. 531-42, 2010.

9. Sarah E. Hill e Kristina M. Durante, op. cit.

10. Shira Gabriel et al., "Social Surrogates, Social Motivations, and Everyday Activities: The Case for a Strong, Subtle, and Sneaky Social Self", *Advances in Experimental Social Psychology*, v. 53, pp. 189-243, 2016.

11. Douglas Brinkley, *Cronkite*. Nova York: HarperCollins, 2012.

12. Nilüfer Aydin et al., "'Man's Best Friend': How the Presence of a Dog Reduces Mental Distress Aftersocial Exclusion", *Journal of Experimental Social Psychology*, v. 48, n. 1, 2012.

13. Alison Jing Xu et al., "Hunger Promotes Acquisition of Nonfood Objects", *Proceedings of the National Academy of Sciences*, v. 112, n. 9, pp. 2688-92, 2015.

14. Jerome S. Bruner, "On Perceptual Readiness", *Psychological Review*, v. 64, n. 2, pp. 123-52, 1957.

15. Ver Timothy DeCamp Wilson e Nancy Brekke, "Mental Contamination and Mental Correction", *Psychological Bulletin*, v. 116, n. 1, pp. 117-42, 1994.

16. Anthony Pratkanis, "The Cargo Cult Science of Subliminal Persuasion", *Skeptical Inquirer*, v. 16, pp. 260-72, 1992; Timothy E. Moore, "Subliminal Advertising", *Journal of Marketing*, v. 46, n. 2, pp. 38-47, 1982.

17. Evan Weingarten et al., "From Primed Concepts to Action: A Meta-Analysis of the Behavioral Effects of Incidentally Presented Words", *Psychological Bulletin*, v. 142, n. 5, pp. 472-97, 2016.

18. Jeffrey Goldsmith, "This Is Your Brain on Tetris", *Wired*, 1 maio 1994. Disponível em: <https://www.wired.com/1994/05/tetris-2/>. Acesso em: 14 set. 2018.

19. Robert Stickgold et al., "Replaying the Game: Hypnagogic Images in Normals and Amnesics", *Science*, v. 290, n. 5490, pp. 350-3, 2000; Jeffrey Goldsmith, op. cit.; Kristin Leutwyler, "Tetris Dreams", *Scientific American*, 16 out. 2000. Disponível em: <https://www.scientificamerican.com/article/tetris-dreams/>. Acesso em: 14 set. 2018.

20. Gráinne Fitzsimons e James Shah, "How Goal Instrumentality Shapes Relationship Evaluations", *Journal of Personality and Social Psychology*, n. 95, n. 2, pp. 319-37, 2008.

21. Erica B. Slotter e Wendi L. Gardner, "Can You Help Me Become the 'Me' I Want to Be?", *Self and Identity*, v. 10, n. 2, pp. 231-47, 2011.

22. Gráinne M. Fitzsimons e John A. Bargh, "Thinking of You", *Journal of Personality and Social Psychology*, v. 84, n. 1, pp. 148-64, 2003.

23. John A. Bargh et al., "The Selfish Goal", op. cit.

24. John A. Bargh et al., "The Automated Will", op. cit.; ver também John A. Bargh e Peter M. Gollwitzer, "Environmental Control of Goal-Directed Action: Automatic and Strategic Contingencies Between Situations and Behavior", *Nebraska Symposium on Motivation*, n. 41, pp. 71-124, 1994.

25. Ver N. Mazur et al., "The Dishonesty of Honest People", *Journal of Marketing Research*, v. 45, pp. 633-44, 2008.

26. John M. Darley e C. Daniel Batson, "From Jerusalem to Jericho: A study Of Situational and Dispositional Variables in Helping Behavior", *Journal of Personality and Social Psychology*, v. 27, n. 1, pp. 100-8, 1973.

27. Ibid., pp. 107-8.

28. Em geral, pré-ativações e pensamentos religiosos incrementam comportamento positivo socialmente, tanto inconsciente quanto conscientemente (ver resenha meta-analítica de Azim F. Shariff et al., "Religious Priming", *Personality and Social Psychology Review*, v. 20, n. 1, pp. 27-4, 2016); portanto, as descobertas do estudo do Bom Samaritano demonstram exatamente quão poderoso um objetivo temporário importante pode ser ao se sobrepor a outras influências conflitantes no comportamento de uma pessoa.

29. Para muitos exemplos contemporâneos, ver John A. Bargh e Paula Raymond, "The Naive Misuse of Power" (*Journal of Social Issues*, n. 51, n. 1, 1995); quase todos os dias há novas histórias sobre pessoas no poder que usam a política ou sua autoridade oficial em benefício de interesses pessoais, familiares ou de amigos, com frequência de maneira clamorosa e pública. (Só como exemplo que me ocorre neste momento, a Casa Branca nos incentivou recentemente a comprar roupas da firma da filha do presidente. É impressionante como se tornou óbvio e um lugar-comum esse mau uso do poder. Triste!)

30. Ver Deborah H. Gruenfeld et al., "Power and the Objectification of Social Targets", *Journal of Personality and Social Psychology*, v. 95, n. 1, pp. 111-27, 2008.

31. Ver relatórios oficiais do governo dos Centros de Controle e Prevenção de Doenças nos Estados Unidos (2012) e do Departamento de Defesa (2013).

32. Louise F. Fitzgerald et al., "Sexual Harassment", *Basic and Applied Social Psychology*, v. 17, n. 4, pp. 425-45, 1993.

33. John B. Pryor, "Sexual Harassment Proclivities in Men", *Sex Roles*, v. 17, n. 5-6, pp. 269-90, 1987; Neil M. Malamuth, "The Attraction to Sexual Aggression Scale: Part One and Part Two", *The Journal of Sex Research*, v. 26, pp. 26-49, 1989.

34. John A. Bargh et al., "The Naive Misuse of Power", *Journal of Social Issues*, v. 51, n. 1, pp. 85-96, 1995.

35. Katie J. M. Baker, "The Famous Ethics Professor And The Women Who Accused Him", Buzzfeed News, 20 maio 2016. Disponível em: <https://www.buzzfeed.com/katiejmbaker/ yale-ethics-professor>. Acesso em: 1 mar. 2018; e id., "Open Letter Regarding Thomas Pogge". Disponível em: <https://sites.google.com/site/thomaspoggeopenletter/>. Acesso em: 1 mar. 2018.

36. Novos estudos mostram que os efeitos do poder sobre o assédio sexual e a agressão podem ser especialmente fortes naqueles que em geral têm pouco poder sobre outros e para quem ter poder é uma coisa nova — ver Melissa J Williams et al., "Sexual Aggression When Power is New: Effects of Acute High Power on Chronically Low-Power Individuals", *Journal of Personality and Social Psychology*, v. 112, n. 2, pp. 201-23, 2016.

37. Margaret S. Clark e Judson Mills, "Interpersonal Attraction in Exchange and Communal Relationships", *Journal of Personality and Social Psychology*, v. 37, n. 1, pp. 12-24, 1979.

38. Serena Chen et al., "Relationship Orientation as a Moderator of the Effects of Social Power", *Journal of Personality and Social Psychology*, v. 80, n. 2, pp. 173-87, 2001.

9. O INCONSCIENTE NUNCA DORME [pp. 277-302]

1. Norman Mailer, *The Spooky Art: Some Thoughts on Writing*. Nova York: Random House, 2003, pp. 142-4.

2. Norman R. F. Maier, "Reasoning in Humans II. The Solution of a Problem and Its Appearance in Consciousness", *Journal of Comparative Psychology*, v. 12, n. 2, pp. 181-94, 1931.

3. Karl Duncker, "On Problem Solving", *Psychological Monographs*, v. 58, n. 5, 1945.

4. E. Tory Higgins e W. M. Chaires, "Accessibility of Interrelational Constructs: Implications for Stimulus Encoding and Creativity", *Journal of Experimental Social Psychology*, v. 16, n. 4, pp. 348-61, 1980.

5. Janet Metcalfe, "Feeling of Knowing in Memory and Problem Solving", *Journal of Experimental Psychology: Learning, Memory, and Cognition*, v. 12, n. 2, pp. 288-94, 1986; Janet Metcalfe e David Wiebe, "Intuition in Insight and Noninsight Problem Solving", *Memory & Cognition*, v. 15, n. 3, pp. 238-46, 1987.

6. David Creswell et al., "Neural Reactivation Links Unconscious Thought to Improved Decision Making", *Social, Cognitive, and Affective Neuroscience*, v. 8, n. 8, pp. 863-9, 2013.

7. Ver o compêndio *The Creative Process* publicado por Brewster Ghiselin em 1952.

8. James Arthur Hadfield, *Dreams and Nightmares*. Harmondsworth, Inglaterra: Penguin, 1954, p. 113.

9. Frederic W. H. Myers, "The Subliminal Consciousness", *Proceedings of the Society for Psychical Research*, v. 9, pp. 3-25, 1892; ver Adam Crabtree, *From Mesmer to Freud*. New Haven: Yale University Press, 1993, pp. 327-50.

10. E. Gundersen, "World Exclusive: Bob Dylan — 'I'll Be at the Nobel Prize Ceremony... If I Can", *The Telegraph*, 29 out. 2016.

11. Eric Clapton, *Clapton: The Autobiography*. Nova York: Broadway Books, 2007.

12. John McTigue e Michael Schwartz, "A Closer Look at Michael Jordan's 63-Point Game", ESPN, 20 abr. 2016. Disponível em: <http://www.espn.com/blog/statsinfo/post/_/id/116844/a--closer-look-at-michael-jordans-63-point-game>. Acesso em: 10 mar. 2018.

13. Daniel T. Gilbert e Timothy DeCamp Wilson, "Prospection", *Science*, v. 317, pp. 1351-4, 2007.; Marcus E. Raichle et al., "A Default Mode of Brain Function", *Proceedings of the National Academy of Sciences USA*, v. 98, pp. 676-82, 2001; Randy L. Buckner e Daniel Carroll, "Self--Projection and the Brain", *Cognitive Sciences*, v. 11, n. 2, 2007.

14. Randy L. Buckner e Daniel C. Carroll, op. cit.; Marus E. Raichle e Mark A. Mintun, "Brain Work and Brain Imaging", *Annual Review of Neuroscience*, v. 29, n. 1, pp. 449-76, 2006.

15. Eric Klinger, "Modes of Normal Conscious Flow". In: Kenneth S. Pope e Jerome L. Singer (Orgs.), *The Stream of Consciousness: Scientific Investigations into the Flow of Human Experience*. Nova York: Plenum, 1978.

16. Eric Klinger et al., "Motivational Correlates of Thought Content Frequency and Commitment", *Journal of Personality and Social Psychology*, v. 39, pp. 1222-37, 1980.

17. Timothy J. Hoelscher et al., "Incorporation of Concern and Nonconcern-Related Verbal Stimuli into Dream Content", *Journal of Abnormal Psychology*, v. 49, pp. 88-91, 1981.

18. Eric Klinger, "Goal Commitments and the Content of Thoughts and Dreams", *Frontiers in Psychology*, v. 4, p. 415, 2013.

19. Norman Mailer, op. cit., p. 144.

20. Ver o capítulo 10, e também Peter M. Gollwitzer, "Implementation Intentions", *American Psychological Association*, v. 54, n. 7, pp. 493-503, 1999.

21. Catherine S. Fichten et al., "Role of Thoughts During Nocturnal Awake Times in the Insomnia Experience of Older Adults", *Cognitive Therapy and Research*, v. 25, n. 6, pp 665-92, 2001.

22. Ezequiel Morsella et al., "The Spontaneous Thoughts of the Night: How Future Tasks Breed Intrusive Cognitions", *Social Cognition*, v. 28, pp. 640-9, 2010.

23. E. J. Masicampo e Roy F. Baumeister, "Consider It Done! Plan Making Can Eliminate the Cognitive Effects of Unfulfilled Goals", *Journal of Personality and Social Psychology*, v. 101, pp. 667-83, 2011.

24. Na verdade, não totalmente infalível. Depois de muitos anos e muitos episódios da série de TV também protagonizada pelo personagem, Perry por fim perdeu um caso. Foi tão inesperado, e chocou tanto a audiência, que muitos membros de minha família gritaram quando o júri anunciou o veredito, e creio que uma de minhas irmãs desmaiou.

25. Jerome M. Siegel, "Sleep Viewed as a State of Adaptive Inactivity", *Nature Reviews Neuroscience*, v. 10, pp. 747-53, 2009.

26. J. Ridley Stroop, "Studies of Interference in Serial Verbal Reactions", *Journal of Experimental Psychology*, v. 18, n. 6, pp. 643-62, 1935.

27. Javad S. Fadardi e W. Milles Cox, "Reversing the Sequence: Reducing Alcohol Consumption by Overcoming Alcohol Attentional Bias", *Drug and Alcohol Dependence*, v. 101, pp. 137-145, 2009.

28. Neal E. Boudette, "Biggest Spike in Traffic Deaths in 50 Years?", *The New York Times*, 15 nov. 2016. Disponível em: <https://www.nytimes.com/2016/11/16/business/tech-distractions--blamed-for-rise-in-traffic-fatalities.html>. Acesso em: 21 nov. 2018.

29. Walker Moskop, " Why Are Traffic Fatalities Rising in Missouri, Illinois?", *St. Louis Post Dispatch*, 3 dez. 2016. Disponível em: <http://www.stltoday.com/news/local/metro/why-are--traffic-fatalities-rising-in-missouri-illinois/article_4f3608bf-64a6-550d-9bc0-7924dc0d6429.html>. Acesso em: 10 mar. 2018.

30. Neil E. Boudette, op. cit.

31. Lev S. Vygotsky, *Thought and Language*. Cambridge: MIT Press, 1962.

10. VOCÊ CONTROLA SUA MENTE [pp. 303-22]

1. Um século depois, a cultura popular ainda reage a essa declaração. Em um de meus episódios favoritos de *Os Simpsons*, Lisa leva Homer para fora para assistir a uma chuva de meteoros. Impressionado com o espetáculo, Homer diz, baixinho: "Gostaria que Deus estivesse vivo para ver isto".

2. Ver Laurence E. Williams e T. Andrew Poehlman, "Conceptualizing Consciousness in Consumer Research", *Journal of Consumer Research*, v. 44, n. 2, pp. 231-51, 2017.

3. June P. Tangney et al., "High Self-Control Predicts Good Adjustment, Less Pathology, Better Grades, and Interpersonal Success", *Journal of Personality*, v. 72, pp. 271-324, 2004.

4. John B. Watson, "Psychology as the Behaviorist Views It", *Psychological Review*, v. 20, pp. 158-77, 1913.

5. Por exemplo, Burrhus Frederic Skinner, *Beyond Freedom and Dignity*. Nova York: Knopf, 1971.

6. Roy F. Baumeister et al., "Do Conscious Thoughts Cause Behavior?", *Annual Review of Psychology*, v. 62, pp. 331-61, 2011.

7. Richard S. Lazarus, *Emotion and Adaptation*. Nova York: Oxford University Press, 1991; W. Mischel, *The Marshmallow Test: Mastering Self-Control*. Nova York: Little, Brown, 2014.

8. Peter M. Gollwitzer, "Goal Achievement: The Role of Intentions", *European Review of Social Psychology*, v. 4, n. 1, pp. 141-85, 1993; id., "Implementation Intentions", *American Psychologist*, v. 5, pp. 493-503, 1999; Peter M. Gollwitzer e Veronika Brandstätter, "Implementation Intentions and Effective Goal Pursuit", *Journal of Personality and Social Psychology*, v. 73, n. 1, pp. 186-99, 1997; P. M. Gollwitzer e Paschal Sheeran, "Implementation Intentions and Goal Achievement", *Advances in Experimental Social Psychology*, v. 38, pp. 69-119, 2006.

9. Wendy Wood e Dennis Rüger, "Psychology of Habit", *Annual Review of Psychology*, v. 67, pp. 289-314, 2016.

10. Sam J. Gilbert et al., "Separable Brain Systems Supporting Cued Versus Self-Initiated Realization of Delayed Intentions", *Journal of Experimental Psychology: Learning, Memory, and Cognition*, v. 35, n. 4, pp. 905-15, 2009; Paul W. Burgess et al., "The Gateway Hypothesis of Rostral Prefrontal Cortex (Area 10) Function", *Trends in Cognitive Sciences*, v. 11, n. 7, pp. 290-8, 2007.

11. Paschal Sheeran e Sheina Orbell, "Implementation Intentions and Repeated Behaviors", *European Journal of Social Psychology*, v. 29, n. 2-3, pp. 349-69, 1999; ver também Peter M. Gollwitzer, "Implementation Intentions", *American Psychologist*, v. 5, pp. 493-503, 1999.

12. Sheina Orbell et al., "Implementation Intentions and the Theory of Planned Behavior", *Personality and Social Psychology Bulletin*, v. 23, n. 9, p. 945, 1997.

13. T. Rogers et al., "Beyond Good Intentions Prompting People to Make Plans Improves Follow-Through on Important Tasks", *Behavioral Science and Policy*, v. 1, pp. 33-41, 2015.

14. D. W. Nickerson e T. Rogers, "Do You Have a Voting Plan? Implementation Intentions, Voter Turnout, and Organic Plan Making", *Psychological Science*, v. 21, pp. 194-9, 2010.

15. Brandon D. Stewart e B. Keith Payne, "Bringing Automatic Stereotyping under Control", *Personality and Social Psychology Bulletin*, v. 34, n. 10, pp. 1332-45, 2008; Saaid A. Mendoza et al., "Reducing the Expression of Implicit Stereotypes: Reflexive Control Through Implementation Intentions", *Personality and Social Psychology Bulletin*, v. 36, n. 4, pp. 512-23, 2010.

16. Frank Wieber et al., "Strategic Regulation of Mimicry Effects by Implementation Intentions", *Journal of Experimental Social Psychology*, v. 53, pp. 31-9, 2014; ver também Peter M. Gollwitzer et al., "Self-Regulation of Priming Effects on Behavior", *Psychological Science*, v. 22, n. 7, pp. 901-7, 2011.

17. Guido M. Van Koningsbruggen et al., "Implementation Intentions as Goal Primes", *European Journal of Social Psychology*, v. 41, pp. 551-7, 2011.

18. Jeff Galloway, *Galloway's Book on Running*. Bolinas: Shelter, 1984.

19. Disponível em: <http://www.sas.upenn.edu/~duckwort/images/upperdarbypd/01092013_briefscc.pdf>. Acesso em: 10 mar. 2018.

20. Brian M. Galla e Angela L. Duckworth, "More Than Resisting Temptation: Beneficial Habits Mediate the Relationship Between Self-Control and Positive Life Outcomes", *Journal of Personality and Social Psychology*, v. 109, n. 3, 2015.

21. Wilhelm Hofmann et al., "Everyday Temptations: An Experience Sampling Study of Desire, Conflict, and Self-Control", *Journal of Personality and Social Psychology*, v. 102, n. 6, pp. 1318-35, 2012.

22. Marina Milyavskaya e Michael Inzlicht, "What's So Great about Self-Control?", *Social Psychological and Personality Science*, v. 8, n. 6, pp. 603-11, 2017.

23. Citado em Brian Resnick, "The Myth of Self-Control", *Vox*, 24 nov. 2016. Disponível em: <https://www.vox.com/science-and-health/2016/11/3/13486940/self-control-psychology-myth>. Acesso em: 21 set. 2018.

24. Ibid.

25. Wendy Wood, comunicado pessoal, ago. 2016.

26. Esther K. Papies e P. Hamstra, op. cit.

VOCÊ É O DJ [pp. 323-34]

1. Todd Rogers e Katherine L. Milkman, "Reminders Through Association", *Psychological Science*, v. 27, n. 7, 2016.

2. Charles Darwin, *On the Origin of Species*. Londres: John Murray, 1859.

3. Lei D. Nelson e Michael I. Norton, "From Student to Superhero", *Journal of Experimental Social Psychology*, v. 41, pp. 423-30, 2005.

4. Kelly Wallace, op. cit.

5. Emily Pronin, "The Introspection Illusion". In: Mark P. Zanna (Org.), *Advances in Experimental Social Psychology*. Massachussetts: Academic Press, 2009, v. 41, pp. 1-68.; Nicholas Epley e David Dunning, "Feeling 'Holier Than Thou': Are Self-Serving Assessments Produced By Errors In Self- Or Social Prediction?", *Journal of Personality and Social Psychology*, v. 79, n. 6, pp. 861-75, 2000.

6. Erica J. Boothby et al., "The Invisibility Cloak Illusion: People (Incorrectly) Believe They Observe Others More Than Others Observe Them", *Journal of Personality and Social Psychology*, v. 112, n. 4, pp. 589-606, 2017.

7. Ibid.

Referências bibliográficas

AMBADY, N; ROSENTHAL, R. "Thin Slices of Behavior as Predictors of Interpersonal Consequences: A Meta-Analysis". *Psychological Bulletin*, v. 111, pp. 256-74, 1992.

_____; LAPLANTE, D.; JOHNSON, E. "Thin-Slice Judgments as a Measure of Interpersonal Sensitivity". In: HALL, J. A.; BERNIERI, F. J. (Orgs.). *Interpersonal Sensitivity: Theory and Measurement*. Mahwah, NJ: Erlbaum, 2001, pp. 89-101.

_____ et al. "Stereotype Susceptibility in Children: Effects of Identity Activation on Quantitative Performance". *Psychological Science*, v. 12, pp. 385-90, 2001.

ANDERSON, R. C.; PICHERT, J. W. "Recall of Previously Unrecallable Information Following a Shift in Perspective". *Journal of Verbal Learning and Verbal Behavior*, v. 17, pp. 1-12, 1978.

ANSCHUTZ, D. J.; VAN STRIEN, T. V.; ENGELS, R. C. "Exposure to Slim Images in Mass Media: Television Commercials as Reminders of Restriction in Restrained Eaters". *Health Psychology*, v. 27, pp. 401-8, 2008.

ARAGÓN, O. R. et al. "Modulations of Mirroring Activity by Desire for Social Connection and Relevance of Movement". *Social Cognitive and Affective Neuroscience*, v. 9, pp. 1762-9, 2014.

ARCHER, R. L. "Commentary: Self-Disclosure, a Very Useful Behavior". Em DERLEGA, V. L.; BERG, J. H. (Orgs.). *Self-Disclosure: Theory, Research, and Therapy*. Nova York: Plenum Press, 1987, pp. 329-42.

ARZI, A. et al. "Sniffing Patterns Uncover Implicit Memory for Undetected Odors". *Current Biology*, v. 24, R263-R264, 2014.

ASCH, S. E. "Forming Impressions of Personality". *Journal of Abnormal and Social Psychology*, v. 41, pp. 258-90, 1946.

AYDIN, N. et al. "'Man's Best Friend': How the Presence of a Dog Reduces Mental Distress After Social Exclusion". *Journal of Experimental Social Psychology*, v. 48, pp. 446-9, 2012.

BALLEW, C. C.; TODOROV, A. "Predicting Political Elections from Rapid and Unreflective Face Judgments". *Proceedings of the National Academy of Sciences*, v. 104, pp. 17948-53, 2007.

BANAJI, M. R.; GREENWALD, A. G. *Blindspot: Hidden Biases of Good People*. Nova York: Random House, 2013.

BAR-ANAN, Y.; WILSON, T. D.; HASSIN, R. R. "Inaccurate Self-Knowledge Formation as a Result of Automatic Behavior". *Journal of Experimental Social Psychology*, v. 46, pp. 884-94, 2010.

BARGH, J. A.; THEIN, R. D. "Individual Construct Accessibility, Person Memory, and the Recall--Judgment Link: The Case of Information Overload". *Journal of Personality and Social Psychology*, v. 49, pp. 1129-46, 1985.

_____ et al. "The Generality of the Automatic Attitude Activation Effect". *Journal of Personality and Social Psychology*, v. 62, pp. 893-912, 1992.

_____; GOLLWITZER, P. M. "Environmental Control of Goal-Directed Action: Automatic and Strategic Contingencies Between Situations and Behavior". In: SPAULDING, W. D. (Org.). *Integrative Views of Motivation, Cognition, and Emotion: Nebraska Symposium on Motivation*. Lincoln, NE: University of Nebraska Press, 1994, v. 41, pp. 71-124.

_____; RAYMOND, P. "The Naive Misuse of Power: Nonconscious Sources of Sexual Harassment". *Journal of Social Issues*, v. 26, pp. 168-85, 1995.

_____ et al. "Attractiveness of the Underling: An Automatic Power → Sex Association and Its Consequences for Sexual Harassment and Aggression". *Journal of Personality and Social Psychology*, v. 68, pp. 768-81, 1995.

_____ et al. "The Automatic Evaluation Effect: Unconditional Automatic Attitude Activation with a Pronunciation Task". *Journal of Experimental Social Psychology*, v. 32, pp. 185-210, 1996.

_____; CHEN, M.; BURROWS, L. "Automaticity of Social Behavior: Direct Effects of Trait Construct and Stereotype Priming on Action". *Journal of Personality and Social Psychology*, v. 71, pp. 230-44, 1996.

_____; CHARTRAND, T. L. "A Practical Guide to Priming and Automaticity Research". In: REIS, H.; JUDD, C. (Orgs.). *Handbook of Research Methods in Social Psychology*. Nova York: Cambridge University Press, 2000, pp. 253-85.

_____ et al. "The Automated Will: Nonconscious Activation and Pursuit of Behavioral Goals". *Journal of Personality and Social Psychology*, v. 81, pp. 1014-27, 2001.

_____; MCKENNA, K. Y. A. "The Internet and Social Life". *Annual Review of Psychology*, v. 55, pp. 573-90, 2004.

_____; GREEN, M. L.; FITZSIMONS, G. M. "The Selfish Goal: Unintended Consequences of Intended Goal Pursuits". *Social Cognition*, v. 26, pp. 520-40, 2008.

_____; MORSELLA, E. "The Unconscious Mind". *Perspectives on Psychological Science*, v. 3, pp. 73-9, 2008.

_____. "Unconscious Behavioral Guidance Systems". In: AGNEW, C. R. et al. (Orgs.). *Then a Miracle Occurs: Focusing on Behavior in Social Psychological Theory and Research*. Nova York: Oxford University Press, 2010, pp. 89-118.

_____. "The Devil Made Me Do It". In: MILLER, A. (Org.). *The Social Psychology of Good and Evil*. 2. ed. Nova York: Guilford, 2016.

BAR-HAIM, Y. et al. "Nature and Nurture in Own-Race Face Processing". *Psychological Science*, v. 17, pp. 159-63, 2006.

BARKER, R. G.; WRIGHT, H. F. *Midwest and Its Children: The Psychological Ecology of an American Town*. Nova York: Row, Peterson & Company, 1954.

BAUMEISTER, R. F.; MASICAMPO, E. J.; VOHS, K. D. "Do Conscious Thoughts Cause Behavior?". *Annual Review of Psychology*, v. 62, pp. 331-61, 2011.

BEEVER, R. "The Effects of Repeated Thermal Therapy on Quality of Life in Patients with Type II Diabetes Mellitus". *Journal of Alternative Complementary Medicine*, v. 16, pp. 677-81, 2010.

BEGGAN, J. K. "On the Social Nature of Nonsocial Perception: The Mere Ownership Effect". *Journal of Personality and Social Psychology*, v. 62, pp. 229-37, 1991.

BLACK, D. W. et al. "Family History of Psychiatric Comorbidity in Persons with Compulsive Buying: Preliminary Findings". *American Journal of Psychiatry*, v. 155, pp. 960-63, 1998.

BLOCK, J.; BLOCK, J. H. "Nursery School Personality and Political Orientation Two Decades Later". *Journal of Research in Personality*, v. 40, pp. 734-49, 2006.

BOOTHBY, E. J.; CLARK, M. S.; BARGH, J. A. "The Invisibility Cloak Illusion: People (Incorrectly) Believe They Observe Others More Than Others Observe Them". *Journal of Personality and Social Psychology*, v. 112, pp. 589-606, 2017a.

_____. *The Mind Gap: People (Incorrectly) Believe That They Think More About Others Than Others Think About Them.* Manuscrito em revisão, Universidade Yale, 2017b.

BOUDETTE, N. E. "Biggest Spike in Traffic Deaths in 50 Years? Blame Apps". *The New York Times*, edição on-line, 15 nov. 2016.

BOWLBY, J. *Attachment and Loss.* Londres: Hogarth Press e Instituto de Psicanálise, 1969, v. I Attachment. [Ed. bras.: *Apego: A natureza do vínculo.* São Paulo: Martins Fontes, 1984.]

BRINKLEY, D. *Cronkite.* Nova York: HarperCollins, 2012.

BRUNER, J. "On Perceptual Readiness". *Psychological Review*, v. 64, pp. 123-52, 1957.

BUCKNER, R. L.; CARROLL, D. C. "Self-Projection and the Brain". *Trends in Cognitive Sciences*, v. 11, pp. 49-57, 2007.

BURGESS, P. W.; DUMONTHEIL, I.; GILBERT, S. J. "The Gateway Hypothesis of Rostral Prefrontal Cortex (Area 10) Function". *Trends in Cognitive Sciences*, v. 11, pp. 290-8, 2007.

BUSETTA, G.; FIORILLO, F.; VISALLI, E. "Searching for a Job Is a Beauty Contest". MPRA (Arquivo pessoal RePEc em Munique) documento n. 49382, 2013. Disponível em: <http://mpra.ub.uni--muenchen.de/49392/>.

CACIOPPO, J. T. et al. "Marital Satisfaction and Break-Ups Differ Across On-Line and Off-Line Meeting Venues". *Proceedings of the National Academy of Sciences*, v. 110, pp. 10135-40, 2013.

CANTOR, J. R.; ZILLMANN, D.; BRYANT, J. "Enhancement of Experienced Sexual Arousal in Response to Erotic Stimuli Through Misattribution of Unrelated Residual Excitation". *Journal of Personality and Social Psychology*, v. 32, pp. 69-75, 1975.

CARRARO, L.; CASTELLI, L.; MACCHIELLA, C. "The Automatic Conservative: Ideology-Based Attentional Asymmetries in the Processing of Valenced Information". *PLOS-One*, 6: e26456. doi: 10.1371/journal.pone.0026456, 2011.

CENTERS FOR DISEASE CONTROL (USA). *Sexual Violence.* Atlanta, GA: Autor, 2012.

CHAGNON, N. A. "Life Histories, Blood Revenge, and Warfare in a Tribal Population". *Science*, v. 239, pp. 985-92, 26 fev. 1988.

CHANDON, P.; WANSINK, B. "Is Food Marketing Making Us Fat? A Multi-Disciplinary Review". *Foundations and Trends in Marketing*, v. 5, pp. 113-96, 2011.

CHAPMAN, H. A. et al. "In Bad Taste: Evidence for the Oral Origins of Moral Disgust". *Science*, v. 323, pp. 1222-6, 2009.

CHARTRAND, T. L.; BARGH, J. A. "The Chameleon Effect: The Perception-Behavior Link and Social Interaction". *Journal of Personality and Social Psychology*, v. 76, pp. 893-910, 1999.

_____; LAKIN, J. L. "Antecedents and Consequences of Human Behavioral Mimicry". *Annual Review of Psychology*, v. 64, pp. 285-308, 2013.

CHEN, M.; BARGH, J. A. "Consequences of Automatic Evaluation: Immediate Behavioral Predispositions to Approach or Avoid the Stimulus". *Personality and Social Psychology Bulletin*, v. 25, pp. 215-24, 1999.

CHEN, S.; LEE-CHAI, A. Y.; BARGH, J. A. "Relationship Orientation as a Moderator of the Effects of Social Power". *Journal of Personality and Social Psychology*, v. 80, pp. 173-87, 2001.

CHEN, Z.; POON, K.-T.; DEWALL, C. N. "Cold Thermal Temperature Threatens Belonging: The Moderating Role of Perceived Social Support". *Social Psychological and Personality Science*, v. 6, pp. 439-46. doi:10.1177/1948550614562843, 2015.

CHERRY, E. C. "Some Experiments on the Recognition of Speech, with One and Two Ears". *Journal of the Acoustical Society of America*, v. 25, pp. 975-9, 1953.

CHRISTAKIS, N. A.; FOWLER, J. H. *Connected: The Amazing Power of Social Networks and How They Shape Our Lives*. Nova York: Little, Brown, 2009.

CHRISTENSON, G. A. et al. "Compulsive Buying: Descriptive Characteristics and Psychiatric Comorbidity". *Journal of Clinical Psychiatry*, v. 55, pp. 5-11, 1994.

CLAPTON, E. *Clapton: The Autobiography*. Nova York: Broadway Books, 2007.

CLARK, M. S.; MILLS, J. "Interpersonal Attraction in Exchange and Communal Relationships". *Journal of Personality and Social Psychology*, v. 37, pp. 12-24, 1979.

COHEN, D. "Cultural Psychology". In: BORGIDA, G.; BARGH, J. (Orgs.). *Handbook of Personality and Social Psychology: Attitudes and Social Cognition*. Washington, DC: American Psychological Association, 2015, pp. 415-56.

COHN, A.; FEHR, E.; MARECHAL, M. A. "Business Culture and Dishonesty in the Banking Industry". *Nature*, v. 516, pp. 86-9. doi: 10.1038/nature13977, 2014.

_____; MARECHAL, M. A.; NOLL, T. "Bad Boys: How Criminal Identity Salience Affects Rule Violation". *Review of Economic Studies*, v. 82, pp. 1289-308, 2015.

COLLINS, R. L.; LINCOLN, R.; FRANK, M. G. "The Effect of Rapport in Forensic Interviewing". *Psychiatry, Psychology, and Law*, v. 9, pp. 69-78, 2002.

_____ et al. "Alcohol Advertising Exposure Among Middle School-Age Youth: An Assessment Across All Media and Venues". *Journal of Studies on Alcohol and Drugs*, v. 77, pp. 384-92, 2016.

CRABTREE, A. *From Mesmer to Freud: Magnetic Sleep and the Roots of Psychological Healing*. New Haven, CT: Yale University Press, 1993.

CRESSWELL, J. D.; BURSLEY, J. K.; SATPUTE, A. B. "Neural Reactivation Links Unconscious Thought to Decision-Making Performance". *Social Cognitive and Affective Neuroscience*, v. 8, pp. 86-9, 2013.

DARLEY, J. M.; BATSON, C. D. "From Jerusalem to Jericho: A Study of Situational and Dispositional Variables in Helping Behavior". *Journal of Personality and Social Psychology*, v. 27, pp. 100-19, 1973.

DARWIN, C. *On the Origin of Species*. Londres: John Murray, 1859. [Ed. bras.: *A origem das espécies*. São Paulo: Martin Claret, 2014.]

DARWIN, C. *The Expression of the Emotions in Man and Animals*. Londres: John Murray, 1872. [Ed. bras.: *A expressão das emoções no homem e nos animais*. São Paulo: Companhia das Letras, 2000.]
_____. "A Biographical Sketch of an Infant". *Mind*, v. 2, pp. 285-94, 1877.

DAWKINS, R. *The Selfish Gene*. Oxford: Oxford University Press, 1976. [Ed. bras.: *O gene egoísta*. São Paulo: Companhia das Letras, 2007.]

DEACON, T. W. *The Symbolic Species: The Co-Evolution of Language and the Brain*. Nova York: Norton, 1998.

DENKE, C. et al. "Lying and the Subsequent Desire for Toothpaste: Activity in the Somatosensory Cortex Predicts Embodiment of the Moral-Purity Metaphor". *Cerebral Cortex*, v. 26, n. 2, pp. 477-84, 2016.

DERLEGA, V. J. et al. *Self-Disclosure*. Londres: Sage, 1993.

DIJKSTERHUIS, A.; BARGH, J. A. "The Perception-Behavior Expressway: Automatic Effects of Social Perception on Social Behavior". In: ZANNA, M. P. (Org.). *Advances in Experimental Social Psychology*. San Diego: Academic Press, 2001, v. 33, pp. 1-40.

_____; NORDGREN, L. F. "A Theory of Unconscious Thought". *Perspectives on Psychological Science*, v. 1, n. 2, pp. 95-109, 2006.

DONALD, M. *Origins of the Modern Mind: Three Stages in the Evolution of Culture and Cognition*. Cambridge, MA: Harvard University Press, 1993.

_____. *A Mind So Rare: The Evolution of Human Consciousness*. Nova York: Norton, 2001.

DUNCKER, K. "On Problem Solving". *Psychological Monographs*, v. 58 (Completo n. 270), 1945.

DUNHAM, Y.; BARON, A. S.; BANAJI, M. R. "The Development of Implicit Intergroup Cognition". *Trends in Cognitive Sciences*, v. 12, pp. 248-53, 2008.

DUTTON, D. G.; ARON, A. P. "Some Evidence for Heightened Sexual Attraction under Conditions of High Anxiety". *Journal of Personality and Social Psychology*, v. 30, pp. 510-7, 1974.

EAGLY, A. H. et al. "What Is Beautiful Is Good, But...: A Meta-Analysis Review of Research on the Physical Attractiveness Stereotype". *Psychological Bulletin*, v. 110, pp. 109-28, 1991.

EARP, B. D. et al. "No Sign of Quitting: Incidental Exposure to No-Smoking Signs Ironically Boosts Cigarette-Approach Tendencies in Smokers". *Journal of Applied Social Psychology*, v. 43, pp. 2158-62, 2013.

EIBACH, R. P.; LIBBY, L. K.; GILOVICH, T. D. "When Change in the Self Is Mistaken for Change in the World". *Journal of Personality and Social Psychology*, v. 84, pp. 917-31, 2003.

EKMAN, P.; SORENSON, E. R.; FRIESEN, W. V. "Pan-Cultural Elements in Facial Display of Emotions". *Science*, v. 164, pp. 86-8, 1969.

_____. *Emotions Revealed*. Nova York: Henry Holt, 2004.

EMLEN, S. T. "Migratory Orientation in the Indigo Bunting, *Passerina cyanea*. Part II: Mechanism of Celestial Orientation". *The Auk*, v. 84, pp. 463-89, 1967.

EPLEY, N.; DUNNING, D. "Feeling 'Holier Than Thou': Are Self-Serving Assessments Produced by Errors in Self- or Social Prediction?". *Journal of Personality and Social Psychology*, v. 79, pp. 861-75, 2000.

FABER, R. J.; CHRISTENSON, G. A. "In the Mood to Buy: Differences in the Mood States Experienced by Compulsive Buyers and Other Consumers". *Psychology and Marketing*, v. 13, pp. 803-19, 1996.

FADARDI, J. S.; COX, W. M. "Reversing the Sequence: Reducing Alcohol Consumption by Overcoming Alcohol Attentional Bias". *Drug and Alcohol Dependence*, v. 101, pp. 137-45, 2009.

FAZIO, R. H. et al. "On the Automatic Activation of Attitudes". *Journal of Personality and Social Psychology*, v. 50, pp. 229-38, 1986.

FICHTEN, C. S. et al. "Role of Thoughts During Nocturnal Awake Times in the Insomnia Experience of Older Adults". *Cognitive Therapy and Research*, v. 25, pp. 665-92, 2001.

FINKEL, E. J. et al. "Online Dating: A Critical Analysis from the Perspective of Psychological Science". *Psychological Science in the Public Interest*, v. 13, pp. 3-66, 2012.

FISKE, S. T.; CUDDY, A.; GLICK, P. "Universal Dimensions of Social Cognition: Warmth and Competence". *Trends in Cognitive Sciences*, v. 11, pp. 77-83, 2007.

FITZGERALD, L. F. "Sexual Harassment: Violence Against Women in the Workplace". *American Psychologist*, v. 48, pp. 1070-6, 1993.

FITZSIMONS, G. M.; BARGH, J. A. "Thinking of You: Nonconscious Pursuit of Interpersonal Goals Associated with Relationship Partners". *Journal of Personality and Social Psychology*, v. 84, pp. 148-64, 2003.

_____; SHAH, J. "How Goal Instrumentality Shapes Relationship Evaluations". *Journal of Personality and Social Psychology*, v. 95, pp. 319-37, 2008.

FOULK, T.; WOOLUM, A.; EREZ, A. "Catching Rudeness Is Like Catching a Cold: The Contagion Effects of Low-Intensity Negative Behaviors". *Journal of Applied Psychology*, v. 101, pp. 50-67, 2016.

FOWLER, J. H.; CHRISTAKIS, N. A. "Dynamic Spread of Happiness in a Large Social Network: Longitudinal Analysis Over 20 Years in the Framingham Heart Study". *British Medical Journal*, v. 337, 2008.

FRANK, M. G.; SHAW, A. Z. "Evolution and Nonverbal Communication". In: MATSUMOTO, D.; HWANG, H. C.; FRANK, M. G. (Orgs.). *American Psychological Association Handbook of Nonverbal Communication*. Washington, DC: American Psychological Association, 2016, pp. 45-76.

_____; YARBROUGH, J. D.; EKMAN, P. "Investigative Interviewing and the Detection of Deception". In: WILLIAMSON, T. (Org.). *Investigative Interviewing: Rights, Research, and Regulation*. Portland, OR: Willan, 2006, pp. 229-55.

FREDERICK, S. "Cognitive Reflection and Decision Making". *Journal of Economic Perspectives*, v. 19, pp. 25-42, 2005.

FREDRICKSON, B. L. et al. "That Swimsuit Becomes You: Sex Differences in self-Objectification, Restrained Eating, and Math Performance". *Journal of Personality and Social Psychology*, v. 75, pp. 269-84, 1998.

FREUD, S. *The Interpretation of Dreams*. Trad. de James Strachey. Nova York: Basic Books, 1899. [Ed. bras.: *A interpretação dos sonhos*. São Paulo: L&PM, 2016.]

_____. "The Unconscious". Em *The Standard Edition of Sigmund Freud*, v. 14, pp. 159-215. Londres: Hogarth, 1915.

FRITH, C. D.; BLAKEMORE, S.-J.; WOLPERT, D. M. "Abnormalities in the Awareness and Control of Action". *Philosophical Transactions of the Royal Society of London*, v. 355, pp. 1771-88, 2000.

GABRIEL, S.; VALENTI, J.; YOUNG, A. F. "Social Surrogates, Social Motivations, and Everyday Activities: The Case for a Strong, Subtle, and Sneaky Social Self". In: OLSON, J. M.; ZANNA, M. P. (Orgs.). *Advances in Experimental Social Psychology*, v. 53, pp. 189-243, 2016.

GALLA, B. M.; DUCKWORTH, A. L. "More Than Resisting Temptation: Beneficial Habits Mediate the Relationships between Self-Control and Positive Life Outcomes". *Journal of Personality and Social Psychology*, v. 109, pp. 508-25, 2015.

GALLOWAY, J. *Galloway's Book on Running*. Bolinas, CA: Shelter, 1984. [Ed. bras.: *Manual de corrida*. São Paulo: Gente, 2009.]

GARDINER, E. (Org.). *Visions of Heaven and Hell Before Dante*. Nova York: Italica Press, 1989.

GHISELIN, B. (Org.). *The Creative Process: Reflections on Invention in the Arts and Sciences*. Berkeley: University of California Press, 1952.

GILBERT, D. T.; GILL, M. J. "The Momentary Realist". *Psychological Science*, v. 11, pp. 394-8, 2000.

_____; WILSON, T. D. "Prospection: Experiencing the Future". *Science*, v. 317, pp. 1351-4, 2007.

GILBERT, S. J. et al. "Separable Brain Systems Supporting Cued Versus Self-Initiated Realization of Delayed Intentions". *Journal of Experimental Psychology: Learning, Memory, and Cognition*, v. 35, pp. 905-15, 2009.

GILCHRIST, M. R. "Disease and Infection in the American Civil War". *American Biology Teacher*, v. 60, pp. 258-62, 1998.

GILENS, M. "Race and Poverty in America: Public Misperceptions and the American News Media". *Public Opinion Quarterly*, v. 60, pp. 515-41, 1996.

GLADWELL, M. *Blink: The Power of Thinking Without Thinking*. Nova York: Little, Brown, 2004.

GOLDSMITH, J. "This Is Your Brain on Tetris". *Wired*, 1 maio 1994. Disponível em: <https://www.wired.com/1994/05/tetris-2/>.

GOLLWITZER, P. M. "Goal Achievement: The Role of Intentions". *European Review of Social Psychology*, v. 4, pp. 141-85, 1993.

_____. "Implementation Intentions: Strong Effects of Simple Plans". *American Psychologist*, v. 5, pp. 493-503, 1999.

_____; BRANDSTÄTTER, V. "Implementation Intentions and Effective Goal Pursuit". *Journal of Personality and Social Psychology*, v. 73, pp. 186-99, 1997.

_____; SHEERAN, P. "Implementation Intentions and Goal Achievement: A Meta-Analysis of Effects and Processes". *Advances in Experimental Social Psychology*, v. 38, pp. 69-119, 2006.

_____ et al. "Self-Regulation of Priming Effects on Behavior". *Psychological Science*, v. 22, pp. 901-7, 2011.

GOODALE, M. A. et al. "Perceiving the World and Grasping It: A Neurological Dissociation". *Nature*, v. 349, pp. 154-6, 1991.

GRUENFELD, D. H. et al. "Power and the Objectification of Social Targets". *Journal of Personality and Social Psychology*, v. 85, pp. 111-27, 2008.

GUNDERSEN, E. "World Exclusive: Bob Dylan — 'I'll Be at the Nobel Prize Ceremony... If I Can'". *The Telegraph*, 29 out. 2016.

HADFIELD, J. A. *Dreams and Nightmares*. Harmondsworth, Inglaterra: Penguin, 1954.

HAM, J.; VAN DEN BOS, K. "Lady Justice Thinks Unconsciously: Unconscious Thought Can Lead to More Accurate Justice Judgments". *Social Cognition*, v. 27, pp. 509-21, 2009.

_____. "The Merits of Unconscious Processing of Directly and Indirectly Obtained Information about Social Justice". *Social Cognition*, v. 28, pp. 180-90, 2010a.

_____. "On Unconscious Morality: The Effects of Unconscious Thinking on Moral Decision--Making". *Social Cognition*, v. 28, pp. 74-83, 2010b.

HANUSCH, K. U. et al. "Whole-Body Hyperthermia for the Treatment of Major Depression: Associations with Thermoregulatory Cooling". *American Journal of Psychiatry*, v. 170, pp. 802-4, 2013.

HARDIN, G. "The Tragedy of the Commons". *Science*, v. 162, pp. 1243-8, 1968.

HARLOW, H. F. "The Nature of Love". *American Psychologist*, v. 13, pp. 673-85, 1958.

_____; SUOMI, S. J. "The Nature of Love — Simplified". *American Psychologist*, v. 25, pp. 161-8, 1970.

HARRIS, J. L.; BARGH, J. A.; BROWNELL, K. D. "Priming Effects of Television Food Advertising on Eating Behavior". *Health Psychology*, v. 28, pp. 404-13, 2009.

_____; PIERCE, M.; BARGH, J. A. "Priming Effect of Antismoking PSAs on Smoking Behaviour: A Pilot Study". *Tobacco Control*, v. 23, pp. 285-90, 2014.

HERRING, D. R. et al. "On the Automatic Activation of Attitudes: A Quarter Century of Evaluative Priming Research". *Psychological Bulletin*, v. 139, pp. 1062-89, 2013.

HIBBING, J. R.; SMITH, K. B.; ALFORD, J. R. "Differences in Negativity Bias Underlie Variations in Political Ideology". *Behavioral and Brain Sciences*, v. 37, pp. 297-307, 2014.

HIGGINS, E. T.; CHAIRES, W. M. "Accessibility of Interrelational Constructs: Implications for Stimulus Encoding and Creativity". *Journal of Experimental Social Psychology*, v. 16, pp. 348-61, 1980.

_____; KING, G. A.; MAVIN, G. H. "Individual Construct Accessibility and Subjective Impressions and Recall". *Journal of Personality and Social Psychology*, v. 43, pp. 35-47, 1982.

_____; RHOLES, W. S.; JONES, C. R. "Category Accessibility and Impression Formation". *Journal of Experimental Social Psychology*, v. 13, pp. 141-54, 1977.

HILL, K. "Facebook Manipulated 689,003 Users' Emotions for Science". Blog on-line de *Forbes*, 28 jun. 2014. Disponível em: <https://www.forbes.com/sites/kashmirhill/2014/06/28/facebook-manipulated-689003-users-emotions-for-science/#5bb4b385197c >.

HILL, S. E.; DURANTE, K. M. "Courtship, Competition, and the Pursuit of Attractiveness: Mating Goals Facilitate Health-Related Risk Taking and Strategic Risk Suppression in Women". *Personality and Social Psychology Bulletin*, v. 37, pp. 383-94, 2011.

HIRSCHLEIFER, D. A.; SHUMWAY, T. "Good Day Sunshine: Stock Returns and the Weather". *Journal of Finance*, v. 58, pp. 1009-32, 2003.

HOELSCHER, T. J.; KLINGER, E.; BARTA, S. G. "Incorporation of Concern- And Nonconcern-Related Verbal Stimuli into Dream Content". *Journal of Abnormal Psychology*, v. 49, pp. 88-91, 1981.

HOFMANN, W. et al. "Everyday Temptations: An Experience Sampling Study of Desire, Conflict, and Self-Control". *Journal of Personality and Social Psychology*, v. 102, pp. 1318-35, 2012.

HOLLAND, R. W.; HENDRIKS, M.; AARTS, H. "Smells Like Clean Spirit: Nonconcious Effects of Scent on Cognition and Behavior". *Psychological Science*, v. 16, pp. 689-93, 2005.

HOLMES, J. G.; REMPEL, J. K. "Trust in Close Relationships". In: HENDRICK, C. (Org.). *Review of Personality and Social Psychology*. Londres: Sage, 1989, v. 10, pp. 187-220.

HOMMEL, B. "Ideomotor Action Control: On the Perceptual Grounding of Voluntary Actions and Agents". In: PRINZ, W.; BEISERT, M.; HERWIG, A. (Orgs.). *Action Science: Foundations of an Emerging Discipline*. Cambridge, MA: MIT Press, 2013, pp. 113-36.

HUANG, J. Y. et al. "Immunizing against Prejudice: Effects of Disease Protection on Attitudes Toward Out-Groups". *Psychological Science*, v. 22, pp. 1550-6, 2011.

IJZERMAN, H. et al. "Cold-Blooded Loneliness: Social Exclusion Leads to Lower Skin Temperatures". *Acta Psychologica*, v. 140, pp. 283-8, 2012.

_____ et al. "Caring for Sharing: How Attachment Styles Modulate Communal Cues of Physical Warmth". *Social Psychology*, v. 44, pp. 161-7, 2013.

IJZERMAN, H.; SEMIN, G. "The Thermometer of Social Relations: Mapping Social Proximity on Temperature". *Psychological Science*, v. 20, pp. 1214-20, 2009.

INAGAKI, T. K.; EISENBERGER, N. I. "Shared Neural Mechanisms Underlying Social Warmth and Physical Warmth". *Psychological Science*, v. 24, pp. 2272-80, 2013.

_____; IRWIN, M. R.; EISENBERGER, N. I. "Blocking Opioids Attenuates Physical Warmth-Induced Feelings of Social Connection". *Emotion*, v. 15, pp. 494-500, 2015.

_____ et al. "A Pilot Study Examining Physical and Social Warmth: Higher (Non-Febrile) Oral Temperature Is Associated with Greater Feelings of Social Connection". *PLoS One*, v. 11, n. 6, 2016.

INBAR, Y.; CONE, J.; GILOVICH, T. "People's Intuitions about Intuitive Insight and Intuitive Choice". *Journal of Personality and Social Psychology*, v. 99, pp. 232-47, 2010.

_____; PIZARRO, D. A.; BLOOM, P. "Conservatives Are More Easily Disgusted Than Liberals". *Cognition and Emotion*, v. 23, pp. 714-25, 2009.

JACOB, C. et al. "Retail Salespeople's Mimicry of Customers: Effects on Consumer Behavior". *Journal of Retailing and Consumer Services*, v. 18, pp. 381-8, 2011.

JACOBY, L. L. et al. "Becoming Famous Overnight: Limits on the Ability to Avoid Unconscious Influences of the Past". *Journal of Personality and Social Psychology*, v. 56, pp. 326-38, 1989.

JAMES, W. *Principles of Psychology*. Nova York: Henry Holt, 1890.

_____. "Does Consciousness Exist?". In: _____. *Essays in Radical Empiricism*. Nova York: Longmans, Green, 1938 [1912], pp. 1-38.

JAYNES, J. *The Origin of Consciousness in the Breakdown of the Bicameral Mind*. Nova York: Houghton Mifflin, 1976.

JOHNSON, J. "'Something Is Happening that Is Amazing', Trump Said. He Was Right". *The Washington Post*, 7 nov. 2016. Disponível em: <https://www.washingtonpost.com/politics/something-is-happening-that-is-amazing-trump-said-he-was-right/2016/11/06/ab9c0b48-a0ef-11e6-8832-23a007c77bb4_story.html?noredirect=on&utm_term=.14240131a4d5>.

JOHNSON, M. K.; KIM, J. K.; RISSE, G. "Do Alcoholic Korsakoff's Syndrome Patients Acquire Affective Reactions?". *Journal of Experimental Psychology: Learning, Memory, and Cognition*, v. 11, pp. 22-36, 1985.

JONES, E. *The Life and Work of Sigmund Freud* (v. I e III). Nova York: Basic Books, 1953-1957.

JONES, J. T. et al. "Name Letter Preferences Are Not Merely Mere Exposure: Implicit Egotism as Self-Regulation". *Journal of Experimental Social Psychology*, v. 38, pp. 170-7, 2002.

_____ et al. "How Do I Love Thee? Let Me Count the Js: Implicit Egotism and Interpersonal Attraction". *Journal of Personality and Social Psychology*, v. 87, pp. 665-83, 2004.

KAHNEMAN, D. *Thinking, Fast and Slow*. Nova York: Farrar, Straus & Giroux, 2011. [Ed. bras.: *Rápido e devagar: Duas formas de pensar*. Rio de Janeiro: Objetiva, 2012.]

_____; FREDERICK, S. "Representativeness Revisited: Attribute Substitution in Intuitive Judgment". In: GILOVICH, T.; GRIFFIN, D. W.; Kahneman, D. (Orgs.). *Heuristics and Biases: The Psychology of Intuitive Judgment*. Nova York: Cambridge University Press, 2002, pp. 49-81.

_____; KNETSCH, J. L.; THALER, R. H. "Anomalies: The Endowment Effect, Loss Aversion, and Status Quo Bias". *Journal of Economic Perspectives*, v. 5, pp. 193-206, 1991.

KANAI, R. et al. "Political Orientations Are Correlated with Brain Structure in Young Adults". *Current Biology*, v. 21, pp. 677-80, 2011.

KANG, Y. et al. "Physical Temperature Effects on Trust Behavior: The Role of Insula". *Social Cognitive and Affective Neuroscience*, v. 6, pp. 507-15, 2011.

KARREMANS, J. C. et al. "Interacting with Women Can Impair Men's Cognitive Functioning". *Journal of Experimental Social Psychology*, v. 45, pp. 104-4, 2009.

KAWAKAMI, K. et al. "(Close) Distance Makes the Heart Grow Fonder: The Impact of Approach Orientation on Attitudes Towards Blacks". *Journal of Personality and Social Psychology*, v. 92, pp. 957-71, 2007.

KEIZER, K.; LINDENBERG, S.; STEG, L. "The Spreading of Disorder". *Science*, v. 322, pp. 1681-5, 2008.

KELLY, D. J. et al. "Three-Month-Olds, but Not Newborns, Prefer Own-Race Faces". *Developmental Science*, v. 8, F31-F36, 2005.

KERSHAW, I. *Hitler 1936-1945: Nemesis*. Nova York: Norton, 2000.

KINZLER, K. D. et al. "The Native Language of Social Cognition". *Proceedings of the National Academy of Sciences USA*, v. 104, pp. 12577-80, 2007.

KIRSCHNER, S.; TOMASELLO, M. "Joint Music Making Promotes Prosocial Behavior in 4-Year-Old Children". *Evolution and Human Behavior*, v. 31, pp. 354-64, 2004.

KLINGER, E. "Modes of Normal Conscious Flow". In: POPE, K. S.; SINGER, J. L. (Orgs.), *The Stream of Consciousness: Scientific Investigations into the Flow of Human Experience*. Nova York: Plenum, 1978.

_____. "Goal Commitments and the Content of Thoughts and Dreams: Basic Principles". *Frontiers in Psychology*, v. 4, pp. 415. doi: 10.3389/fpsyg.2013.00415, 2013.

_____; BARTA, S. G.; MAXEINER, M. E. "Motivational Correlates of Thought Content Frequency and Commitment". *Journal of Personality and Social Psychology*, v. 39, pp. 1222-37, 1980.

KOESTLER, A. *The Ghost in the Machine*. Londres: Hutchinson, 1967. [Ed. bras.: *O fantasma da máquina*. Rio de Janeiro: Zahar, 1969.]

KOLTYN, K. F. et al. "Changes in Mood State Following Whole-Body Hyperthermia". *International Journal of Hyperthermia*, v. 8, pp. 305-7, 1992.

KRAMER, A. D. I. "The Spread of Emotion Via Facebook". *Proceedings of the Computer-Human Interaction Society* Facebook Inc, 2012. Disponível em:<https://research.fb.com/wp-content/uploads/2012/05/the-spread-of-emotion-via-facebook.pdf>,. Acesso em 14 set. 2018.

KRAMER, A. D. I.; GUILLORY, J. E.; HANCOCK, J. T. "Experimental Evidence of Massive-Scale Emotional Contagion through Social Networks". *Proceedings of the National Academy of Sciences*, v. 111, pp. 8788-90, 2014.

LACEY, S.; STILLA, R.; SATHIAN, K. "Metaphorically Feeling: Comprehending Textural Metaphors Activates Somatosensory Cortex". *Brain and Language*, v. 120, pp. 416-21, 2012.

LAKIN, J. L.; CHARTRAND, T. L.; ARKIN, R. M. "I Am Too Just Like You: Nonconscious Mimicry as an Automatic Behavioral Response to Social Exclusion". *Psychological Science*, v. 19, pp. 816-22, 2008.

LANGER, E. J. "Rethinking the Role of Thought in Social Interaction". In: HARVEY, J. H.; ICKES, W. J.; KIDD R. F. (Orgs.). *New Directions in Attribution Research*. Nova York: Wiley, 1978, v. 2, pp. 3-58

LANGLOIS, J. H. et al. "Infant Preferences for Attractive Faces: Rudiments of a Stereotype". *Developmental Psychology*, v. 23, pp. 363-9, 1987.

LAZARUS, R. S. *Emotion and Adaptation*. Nova York: Oxford University Press, 1991.

LEBLANC, S. A. *Constant Battles: The Myth of the Peaceful, Noble Savage*. Nova York: St. Martin's Press, 2003.

LEDOUX, J. *The Emotional Brain*. Nova York: Simon & Schuster, 1996.

LEE, T. K.; SHAPIRO, M. A. "Effects of a Story Character's Goal Achievement: Modeling a Story Character's Diet Behaviors and Activating/Deactivating a Character's Diet Goal". *Communication Research*, v. 43, pp. 863-91, 2016.

LEUTWYLER, K. "Tetris Dreams". *Scientific American*. out. 2000. Disponível em: <https://www.scientificamerican.com/article/tetris-dreams/>.

LHERMITTE, F. "Human Anatomy and the Frontal Lobes. Part II: Patient Behavior in Complex and Social Situations: The 'Environmental Dependency Syndrome'". *Annals of Neurology*, v. 19, pp. 335-43, 1986.

LIEBERMAN, M. D. et al. "Do Amnesics Exhibit Cognitive Dissonance Reduction? The Role of Explicit Memory and Attention in Attitude Change". *Psychological Science*, v. 12, pp. 135-40, 2001.

LOEWENSTEIN, G. "Out of Control: Visceral Influences on Behavior". *Organizational Behavior and Human Decision Processes*, v. 65, pp. 272-92, 1996.

MACRAE, C. N.; JOHNSTON, L. "Help, I Need Somebody: Automatic Action and Inaction". *Social Cognition*, v. 16, pp. 400-17, 1998.

MAESTRIPIERI, D.; HENRY, A.; NICKELS, N. "Explaining Financial and Prosocial Biases in Favor of Attractive People: Interdisciplinary Perspectives from Economics, Social Psychology, and Evolutionary Psychology". *Behavioral and Brain Sciences*, v. 40, 2017.

MAIER, N. R. F. "Reasoning in Humans: II. The Solution of a Problem and Its Appearance in Consciousness". *Journal of Comparative and Physiological Psychology*, v. 12, pp. 181-94, 1931.

MAILER, N. *The Spooky Art: Some Thoughts on Writing*. Nova York: Random House, 2003.

MALAMUTH, N. M. "The Attraction to Sexual Aggression Scale: Part One". *Journal of Sex Research*, v. 26, pp. 26-49, 1989a.

_____. "The Attraction to Sexual Aggression Scale: Part Two". *Journal of Sex Research*, v. 26, pp. 324-354, 1989b.

MASICAMPO, E. J.; BAUMEISTER, R. F. "Consider It Done! Plan Making Can Eliminate the Cognitive Effects of Unfulfilled Goals". *Journal of Personality and Social Psychology*, v. 101, pp. 667-83, 2011.

MAZUR, N.; AMIR, O.; ARIELY, D. "The Dishonesty of Honest People: A Theory of Self-Concept Maintenance". *Journal of Marketing Research*, v. 45, pp. 633-44, 2008.

MCKENNA, K. Y. A.; BARGH, J. A. "Coming Out in the Age of the Internet: Identity 'Demarginalization' from Virtual Group Participation". *Journal of Personality and Social Psychology*, v. 75, pp. 681-94, 1998.

MEISNER, B. A. "A Meta-Analysis of Positive and Negative Age Stereotype Priming Effects on Behavior Among Older Adults". *Journals of Gerontology Series B: Psychological Sciences and Social Sciences*, v. 67, pp. 13-7, 2012.

MELTZOFF, A. N. "Elements of a Developmental Theory of Imitation". In: _____; PRINZ, W. (Orgs.). *The Imitative Mind: Development, Evolution, and Brain Bases*. Cambridge: Cambridge University Press, 2002, pp. 19-41.

MENDOZA, S. A.; GOLLWITZER, P. M.; AMODIO, D. M. "Reducing the Expression of Implicit Stereotypes: Reflexive Control through Implementation Intentions". *Personality and Social Psychology Bulletin*, v. 36, pp. 512-23, 2010.

METCALFE, J. "Feeling of Knowing in Memory and Problem Solving". *Journal of Experimental Psychology: Learning, Memory, and Cognition*, v. 12, pp. 288-94, 1986.

_____; WIEBE, D. "Intuition in Insight and Noninsight Problem Solving". *Memory & Cognition*, v. 15, pp. 238-46, 1987.

MILLER, G. A.; GALANTER, E.; PRIBRAM, K. A. *Plans and the Structure of Behavior*. Nova York: Holt, Rinehart, & Winston, 1960.

MILLER, S. L.; MANER, J. K. "Scent of a Woman: Men's Testosterone Responses to Olfactory Ovulation Cues". *Psychological Science*, v. 21, pp. 276-83, 2010.

_____. "Ovulation as a Male Mating Prime: Subtle Signs of Women's Fertility Influence Men's Mating Cognition and Behavior". *Journal of Personality and Social Psychology*, v. 100, pp. 295-308, 2011.

MILYAVSKAYA, M.; INZLICHT, M. "What's So Great about Self-Control? Examining the Importance of Effortful Self-Control and Temptation in Predicting Reallife Depletion and Goal Attainment". *Social Psychological and Personality Science*, v. 8, n. 6, pp. 603-611, 2017.

MISCHEL, W. *The Marshmallow Test: Mastering Self-Control*. Nova York: Little, Brown, 2014.

MOORE, T. E. "Subliminal Advertising: What You See Is What You Get". *Journal of Marketing*, v. 46, pp. 38-47, 1982.

MORAY, N. "Attention in Dichotic Listening: Affective Cues and the Influence of Instructions". *Quarterly Journal of Experimental Psychology*, v. 11, pp. 56-60, 1959.

MOREWEDGE, C. K.; NORTON, M. I. "When Dreaming Is Believing: The (Motivated) Interpretation of Dreams". *Journal of Personality and Social Psychology*, v. 96, pp. 249-64, 2009.

_____; GIBLIN, C. E.; NORTON, M. I. "The (Perceived) Meaning of Spontaneous Thoughts". *Journal of Experimental Psychology: General*, v. 143, pp. 1742-54, 2014.

_____; KAHNEMAN, D. "Associative Processes in Intuitive Judgment". *Trends in Cognitive Sciences*, v. 14, pp. 435-40, 2010.

MORSELLA, E. et al. "The Spontaneous Thoughts of the Night: How Future Tasks Breed Intrusive Cognitions". *Social Cognition*, v. 28, pp. 640-9, 2010.

MYERS, F. W. H. "The Subliminal Consciousness". *Proceedings of the Society for Psychical Research*, v. 9, pp. 3-25, 1892.

NAIL, P. R. et al. "Threat Causes Liberals to Think Like Conservatives". *Journal of Experimental Social Psychology*, v. 45, pp. 901-7, 2009.

NAIMI, T. S. et al. "Amount of Televised Alcohol Advertising Exposure and the Quantity of Alcohol Consumed by Youth". *Journal of Studies on Alcohol and Drugs*, v. 77, pp. 723-9, 2016.

NAPIER, J. L. et al. "Superheroes for Change: Physical Safety Promotes Socially (but Not Economically) Liberalism". *European Journal of Social Psychology*, 2017.

NEISSER, U. "The Multiplicity of Thought". *British Journal of Psychology*, v. 54, pp. 1-14, 1963.

NELSON, L. D.; NORTON, M. I. "From Student to Superhero: Situational Primes Shape Future Helping". *Journal of Experimental Social Psychology*, v. 41, pp. 423-30, 2005.

NEUBERG, S. "Behavioral Implications of Information Presented Outside of Conscious Awareness: The Effect of Subliminal Presentation of Trait Information on Behavior in the Prisoner's Dilemma Game". *Social Cognition*, v. 6, pp. 207-30, 1988.

NICKERSON, D. W.; ROGERS, T. "Do You Have a Voting Plan? Implementation Intentions, Voter Turnout, and Organic Plan Making". *Psychological Science*, v. 21, pp. 194-9, 2010.

NISBETT, R. E.; WILSON, T. D. "Telling More Than We Can Know: Verbal Reports on Mental Processes". *Psychological Review*, v. 84, pp. 231-59, 1977.

NORDGREN, L. F.; BOS, M. W.; DIJKSTERHUIS, A. "The Best of Both Worlds: Integrating Conscious and Unconscious thought Best Solves Complex Decisions". *Journal of Experimental Social Psychology*, v. 47, pp. 509-11, 2011.

NUTT, A. E. "Report: More Than Half of Mentally Ill U.S. Adults Get no Treatment". *The Washington Post*, edição on-line. 19 out. 2016. Disponível em: <https://www.washingtonpost.com/news/to-your-health/wp/2016/10/19/report-more-than-half-of-mentally-ill-u-s-adults-get-no-treatment/?utm_term=.7376957893d4>.

O'DOHERTY, J. et al. "Beauty in a Smile: The Role of Medial Orbitofrontal Cortex in Facial Attractiveness." *Neuropsychologica*, v. 41, pp. 147-55, 2003.

OLSON, I. R.; MARSHUETZ, C. "Facial Attractiveness Is Appraised in a Glance". *Emotion*, v. 5, pp. 498-502, 2005.

ORBELL, S.; HODGKINS, S.; SHEERAN, P. "Implementation Intentions and the Theory of Planned Behavior". *Personality and Social Psychology Bulletin*, v. 23, pp. 945-54, 1997.

OSGOOD, C. E. *The Measurement of Meaning*. Urbana, IL: University of Illinois Press, 1949.

OVER, H.; CARPENTER, M. "Eighteen-Month Old Infants Show Increased Helping Following Priming with Affiliation". *Psychological Science*, v. 20, pp. 1189-93, 2009.

OXLEY, D. R. et al. "Political Attitudes Vary with Physiological Traits". *Science*, v. 321, pp. 1667-70, 2008.

PAPIES, E. K.; BARSALOU, L. W. "Grounding Desire and Motivated Behavior: A Theoretical Framework and Empirical Evidence". In: HOFMANN, W.; NORDGREN L. F. (Orgs.). *The Psychology of Desire*. Nova York: Guilford, 2015, pp. 36-60.

_____; HAMSTRA, P. "Goal Priming and Eating Behavior: Enhancing Self-Regulation by Environmental Cues". *Health Psychology*, v. 29, pp. 384-8, 2010.

_____; VELING, H. "Healthy Dining: Subtle Diet Reminders at the Point Of Purchase Increase Low-Calorie Food Choices Among Both Chronic and Current Dieters". *Appetite*, v. 61, pp. 1-7, 2013.

_____ et al. "Using Health Primes to Reduce Unhealthy Snack Purchases Among Overweight Consumers in a Grocery Store". *International Journal of Obesity*, v. 38, pp. 597-602, 2014.

PARKS-STAMM, E. J.; OETTINGEN, G.; GOLLWITZER, P. M. "Making Sense of One's Actions in an Explanatory Vacuum: The Interpretation of Nonconscious Goal Striving". *Journal of Experimental Social Psychology*, v. 46, pp. 531-42, 2010.

PELHAM, B. W. et al. "Assessing the Validity of Implicit Egotism: A Reply to Gallucci (2003)". *Journal of Personality and Social Psychology*, v. 85, pp. 800-7, 2003.

PELHAM, B.; CARVALLO, M. "When Tex and Tess Carpenter Build Houses in Texas: Moderators of Implicit Egotism". *Self and Identity*, v. 14, pp. 692-723, 2015.

PENFIELD, W. "Activation of the Record of Human Experience". *Annual Reports of the College of Surgeons England*, v. 29, pp. 77-84, 1961.

PERDUE, C. W. et al. "Us and Them: Social Categorization and the Process of Intergroup Bias". *Journal of Personality and Social Psychology*, v. 59, pp. 475-86, 1990.

PERRY, C.; LAURENCE, J.-R. "Mental Processing Outside of Awareness: The Contributions of Freud and Janet". In: BOWERS, K. S.; MEICHENBAUM, D. (Orgs.). *The Unconscious Reconsidered*. Nova York: Wiley, 1984, pp. 9-48.

PESSIGLIONE, M. et al. "How the Brain Translates Money into Force: A Neuroimaging Study of Subliminal Motivation". *Science*, v. 316, pp. 904-6, 2007.

PHELPS, E. A. "Emotion's Influence on Attention and Memory". In: SQUIRE, L. et al. (Orgs.). *New Encyclopedia of Neuroscience*. Oxford, UK: Elsevier, 2009, pp. 941-6.

_____. "Emotion and Memory". In: NADEL, L.; SINNOTT-ARMSTRONG, W. (Orgs.). *Memory and Law*. Oxford: Oxford University Press, 2012.

PINKER, S. *The Language Instinct*. Nova York: William Morrow, 1994.

_____. *The Better Angels of Our Nature: Why Violence Has Declined*. Nova York: Viking, 2011. [Ed. bras.: *Os anjos bons da nossa natureza: Por que a violência diminuiu*. São Paulo: Companhia das Letras, 2013.]

PRATKANIS, A. "The Cargo Cult Science of Subliminal Persuasion". *Skeptical Inquirer*, v. 16, pp. 260-72, 1992.

PRONIN, E. "The Introspection Illusion". In: ZANNA, M. P. (Org.). *Advances in Experimental Social Psychology*, v. 41, pp. 1-67, 2009.

PRYOR, J. B. "Sexual Harassment Proclivities in Men". *Sex Roles*, v. 77, pp. 269-90, 1987.

PULVERMUELLER, F.; FADIGA, L. "Active Perception: Sensorimotor Circuits as a Cortical Basis for Language". *Nature Reviews: Neuroscience*, v. 11, pp. 351-60, 2010.

RAICHLE, M. E. et al. "A Default Mode of Brain Function". *Proceedings of the National Academy of Sciences USA*, v. 98, pp. 676-82, 2001.

_____; MINTUN, M. A. "Brain Work and Brain Imaging". *Annual Review of Neuroscience*, v. 29, pp. 449-76, 2006.

RAISON, C. L. et al. "Somatic Influences on Subjective Well-Being and Affective Disorders: The Convergence of Thermosensoryand Central Serotonergic Systems". *Frontiers of Psychology*, v. 5, p. 1580, 2015.

RATNER, J. (Org.). *The philosophy of Spinoza: Selected from His Chief Works*. Nova York: Random House, 1927.

REINHARD, M.-A.; GREIFENDER, R.; SCHARMACH, M. "Unconscious Processes Improve Lie Detection". *Journal of Personality and Social Psychology*, v. 105, pp. 721-39, 2013.

RESNICK, B. *The Myth of Self-Control*. Vox.com., 3 nov. 2016. Disponível em: <http://www.vox.com/science-and-health/2016/11/3/13486940/self-control-psychology-myth>. Acesso em: 10 mar. 2018.

ROGERS, T.; MILKMAN, K. L. "Reminders Through Association". *Psychological Science*, v. 27, pp. 973-86, 2016.

_____ et al. "Beyond Good Intentions: Prompting People to Make Plans Improves Follow-Through on Important Tasks". *Behavioral Science & Policy*, v. 1, pp. 33-41, 2015.

ROOSEVELT, F. D. "Inaugural Address". In: ROSENMAN, S. (Org.). *The Public Papers of Franklin D. Roosevelt*. Nova York: Random House, 1938 [1933], v. 2, pp. 11-6.

ROSENQUIST, J. N.; FOWLER, J. H.; CHRISTAKIS, N. A. "Social Network Determinants of Depression". *Molecular Psychiatry*, v. 16, pp. 273-81, 2011.

ROSENZWEIG, S. *The Historic Expedition to America (1909): Freud, Jung and Hall the King-Maker*. St. Louis: Rana House, 1994.

ROSS, M.; SICOLY, F. "Egocentric Biases in Availability and Attribution". *Journal of Personality and Social Psychology*, v. 32, pp. 880-92, 1979.

SADLER-SMITH, E. *Inside Intuition*. Londres: Routledge, 2007.

SCHAEFER, M.; HEINZE, H.-J.; ROTTE, M. "Rough Primes and Rough Conversations: Evidence for a Modality-Specific Basis to Mental Metaphors". *Social Cognitive and Affective Neuroscience*, v. 9, pp. 1653-9, 2014.

_____. "Dirty Deeds and Dirty Bodies: Embodiment of the Macbeth Effect is Mapped Topographically onto the Somatosensory Cortex". *Scientific Reports*, v. 5, pp. 1-11, 2015.

SCHAEFER, M. et al. "Incidental Haptic Sensations Influence Judgment of Crimes: Neural Underpinnings of Embodied Cognitions", *Scientific Reports*, v. 8, n. 6039, 2018.

SCHNALL, S. et al. "Disgust as Embodied Moral Judgment". *Personality and Social Psychology Bulletin*, v. 34, pp. 1096-109, 2008.

SCHNEIRLA, T. C. "An Evolutionary and Developmental Theory of Biphasic Processes Underlying Approach and Withdrawal". In: JONES, M. R. (Org.). *Nebraska Symposium on Motivation*. Lincoln, NE: University of Nebraska Press, 1959, pp. 1-42.

SCHWARZ, N.; CLORE, G. "Mood, Misattribution, and Judgments of Well-Being: Informative and Directive Functions of Affective States". *Journal of Personality and Social Psychology*, v. 45, pp. 513-23, 1983.

SHALEV, I.; BARGH, J. A. "Use of Priming-Based Interventions to Facilitate Psychological Health: Commentary on Kazdin & Blase (2011)". *Perspectives on Psychological Science*, v. 6, pp. 488-92, 2011.

SHARIFF, A. F. et al. "Religious Priming: A Meta-Analysis with a Focus on Prosociality". *Personality and Social Psychology Review*, v. 20, pp. 27-48, 2016.

SHAW, A.; DESCIOLI, P.; OLSON, K. R. "Fairness versus Favoritism in Children". *Evolution in Human Behavior*, v. 33, pp. 736-45, 2012.

_____; OLSON, K. R. "Children Discard a Resource to Avoid Inequity". *Journal of Experimental Psychology: General*, v. 141, pp. 382-95, 2012.

SHEERAN, P.; ORBELL, S. "Implementation Intentions and Repeated Behaviors: Augmenting the Predictive Validity of the Theory of Planned Behavior". *European Journal of Social Psychology*, v. 29, pp. 349-70, 1999.

SHERIF, M. et al. *Intergroup Conflict and Cooperation: The Robbers Cave Experiment*. 1961 [1954]. Manuscrito disponível em: <https://www.free-ebooks.net/ebook/Intergroup-Conflict-and--Cooperation-The-Robbers-Cave-Experiment/pdf?dl&preview>.

SHOOK, N. J.; CLAY, R. "Valence Asymmetry in Attitude Formation: A Correlate of Political Ideology". *Social Psychological and Personality Science*, v. 2, pp. 650-5, 2011.

SIEGEL, J. M. "Sleep Viewed as a State of Adaptive Inactivity". *Nature Reviews Neuroscience*, v. 10, pp. 747-53, 2009.

SIMMONS, W. K.; MARTIN, A.; BARSALOU, L. W. "Pictures of Appetizing Foods Activate Gustatory Cortices for Taste and Reward". *Cerebral Cortex*, v. 15, pp. 1602-8, 2005.

SIMPSON, J. A. et al. "Attachment and the Experience and Expression of Emotions in Adult Romantic Relationships: A Developmental Perspective". *Journal of Personality and Social Psychology*, v. 92, pp. 355-67, 2007.

_____; COLLINS, W. A.; SALVATORE, J. E. "The Impact of Early Interpersonal Experience on Adult Romantic Relationship Functioning: Recent Findings from the Minnesota Longitudinal Study of Risk and Adaptation". *Current Directions in Psychological Science*, v. 20, pp. 355-9, 2011.

SIMPSON, J. A. et al. "The Impact of Early Personal Experience on Adult Romantic Relationship Functioning". In: MIKULINCER, M.; SHAVER, P. R. (Orgs.). *Mechanisms of Social Connection: From Brain to Group*. Washington, DC: American Psychological Association, 2014, pp. 221-34.

SINGAL, J. "Psychology's Racism Measuring Tool Isn't Up to the Job". 2017. Post em blog. Disponível em: <http://nymag.com/scienceofus/2017/01/psychologys-racism-measuring-tool-isnt-up--to-the-job.html>.

SKINNER, B. F. *Beyond Freedom and Dignity*. Nova York: Knopf, 1971. [Ed. port.: *Para além da liberdade e da dignidade*. Lisboa: Edições 70, 2000.]

SKITKA, L. J. et al. "Dispositions, Ideological Scripts, or Motivated Correction? Understanding Ideological Differences in Attributions for Social Problems". *Journal of Personality and Social Psychology*, v. 83, pp. 470-87, 2002.

SLATER, A. et al. "Newborn Infants' Preference for Attractive Faces: The Role of Internal and External Facial Features". *Infancy*, v. 1, pp. 265-74, 2000.

SLEPIAN, M. L. et al. "Embodied Impression Formation: Trust Judgments and Motor Cues to Approach and Avoidance". *Social Cognition*, v. 30, pp. 232-40, 2012.

SLOTTER, E. B.; GARDNER, W. L. "Can You Help Me Become the 'Me' I Want To Be? The Role of Goal Pursuit in Friendship Formation". *Self and Identity*, v. 10, pp. 231-47, 2011.

SNYDER, P. J. et al. "Charles Darwin's Emotional Expression 'Experiment' and His Contribution to Modern Neuropharmacology". *Journal of the History of the Neurosciences*, v. 19, pp. 158-70, 2010.

SNYDER, M.; TANKE, E. D.; BERSCHEID, E. "Social Perception and Interpersonal Behavior: On the Self-Fulfilling Nature of Social Stereotypes". *Journal of Personality and Social Psychology*, v. 35, pp. 656-66, 1977.

SOLARZ, A. "Latency of Instrumental Responses as a Function of Compatibility with the Meaning of Eliciting Verbal Signs". *Journal of Experimental Psychology*, v. 59, pp. 239-45, 1960.

SOMMERS, S. R. "On Racial Diversity and Group Decision-Making: Identifying Multiple Effects of Racial Composition on Jury Deliberations". *Journal of Personality and Social Psychology*, v. 90, pp. 597-612, 2006.

SPERLING, G. "The Information Available in Brief Visual Presentations". *Psychological Monographs: General and Applied*, v. 74, pp. 1-29, 1960.

STEELE, C. M.; ARONSON, J. "Stereotype Threat and the Intellectual Test Performance of African Americans". *Journal of Personality and Social Psychology*, v. 69, pp. 797-811, 1995.

STEWART, B. D.; PAYNE, B. K. "Bringing Automatic Stereotyping under Control: Implementation Intentions as Efficient Means of Thought Control". *Personality and Social Psychology Bulletin*, v. 34, pp. 1332-45, 2008.

STICKGOLD, R. et al. "Replaying the Game: Hypnagogic Images in Normal and Amnesics". *Science*, v. 290, pp. 350-3, 13 out. 2000.

STONE, J. et al. "Stereotype Threat Effects on Black and White Athletic Performance". *Journal of Personality and Social Psychology*, v. 77, pp. 1213-27, 1999.

STOREY, S.; WORKMAN, L. "The Effects of Temperature Priming on Cooperation in the Iterated Prisoner's Dilemma". *Evolutionary Psychology*, v. 11, pp. 52-67, 2013.

STROOP, J. R. "Studies of Interference in Serial Verbal Reactions". *Journal of Experimental Psychology*, v. 18, pp. 643-62, 1935.

TAJFEL, H. et al. "Social Categorization and Intergroup Behavior". *European Journal of Social Psychology*, v. 1, pp. 149-77, 1971.

TANG, Y.-Y.; TANG, R.; POSNER, M. I. "Brief Meditation Training Induces Smoking Reduction". *Proceedings of the National Academy of Sciences*, v. 110, pp. 13971-5, 2013.

TANGNEY, J. P.; BAUMEISTER, R. F.; BOONE, A. L. "High Self-Control Predicts Good Adjustment, Less Pathology, Better Grades, and Interpersonal Success". *Journal of Personality*, v. 72, pp. 271-324, 2004.

TODOROV, A. et al. "Inferences of Competence from Faces Predict Election Outcomes". *Science*, v. 308, pp. 1623-6, 2005.

TOOBY, J.; COSMIDES, L. "The Past Explains the Present: Emotional Adaptations and the Structure of Ancestral Environments". *Ethology and Sociobiology*, v. 11, pp. 375-424, 1990.

_____. "Conceptual Foundations of Evolutionary Psychology". In: BUSS, D. (Org.). *The Handbook of Evolutionary Psychology*. Hoboken, NJ: Wiley, 2005, pp. 5-67.

TROISI, J. D.; GABRIEL, S. "Chicken Soup Really Is Good for the Soul: 'Comfort Food' Fulfills the Need to Belong". *Psychological Science*, v. 22, pp. 747-53, 2011.

TUCHMAN, B. *The Guns of August*. Nova York: Random House, 1962.

TURK-BROWNE, N. B.; JUNGÉ, J. A.; SCHOLL, B. J. "The Automaticity of Visual Statistical Learning". *Journal of Experimental Psychology: General*, v. 134, pp. 552-64, 2005.

_____ et al. "Neural Evidence of Statistical Learning: Efficient Detection of Visual Regularities without Awareness". *Journal of Cognitive Neuroscience*, v. 21, pp. 1934-45, 2009.

_____ et al. "Implicit Perceptual Anticipation Triggered by Statistical Learning". *Journal of Neuroscience*, v. 30, pp. 11177-87, 2010.

TVERSKY, A.; KAHNEMAN, D. "Judgment under Uncertainty: Heuristics and Biases". *Science*, v. 184, pp. 1124-31, 1974.

UHLMANN, E. L.; POEHLMAN, T. A.; BARGH, J. A. "American Moral Exceptionalism". In: JOST J.; KAY, A.; THORISDOTTIR, H. (Orgs.). *Social and Psychological Bases of Ideology and System Justification*. Nova York: Oxford, 2009, pp. 27-52.

U.S. DEPARTMENT OF DEFENSE. *2012 Workplace and Gender Relations Survey of Active Duty Members*. (Nota n. 2013-007). Washington, DC, 2013. Disponível em: <http://www.sapr.mil/public/docs/research/2012_Workplace_and_Gender_Relations_Survey_of_Active_Duty_Members--Survey_Note_and_Briefing.pdf>.

VAN BAAREN, R. B. et al. "Mimicry for Money: Behavioral Consequences of Imitation". *Journal of Experimental Social Psychology*, v. 39, pp. 393-8, 2003.

VAN BAVEL, J. J.; CUNNINGHAM, W. A. "Self-Categorization with a Novel Mixedrace Group Moderates Automatic Social and Racial Biases". *Personality and Social Psychology Bulletin*, v. 35, pp. 321-35, 2009.

VAN KONINGSBRUGGEN, G. M. et al. "Implementation Intentions as Goal Primes: Boosting Self--Control in Tempting Environments". *European Journal of Social Psychology*, v. 41, pp. 551-7, 2011.

VON HARTMANN, E. *Philosophy of the Unconscious: Speculative Results According to the Inductive Method of Physical Science*. Trad. de W. C. Coupland (com base na 9. ed. alemã, de 1884). Nova York: Harcourt, Brace, 1931 [1884].

VYGOTSKY, L. S. *Thought and Language*. Cambridge, MA: MIT Press, 1962 [1934]. [Ed. bras.: *Pensamentos e linguagem*. São Paulo: Martins Fontes, 2008.]

WALLACE, K. "The More Alcohol Ads Kids See, the More Alcohol They Consume". CNN, 9 set. 2016. Disponível em: <http://www.cnn.com/2016/09/07/health/kids-alcohol-ads-impact--underage-drinking/index.html>.

WALTON, G. et al. "Mere Belonging: The Power of Social Connections". *Journal of Personality and Social Psychology*, v. 102, pp. 513-32, 2012.

WANG, Y. C. et al. "Health and Economic Burden of the Projected Obesity Trends in the USA and the UK". *Lancet*, v. 378, pp. 815-25, 27 ago. 2011.

WATSON, J. B. "Psychology as the Behaviorist Views It". *Psychological Review*, v. 20, pp. 158-77, 1913.

WEGNER, D. M. "Ironic Processes of Mental Control". *Psychological Review*, v. 101, pp. 34-52, 1994.

WEINGARTEN, E. et al. "From Primed Concepts to Action: A Meta-Analysis of the Behavioral Effects of Incidentally-Presented Words". *Psychological Bulletin*, v. 142, pp. 472-97, 2016.

WIERS, R. W. et al. "Re-Training Automatic Action Tendencies Changes Alcoholic Patients' Approach Bias for Alcohol and Improves Treatment Outcome". *Psychological Science*, v. 22, pp. 490-7, 2011.

WEISBUCH, M.; PAUKER, K.; AMBADY, N. "The Subtle Transmission of Race Bias via Televised Nonverbal Behavior". *Science*, v. 326, pp. 1711-14, 2009.

WELSH, D. T.; ORDONEZ, L. D. "Conscience without Cognition: The Effects of Subconscious Priming on Ethical Behavior". *Academy of Management Journal*, v. 57, pp. 723-42, 2014.

WHYTE, L. L. *The Unconscious Before Freud*. Nova York: Basic Books, 1960.

WICKLUND, R. A.; GOLLWITZER, P. M. *Symbolic Self-Completion Theory*. Hillsdale, NJ: Erlbaum, 1982.

WIEBER, F.; GOLLWITZER, P. M.; SHEERAN, P. "Strategic Regulation of Mimicry Effects by Implementation Intentions". *Journal of Experimental Social Psychology*, v. 53, pp. 31-9, 2014.

WILLIAMS, K. D.; JARVIS, B. "Cyberball: A Program for Use in Research on Interpersonal Ostracism and Acceptance". *Behavioral Research Methods*, v. 38, pp. 174-80, 2006.

WILLIAMS, L. E.; BARGH, J. A. "Experiencing Physical Warmth Influences Interpersonal Warmth". *Science*, v. 322, pp. 606-7, 2008.

_____; POEHLMAN, T. A. "Conceptualizing Consciousness in Consumer Research". *Journal of Consumer Research*, v. 44, n. 2, pp. 231-51, 2017.

WILLIAMS, M. J.; GRUENFELD, D. H.; GUILLORY, L. E. "Sexual Aggression When Power Is New: The Effects of Acute High Power on Chronically Low-Power Individuals". *Journal of Personality and Social Psychology*, v. 112, n. 2, pp. 201-23, fev. 2017.

WILLIS, J.; TODOROV, A. "First Impressions: Making Up Your Mind After 100 ms Exposure to a Face". *Psychological Science*, v. 17, pp. 592-8, 2006.

WILSON, T. D. *Strangers to Ourselves: Discovering the Adaptive Unconscious*. Cambridge, MA: Harvard University Press, 2004.

_____; BREKKE, N. "Mental Contamination and Mental Correction: Unwanted Influences on Judgments and Evaluations". *Psychological Bulletin*, v. 116, pp. 117-42, 1994.

_____; SCHOOLER, J. W. "Thinking Too Much: Introspection Can Reduce the Quality of Preferences and Decisions". *Journal of Personality and Social Psychology*, v. 60, pp. 181-92, 1991.

WILTERMUTH, S. S.; HEATH, C. "Synchrony and Cooperation". *Psychological Science*, v. 20, pp. 1-5, 2009.

WOLF, S. *Freedom Within Reason*. Nova York: Oxford University Press, 1994.

WOOD, W.; RÜNGER, D. "Psychology of Habit". *Annual Review of Psychology*, v. 67, pp. 280-314, 2016.

XU, A. J.; SCHWARZ, N.; WYER Jr., R. S. "Hunger Promotes Acquisition of Nonfood Objects". *Proceedings of the National Academy of Sciences*, v. 112, pp. 2688-92, 2015.

ZAJONC, R. B. "The Attitudinal Effects of Mere Exposure". *Journal of Personality and Social Psychology*, v. 9, Suplemento monográfico 2, parte 2, pp. 1-27, 1968.

_____. "Feeling and Thinking: Preferences Need no Inferences". *American Psychologist*, v. 35, pp. 151-75, 1980.

_____ et al. "Convergence in the Physical Appearance of Spouses". *Motivation and Emotion*, v. 11, pp. 335-46, 1987.

ZAVAL, L. et al. "How Warm Days Increase Belief in Global Warming". *Nature: Climate Change*, v. 4, pp. 143-7, 2014.

ZDANIUK, A.; BOBOCEL, D. R. "The Automatic Activation of (Un)Fairness Behavior in Organizations". *Human Resource and Management Review*, v. 23, pp. 254-65, 2013.

ZEBROWITZ, L.; MONTEPARE, J. "Faces and First Impressions". In: BORGIDA G.; BARGH J. (Orgs.). *Handbook of Personality and Social Psychology*. Washington, DC: American Psychological Association, 2015, v. 1: Attitudes and Social Cognition.

ZHONG, C.-B.; DEVOE, S. E. "You Are How You Eat: Fast Food and Impatience". *Psychological Science*, v. 21, pp. 619-22, 2010.

_____; LEONARDELLI, G. J. "Cold and Lonely: Does Social Exclusion Literally Feel Cold?". *Psychological Science*, v. 19, pp. 838-42, 2008.

_____; LILJENQUIST, K. "Washing Away Your Sins: Threatened Morality and Physical Cleansing". *Science*, v. 313, pp. 1451-2, 2006.

ZILLMANN, D.; JOHNSON, R. C.; DAY, K. D. "Attribution of Apparent Arousal and Proficiency of Recovery from Sympathetic Activation Affecting Excitation Transfer to Aggressive Behavior". *Journal of Experimental Social Psychology*, v. 10, pp. 503-15, 1974.

Índice remissivo

acasalamento *ver* reprodução

acessibilidade, 97

Acme (Laboratório de Automaticidade em Cognição, Motivação e Avaliação), 23

acumulação, 137-8

afetivo (avaliativo), sistema, 152, 154, 156-9

afro-americanos, 100-1, 108, 110-1, 113; *ver também* preconceitos raciais

a-ha!, 280, 283, 285

Al Qaeda, 219

álcool, 162-3, 240-1, 251-3, 298, 318, 328

Alemanha, 232, 325

alma, 20

Ambady, Nalini, 101-3, 107, 109, 111, 161, 200

amizades, 60, 65, 69, 73-4; imitação e, 203, 225; objetivos e, 19, 195, 261-3

amnésia, 149-50, 154

ancoragem, 143

Anderson, Richard, 259

Andrews, Reginald, 179-81, 184-5

aniversários, 166-7

antropologia, 45

Apocalipse (são Pedro), 68, 81

aprendizado estatístico, 193-4

aproximação ou evitação, e "ficar ou ir embora", reações de, 151-4, 158-9, 169, 173, 178,
196, 206, 279; mudanças comportamentais e, 162-3

aquecimento global, 126, 145, 248

aquecimento, tratamento por lâmpadas de, 129-30

Aragon, Oriana, 203, 224-5

Ardil 22 (Heller), 277

Arquimedes, 283, 285, 289

Asch, Solomon, 79-80

ásio-americanos, 99-105, 238

assassinato, 47, 164; de Ötzti, 32-3, 46, 61, 68, 164, 169

assédio sexual, 270, 272-3

atenção, 132-3, 259

atitudes, 155-9; automáticas, 85, 155-6, 158-9, 171

atividades solitárias, 255

atração física, 170, 173, 205, 207, 328; cérebro e, 63-4, 173, 207, 252; em contratações e progresso na carreira, 62-4, 252, 265; em relacionamentos românticos, 205, 207; enfatizada nas mulheres, 105-7; racionalizações e, 253-4

atribuições equivocadas, efeitos de, 121

autoaprimoramento, 324

autocontrole, 303-22; entorno e, 321-2; inconsciente, 306, 310, 320-1; questionário em estudo sobre, 320-1

377

avaliação de fraco *versus* avaliação de forte, 152

avaliação, potência e atividade, como dimensões de significado semântico, 152-3

avaliativo (afetivo), sistema, 152, 154, 156-9

AVC, pacientes com, 209-13, 216, 226, 230, 237, 243

bactéria, 53-4

banqueiros suíços, 237-8

Bargh, John: como DJ, 9, 20, 116, 333-4; como participante em experimento de psicologia, 24, 249; filha Danielle, 42, 73, 167-8, 175, 201-2, 317, 323-4; mulher Monica, 164, 202; sonho com jacaré, 43-4, 70, 153, 155, 159, 278, 284-5, 290, 323, 325

Barker, George, 236, 311, 319

basquete, 266, 287-9

Batson, Daniel, 268-9

Baumeister, Roy, 296

bebida, 162-3, 240-1, 298, 318, 328

behaviorismo, 16, 41, 45, 307-8, 331

beisebol, 174, 176-7, 192-4, 197

beleza, bonificação da, 63

Belmont Park, 287

benzeno, 284

bichos de estimação, 256

bin Laden, Osama, 219

Binet, Alfred, 285

Bird, Larry, 287-8

Blake, William, 321

Blink: A decisão num piscar de olhos (Gladwell), 19, 181, 196

boas ou más avaliações, 151-8; em experimentos com movimentos de braço, 159-60, 162-3; objetivos e, 261

Bom Samaritano, estudo do, 268-9

Boothby, Erica, 330

Bork, Robert, 134

Boston Red Sox, 174-5

Bowlby, John, 78-9, 81, 83

Brady, Tom, 190

Brandeis, Universidade, 172

bronzeamento artificial, salões de, 19, 254

Bruner, Jerome, 256

Bryant, Jennings, 118-21

buffer visual, 142, 144

Bush, George H. W., 269

Bush, George W., 220

Buss, David, 41

Cacioppo, John, 206

California Chrome, cavalo de corrida, 136

calor e frio, 80-1; cérebro e, 68, 80-1, 202; compartilhamento e, 82-3; confiança e, 77-8; depressão e, 129-30; em metáforas, 68; físico, como substituto de sensação social, 129-30, 145; no *Inferno* de Dante, 68; nos estudos de Bowlby, 78; nos estudos de Harlow com macacos, 77, 79, 81-2, 128; rejeição ou inclusão social e, 127-9; sensações sociais afetadas pelo fato de estar segurando algo quente ou frio, 78-80; temperatura corporal, 128-9

camaleão, efeito, 213-5, 217, 222, 225, 229, 243, 328; *ver também* comportamento, contágio de; imitação

Campbell, Donald, 43

campeão, O, 140

candidatos políticos, 170-2, 198-9

caneta que vaza, experimento com, 227

Cantor, Joanne, 118-21

capitães de navio, 25, 305

Cardiff, Jack, 117

Carnegie Mellon, Universidade, 188, 252, 283

Carpenter, Malinda, 59, 61

Carvallo, Maurice, 165

casamento, 166, 223-4

caso das garras de veludo, O (Gardner), 296

cavalo e carroça, acidente com, 191

celulares, e direção, 299-300

cenário social, e comportamento, 236-7, 243, 319

Centro Rudd para Política Alimentar & Obesidade, 240

cérebro, 21; amígdala no, 49; atividade persistente no, 142-3; atração física e, 63-4, 173, 207, 252; calor e frio e, 68, 80-1, 202;

378

centro de recompensa do, 253; consumo de energia do, 290; corpo caloso no, 10; córtex parietal no, 212; córtex pré-frontal no, 211; de pacientes com cérebro dividido, 10-1, 28; de pacientes que sofreram AVC, 210-1; em experimento com movimento de dedo, 203, 224; estudos de imagem do, 23, 63, 81, 202, 210-1, 241, 312-3; evolução do, 17, 45-6; fluxo visual de informação e, 216-7; fumo e, 241; imitação e, 203, 217, 224-5; implementação de intenções e o, 312, 314; ínsula no, 81, 202; medo e, 49; memórias e, 17, 149; presente e, 17; reação de "ficar ou ir embora" e o, 151; sinais sensoriais durante o sono e, 297; sistema neurônios-espelho no, 224; tomada de decisão e, 188; traição e, 202-3, 225

cérebro dividido, pacientes, 10-1, 28

Chaiken, Shelly, 157-9, 171, 186

Chaplin, Charles, 259-60, 265

Chartrand, Tanya, 214, 222

Chen, Mark, 160-1, 197

Chen, Serena, 274

chimpanzés, 59

choque cultural, 319

Chowder Pot, restaurante, 174-6

Christakis, Nicholas, 234

CIA, 219

Claparède, Édouard, 149-54

Clapton, Eric, 286

Clark, Margaret, 81, 202, 273, 330

clima, 122-6

Clinton, Hillary, 52, 314

Clore, Gerald, 123

cobras, na Índia, 248-9

Coburn, Steve, 136, 333

Cohen, Dov, 93

coisas novas, preferência por, 154

Columbia, Universidade, 282

comida, 329; anúncios de, 241, 258; dieta e, 236, 239, 257-8, 311, 316, 322; em experimentos de pré-ativação, 239, 257; fome e, 256, 258

comparação social para baixo, 310

compartilhamento, 57, 59, 82

comportamental, economia, 138

comportamento ritualizado, 218, 222

comportamento, contágio de, 212-3, 223-9, 243, 305, 329; cenário social e, 236-7, 243, 319; material de leitura e, 236; mídia social e, 233-5; teoria das janelas quebradas, 231-3

compras, 138-40, 142, 256; vendedores e, 222, 315-6

confiança, 60, 65, 69-70, 74, 82, 84, 196, 222, 224, 329; avaliação de confiabilidade, 161, 170-2, 198, 203, 207; calor e, 77-8; cooperação e, 60; nos pais, 69, 72, 81; traição da, 67-9, 81, 202-3, 225

conservadores, 47, 49-2, 54, 200

contágio de comportamento ver comportamento, contágio de

contratação, 62-3, 190, 252, 263-4

cooperação, 34, 57, 59-60, 65, 83, 217, 222, 224

Copérnico, Nicolau, 303-4

Coração valente, 198

corda, experimento da, 280-2

Coreia do Norte, 90-2

Cornell, Universidade, 133, 236, 330

corrida, 318

corridas de automóvel, 163

corrupção, 269

Cosmides, Leda, 169

crenças morais e objetivos, 268-9, 275

Creswell, David, 188, 283

crianças: cooperação nas, 59-60; cultura absorvida por, 88, 90-3, 100, 110, 113-4; falando sozinhas, 302; imitação nas, 215-7; inconsciência em, 42, 44; linguagens e, 84; medos nas, 33; rostos e, 83, 85, 87, 207; ver também pais

criatividade, 285, 301, 306; ver também resolução de problemas

crime, 131, 134, 230-1, 233

Cronkite, Walter, 256

culpa, 190-1, 198

cultura, 90-114, 121, 197; absorção por crianças, 88, 90-3, 100, 110, 113-4; como passado oculto, 89, 93; estereótipos na, 85, 102-14, 171; pré-ativação e, 95, 114

cultura americana: legado puritano na, 92-100; preconceitos raciais na, 107-13; religião na, 94

Cunningham, Wil, 178

Cyberball, jogo, 127, 129

dados, decisões que envolvem, 191-4

Dante Alighieri, 66-9, 77, 79, 81, 202, 218

Darley, John, 268-9

Darwin, Charles, 15, 33, 45-6, 53, 57, 60, 303, 326; expressões emocionais estudadas por, 39, 57-8, 169, 198, 214, 226

Dawkins, Richard, 43, 62, 70

decisões financeiras, 191, 194

decisões viscerais, 179-208, ações de pessoas e, 202-3; atração física em, 205, 207; com base apenas em rostos ou fotos, 197-8, 200; e conhecer pessoas on-line, 203-7; em decisões complexas, 194-5; fatias finas em, 200-1; objetivos e necessidades e, 195; quanto a pessoas diferentes de nós, 197; reflexão consciente como complemento a, 185-90; regras para, 181-208; risco e recompensa em, 185; teste para medir tendência a, 184

Delon, Alain, 118

dentro-do-grupo/fora-do-grupo, preconceito ("nós"contra "eles"), 83-7, 174-8, 197, 323, 331

depressão, 129-30, 140

Descartes, René, 20-1, 27

descendência do homem, A (Darwin), 57

Deus, 20, 94, 303, 307

Diallo, Amadou, 196

dieta, 236, 239, 257-8, 311, 316, 322

diferenças semânticas, avaliação de, 152

Dijksterhuis, Ap, 186, 188, 283

dilema dos comuns, 248

Dion, Celine, 141

direção de automóvel, 40, 41; raiva e, 122; rodízio de automóveis na Cidade do México, 247-9; taxas de acidentes, 299; telefones

celulares e aplicativos que desviam a atenção de, 299-300; velocidade ao dirigir, 144

divina comédia, A (Dante), 66-9, 77

doença, 53-4, 56-7, 65, 227

doença mental, 21, 23

dotação, efeito de, 138-40

Dresnok, James, 91-2; filhos de, 91-2, 114

Duchenne, Guillaume-Benjamin-Amand, 57

Duckworth, Angela, 320-1

Duncker, Karl, 281, 283, 285-6

Dunham, Yarrow, 85-7

Dunning, David, 330

dúvida quanto a si mesmo, 324

Dylan, Bob, 286

economia comportamental, 138

Edison, Thomas, 286

Efeito Coquetel, 13

efeito de transporte, 97, 115-45, 317

egoísmo implícito, 165

Eibach, Richard, 133-4

Einstein, Albert, 9, 17, 145, 284, 327

Eisenberger, Naomi, 128

Ekman, Paul, 41, 58, 170, 222

eleições presidenciais: de 2016, 52-3, 270; participação do eleitor, 314

Ellison, Ralph, 277

Emlen, Stephen, 75

emoções, 56-7, 122-3, 135, 145, 333; acumulação e, 137-8; clima e, 122, 124-5; como contágio, 213; componente físico de, 120; efeito de transporte de, 136, 317; expressões faciais e, 57-8, 168-9; memórias de longo prazo e, 135; sobrevivência e, 56-8, 65; temperarura e *ver* calor e frio; tristeza, 139-41

empurre/puxe, experimentos de, 159-63

epigenética, 75

equanimidade, 190, 329

escola: estereótipos e, 102, 104-7; estudos de Pigmalião e, 104-5

esportes: basquete, 266, 287-9; beisebol, 174, 176-7, 192-4, 197; enganação em, 266; futebol americano, 190; golfe, 26

Esqueceram de mim, 168, 199
Estados Unidos *ver* cultura americana
estatística, aprendizado, 193-4
estereótipos, 85, 102-14, 171
estímulo-reação (S-R), teoria de, 307
Estranho, Teste do, 71-2, 77
estranhos, 84
Eureca!, momentos de, 280, 283, 285
evolução, 18, 27, 44-5, 69, 74, 81, 169, 203, 303; como passado oculto, 33, 51, 55, 61, 65, 69-70, 73, 75, 79, 82, 84, 121; da cooperação, 59; do cérebro, 17, 45-6; imitação e, 216, 225; julgamentos inconscientes e, 189, 194; seleção natural na, 15, 27, 70, 75, 326; tribos e, 83-4
excesso de confiança, 183
excitação, estudos da, 118-22, 124
excitação, transferência de, 118-20
exercícios físicos, 302, 310, 318, 320, 329; efeitos no pensamento consciente, 118-21
experiências na infância, como passado oculto, 61, 65, 69-70, 73-5, 79, 83, 89, 121
experimento de Gregory, 37-9
expressão das emoções no homem e nos animais, A (Darwin), 39, 57

Facebook, 203, 206, 234-5, 329
faculdades, avaliações das aulas em, 186, 200
Faithfull, Marianne, 117-8
falando sozinho, 302
família, 60, 64-5, 69-70; estar perto da, 65, 69, 83, 164
fantasma da máquina, O (Koestler), 16
Faraday, Michael, 284
fast-food, restaurantes, 117, 319
fatias finas, 200-1
Faulkner, William, 29
Fazio, Russell, 155-7
Fehr, Ernst, 237
Feller, Bob, 305
fertilidade, 64, 225
ficar ou ir embora *ver* aproximação-evitação e ficar ou ir embora, reações de

filmes de terror, 120
Filosofia do inconsciente (von Hartmann), 15
Fitzgerald, Louise, 271, 273
Fitzsimons, Gráinne, 261-2
fixidez funcional, 279
Flórida, Universidade do Estado da, 64
fluxo visual de informação, 216-7
fome, 256, 258
força de vontade, 305-6, 311, 319-20
Fowler, James, 234
Frank, Mark, 221-2
Franklin, Benjamin, 309, 311
Frederick, Shane, 184
Frederickson, Barbara, 105-6
Freire, Monte, 174-8
Freud, Sigmund, 15, 20-2, 27, 149, 188, 304, 311, 334
Friesen, Wallace V., 58
frio *ver* calor e frio
Frith, Chris, 211, 253
Fujita, Kentaro, 322
fumo, 194-5, 241-3, 252, 318, 322
futebol americano, 190
futuro, 9, 17, 19, 27, 247-322, 333; *ver também* aspectos específicos

Gabriel, Shira, 255
Galileu Galilei, 303
Galla, Brian, 320-1
Gardner, Erle Stanley, 296
garota da motocicleta, A, 117-8, 121, 124
Gata Rabugenta, 168, 171
Gazzaniga, Michael, 10-1, 28, 211
Gedye, David, 291
geleia (de morango), 185, 189
gene egoísta, O (Dawkins), 61
genes, 75, 215; reprodução e, 61, 225
gênios, 286, 289; nos esportes, 286, 288-90
germes, 52-4, 139, 227
Gilens, Martin, 110-1, 113
Gilovich, Thomas, 133-4
Giuliani, Rudy, 231-2, 243
Gladwell, Malcolm, 19, 181, 196

Goldsmith, Jeffrey, 260
golfistas, 26
Gollwitzer, Peter, 267, 311, 315, 325
Goodale, Melvyn, 216-7
Gordon, Rebecca, 220
gostar e não gostar, 151, 154-5, 158, 160, 164
grafite, 231
Gray, Jeremy, 81, 202
Guerra Civil americana, 53

hábitos, 311, 319; bons, formação de, 317-9, 322, 329; entorno e, 322; ver também autocontrole
Ham, Jaap, 190
Harlow, Harry, 76-7, 79, 81-2, 128
Harris, Jennifer, 240, 242
Hartley, L. P., 134
Harvard, Universidade, 101, 105
Hawking, Stephen, 126
Heller, Joseph, 277
heurística da disponibilidade, 131
Higgins, E. Tory, 282-3
Hill, Anita, 271
Hirshleifer, David, 125
Hitler, Adolf, 54
Homem invisível (Ellison), 277
Homero, 286
honestidade, 37-9
húbris, 304, 308
humildade, 324
humores, 123, 145, 317; clima e, 123-5

ianomâmi, povo, 47
Idade do Cobre, 32-3
identidade social, 100-14
identidade(s), 100-14; matemática e, 101-7, 238; situadas, 237-8
IIE (Aprimoramento das Avaliações Interpessoais), 222
IJzerman, Hans, 81-2, 127
imaginação, 182
imigração, 54-5
imitação, 213-5, 217, 243, 328; amizade e, 203, 225; cérebro e, 203, 217, 224-5; em crianças,

215-7; em experimento de movimentação do dedo, 203, 224; em relacionamentos românticos, 223-4; em vendedores e garçonetes, 222, 315; interrogatório criminal e, 220-2; ligação e, 64, 203, 217-8, 222, 328
implementação de intenções, 310-9, 328
Índia, cobras na, 248-9
infecção e doença, 53-4, 56-7, 65, 227
Inferno (Dante), 67-8, 81
insight, problemas de, 282-3
insônia, 294
Instituto Max Planck de Antropologia Evolucionária, 59
intenções: as nossas versus as dos outros, 330-1; implementação, 310-9, 328
intepretação dos sonhos, A (Freud), 149, 188
internet, 203-4, 206-7, 243; mídia social, 203-4, 206-7, 233-5, 329
interrogatórios, 218-21, 223
introspecção, 16, 307
intuição ver decisões viscerais
invisibilidade, ilusão da capa de, 330-1
Irã-Contras, escândalo das armas dos, 269

Jacoby, Larry, 131
James, William, 15, 41, 122, 212, 285
janelas quebradas, teoria das, 231-3
Janet, Pierre, 20-1, 285
Jobs, Steve, 286
Jogo de Adivinhação Política, 200
jogos financeiros, 81, 202-3
Johnson, Jimmie, 164
Johnson, Marcia, 150, 154
Johnston, Lucy, 226-7
Jones, John, 165
Jordan, Michael, 287, 289-90, 301
juízos, 187, 331; a partir de aparências, 168-9, 171-2
julgamento em questões de justiça, 172, 190-1
Jung, Carl, 21
justiça criminal ver lei, justiça criminal e aplicação da
justiça poética, 67-8, 81

Kahneman, Daniel, 131, 138, 143, 181, 187
Kang, Yoona, 81, 202
Kasnoff, Craig, 291
Kawakami, Kerry, 162
Kekulé, August, 284-5, 289
Kelly, David, 83, 85
Kenrick, Douglas, 41
King, Martin Luther, Jr., 327
Kissinger, Henry, 273
Klinger, Eric, 291-2
Koch, Ed, 34
Koestler, Arthur, 16
Korsakoff, síndrome de, 149-50, 154

lacuna mental (*mind gap*), 332
Langer, Ellen, 35, 37
Lashley, Karl, 279
lazer, atividades durante o, 255
Led Zeppelin, 9, 12, 20, 23, 28, 141, 166, 333-4
Lee, Harper, 277
Lee-Chai, Annette, 267, 274
lei, justiça criminal e aplicação da: interrogatórios, 218-23; racismo e, 172, 197-8, 315; sentença, 172, 198
leitura, 236, 291, 296
Lerner, Jennifer, 138-9, 141
Lewis, Michael, 192
Lhermitte, François, 209-13, 216-7, 225-6, 230, 232, 237, 243, 308
Libby, Lisa, 133-4
liberais, 48-9, 51, 54, 112, 114, 200
ligação, 65, 69; imitação e, 64, 203, 217-8, 222, 328; no comportamento ritualizado, 218, 221
Lincoln, Abraham, 270, 275, 327
linguagem, 84
Lippmann, Walter, 111
livre-arbítrio, 11, 16, 25, 304-5, 309, 322; *ver também* autocontrole
livre-associação, teste de, 96
Loewenstein, George, 252
Longway, Robert T., 75

macacos, 59
Machado, Alicia, 53
Macrae, Neil, 225-7
mães, objetivos em relação a, 262
Maeterlinck, Maurice, 245
Maier, Norman, 279-83
Mailer, Norman, 277-9, 285-6, 289-90, 293, 296, 301
mamas, autoexame das, 314
Mankos, Rose Mary, 180-1, 184
Manual de corrida (Galloway), 318
maratona de Boston, 265, 267
maratona de Nova York, 266, 318
Marco Aurélio, 147
mariposas-azuis, 75-6
Masicampo, E. J., 296
Mason, Perry, 296
matemática, 101-7, 238
Mayor, John, 175
Mayr, Ernst, 43
McGill University, 11, 321
McHale, Kevin, 287
McKenna, Katelyn, 204-5
medicamentos, regime de, 313
Meditações (Marco Aurélio), 147
medos, 33, 49, 183; mudança social e, 47, 49-52; *ver também* segurança e sobrevivência
meio ambiente/entorno, 211, 213, 304, 308, 311, 327; autocontrole e, 321-2; hábitos e, 322; monitoramento inconsciente do, 297, 301
Meltzoff, Andrew, 216
memórias, 17, 135, 259; disponibilidade de, 130-2; pacientes com amnésia e, 149-50, 154
Mental Health America, 130
mente consciente, 11-28, 74, 303-4; como epifenômeno, 308; dos outros, falta de acesso a, 329, 331-2; exclusão na psicologia da, 307-8, 331; interação entre mente iconsciente e, 45, 301-2, 324-5; processos mentais inconscientes em precedência à, 44-6, 70; processos mentais inconscientes em seguimento a, 41-2, 44; racionalizações geradas por, 11, 153, 253-4, 309; *ver também aspectos específicos*

mente errante, 291-2, 296

mente inconsciente, 11-28, 212; aprender a ter ciência e fazer uso da, 25-6, 305, 328; interação entre a consciência e, 45, 301-2, 324-5; opinião de Freud sobre, 15, 21-2, 27, 149, 304; processos mentais conscientes em precedência a, 41-2, 44; processos mentais conscientes em seguimento a, 44-6, 70; racionalizações de comportamento pela mente consicente originados na, 11, 153, 253-4, 309; recusa a acreditar na influência da, 25, 306; *ver também aspectos específicos*

mente, olho da, 142

mera exposição, efeito de, 154

mercado de ações, 125

mercearias, supermercados, 141, 238, 256, 258

Metcalfe, Janet, 282-3

México, Cidade do, 247-9

mídia social, 204, 206-7, 233-5, 329

Milgram, Stanley, recriação do estudo de, 120, 122

Miller, George, 18

Milner, David, 216

mind gap ver lacuna mental

Mitchell, Beverly, 137-9, 142

modelos de comportamento, 327

Moneyball: O homem que mudou o jogo (Lewis), 192

Morewedge, Carey, 182

Morsella, Ezequiel, 295

motivações *ver* objetivos

mudança, 133-5

mudança climática, 126, 145, 248

mudança social, 47, 49-52, 54

mulheres e garotas, 323; atração física enfatizada para, 105-7; matemática e, 101-7, 238

música, 10, 333; atuar como DJ, 9, 20, 116, 333-4; em lojas, 141

Mutis, Álvaro, 123

Myers, Frederic, 285, 289

Nature, 126

natureza e nutrição, 74, 76

New York Yankees, 174

newsgroups, 204-5

Nietzsche, Friedrich, 206, 303, 307

Nobel, prêmio, 138, 286

noite dos mortos-vivos, A, 115, 117

nojo [asco, repulsa], 49, 53-4, 56, 139

nomes, 163, 165-7, 174

nomes de criaturas marinhas, experimento com, 296

nomes de estados, experimento com, 295

Nordgren, Loran, 186, 188

Northwestern University, 262

Norton, Michael, 182

nós contra eles (viés de dentro do grupo/fora do grupo), 83-7, 174-8, 197, 323, 331

nota de cem dólares, pegadinha com, 227

notícias, 111-3

nova técnica de convencer, A (Packard), 257-8

Nova York, cidade de, 34-6, 39-40, 42, 230-3; crime em, 230-3, 243

Nova York, Universidade de (NYU), 12, 23, 34-5, 157, 160, 214, 227, 261, 267, 272, 274, 280, 312

números, 143-4

nus e os mortos, Os (Mailer), 277

Obama, Barack, 47-8, 314

obesidade, 239-40, 257

objetivos, 17, 249-65, 275-6, 278, 302, 306, 310, 325, 327; amizades e, 19, 195, 261-3; atenção e, 259; começar cedo a buscar, 290; gostar ou desgostar de pessoas com base em, 263, 265; hábitos e, 311; implementação de intenções e, 310-9; impulsos viscerais e, 195; informação relativa a, 256, 258-9; mães e, 262; memórias e, 259; mente errática e, 292; monitoramento inconsciente do entorno e, 297, 300; não resolvidos, 293-6; passado e, 259-61; poder e, 269-76; pré-ativação e, 258; sonhos e, 292; trapacear e, 266; valores sobrepujados por, 269

objetos de atitude, 151, 161

Olivola, Christopher, 199-200

ondas eletromagnéticas, comprimento de, 14

Onze de Setembro, ataques de, 219-20

Orbell, Susan, 313

orientação comunitária, 273, 275

origem das espécies, A (Darwin), 15, 57

Osgood, Charles E., 151-2, 158-9

Ötzti, 31-3, 40, 46, 61, 68, 83, 152, 164, 169, 197

Ou tudo ou nada, 225

Over, Harriet, 59, 61

Packard, Vance, 258

Pac-Man, jogo, 260-1

Page, Jimmy, 167, 322

pais, 69-72, 74, 76-8; apego aos, 71-2, 74, 82-4; confiança nos, 70, 72, 81; imitação dos, 71; poder e, 274

Papa-Léguas, desenho animado, 23

Papies, Esther, 239

Parish, Robert, 287

Parque Estadual Robbers Cave, 177-8

passado, 9, 17-9, 26, 31-145, 304, 308, 333; efeitos de transporte do, 97, 115-45, 317; *ver também aspectos específicos*

Pasteur, Louis, 53

Patrick, Danica, 164

Pedro, são, 68, 79, 81

Pelham, Brett, 165

Penfield, Wilder, 11

pensamento, segmentos de, 291

percepção-ação, conexão, 214

Pesquisa Mundial de Valores, 94

Pessiglione, Mathias, 253

Phelps, Elizabeth, 135

Pichert, J. W., 259

"Pigmalião na sala de aula", 104-5

pílulas para emagrecer, 19, 254

Pineda, Michael, 203

Plutarco, 283

pobreza, 110, 112

poder, 269-76

Poehlman, Andy, 95

Pogge, Thomas, 273

Pokémon Go, 299

polidez, 227, 229, 231, 243

ponte perigosa, 120-1

posições políticas, 331; conservadoras, 47, 49-52, 54, 200; liberais, 48-9, 51, 54, 112, 114, 200; segurança e, 47-9, 51-2, 54

pôsteres, 185, 189, 326

potência, 152

pré-ativação, 95-6, 127, 212, 327; afetiva, 157; alimentação e, 239, 257; ancoragem, 143; em crenças culturais, 95, 114; em testes de livre associação, 96; ética protestante e puritana e, 97-100; identidade e, 100-7, 238; na técnica de experimentos não relacionados, 96-8; no experimento com bonecas amigáveis, 59-60; objetivos e, 258; poder e, 274-5; prestativida-de e, 227; resolução de problemas e, 281-2; rudeza e, 228-9

preconceito, 85, 121; dentro-do-grupo/fora--do-grupo ("nós" versus "eles"), 83-7, 174-8, 197, 323, 331

preconceitos raciais, 329; aplicação da lei e, 172-3, 196, 198, 315; e o "fora-do-grupo" tornando-se parte do grupo, 178; em reações a rostos, 86-7, 162, 178, 197; implementação de intenções e, 315; poder e, 274-5; reação de aproximação-evitação usada para mudar, 162-3; reações viscerais e, 197; Teste de Associação Implícita e, 85-7; transmissão cultural por intermédio da mídia, 107-13, 197

presente, 9, 17-9, 26, 74, 149-244, 304, 308, 333; transporte do passado recente para o, 97, 115-45, 317; *ver também aspectos específicos*

prestatividade, 226-7, 268-9

primatas, 59, 78

Primeira Guerra Mundial, 218

primeiras impressões, 13, 168-9, 328

Princeton, Universidade, 170, 268, 330

problemas, resolução de, 278-85, 290, 301-2, 306; fixidez funcional em, 279; sonhos e, 284-6, 292-4, 301

processos automatizados, 41

Pronin, Emily, 330

prontidão perceptual, 256

protestantes, 93-100, 111

provas, limites de tempo em, 267

Proxmire, William, 291

psicologia, 10, 15, 21, 37, 307; cognitiva, 16, 35, 41, 45, 95, 307, 309; consciência excluída da, 308, 331; cultural, 95; desenvolvimental, 42; evolucionária, 41-2, 45; experimentos em, 24-5, 35-6; social, 35, 41, 83, 96; S-R, 307

psicopatologias, 21

psicoterapia, 130

publicidade, 240, 243, 257, 305, 328; de bebidas alcoólicas, 328; de alimentos, 240-1, 258; subliminar, 258

puritanos, 92-100

racionalizações, 11, 153, 253-4, 309, 320

racismo *ver* preconceitos raciais

raiva, 121-2

Rápido e devagar (Kahneman), 181

Reagan, Ronald, 180

recompensas, 249, 253

Reddit, 183

reencontro, O, 254

rejeição e inclusão social, 127-9, 225

relacionamentos românticos, 69, 72, 74, 265; atração física em, 205, 207; imitação em, 223-5; internet e, 205-6; políticas na universidade e nos negócios quanto a, 273; traços que abrem portas e, 205

religião, 15, 20, 114, 218; nos Estados Unidos, 94; protestantes e, 93-100

reprodução, 18, 34, 61, 63-5, 74, 252, 256; atração física e, 62-4; fertilidade e, 64, 225; genes e, 61, 225; *ver também* sexo

repulsa moral, 56

resfriado, e atitudes em relação à imigração, 54

respiração, 40

restaurantes, 117, 319

restrições, 247-8

romances, 236

Romero, George, 115

Roosevelt, Franklin, 47-8

Rosenthal, Robert, 104, 200-1

rosto e expressões faciais, 168-74, 328; avaliações com base em, 161, 168-9, 171-2, 197-8, 200; cara relaxada e azeda, 168, 198; confiabilidade e competência julgadas com base em, 161, 170-2, 198, 207; emoções transmitidas por, 57-8, 169; estudo de Darwin sobre, 39, 57-8, 169, 198, 214, 226; fotografias de, 171, 197-9, 206-7; personalidade julgada com base em, 168-9; preconceito racial e, 86-7, 162, 178, 197; preferências de crianças quanto a, 83, 85, 87, 207; sentença aplicada a réus e, 172, 198; *ver também* atração física

rudeza, 227-9, 231, 243, 263-4

Ruiz, Rosie, 265, 267

Ruth, Babe, 175

Safo, 286

Salpêtrière, Hospital, 209, 286

saltadores do metrô, 179-81, 184

Schnair, David, 179-80

Schnall, Simone, 56

Schneirla, T. C., 152, 158, 279

Schooler, Jonathan, 185-6

Schwarz, Norbert, 123

Science, 231

Scientific American, 137, 200

segurança e sobrevivência, 18, 33, 46, 56, 65, 74, 78, 82, 256; atitudes políticas e, 47-51, 54; doença e, 53-7, 65; emoções e, 56-8, 65; genes e, 61

Seinfeld, Jerry, 176, 195

seleção natural, 15, 27, 70, 75, 326

Semin, Gun, 81

senhor dos anéis, O, 252

sentidos, 17, 182, 211; sono e, 297

SETI (busca por inteligência extraterrestre), 291

sexo, 63, 122; *A garota da motocicleta* e, 118, 121, 124; ética puritana e, 93, 99-100; filmes de terror e, 120; passarela frágil e, 119, 121; *ver também* reprodução; relacionamentos românticos

Sheehan, George, 318

Sheeran, Pascal, 313

Sherif, Carolyn e Muzafer, 177-8

Shih, Margaret, 101-4, 107

Shumway, Tyler, 125

significado, 151-2

sim ou não, decisões de, 151, 155, 206

similaridades com alguém, 163-8; *ver também* imitação

Simpson, Jeff, 71, 73, 77, 81

Simpsons, Os, 326

Skinner, B. F., 41, 101, 304, 308-9, 311, 334

Slepian, Michael, 161

Snyder, Peter J., 57

sobrevivência *ver* segurança e sobrevivência

socializar, 255-6

Sociedade de Personalidade e Psicologia Social, 101-4

sol é para todos, O (Lee), 277

Solarz, Andrew, 159-60

soma de estímulos, 122

Sommers, Sam, 172

sonhos, 45, 260, 292-4; de Kekulé, 284-5; do autor com jacaré, 43-4, 70, 153, 155, 159, 278, 284-5, 290, 323, 325; resolução de problemas e, 284-5, 293-4, 301

sono, 293, 301; insônia, 293-4; sinais sensoriais e, 297; *ver também* sonhos

Sperling, George, 142-3

Spinoza, Baruch, 251

Spooky Art, The (Mailer), 277, 286

Steele, Claude, 101

Stroop, John Ridley, 298

superpoderes, 22, 49, 51

Tajfel, Henri, 85

Talking Heads, 294, 333

tarefas domésticas, 132

telefones e direção de automóvel, 299-300

televisão, 114, 243, 255; preconceito racial e, 108-13, 197; publicidade, 240-1, 328

temperatura *ver* calor e frio

tempo, 16, 18-9, 333; *ver também* futuro; passado; presente

tempo ocioso, 278, 285, 291-2, 302; SETI e, 291

Tempos modernos, 259

tentações, 316, 319, 321

Teoria do Pensamento Inconsciente (UTT), 186-91, 194, 279, 283

terroristas, 219-20

Teste de Associação Implícita (IAT), 86-7, 109, 162-3, 178

Tetris, jogo, 260

Thomas, Clarence, 270-1

Time, 102

Todorov, Alexander, 170, 172, 199

Tomasello, Michael, 59-60

Tooby, John, 169

tortura, 219-20

trabalho, 117; ética protestante e, 93, 97-100, 111

traços que abrem portas, 205

traição, 67-9, 77, 81, 202-3

Trainspotting: Sem limites, 139

trapaça, 266-7

tribos, 83-4, 174

tristeza, 139, 141

Trump, Donald, 52, 270

Tversky, Amos, 131, 187

Uhlmann, Eric, 95

Universidade da Califórnia, 48, 291

Universidade da Flórida, 229

Universidade da Pensilvânia, 320

Universidade da Virgínia, 56

Universidade de Amsterdam, 162-3

Universidade de Buffalo, 255

Universidade de Chicago, 280

Universidade de Illinois, 9, 12

Universidade de Michigan, 12, 105, 224, 279

Universidade de Minnesota, 71

Universidade Yale: laboratório Acme na, 23-4

University College London, 211, 253

utilidade pública, anúncios, 241-3

Vallacher, Robin, 241-2

valores, 94, 268-9, 275, 278

van Bavel, Jay, 178
van den Bos, Kees, 190
vela, problema da, 281-2
Velocidade máxima, 120
vícios com drogas: aproximação-evitação e, 162-3; *ver também* bebida; fumo
vírus, 53-4
von Hartmann, Eduard, 15
Vygotsky, Lev, 302

Wallace, Kelly, 328
Washington Post, The, 141
Watson, John B., 307, 309, 331
Weber, Elke, 126
Wegner, Dan, 241-2, 250
"What's My Image?", 199-200
Wiers, Reinout, 162-3

Williams, Kip, 127
Williams, Lawrence, 78-80
Wilson, Timothy, 185-6
Wired, 260
Wolf, Susan, 46
Wood, Wendy, 322
WPGU, estação de rádio, 9, 20

Xu, Alison Jing, 256

Yale, Universidade, 54, 79, 81, 85, 167, 273
Yarbrough, John D., 222

Zajonc, Robert, 10, 153, 155, 158, 164, 224
Zebrowitz, Leslie, 172
Zillmann, Dolf, 118, 120, 121, 124
Zubaydah, Abu, 219, 220

1ª EDIÇÃO [2020] 2 reimpressões

ESTA OBRA FOI COMPOSTA PELA ABREU'S SYSTEM EM INES LIGHT
E IMPRESSA EM OFSETE PELA LIS GRÁFICA SOBRE PAPEL PÓLEN DA
SUZANO S.A. PARA A EDITORA SCHWARCZ EM SETEMBRO DE 2024

A marca FSC® é a garantia de que a madeira utilizada na fabricação do papel deste livro provém de florestas que foram gerenciadas de maneira ambientalmente correta, socialmente justa e economicamente viável, além de outras fontes de origem controlada.